로마의 대부흥

로마의 대부흥

1판 1쇄 인쇄 2022년 1월 10일
1판 1쇄 발행 2022년 1월 20일

지은이 김서택
발행인 한동인
펴낸곳 (주)씨뿌리는사람

등록번호 제2006-4호
주   소 경기도 이천시 경충대로 2096-4
          (서울사무소) T. 741-5181, 4 F. 744-1634

책값은 뒤표지에 있습니다.

ISBN 978-89-90342-56-0

Web www.kclp.co.kr

"천국은 마치 사람이 자기 밭에 갖다 심은 겨자씨 한 알 같으니
이는 모든 씨보다 작은 것이로되 자란 후에는 나물보다 커서 나무가 되매
공중의 새들이 와서 그 가지에 깃들이느니라"(마 13:31-32)

공급처 기독교문사 도매부 T. 741-5181~3 F. 762-2234

로마의 대부흥

김서택

씨뿌리는사람

Prologue

프롤로그

'로마서'는 사도 바울이 쓴 서신서 중에서 기독교의 핵심진리를 가장 깊이 있고 명확하게 서술한 서신입니다.

그리고 역사적으로 로마서가 읽히고 설교 될 때마다 쇠퇴했던 기독교는 힘을 얻고 대부흥이 일어났습니다. 영국의 웨스트민스터 교회의 마틴 로이드 존즈 목사는 로마서를 14년에 걸쳐서 설교했습니다. 마틴 로이드 존즈 목사의 로마서 강해는 세계적으로 수백만 명이 듣고 또 책으로 읽은 위대한 설교였습니다.

침체하고 있는 한국교회에서 청년들이 다시 이 로마서 강해를 통하여 대부흥이 일어나기 바랍니다.

대구 수성교 옆에서
김서택 목사

Contents

차 례

프롤로그		04
01 로마가 빠진 함정	롬 1:1-7	09
02 또 다른 인생	롬 1:3-7	19
03 복음에 빚진 자	롬 1:8-17	28
04 의인이 될 수 있는가?	롬 1:17	37
05 자랑스러운 복음	롬 1:16	46
06 새로운 시대	롬 1:18-23	54
07 치료하는 능력	롬 1:24-32	64
08 남을 판단하는 사람	롬 2:1-4	73
09 인간의 목적	롬 2:5-11	81
10 율법의 존재	롬 2:12-16	90
11 진짜 유대인	롬 2:17-24	99
12 유대인의 책임	롬 3:1-8	108
13 인간의 상태	롬 3:9-18	117
14 하나님의 선물	롬 3:19-31	126
15 인간의 자랑	롬 3:27-31	135
16 떳떳한 구원	롬 3:25-26	144
17 왜 할례를 받지 않는가?	롬 3:30	153

18	인간이 사는 목적	롬 3:31	161
19	복음의 비밀	롬 4:1-3	169
20	공로 없는 죄인	롬 4:4-8	178
21	믿음의 비밀	롬 4:9-15	187
22	믿음의 상속자	롬 4:15-25	196
23	완전한 화해	롬 5:1-2	205
24	왜 고난이 오는가?	롬 5:3-5	215
25	우리가 죄인이었을 때	롬 5:6-9	224
26	주 안에서 즐거워함	롬 5:9-11	235
27	한 사람으로 말미암아	롬 5:12-16	244
28	은혜의 왕노릇	롬 5:17-21	253
29	인공호흡기를 낀 사람들	롬 6:1-5	262
30	새로운 신분	롬 6:6-11	271
31	의의 무기	롬 6:12-16	280
32	의로운 삶의 결과	롬 6:17-23	289
33	새로운 관계	롬 7:1-6	298
34	죄의 심리학	롬 7:7-17	307

Contents

차 례

35	절망에 빠진 사람	롬 7:18-25	316
36	위대한 인생	롬 8:1-4	326
37	새로운 인류	롬 8:5-13	336
38	아들 됨	롬 8:14-25	345
39	황금 사슬	롬 8:24-30	354
40	아무도 고발할 수 없다	롬 8:31-38	363
41	믿음의 신비	롬 9:1-13	372
42	창조자의 권리	롬 9:14-33	381
43	인간의 열심	롬 10:1-11	390
44	하나님의 비밀	롬 10:16-11:12	399
45	접붙이기	롬 11:13-36	408
46	새로운 생활	롬 11:29-12:3	417
47	온전하신 뜻	롬 12:3-21	426
48	세상의 권세	롬 13:1-14	436
49	하나님 나라의 특징	롬 14:1-23	445
50	하나의 인류	롬 15:1-19	454
51	로마서의 결론	롬 15:20-16:27	462

01

로마가 빠진 함정
롬 1:1-7

우리는 영화에서

로마 군대라고 하면, 장군이 투구에 깃털을 달고 말을 타고 멋있게 앞에 가고 군인들은 모두 창과 방패를 들고 북소리에 맞추어서 줄을 지어서 가는 멋진 모습을 상상할 것입니다. 사실 로마가 남긴 유적은 지금까지 많이 남아있습니다. 예를 들어서 콜로세움 원형 경기장이라든지, 돌바닥으로 되어있는 아피아 가도, 세계 여러 곳에 남아있는 수도로 된 다리나 영국의 아주 긴 돌로 된 담 같은 것들이 아직 많이 남아있습니다. 로마는 정말 위대한 나라였습니다.

그러나 우리 기독교인의 눈에 비친 로마는 결코 아름다운 모습이 아니었습니다. 로마 군인들은 예수님을 십자가에 못 박아 처형했고, 네로 때에는 기독교인들이 로마에 불 질렀다고 해서 로마에 있는 기독교인을 남자와 여자와 어린아이들을 마구 잡아 와서 참혹하게 죽이고 어떤 사람은 몸에 기름을 붓고 불을 붙여서 가로등으로 불을 밝혔던 끔찍한 악행을 저질렀습니다.

역사학자들은 로마야말로 인간이 생각할 수 있는 가장 이상적인 나라라고 생각했습니다. 로마는 감정적인 복수보다는 법이나 이성을 중요시하는 나라였습니다. 또 로마는 다른 나라의 문화를 받아들이는 데도 적극적이었습니다. 그래서 로마는 정신적으로 세계에서 가장 앞서 있는 사람은 그리스 사람이라고 생각해서 그리스의 신화나 학문을 적극적으로 받아들였습니다. 어떤 역사가는 "역사의 물은 모두 로마라는 호수로 들어가서 로마라는 호수에서 나온다"고 말하기도 했습니다. 로마는 처음에는 아주 작은 도시 국가에서 시작해서 나중에는 지중해를 내해로 하고, 지금의 유럽과 아프리카 북부와 팔레스타인을 영토로 가지는 거대한 제국을 이루었습니다.

1. 음란과 광기에 빠진 로마

사도 바울 당시 로마에는 전 세계의 많은 사람이 노예로 붙들려 와서 북적거리고 있었고, 심지어는 중국의 비단이나 아라비아의 모든 사치품이 다 로마에 와 있었습니다. 이 당시 사람들에게 가장 부러운 것이 있다면 그것은 바로 로마인이 되거나 로마인의 자녀로 태어나는 것이었습니다. 그럼에도 불구하고 로마에는 심각한 문제가 있었습니다. 그것은 두 가지로 말할 수 있습니다.

하나는 바로 로마인들은 죄인이었다는 사실입니다. 물론 로마인들은 쇠사슬에 묶인 죄인은 아니었습니다. 오히려 그들은 전쟁에서 진 갈리아인들이나 동유럽 사람들을 쇠사슬에 묶어오는 승리자였습니다. 그러나 그들은 성적으로 엄청나게 타락했습니다. 로마의 사창가는 전 세계에서 잡아 온 여자 노예로 가득 찼고 거기서 음란한 짓을 많이 했습니다. 그리고 부자들은 다른 사람의 아내나 남편을 가리지 않고 음행을 저질렀으며 성인 남자들은 거의 동성애의 경험이 있었습니다.

그리고 또 다른 로마의 문제는 광기였습니다. 로마 황제들은 나중에 거의 미쳤습니다. 그들은 인간으로 무한한 권력과 영토를 가지니까 이것을 감당할 수 없었기 때문입니다. 그리고 로마 시민들도 미쳐서 수많은 노예를 검투사로 만들어서 원형경기장에서 서로 죽이고 싸우게 하면서 그것을 보고 소리소리 질렀습니다. 또 원형경기장에서 마차 경기하는 것을 보든지 어떤 때는 맹수와 싸우는 모습을 보면서 그들의 광기를 풀었습니다. 로마의 황제는 그런 시민의 광기를 자기의 통치 수단으로 활용했습니다.

그런데 로마에 사는 유대인 중에서 예수 믿는 사람들이 생기게 되었습니다. 이 사람들은 오순절에 예루살렘에 가서 사도들의 증거를 받고 성령을 받고 예수를 믿게 된 사람들이었습니다. 그런데 로마에는 유대인들도 많이 살고 있었는데 크리스천이 아니었습니다. 그러다가 크리스천 유대인과 유대인들 사이에 충돌이 일어나게 되어 사회 문제가 되었던 것 같습니다. 그래서 로마의 4대 황제 클라우디우스가 모든 유대인에게 로마를 떠나라는 추방령을 내리게 됩니다. 로마에서 유대인이 추방되니까 로마 교회가 달라졌습니다. 당시 로마 교회는 유대인이 중심이었고 이방인은 주로 노예였기 때문에 주축이 되지 못했습니다. 그러다가 유대인이 전부 로마에서 떠나게 되니까 자동적으로 이방인이 중심이 되었습니다. 그러나 이들은 성경을 잘 알지 못했고 복음도 잘 알지 못했습니다. 그래서 사도 바울은 이 소식을 듣고 로마에 가서 교인들에게 복음 전하기를 원했고, 그 결과 고린도에서 먼저 이 유명한 '로마서'를 써서 보내게 됩니다.

그런데 오래 있지 않아서 로마에 큰 환란이 일어나게 됩니다. 그것은 4대 클라우디우스 다음으로 5대 네로가 로마 황제가 된 것입니다. 그는 처음에는 정치를 잘하는 것처럼 보였지만 어느 순간부터 광기에 사로잡히기 시작했습니다. 그래서 그는 가수 흉내를 내었고 올림픽에도 출전해서 1등을 합니다. 그는 점점 더 광기에 사로잡혀서 어머니를 죽이고 아내도 죽이고 원로원의 많은 사람도 죽였습니다.

그러던 중 로마에 대화재가 일어나게 되는데, 그 당시 로마는 집이 다닥다닥 붙어 있어서 불이 나면 아주 큰일이었습니다. 이 화재로 로마시의 4분의 3 정도가 타게 되는데, 네로는 자기에게 돌아오는 비난을 기독교인들에게 돌렸습니다. 그러면서 기독교인들을 잡아 와서 박해하기 시작했습니다. 사자의 먹이가 되게 하고 십자가에 못 박아 죽이고 사람의 몸에 기름을 붓고 나무로 태워서 가로등을 삼기도 했습니다. 결국 이때 베드로도 십자가에 거꾸로 못 박혀 죽게 되고 사도 바울도 목이 잘려서 죽게 됩니다. 그 후로 기독교인들은 그 박해를 피해서 카타콤이라는 지하 무덤에서 예배를 드리게 됩니다.

그래서 사도 바울이 로마서를 쓴 배경에는 클라우디우스의 유대인 추방령과 네로의 기독교인 대학살 사이에 이런 사건이 있었다는 것을 아는 것이 중요합니다. 물론 사도 바울은 고린도전서를 쓰면서 고린도 교인들에게 앞으로 대환란이 있을 것이라고 이야기합니다. 그러나 이 대환란은 로마에서 먼저 터지게 됩니다. 그리고 그 후에 로마에 엄청난 내란이 일어나게 되는데, 일 년에 황제가 네 명이 바뀔 정도로 엄청난 사람들이 죽이고 죽게 됩니다.

그리고 로마의 내란은 베스파시아누스에 의해 평정되고, 베스파시아누스의 아들 티투스는 예루살렘을 정복하고 백십만 명을 죽이게 됩니다. 그리고 티투스 때 폼페이라는 도시가 화산폭발로 망하게 되고 로마는 또 화재가 일어나고 전염병이 퍼져서 티투스도 죽게 됩니다. 그리고 그의 동생 도미티아누스가 황제가 됩니다. 그 역시 광기에 빠져서 자기가 신이라고 하면서 자기에게 분향하지 않는 자들을 죽였는데, 이때 소아시아에 많은 사람이 죽게 되고 사도 요한이 밧모섬에 유배 가게 됩니다.

2. 로마서의 위대함

원래 사도 바울은 위대한 서신을 쓰려고 로마서를 쓴 것은 아니었습니다. 사도 바울은 원래 유대인들이 있는 곳에는 복음을 전하지 않으려고 했습니다. 더욱이 자신이 아닌 다른 사람이 교회를 세운 곳에는 들어가지 않는다는 것이 그의 선교 원칙이었습니다. 그런데 클라우디우스 황제의 유대인 추방령으로 로마 교회 교인들의 구성 멤버가 이방인 중심으로 바뀌게 되었습니다. 이방인들이 복음을 잘 알지 못하니까 사도 바울은 로마로 가서 신령한 은사 즉 복음을 전하려고 했던 것입니다.

그러나 사도 바울은 고린도 교회가 자신을 불신하고 갈라디아 교회가 변질되면서 이것을 바로 잡느라고 로마에 갈 기회를 얻지 못했습니다. 그러다가 사도 바울은 고린도 교회 문제가 은혜스럽게 잘 해결되는 것을 보고, 고린도에서 로마로 가기 전에 로마 교인들에게 먼저 복음을 알게 할 목적으로 이 로마서를 써서 뵈뵈라는 여집사의 손을 통해 보내게 됩니다.

그리고 사실 이 로마서는 보물 중의 보물이었고, 불덩어리 중의 불덩어리였습니다. 사도 바울은 이 로마서를 통해서 왜 사람은 율법으로는 구원 얻을 수 없으며 죄가 얼마나 무서운 힘을 가지고 있는지 증명하려고 했습니다. 그래서 로마서는 인간의 심리를 가장 정확하게 파헤친 심리학 중의 심리학이라고 말할 수 있습니다. 로마서에서 사도 바울은 모든 인간은 죄인이라고 정의하고 있습니다. 그리고 오직 하나님의 은혜만이 우리를 이 죄에서 자유롭게 할 수 있다고 가르치고 있습니다.

사실 로마는 인간의 머리로 생각할 수 있는 최고의 나라였습니다. 줄리어스 시저가 얼마나 천재였는가 하면, 그는 로마 성벽을 헐어버리고 로마의 국경을 라인강과 다뉴브강을 경계선으로 하는 세계 대제

국을 구상할 정도였습니다. 그는 자기를 반대했던 사람에게도 관대해서 다 용서하고 믿어주었습니다. 그러나 그는 자신이 가장 믿었던 귀족들과 브루투스의 칼에 찔려 죽게 됩니다. 줄리어스 시저는 게르만족만 막고 페르시아만 이기면 로마는 안전할 것이라고 생각했습니다. 그러나 그는 자기를 포함한 모든 인간이 죄인이라는 사실을 생각하지 못했습니다. 인간은 모두 죄인입니다. 모든 인간은 광기로 미쳐가는 병에 걸려 있고 음란으로 썩어가는 한센병 환자와 같은 것입니다.

그러나 로마서는 이 미친 사람들을 치료하는 능력을 가지고 있습니다. 성 어거스틴은 청년 때 육체의 정욕과 방탕으로 미쳐 있었습니다. 그러나 그는 결국 로마서 13장 말씀을 읽고 주님 앞에 무릎을 꿇음으로 인생이 변하게 됩니다. 존 웨슬리는 스스로 구원을 얻으려고 그렇게 선행하려고 애를 쓰고 선교사로서 신대륙까지 갔지만 만족을 얻지 못했습니다. 그러나 그는 누군가가 루터의 로마서 주석 서문을 읽는 것을 듣고 마음이 뜨거워지면서 주님을 영접했다고 고백했습니다. 영국의 마틴 로이드 존즈 목사는 무려 14년에 걸쳐서 로마서를 강해했습니다. 그가 로마서 강해를 시작한 해가 1955년이었는데, 그의 설교는 50분 정도 되었고 유머도 없이 딱딱하게 진행되었습니다. 그런데 그의 로마서 강해는 세계적으로 몇백만 부가 팔린 것으로 알려져 있습니다. 저는 그 테이프를 구해서 들으면서 엄청난 감동을 받은 적이 있습니다.

옛날 이스라엘 백성은 출애굽의 정신을 잃을 때마다 타락했습니다. 그래서 하나님께서는 구약 성경 전반에 걸쳐 이스라엘 백성을 강한 손과 편 팔로 애굽에서 건져내신 것을 잊었다고 책망하셨습니다. 기독교는 십자가의 정신을 잃는 순간 타락하게 됩니다. 그리고 타락한 교회를 치료하는 복음은 언제나 로마서였습니다.

다시 이 로마서를 통해서 우리나라 교회가 치유되고 사람들 속에 있는 음란과 광기가 치유되기를 바랍니다. 이것이 치유되지 못하면 결국 네로 같은 미친 광인이 나오게 되고 수많은 사람이 죽는 내란이 일어나게 되고 도미티아누스 같은 정신 이상자가 황제가 되어서 자기가 신이라고 하며 그리스도인들을 박해하게 되는 것입니다.

3. 새로운 왕의 등장

바울 당시의 로마 황제는 세계를 지배하는 사람이었습니다. 로마 황제의 말에 반항하는 나라나 개인은 모두 처참하게 멸망해야 했습니다. 로마는 갈리아라고 불렸던 지금의 프랑스 지역을 정복했고 유대와 그리스와 애굽을 정복했습니다. 또 유럽과 아프리카와 아시아를 하나로 만들었습니다.

그러나 이러한 때 사도 바울은 새로운 왕이 계시다고 선언했던 것입니다. 그 새로운 왕은 죽음과 죄를 정복한 왕이었던 것입니다. 병든 사람을 다 죽이고 왕이 되는 것이 최고일까요, 아니면 죄를 이기고 죽음을 이기는 것이 최고일까요? 물론 눈으로 보기에는 병자들을 죽이고 짓밟고 정복하는 왕이 최고인 것 같지만 결국은 자기 자신도 죽게 되는 것입니다.

그러나 전 세계의 왕은 따로 있습니다. 그는 바로 죄를 이기고 죽음을 이기신 예수 그리스도입니다. 사도 바울은 자기가 바로 이 왕의 종이요 사신으로 로마에 편지를 쓴다고 서두에 언급하고 있습니다.

> 1:1-2, "예수 그리스도의 종 바울은 사도로 부르심을 받아 하나님의 복음을 위하여 택정함을 입었으니 이 복음은 하나님이 선지자들을 통하여 그의 아들에 관하여 성경에 미리 약속하신 것이라"

사도 바울은 온 세상의 창조자이고 주인이신 하나님이 계신다고 말씀하고 있습니다. 로마의 종교는 다신교였습니다. 로마는 그리스의 신들을 다 로마식으로 받아들였습니다. 그런데 로마는 힘을 믿었습니다. 즉 힘을 가진 자가 세계를 지배하는 것이었습니다. 사람들은 이 세상에서 최고로 문명화된 나라는 로마이며, 로마 시민이 되는 것이 가장 복 받은 것이며, 로마 황제는 세계 최고의 사람이라고 생각했습니다.

그러나 성경은 온 세상의 주인이 되시는 하나님이 계신다고 밝히고 있습니다. 결국 인간은 하나님께서 만드신 세상에 세 들어 사는 사람에 불과한 것입니다. 그가 왕이든지 학자든지 부자이든지 이 세상에 아무 권력이 없는 사람이었습니다. 그런데 그들은 사람을 지배해서 왕이 되고 귀족이 되었습니다. 그리고 하나님은 그들이 하는 것을 조용히 지켜보고 계셨습니다. 그 이유는 이들이 모두 고칠 수 없는 병에 걸린 사람들이었기 때문입니다.

그런데 하나님은 우리 인간의 병을 고칠 계획을 가지고 계셨습니다. 그것은 바로 죄이고 음란이고 광기의 병을 고치는 것이었습니다. 인간의 병을 고치는 비결은 인간의 본성을 바꾸는 것밖에 없었는데 그것은 결국 인간의 오장육부와 피와 생각을 전부 다 바꾸는 것이었습니다. 과연 이것을 해낼 수 있는 사람이 있을까요? 인간 중에는 아무도 없었습니다.

그러나 하나님에게는 비밀이 하나 있었습니다. 그것은 하나님에게 아들이 한 분 계시다는 사실이었습니다. 하나님께서는 너무 이 아들을 아끼셔서 인간에게는 감추어놓으셨습니다. 하나님은 이 미친 인간을 다 멸망시키면 되지만 하나님은 그들을 사랑하셨습니다. 그래서 하나님의 외아들을 이 세상에 보내셔서 그의 피를 통해서 인간을 치료하시기로 작정하셨습니다.

사도 바울은 바로 그 그리스도의 종이라고 했습니다. 이것은 예수 그리스도가 실제로 계신다는 것을 의미합니다. 종이 있으면 주인은 틀림없이 있기 때문입니다. 그러나 이 종은 쇠사슬에 매인 종이 아니었습니다. 이 종은 최고의 지성인이었고 최고의 학자였습니다. 바울은 사도로 보냄을 받았습니다. 그 이유는 바로 이 왕에 대하여 증언하기 위해서였습니다.

사도 바울은 이 왕에 대하여 증언했습니다.

1:3-4, "그의 아들에 관하여 말하면 육신으로는 다윗의 혈통에서 나셨고 성결의 영으로는 죽은 자들 가운데서 부활하사 능력으로 하나님의 아들로 선포되셨으니 곧 우리 주 예수 그리스도시니라"

예수 그리스도는 로마인이 아니었습니다. 그는 육신적으로는 유대인의 왕의 혈통이었습니다. 그러나 실제로 그는 거룩한 영이었고 인간이셨습니다. 그는 죽임을 당하셨지만 죽은 자 가운데서 다시 살아나셔서 하나님의 아들로 선포되신 분이었습니다. 그와 가까운 자들도 예수 그리스도를 하나님의 아들로 믿지 않았지만, 죽음에서 다시 살아나시는 부활을 통해서 하나님이 확실히 계시며 예수님은 하나님의 아들이신 것을 믿게 되었습니다.

우리가 이 세상을 완전히 복음화하는 것은 불가능합니다. 왜냐하면 이 죄 마귀가 있고 인간은 하나님을 싫어하고 대적하고 있기 때문입니다. 그래서 섣불리 이 세상을 복음화시키려고 덤벼들다가는 오히려 사탄에게 공격받기 쉽습니다.

예수 그리스도는 한순간에 무력으로 로마 황제를 무찌르지 않습니다. 그 이유는 로마에도 예수를 믿을 사람들이 많이 있기 때문입니다. 우리가 하나님의 백성이 되는 비결은 하나님의 복음을 믿고 순종하는 것입니다.

1:5-6, "그로 말미암아 우리가 은혜와 사도의 직분을 받아 그의 이름을

위하여 모든 이방인 중에서 믿어 순종하게 하나니 너희도 그들 중에서 예수 그리스도의 것으로 부르심을 받은 자니라"

예수님은 이 세상에 군대를 보내시지 않고 은혜와 사도를 보내셨습니다. 여기서 은혜라는 것은 '성령의 능력'을 말하는 것입니다. 사도들은 우리에게 복음을 전해주었습니다. 이 복음이 우리의 인생을 바꾸었습니다. 우리는 이제 오직 예수 그리스도의 이름을 위하여 사는 자들이 되었습니다. 우리는 오직 예수님의 이름에 속한 자들이고, 그분의 말씀에 순종해서 사는 자들입니다. 우리는 결국 두 소속의 사람들입니다. 우리는 이 세상에 살지만 하나님의 백성입니다.

두 소속으로 산다는 것은 굉장히 재미있고 창의적인 것입니다. 우리는 모두 두 개의 옷을 가지고 있습니다. 하나는 이 세상에서의 직업이고, 다른 하나는 하나님 앞에서의 신분입니다. 우리의 정체는 두 가지입니다. 그러나 하나님 앞에서의 정체가 진짜 정체입니다. 이 세상에서 가장 위대한 것은 그리스도인이 되는 것입니다. 그리스도의 종이 되는 것은 더 위대한 것입니다. 왜냐하면 하나님의 나라에서는 종이 더 위대하기 때문입니다.

사도 바울은 로마에 있는 그리스도인들이 세상을 사랑하며 로마 사람들처럼 살고 싶어 한다는 것을 알았습니다. 그러나 로마인들은 죄인이었고 광기에 빠진 사람들이었습니다. 복음은 죄에 빠진 자를 구원하는 위대한 능력입니다. 우리나라도 점점 사람들이 미쳐가고 있습니다. 이 미친 세상에서 우리는 어떻게 살아가야 할까요? 같이 미쳐버리는 것이 좋을까요? 하나님의 은혜로 이 세상의 광기가 가라앉기를 소망합니다.

02

또 다른 인생
롬 1:3-7

사람들은 모두

두 번의 인생을 사는 것 같습니다. 하나는 살기 위해 돈을 벌기 위해서 남들이 하는 대로 하는 삶이 있는가 하면, 다른 하나는 새로운 세계를 발견하고 다른 사람을 위해서 사는 인생이 있는 것입니다. 우리 인간은 일단 눈에 보이는 인생을 살게 됩니다. 우리가 눈에 보이는 인생을 살 때 돈을 많이 버는 것이 최고이고 권력을 가지는 것이 최고입니다. 그런데 놀랍게도 이 세상에는 우리 눈에 보이지 않는 또 다른 인생이 있습니다. 그것은 바로 하나님을 알고 하나님의 능력으로 사는 인생입니다.

성경에는 이 두 개의 인생을 너무나도 극적으로 살았던 사람들이 있습니다. 그중에 모세가 있습니다. 모세는 애굽 왕의 공주의 아들로 입양되어서 애굽에서 최고의 영화와 부귀를 누리면서 살았습니다. 모세는 잘하면 애굽의 왕이 될 수도 있는 자리에 있었습니다. 그러나 그는 그런 것으로 만족할 수 없었습니다. 모세는 결국 왕궁에서 나오게 되면서 40년을 방황한 끝에 시내산에서 떨기나무 불 가운데서 말씀하시는 하나님을 만나게 됩니다.

그리고 모세는 완전히 새로운 인생을 살게 되었습니다. 그것은 이 세상의 부귀와 영화와 권력으로 사는 인생이 아니고 하나님의 말씀과 능력으로 사는 인생이었습니다. 그 이후에 모세가 하나님의 말씀에 순종해서 지팡이를 휘두르면 거기서 엄청난 기적이 나타나기 시작했습니다. 그는 지팡이 하나로 세계 최강의 나라 애굽을 굴복시키고 거기서 이스라엘 백성을 구원해 냈습니다.

그리고 사도 바울을 들 수 있습니다. 그는 길리기아 다소 사람이었습니다. 사울은 어려서부터 머리가 굉장히 좋았던 것 같습니다. 그래서 예루살렘으로 유학 가서 최고로 엄격한 학파로 유명했던 가말리엘 선생의 제자가 되어서 우수한 학생이 되었습니다. 그는 예수라는 사람에 대하여 듣기는 했지만 모두 거짓말이고 미친 사람들이 하는 소리라고 생각했습니다. 그래서 그는 예수 믿는 사람들은 모두 이단이고 이들을 모두 없애야 한다고 생각해서 예루살렘에서 가택 수색을 해서 그들을 잡아내었습니다.

그리고 그는 더 많은 예수 믿는 사람을 체포하기 위하여 다메섹으로 가는 길에서 정오에 태양보다 더 밝은 빛을 보고 쓰러지게 됩니다. 그는 거기에서 누군가가 자기를 향하여 말씀하는 음성을 듣게 됩니다. "사울아 사울아 네가 어찌하여 나를 박해하느냐?" 그때 바울은 "주여, 누구십니까?"라고 물었을 때 그분은 "나는 네가 박해하는 예수다"라고 대답하셨습니다. 바울은 이 세상의 눈에 보이는 것이 전부이고 이 세상에서 사람에게 인정받고 유명하게 되는 것이 최고라고 생각했는데 완전히 다른 세상이 있었던 것입니다. 그것은 십자가에 못 박혀 죽었던 예수가 살아계실 뿐 아니라 하나님의 영광으로 나타나셔서 말씀하시는 말씀의 세계였던 것입니다. 사도 바울은 그 예수님 앞에 거꾸러졌습니다. 그리고 완전히 다른 인생을 살게 되었는데 모든 나라를 돌아다니면서 복음을 전하는 그리스도의 종이 되었습니다.

우리 인간의 마음속에는 말로 표현할 수 없는 갈증이 있는데, 그것은 바로 영원을 갈망하는 마음입니다. 우리 마음의 그 갈증은 하나님을 만나야 시원해질 수 있고, 그때부터 우리는 새로운 인생을 살게 되는 것입니다.

1. 인생의 분기점

우리 인간은 한 가지 가정을 해볼 필요가 있습니다. 그것은 과연 이 세상에 하나님이 계실까 하는 것입니다. 만일 하나님이 진짜 계신다면 우리는 하나님을 만나야 하고 하나님의 이야기를 들어야 하며 하나님의 사랑을 받아야 합니다. 그러나 우리는 하나님이 계실 리가 없다고 생각합니다. 왜냐하면 하나님은 눈에 보이지도 않고 우리가 이 세상에서 살아가는 것이 너무 절박하고 너무 큰 차별이 있기 때문입니다.

로마에서 로마인과 비로마인의 차이는 엄청나게 컸습니다. 그리고 로마에서 자유인과 노예의 차이는 엄청났습니다. 노예는 인간 취급을 받지 못했습니다. 그런데 어느 날 로마인들은 이상한 이야기를 듣게 되었습니다. 그것은 바로 하나님이 우리를 사랑하신다는 이야기였습니다. 이 세상에 노예를 사랑하는 사람이 누가 있겠습니까? 그런데 바로 천지를 지으신 하나님이 나를 사랑하시며 찾고 계신다는 소식이었습니다. 그런데 다른 것도 아니고 하나님의 아들이 직접 이 세상에 오셔서 나를 대신하여 죽으시고 다시 살아나셔서 직접 하나님이 나를 사랑하신다고 말씀하셨다는 것입니다.

그분은 인간이셨습니다.

1:3, "그의 아들에 관하여 말하면 육신으로는 다윗의 혈통에서 나셨고"

하나님의 아들은 인간이셨습니다. 그는 로마인도 아니었고 부자도 아니었습니다. 그는 노예보다 훨씬 더 비참한 죄인이 되셨고, 죽도록 채찍에 맞으셨고, 결국은 로마의 노예들이 가장 무서워하는 십자가에 못 박혀 죽으셨습니다.

그러나 이것이 끝이 아니었습니다. 4절에 보면 "성결의 영으로는"이라고 했습니다. 이 세상에는 사람들이 이해할 수 없는 '성결의 영'이 있다는 것입니다. 이 성결의 영이 없으므로 음란하게 살고 정욕적으로 살고 분노로 살아서 서로 죽이고 매춘굴에 가고 돈을 위해서 양심을 다 팔아먹는 것입니다. 그런데 놀라운 것은 우리 인간이 알지 못하는 또 다른 영이 있다는 것입니다.

예수님은 어떤 분이십니까?

1:4, "성결의 영으로는 죽은 자들 가운데서 부활하사 능력으로 하나님의 아들로 선포되셨으니"

예수님도 죽은지 사흘 만에 다시 살아나시기 전까지는 그가 하나님의 아들이신 것을 확실히는 알지 못했습니다. 심지어 예수님의 가족이나 제자나 많은 유대인도 그가 하나님의 아들이신지 잘 알지 못했습니다. 사람들은 예수님의 정체에 대하여 긴가민가했던 것입니다. 그런데 그가 로마에서 가장 비참한 형벌인 십자가에 못 박혀 죽으시고 사흘 만에 다시 살아나셨을 때 예수님이 하나님의 아들이신 것을 확실히 믿게 되었습니다. 그래서 이번 개정개역에는 "선포되셨으니"라고 되어있지만 옛날 개역성경에는 "인정되셨으니"로 번역되었습니다. 즉 모든 사람이 예수님은 하나님의 아들이시고 하나님이 우리를 사랑하신다는 것을 확실히 믿게 되었던 것입니다.

우리는 '만약 하나님이 계신다'라고 가정하는데 그것이 사실입니다. 하나님은 확실히 계신 것입니다. 그리고 하나님은 확실히 우리를 사랑하시는 것입니다. 이것이 사실이라면 우리는 어떻게 해야 하겠습니까? 다른 어떤 것보다 하나님을 찾는 것이 가장 먼저 해야 할 일일 것입니다. 그래서 우리 인생에 하나님의 말씀을 듣는 것이 우리 인생의 분깃점입니다. 그 하나님의 말씀은 어떤 말씀입니까? 하나님이 나를 사랑하신다는 말씀입니다. 그리고 하나님의 아들이 직접 오셔서 그 말씀을 전해주신 것입니다.

2. 하나님을 만났을 때 나타나는 변화

우리는 하나님의 말씀을 들음으로 하나님을 만납니다. 그런데 처음 들을 때에는 믿어지지 않는 소문 정도이지만 나중에 실제로 하나님을 만날 때에는 모세가 불 가운데서 하나님의 음성을 들었던 것처럼 마음이 뜨거워지고, 바울이 예수님을 만났던 것처럼 눈을 뜰 수 없는 빛 가운데서 하나님의 말씀을 듣게 됩니다. 그런데 가장 중요한 것이 무엇일까요? 그것은 바로 우리에게 '성결의 영'이 임한다는 것입니다.

우리 인간은 이 세상에 살면서 아무리 돈을 벌고 성공해도 무엇인가 표현할 수 없는 답답함이 마음속에 있습니다. 그것은 바로 우리의 양심이 죄로 인하여 딱딱해지는 섯입니다. 모든 인간은 양심경화증에 걸려서 양심이 딱딱하게 굳어져 가고 있습니다. 양심이 딱딱해지면 수치심을 느끼지 못하고 잔인해지며 비열해지며 굉장히 뻔뻔스러워지게 됩니다. 그래서 결국 세상에서는 거짓말하는 자가 성공하게 되고 정직한 자는 오히려 죄를 뒤집어쓰게 되는 것입니다.

그런데 예수를 믿고 하나님의 사랑을 믿으면 성결의 영이 임하면서 먼저 굳은 양심을 치료해주시고 우리 안에 있는 모든 죄를 다 깨끗하게 씻어주십니다. 우리의 더러운 피까지 깨끗하게 해주시는 것입니다. 이때 그 시원함은 말로 표현할 수 없습니다. 이때 우리는 처음으로 자신이 소중한 존재라는 것을 깨닫게 됩니다. 그리고 예수 믿는 사람들은 죄를 지으면서 돈을 많이 버는 것과 가난하면서 깨끗하게 사는 것 중에서 깨끗한 것이 훨씬 더 기쁜 삶이라는 것을 알게 됩니다. 예수를 믿으면 성결의 영이 나의 온 마음을 깨끗하게 씻어줍니다.

하나님은 우리에게 사랑을 가르쳐주십니다. 우리 인간이 이 세상에서 아는 사랑은 남녀 사랑이나 자식 사랑 정도일 것입니다. 하나님은 우리 자신을 사랑하게 하십니다. 하나님은 우리 자신이 있는 그대로 존귀하다는 것을 가르쳐주십니다. 그리고 하나님은 우리가 존귀한 만큼 다른 사람들도 모두 사랑받을 자격이 있다는 것을 깨닫게 하십니다.

그리고 우리는 살아가는 목적이 달라집니다. 성결의 영이 오기 전까지 우리는 하나님이 계신 것을 몰랐습니다. 그래서 우리는 이 세상에서 법에 걸리지 않는 범위 안에서 하고 싶은 대로 내 능력대로 하면서 살면 그만이었습니다. 그런데 우리는 하나님을 만나게 되었습니다. 하나님은 우리를 아들로 삼으셔서 먹고 사는 것으로 걱정하지 말라고 하셨습니다. 우리는 하나님의 말씀을 들으면서 살면 되고 또 하나님의 뜻을 이루어드리기 위해서 살면 되는 것입니다.

그런데 하나님의 뜻을 아는 것이 참 어렵습니다. 나에 대한 하나님의 뜻은 무엇일까요? 예수님은 베드로에게는 죽음으로 하나님께 영광 돌릴 것을 말씀하셨습니다. "네가 젊어서는 스스로 띠 띠고 원하는 곳으로 다녔지만 늙어서는 다른 사람들이 네게 띠를 띠우고 원하지 않는 곳으로 데려가리라"고 하신 것입니다(요 21:18). 예수님은 온 인류를 위해서 죽으셨지만 베드로는 로마의 성도들과 함께 죽게 됩니다. 예수님은 네로의 박해 때 로마에 있는 교인들만 버려두시지 않고 예수님이 사랑하시는 제자를 보내셔서 함께 죽게 하셨습니다.

예수님은 사도 바울에게 온 이방의 빛이 되리라고 말씀하셨습니다. 그래서 사도 바울은 이방인의 사도가 되었고 또 편지를 통해서 기독교의 터를 닦는 일을 했습니다. 사도 요한은 순교를 당하지는 않았지만 도미티아누스 황제 때 밧모섬으로 유배되어가서 소아시아의 일곱 교회에 편지하게 하셨고 앞으로 될 일에 대하여 예언하게 하셨습니다. 그러나 그는 밧모섬에서 다시 나와서 모든 민족과 열방에 하나님의 말씀을 전했습니다.

마태는 세금을 받는 세리였지만 유대인들에게 복음을 전하는 자가 되었습니다. 누가는 의사였지만 누가복음과 사도행전이라는 탁월한 책을 썼습니다. 제자 야고보는 오순절이 지나고 얼마 되지 않아서 목이 베어서 죽었지만 예수님의 동생 야고보는 예루살렘의 총회장 역할을 하였고 나중에 야고보서를 남겼습니다. 그리고 예수님의 동생 유다는 유다서라는 짧은 서신을 남겼습니다. 빌레몬서에 나오는 오네시모는 도망친 노예였지만 감옥에서 사도 바울의 전도를 받고 나중에 사도 바울의 서신을 다 모으는 일을 하게 됩니다. 헨델은 오페라에서 실패하고 두 번의 심장발작을 일으켰지만 약을 살 돈도 없었다고 합니다. 그러나 그는 빚진 자들을 위한 자선 음악회의 제안을 받고 〈메시야〉를 작곡하게 됩니다. 그리고 그 음악은 불후의 명작이 되었습니다.

우리는 지금 당장은 하나님의 뜻을 다 알 수 없습니다. 그러나 하루하루를 하나님의 뜻대로 살아가다 보면 나중에 하나님의 뜻을 깨닫게 될 것입니다. 예수님도 산상설교도 하시고 많은 병자도 고치셨지만 결국 그에 대한 하나님의 뜻은 십자가 위에서 죽으시고 다시 사시는 것이었습니다.

3. 하나님의 백성과 현실

원래 로마에 있는 이방인이 예수를 믿는다는 것은 불가능한 일처럼 보였습니다. 왜냐하면 이 당시 사람들에게 로마라는 나라가 주는 매력과 권세와 영광이 너무나도 대단했기 때문에 로마를 믿지 않고 먼 유대나라에서 이미 십자가에 못 박혀 죽은 사람을 믿는다는 것은 말도 되지도 않는 일이었기 때문입니다. 그런데 놀라운 것은 예수님에 대한 이야기를 듣는 사람 중에서 예수 믿는 사람들이 자꾸 생겼다는 것입니다. 바로 복음이 사람의 마음을 깨끗하게 하는 능력이 있었기 때문입니다. 그들은 복음을 들으면서 마음이 깨끗해지는 것을 느꼈고 마음에 하나님과 자신에 대한 사랑이 생기는 것을 느꼈습니다. 그래서 현실적으로는 불가능한 일이 생겼습니다. 바로 로마에 있는 이방인들이 자꾸 예수를 믿게 되는 것이었습니다. 이것이 바로 복음의 능력이었습니다.

> 1:5-7, "그로 말미암아 우리가 은혜와 사도의 직분을 받아 그의 이름을 위하여 모든 이방인 중에서 믿어 순종하게 하나니 너희도 그들 중에서 예수 그리스도의 것으로 부르심을 받은 자니라 로마에서 하나님의 사랑하심을 받고 성도로 부르심을 받은 모든 자에게 하나님 우리 아버지와 주 예수 그리스도로부터 은혜와 평강이 있기를 원하노라"

그리스도인들은 이방인 출신이지만 하나님의 말씀을 듣고 하나님의 말씀에 순종해서 사는 자들이었습니다. 그들은 로마의 다신교를 믿지 않고 오직 하나님 한 분과 예수 그리스도를 믿었으며 하나님의 이름에 속한 자들이었습니다. 그들은 모두 하나님의 이름을 위하여 사는 자들이었습니다.

그러나 로마라는 현실은 가혹했습니다. 로마는 로마인과 외국인의 차별이 엄격했고, 주인과 노예는 사람과 짐승의 차이와 같았습니다. 그럼에도 불구하고 그들이 예수의 이름을 배반하지 않고 끝까지 믿은 이유가 무엇일까요? 첫 번째는 하나님의 사랑이었습니다. 그들을 사랑해준 사람은 이 세상에서 하나님밖에 없었습니다. 그들에게 사랑받을 가치가 있다고 말씀하신 분은 예수님 밖에 없었습니다.

그리고 두 번째는 그들의 마음이 깨끗해진 것이었습니다. 그들이 예수 믿기 전에는 정말 더러운 인생 밑바닥의 생활을 했었습니다. 그러나 놀랍게도 예수 믿고 난 후 그들의 인생은 너무나도 깨끗해지게 되었습니다. 그리고 그들에게는 하나님의 자녀라는 자부심이 생기게 되었습니다. 그리고 예수님이 살아계신다는 것이 가까이 믿어졌습니다. 그리고 그들은 예수님이 죽은 자 가운데서 부활하신 것 같이 자기들도 영원히 살 것을 믿었습니다.

그들에게 이 세상은 잠깐 살다가 지나가는 인생 정거장과 같은 것이고, 그들에게는 가야 할 집이 있다는 것을 알았습니다. 로마는 그들이 천국 가는 길목에 있는 허영의 시장이었습니다. 요한계시록에서 하나님께서는 로마는 온 세상을 유혹하는 음부라고 말씀하셨습니다. 로마는 술집이었던 것입니다. 아무리 색색 등을 켜놓고 화장을 한 여인들이 들어오라고 해도 들어가면 안 되는 것입니다. 하나님의 백성들은 차라리 이 세상에서 고난당할 때 더 깨끗하게 살게 됩니다.

우리가 천국에 가려고 하면 이 허영의 도시를 안 지나갈 수는 없습니다. 그러나 이 허영의 도시에서 천년만년 잘 살 생각을 해서는 안 됩니다. 우리는 부지런히 천성을 향해서 걸음을 옮겨야 합니다. 우리 생각에는 이 세상사는 기간이 긴 것 같고 그것이 전부인 것 같지만 이 세상 인생은 짧고 또 다른 생이 있습니다. 그것은 우리가 말씀에 순종해서 사는 인생이고 하나님의 자녀로 사는 인생입니다.

03

복음에 빚진 자
롬 1:8-17

아차대전 때 나치가

유대인 어린이들까지 다 수용소로 보내어 죽이려 할 때 유대인 어린이들만 따로 빼돌려서 그 아이들을 영국에 보내 입양시켰던 사람이 있습니다. 그런데 그 사람은 마지막 기차에 보내었던 아이들을 구하지 못해서 생사를 알 수 없게 되었습니다. 그래서 그는 그 아이들을 구하지 못했다는 죄책감으로 굉장히 괴로워하면서 살았습니다. 그러던 어느 날 그의 부인이 다락을 정리하다 보니까 자기 남편이 피난시켰던 유대인 어린이들의 사진과 서류가 있는 것을 보고 방송국에 알렸습니다. 방송국에서는 비밀리에 그 아이들을 찾아보았습니다. 이제 그 아이들은 모두 어른이 되어있었습니다. 방송국은 특별 프로그램을 만들어서 그 노인과 이미 어른이 된 옛날 어린이들을 다 함께 모이게 했는데, 그 어른이 된 어린아이와 그의 자녀들은 이미 수천 명이 되어 있었습니다. 아나운서는 그 노인을 일어서게 하고 그 사연을 이야기하고 그 자리에 모인 사람들은 모두 그 노인에게 감사의 노래를 불렀습니다. 노인은 감격했습니다.

만약 우리가 천국에 들어갈 수 있는 초대장을 여러 장 하나님으로부터 받았다면 어떻게 하겠습니까? 우리는 어떻게 해서든지 이 천국의 초대장을 한 장도 허비하지 않고 친한 사람이나 아는 사람 심지어는 모르는 사람에게까지도 빠짐없이 다 나누어 주어서 꼭 천국에 가게 하려고 할 것입니다.

사도 바울은 예수님으로부터 복음이라는 영생의 초대장을 받았습니다. 사도 바울을 어떻게 해서든지 이 복음의 초대장을 한 장이라도 허비하지 않고 한 사람이라도 천국에 더 초대하기 위하여 여러 나라를 돌아다녔습니다. 그런데 복음에 대한 사람들의 반응은 다양했습니다. 소아시아의 비시디아 안디옥 같은 곳에서는 폭발적인 반응을 보여서 온 도시 사람들이 거의 다 말씀을 들으러 왔습니다. 그러나 아테네 같은 곳은 지성의 도시라고 하면서도 냉담한 반응을 보였습니다. 그리고 사도 바울은 에베소와 고린도에서도 놀라운 부흥을 체험했습니다.

이제 사도 바울은 로마를 기대하고 있었습니다. 로마도 타락한 것에 있어서는 고린도나 에베소에 뒤지지 않았습니다. 어쩌면 로마는 세계에서 가장 타락한 도시일 수도 있었습니다. 그런데 하나님의 은혜의 놀라운 점은 가장 타락한 곳에서 가장 뜨거운 부흥이 일어난다는 사실이었습니다. 그래서 사도 바울은 로마에 대하여 비상한 관심을 가지고 기도를 해오고 있었습니다.

1. 열매 맺는 신앙

먼저 사도 바울은 로마 교회의 교인들의 신앙이 온 세상에 전파되는 것에 대하여 감사한다고 했습니다.

1:8, "먼저 내가 예수 그리스도로 말미암아 너희 모든 사람에 관하여 내 하나님께 감사함은 너희 믿음이 온 세상에 전파됨이로다"

로마는 정치의 도시였고 사치의 도시였습니다. 그런데 온 세상에 로마의 정치 또는 사창가의 소식, 검투사나 마차 경기에 대한 소식이 아닌 로마 교인들의 소식이 전파되고 있었던 것입니다. 즉 클라우디우스 황제가 유대인에게 추방령을 내리고 난 후에도 노예나 이방인을 중심으로 해서 교회가 모이고 있었고, 그들이 신앙을 버리지 않고 계속 예수를 믿고 있다는 반가운 소식이 전파되고 있었던 것입니다.

그런데 사도 바울은 자기가 로마 교인들을 위하여 비상한 관심을 항상 가지고 있었던 것을 이야기하고 있습니다.

1:9-10, "내가 그의 아들의 복음 안에서 내 심령으로 섬기는 하나님이 나의 증인이 되시거니와 항상 내 기도에 쉬지 않고 너희를 말하며 어떻게 하든지 이제 하나님의 뜻 안에서 너희에게로 나아갈 좋은 길 얻기를 구하노라"

사도 바울은 하나님이 증인이 되시는데, 자기는 기도할 때마다 지금까지 한 번도 본 적이 없는 로마 교인들을 위하여 기도하고 있고 그들을 찾아가기를 원하고 있었다고 했습니다. 만약 한 번도 나를 본 적이 없는 사람이 나를 위하여 기도한다고 하면 우리는 거짓말이라고 생각할 것입니다. 한 번도 본 적이 없고 어떻게 생긴 지도 모르는 사람을 위해서 계속 기도한다는 것은 쉬운 일이 아니기 때문입니다. 그런데 만일 이것이 사실이라면, 나는 엄청나게 중요한 사람일 것이며 복 받은 사람일 것입니다.

사도 바울은 자기가 로마 교인들에게 특별한 관심을 가졌던 이유를 설명합니다.

1:11, "내가 너희 보기를 간절히 원하는 것은 어떤 신령한 은사를 너희에게 나누어 주어 너희를 견고하게 하려 함이니"

여기서 사도 바울은 "어떤 신령한 은사"를 말하고 있고 "너희를 견고하게" 하려 한다고 말하고 있습니다. 여기서 우선 그들을 견고하게 한다는 것은 그들이 약하다는 것을 의미합니다. 로마 교인들은 신앙적으로 아주 약한 가운데 있었던 것 같습니다. 그들은 마치 강한 몽둥이나 망치로 때리면 부서질 것 같은 약한 신앙을 가지고 있었던 것입니다.

그러면 여기서 "신령한 은사"는 무엇을 말할까요? 그것은 사도 바울이 가지고 있었던 예수 그리스도의 십자가에 대한 특별한 지식을 말하는 것으로, 예수 그리스도의 보혈이 어떻게 죄를 이기는가 하는 것이었습니다.

여기서 우리는 두 가지 세계를 볼 수 있어야 합니다. 하나는 바로 육신의 세계이고, 다른 하나는 영의 세계입니다. 아마 육신적으로 보면 로마가 세계 최고였을 것입니다. 육신적으로는 자유를 얻는 것이 중요하고 돈이 중요하고 권력이 중요합니다. 그러나 영으로는 완전히 다른 세계가 있는 것입니다. 그것은 바로 우리 영이 죄 용서를 받고, 우리 영이 하나님을 기뻐하며, 우리 영이 하나님의 말씀으로 사는 것입니다. 우리는 육신의 행복을 위하여 이 세상을 살아갈 때가 많습니다. 그러나 이 육신은 껍데기에 불과하고 정말 중요한 것은 영입니다. 그래서 예수님은 너희 육신만 죽이는 사람을 두려워하지 말고 영혼과 육신을 함께 지옥에 던지는 하나님을 두려워하라고 말씀하셨습니다(마 10:28).

사도 바울은 바로 복음에 그 능력이 있다는 것을 알았습니다. 이것이 바로 '신령한 은사'라는 것입니다.

이어서 사도 바울은 로마 교인들에게 너희가 열매 맺기를 바란다고 했습니다(13절). 이 열매 맺는 것에 대해서는 세례 요한이 먼저 사용했는데, 세례 요한은 유대인들에게 회개에 합당한 열매를 맺어야 한다고 했습니다(마 3:8). 세례 요한은 식물이 싹이 나고 줄기가 생기거나 심지어는 꽃이 핀 것으로 만족할 수 없고 반드시 열매를 맺어야 한다고 했습니다. 열매는 맛이 있는 과일이고 그 안에 씨가 가득 들어 있습니다. 이것은 바로 부흥의 열매를 말하는 것입니다.

사도 바울은 비시디아 안디옥과 루스드라, 에베소와 고린도에서 영적인 부흥이 일어나는 것을 체험했습니다. 그래서 사도 바울은 로마에 있는 그리스도인들도 그의 복음을 듣고 온 도시를 변화시킬 수 있는 대부흥이 일어나기를 바랐던 것입니다.

2. 복음에 빚진 자

이 세상에서 가장 마음에 억눌림을 받는 사람들이 있다면 아마 빚을 진 사람들일 것입니다. 남의 돈을 빌려서 빚을 진 사람은 그 빚을 다 갚기까지는 결코 마음이 편하지 못할 것입니다. 그래서 이 세상에서 가장 마음에 억눌리는 것은 바로 빚을 지고 있는 것입니다. 그런데 사도 바울은 자기야말로 바로 이 빚진 자의 마음이고, 그것도 한 사람이 아니라 여러 사람에게 빚을 지고 있다고 말하고 있습니다.

> 1:14, "헬라인이나 야만인이나 지혜 있는 자나 어리석은 자에게 다 내가 빚진 자라"

사도 바울은 자기가 빚진 자라고 말하고 있습니다. 사도 바울은 돈으로 빚진 것이 아니라 바로 예수님의 사랑에 빚을 지고 있다는 것입니다. 사도 바울은 하나님 앞에서 악한 죄인이었습니다. 그는 예수님을 박해했고 교회를 박해했고 기독교인들을 옥에 잡아 가두고 예수를 부인하도록 강요했습니다. 그런데 예수님이 자기 같은 죄인을 위하여 죽으시고 자기에게 나타나셨습니다. 그리고 예수님은 자기 같은 죄인에게 모든 죄인을 살리는 복음을 맡겨주셨습니다. 만약 사도 바울이 이 복음을 깔고 앉아서 사용하지 않았다면 모든 전 세계의 이방인은 지옥에 갈 수밖에 없었습니다. 예수님은 자신의 피 묻은 손으로 사도 바울에게 이방인에게 복음 전하는 일을 부탁하셨던 것입니다.

사도 바울은 이 복음의 가치를 알았습니다. 누구든지 이 복음을 들으면 새사람으로 태어나게 됩니다. 그들은 하나님을 알게 되고 놀라운 하나님의 세계 안에 들어갈 수 있습니다. 그들은 결국 영생을 얻게 되고 하나님의 나라를 상속하게 됩니다. 영생을 얻는다는 것이 얼마나 중요합니까?

우리 예수 믿는 자들에게는 하나님의 위대한 약속이 하나 있습니다. 그것은 하나님이 우리를 다시 살리신다는 것입니다. 우리는 한 번 더 살 수 있습니다. 거기에 비해 복음을 믿지 않는 자는 죄 때문에 영원한 유황불 속으로 들어가게 됩니다. 왜냐하면 죄라고 하는 것은 광우병보다 더 지독하기 때문에 영원히 유황불로 태워야 다른 곳으로 감염이 되지 않기 때문입니다.

그런데 이 사명이 사도 바울에게만 있는 것이 아닙니다. 사실은 이 사명은 우리 모두에게 다 있습니다. 우리가 예수를 전하기만 하면 다른 사람의 생명을 영생으로 건질 수 있습니다. 그러나 우리가 귀찮고 창피하다고 해서 입을 다물고 있으면 결국 광우병이나 구제역에 걸린 짐승이 어느 구역 안에 있으면 모조리 몰살당하게 되는 것처럼 모두 몰살당하게 될 것입니다.

사도 바울은 모든 인간이 바로 이 죄의 병에 걸려 있다는 것을 알

왔습니다. 이 당시 헬라인은 가장 지식이 있는 사람이었고 다뉴브 강 북쪽에 사는 사람들과 게르만족이나 골족은 야만족이었습니다. 헬라인이나 야만족이나 모두 죄의 병에 걸려 있습니다. 그리고 나름대로 똑똑하다는 사람이나 지식이 없는 어리석은 사람이나 모두 죄의 병에 걸려 있었습니다. 사도 바울은 이들 모두에게 빚을 지고 있었습니다. 왜냐하면 이들이 복음을 듣고 예수를 믿거나 믿지 않는 것은 자기들의 의지에 달린 것이지만 누구든지 믿기만 하면 죄에서 해방되고 영생을 얻을 수 있기 때문입니다.

사도 바울은 로마에 있는 교인들에게도 다시 이 복음을 전하고 싶다고 했습니다. 주님이 자기에게만 특별하게 주신 진리가 있기 때문이라고 했습니다. 사도 바울은 로마에 있는 교인들도 바로 이 복음을 들어야 완전히 죄에서 치료될 수 있다고 생각했습니다.

1:15, "그러므로 나는 할 수 있는 대로 로마에 있는 너희에게도 복음 전하기를 원하노라"

만약 우리에게만 다른 사람들의 죽을병을 치료할 수 있는 약이 있다면 다른 것을 다 제쳐놓고 사람들을 살리는 일을 할 것입니다. 그런데 놀라운 것은 모든 사람이 자기가 병에 걸렸다는 것을 인정하지 않는다는 사실입니다. 그러나 모든 사람이 병에 걸린 증거는 모두가 다 죽는다는 사실입니다. 그리고 모든 사람은 자기가 죽고 나면 다 썩어서 없어질 것입니다. 그래서 우리는 다른 사람들에게 일단 신뢰를 얻어야 하고 설득을 해야 합니다.

3. 하나님이 주신 선물

하나님께서 우리 인간에게 주신 놀라운 선물이 있습니다. 그것은 바로 영생의 선물입니다. 예수님은 "나는 부활이요 생명이니 나를 믿는 자는 죽어도 살겠고 무릇 살아서 나를 믿는 자는 영원히 죽지 아니하리니"(요 11:25-26)라고 말씀하셨습니다. 이것은 예수님이 그냥 하실 수 있는 말씀이 아닙니다. 이것은 예수님이 인류의 대표가 되어서 십자가 위에서 죽으시고 죽음을 이기시고 부활하심으로 우리에게 주실 수 있는 선물입니다. 하나님께서는 이 영생의 선물을 복음 안에 넣어서 주셨습니다. 이 복음 안에는 영생이 들어있는 것입니다.

그래서 사도 바울은 이 복음을 절대로 부끄러워하지 않는다고 했습니다.

1:16상, "내가 복음을 부끄러워하지 아니하노니 이 복음은 모든 믿는 자에게 구원을 주시는 하나님의 능력이 됨이라"

이 말은 복음이라는 것이 이 세상에서 인정받지 못하고 자랑스럽게 여겨지지 않다는 것을 알고 있다는 뜻입니다. 이 당시 로마에서는 전쟁에서 이긴 장군을 최고로 인정했습니다. 또 로마 황제는 최고의 권력을 가졌습니다. 원로원들은 귀족이었고 백부장만 되어도 권세가 대단했습니다. 그렇지 않으면 공부를 많이 해서 연설을 잘하는 사람들이 존경을 받았습니다. 그 대표적인 인물이 세네카 같은 사람이었습니다.

그러나 사도 바울은 자신은 복음을 부끄러워하지 않는다고 했습니다. 이 말은 바울은 어디를 가든지 자신은 복음을 믿으며 복음 전하는 자라는 것을 자랑스럽게 이야기할 수 있다는 뜻입니다. 그 이유가 무엇일까요? 복음 안에는 인간의 죄를 치료할 수 있는 능력이 들어있기 때문입니다. 즉 복음은 인간의 운명을 고칠 수 있는 유일한 약이라는 것입니다. 복음은 모든 믿는 자에게 구원을 주시는 하나님의 능력이라고 했습니다. 복음 안에는 인간의 죄를 고치는 예수님의 보혈이 들어있습니다.

가장 중요한 내용이 17절입니다.

1:17, "복음에는 하나님의 의가 나타나서 믿음으로 믿음에 이르게 하나니 기록된 바 오직 의인은 믿음으로 말미암아 살리라 함과 같으니라"

하나님은 그 아들 예수님을 통해서 우리에게 선물을 주셨습니다. 그 선물은 하나님의 의입니다. 여기서 의라는 것은 모든 죄 용서받고 하나님 앞에 당당하게 나아갈 수 있는 자격을 말합니다. 우리 인간은 신을 만나는 것이 최고의 목적입니다. 그러나 어느 누구도 인간은 신에게 나아갈 수 없습니다. 그 이유는 모두 죄인이기 때문입니다. 이것은 마치 죄수가 감옥 밖에 나갈 수 없는 것과 같습니다. 죄수는 말할 자격도 없습니다.

그러나 복음은 우리를 하나님 앞에서 완전하게 죄 없게 합니다. 그것은 하나님과 그 아들 사이의 약속 때문입니다. 우리는 믿음으로 예수를 영접하게 됩니다. 그러면 그 뒤에는 믿음으로 살면 됩니다. 우리는 이 세상 모든 것을 하나님이 시키는 대로 하고 오직 하나님을 믿으면 됩니다. 우리는 미래에 대하여 걱정할 필요가 없습니다. 왜냐하면 하나님을 믿기 때문입니다. 온 천지를 지으신 하나님이 내 아버지이신데 무엇을 걱정하겠습니까? 그래서 하박국 선지는 "의인은 그의 믿음으로 말미암아 살리라"(합 2:4)고 했습니다.

우리는 예수를 믿음으로 의인이 되었습니다. 그래서 눈앞에 어떤 일이 일어나더라도 하나님을 믿음으로 살면 됩니다. 어떻게 살지 걱정하지 마시고 믿음으로 사시기 바랍니다.

04

의인이 될 수 있는가?
롬 1:17

프랑스의 어느 아파트에서

어린아이 하나가 베란다로 기어 나와서 난간에 매달려 있었습니다. 그 어린아이는 거기서 떨어지면 죽을 수밖에 없었습니다. 그런데 갑자기 한 흑인이 벽을 마치 스파이더맨처럼 기어오르더니 어린아이에게 가서 붙들었고 그 아이는 살았습니다. 그 어린아이가 스파이더맨이 올 때까지 떨어지지 않고 난간을 붙들고 있던 것도 대단하지만, 다른 사람들은 모두 보고 있기만 하고 있을 때 자기 가족도 아닌데 벽을 타고 기어 올라가서 이 아이를 구한 사람은 대단한 영웅이 아닐 수 없습니다. 그 후에 프랑스 대통령은 그 흑인 청년을 대통령 관저에 불러서 프랑스 시민권을 주었습니다. 이것은 프랑스 사람에게 너무나도 고마운 일을 한 생명의 은인이라는 뜻이었습니다.

우리는 보통 어떤 사람에 대하여 '저 사람은 의인이다'는 표현을 잘 쓰지 않습니다. 왜냐하면 우리가 사용하는 '의인'이라는 의미 속에는 자기 생명을 희생하면서 다른 사람을 살리려고 하는 사람이라는 의미가 들어있기 때문입니다.

이런 의미에서 본다면 우리는 의인이라기보다는 이기적인 사람에 가깝고, 남을 위해서 자기를 희생하기보다는 자기부터 살리려고 하는 사람일 가능성이 큽니다. 그런데 아이러니컬한 것은 의인과 악인 사이에 별 차이가 없을 때도 있다는 것입니다. 아마 완전한 의인이어야 천국에 갈 수 있다고 한다면 천국에 들어갈 수 있는 사람은 극소수의 사람일 것입니다. 그리고 그런 사람은 자기의 인생은 비참하게 희생하고 그의 가족도 불행하게 하면서 다른 사람의 생명을 건진 사람이든지 좋은 일을 한 사람일 것입니다.

요즘 우리 사회는 과연 정의라고 하는 것이 무엇이냐 하는 것을 두고 많은 논란이 있습니다. 정의는 부자의 돈을 거두어서 가난한 자를 돕는 것이라고 생각하는 사람도 있고, 노동자가 더 많은 혜택을 보는 것이라는 사람도 있고, 북한을 돕는 것이라고 생각하는 사람도 있고, 모든 사람이 각자의 능력대로 살게 해서 나라는 부강하게 하고 전쟁을 막는 것이라고 생각하는 사람들도 있습니다. 이렇게 정의의 문제를 두고 싸우고 있습니다.

오랜 세월 힘이 정의였고 권력이 정의였습니다. 그리고 전쟁에서 이기는 것이 정의였습니다. 전쟁에 지면 모든 사람이 노예가 되거나 죽어야 했고 권력을 빼앗기면 죽든지 무조건 복종해야만 했습니다. 이것이 바로 어둠의 정의였습니다.

본문을 보면 "하나님의 의가 나타났다"고 했습니다. 인간은 자기 나름대로의 정의를 가지고 싸우기도 하고 사람들을 지배하기도 했지만 그 가운데 마치 아침 해가 떠오르는 것처럼 하나님의 정의가 나타나게 된 것입니다.

1:17상, "복음에는 하나님의 의가 나타나서"

여기서 '하나님의 의'라는 것은 완전히 새로운 개념의 정의입니다. 만약 하나님이 정말 계신다면 우리 인간은 자기 의만 주장하고 싸울 것이 아니라 하나님의 의가 무엇인지 배워야 합니다. 하나님만이 우리 인간의 행동을 심판하시는 분이기 때문입니다.

1. 하나님의 의가 나타나서

우리 인간의 의라는 것은 다른 사람의 생명을 살리기 위해서 자기 자신을 희생하거나 혹은 자신의 정의를 위해서 불의와 싸우는 것을 말합니다. 그러나 도대체 하나님의 의라는 것은 무엇을 말할까요? 이것은 하나님 앞에서 아무런 흠이나 잘못이 없는 것을 의미합니다. 우리 인간이 하나님 앞에서 과연 정의로울 수 있을까요? 하나님 앞에서 의롭다고 말할 수 있는 사람은 아무도 없을 것입니다. 우선 우리는 어려서부터 약속을 어길 때가 많이 있었습니다. 돈이나 물건에 있어서 정직하지 않았을 때도 많이 있었습니다. 그리고 우상을 숭배하거나 술을 마시고는 이상한 행동을 할 때도 있었고 약한 자를 괴롭힐 때도 있었습니다.

그러나 나중에 하나님의 말씀을 알고 보면 하나님을 인정하지 않고 자신이 신인 것처럼 말하고 행동한 것 자체가 죄였고 마음속으로 엄청난 살인과 간음과 더러운 짓을 한 것을 깨닫게 됩니다. 우리는 다른 사람이 죽기를 바랄 때도 있었고 음탕한 생각을 할 때도 많이 있었습니다. 그래서 인간은 하나님을 좋아하지 않습니다. 하나님 앞에 나오면 자기의 모든 악한 비밀이 다 드러나게 될까 두렵기 때문입니다. 그래서 성경에는 사람이 빛보다 어둠을 더 사랑했다고 말씀하고 있습니다.

그런데 하나님의 의에는 두 가지 의가 있습니다. 하나는 우리 인간은 하나님 앞에서 도덕적으로나 율법적으로 완전해야 한다는 하나님의 의입니다. 이것이 바로 모세의 법이고 십계명이며 구약의 율법입니다. 이스라엘 백성은 이 하나님의 율법을 지키려고 몸부림을 쳤습니다. 그러나 그들은 지키려고 몸부림치면 칠수록 지킬 수 없었습니다. 인간의 마음속에 있는 죄의 호기심이라는 것이 너무 강하고 집요했기 때문입니다. 인간은 행위로서는 절대로 하나님 앞에 의로워질 수 없었습니다. 이 세상의 모든 인간은 하나님 앞에 의로워질 수 있는 소망이 없었습니다.

그런데 하나님의 한 새로운 의가 나타났습니다. 그것은 바로 예수 그리스도가 주시는 의였습니다. 예수님은 그 자신이 의였습니다. 그는 하나님의 아들이셨고 하나님과 똑같았기 때문입니다. 예수님은 하나님 앞에서 흠이 없었고 불의한 것이 없었습니다. 그런데 그가 이 세상에 오신 것입니다. 그는 빛으로 이 세상에 오셨습니다. 즉 예수님은 자기 안에 하나님의 의를 가지고 오셨던 것입니다.

예수님은 하나님과 약속하셨습니다. 예수님이 끝까지 하나님의 말씀에 순종해서 죽을 때 예수 믿는 사람들은 누구나 예수와 함께 죽고 예수님과 함께 살리시기로 약속하신 것입니다. 그래서 누구든지 예수를 믿는 자는 과거 옛 사람은 죽고 새 사람으로 다시 살게 됩니다. 이때 우리 안에는 하나님의 의가 들어오게 되는데, 우리 죄와 하나님의 의의 교환이 이루어지게 되는 것입니다. 이것이 복음에 나타난 하나님의 의입니다. 즉 누구든지 예수를 믿음으로 하나님 앞에서 완전히 새 사람으로 태어나는 것입니다.

2. 믿음으로 의롭다 하심

하나님은 하나님의 의를 우리에게 선물로 주셨습니다. 누구든지 예수님이 하나님의 아들이시고 내 죄를 대신해서 죽었다는 것을 믿는 사람은 하나님께서 무조건 그의 모든 죄를 도말하시고 의인으로 인정하십니다. 이것이 과연 가능한 일이겠습니까? 우리는 아무 공로도 없고 이 세상에서 경상도 말로 '억수로' 죄를 많이 지은 자들인데, 오직 예수 이름만 믿는다고 해서 의인이 될 수 있겠습니까? 그것이 가능합니다. 왜냐하면 죄라는 것은 겉으로 나타난 행동 이전의 본성이기 때문입니다.

이것을 암세포로 이해하면 좋을 것입니다. 인간은 하나님과의 관계가 끊어지면서 속에 있는 죄에 대한 항체가 없어져 버렸습니다. 그래서 인간의 마음이나 몸 안에는 죄에 발작하는 암세포가 자라고 있는 것입니다. 아무리 인격이 고상하고 교양이 있는 사람이라 하더라도 암세포를 일단 누르고 있는 것이지 암세포가 없는 것은 아닙니다. 이 암에는 가장 중요한 것이 면역성입니다. 일단 사람의 몸에서 면역성이 없어지면 암세포를 키워서 병이 생길 가능성이 높습니다. '후천성면역결핍증'이라는 것은 결국 면역성이 없어지니까 병이란 병은 다 걸려서 죽는 것입니다.

죄라는 것이 바로 발작의 암세포입니다. 하나님을 싫어하고 음란하게 하고 사람을 죽이고 싶을 정도로 미워하고 기분이 나쁘면 욕을 하고 발작하게 하는 암세포입니다. 결국 죄라는 것은 우리 본성 안에 들어있는 것입니다.

그런데 예수님께서 십자가 위에서 피를 흘리심으로 예수 믿는 자들에게 피를 수혈해주셨습니다. 그 피에는 죄의 암세포를 이기는 항체가 들어있어서 면역성이 생기는 것입니다. 처음에는 암세포가 많이 있어서 꼭 다른 죄인들과 같아 보이지만 점점 암세포는 줄어들게 되고 새로운 세포가 자라게 됩니다. 예수님의 보혈이 우리 안에 들어오면 일단 양심이 깨끗하게 치료됩니다. 옛날 우리의 양심은 죄로 인하여 굳어 있어서 수치심이라는 것이 없었고 죄를 죄라고 전혀 생각하지도 않았습니다. 양심이 완전히 굳어 있었기 때문입니다. 사람의 가치는 양심이 살아있다는 데 있습니다. 물론 우리 예수 믿는 사람들은 양심이 시도 때도 없이 반응해서 고통스러울 때도 있지만 이것이 바로 양심이 살아있는 증거인 것입니다.

그리고 하나님은 우리를 아들로 입양시켜주십니다. 즉 예수 믿는 사람들은 모두 하나님의 양아들이 되는 것입니다. 하나님의 진짜 아들은 예수님밖에 없습니다. 그러나 양아들도 아들입니다. 우리는 얼마든지 아버지 집에 가서 모든 좋은 것을 다 가질 수 있는 것입니다. 더욱이 우리에게는 양자의 영을 주셔서 하나님을 아버지라고 부르게 됩니다. 하나님이 우리의 아버지시라는 것은 엄청난 일입니다. 천지의 주인이신 하나님이 내 아버지시라면 걱정할 것이 아무것도 없습니다. 그리고 얼마나 신기한 일입니까?

그러나 물론 우리에게 죄의 습관이 남아있습니다. 우리에게 죄의 관성의 법칙이 있어서 자꾸 죄에 대한 미련을 가지게 됩니다. 그런데 일단 브레이크를 잡으면 죄가 잡히게 됩니다. 그것은 죄가 이제 더이상 기쁘지 않기 때문입니다. 몇 번 죄를 지어보면 기분이 너무나도 좋지 못하게 됩니다.

그리고 이상하게 자꾸 하나님이 나의 인생을 쓰시게 됩니다. 나의 입과 손과 발을 쓰시는 것입니다. 이것이 바로 하나님의 말씀에 순종하는 것입니다. 그래서 사도 바울은 내가 나된 것은 하나님의 은혜라고 했습니다(고전 15:10). 하나님은 우리의 손과 발과 인격을 하나님이 쓰시도록 한 것을 의라고 말씀하십니다. 우리는 의인이기 때문에 하나님께 기도할 자격이 있습니다.

그리고 우리는 하나님의 말씀을 알아들을 수 있습니다. 다른 사람들은 하나님의 말씀을 알아듣지 못합니다. 하나님의 말씀이 우리의 양식이 됩니다. 아무리 튼튼한 사람도 하나님의 말씀을 제대로 먹지 못하면 굶어서 침체가 오게 됩니다. 그런데 가장 중요한 것은 하나님이 나를 사랑하신다는 것입니다. 하나님은 나를 사랑하셔서 매일 나에게 편지도 보내주시고 모든 필요한 것을 다 주시고 나를 영생으로 인도하십니다.

3. 믿음에서 믿음으로 나아감

우리는 때때로 예수 믿는 것이 너무 간단하다고 생각할 때가 많습니다. 그래서 우리는 믿음으로 하나님의 의를 얻고 난 후에 어떻게 살아야 할지 몰라서 또다시 열심히 세상 사람들을 따라갈 때가 많습니다. 그러나 우리가 알아야 할 것은 예수 믿는다고 해서 모든 것이 다 된 것은 아니라는 사실입니다. 즉 우리는 의의 면역성 주사를 맞았을 뿐이고 새로운 사람으로 태어났을 뿐이지, 아직 어른 수준이 아니라는 것입니다.

그래서 우리는 하나님의 자녀로서 이 세상 사람들이 겪는 과정을 그대로 다 겪게 됩니다. 예를 들어서 어린아이 같은 경우에는 할 수 있는 것이 아무것도 없습니다. 그저 먹고 많이 자고 자라야 합니다. 그러나 어린아이가 웃어줄 때는 그렇게 예쁠 수 없고 어린아이를 보면 미래를 생각하게 됩니다. 어린아이는 기뻐하고 감사한 것으로 충분한 것입니다.

그리고 청소년이 되면 질풍노도의 시기가 오게 되는데 반항하기도 하고 자기 자신을 찾기 위해서 고민을 하기도 합니다. 우리 신앙도 어린 시기를 지나면 질풍노도의 시기가 오게 됩니다. 모세 같은 경우에는 이런 시기가 사십 년이 걸렸습니다. 청소년 시기는 환란의 시기입니다. 이때 자신의 정체성을 깨닫기 위하여 많은 고난을 받게 됩니다.

그리고 청년기는 전투의 시기이고 기적의 시기이고 능력의 시기입니다. 모세는 질풍노도의 시기를 겪은 후 바로와 싸우게 됩니다. 다윗도 적들과 싸웠습니다. 사도 바울은 여러 곳을 다니면서 부흥을 일으켰습니다. 이때는 오직 열정과 복음밖에 모르고 돈을 모를 때입니다. 그리고 기적이 일어날 때입니다.

그러나 곧 장년기가 오게 됩니다. 이때는 지혜와 조직을 가지고 협력할 때입니다. 삼손은 계속 청년으로 남으려고 했다가 들릴라에게 속아서 눈알이 뽑히고 망하게 됩니다. 장년기는 옛날 같은 그런 열정이 없습니다. 그리고 그렇게 할 수 있는 힘이 없습니다. 그러나 지혜는 있고 조직은 있습니다. 그러나 옛날로 돌아가기는 어렵습니다.

그리고 노년이 되면 모세와 훌과 아론처럼 산에 올라가서 여호수아를 위해서 기도를 해주어서 대적을 이기게 해야 합니다. 사무엘 같이 다윗을 찾아서 머리에 기름을 부어주어야 합니다. 그러나 노인은 외롭습니다. 그리고 소외감을 느끼기 쉽습니다. 그리고 젊은 사람은 노인의 말은 케케묵었다고 해서 잘 듣지 않으려고 합니다. 그래서 노인은 젊은 사람이 뻔히 잘못하는 줄 알면서도 내버려 두어야 할 때가 많습니다.

그런데 우리에게 놀라운 약속은 믿음에서 믿음으로 나아가면 된다는 것입니다. 우리는 예수를 믿고 구원을 받았습니다. 그러면 우리는 계속 믿음으로 살아가면 되는 것입니다. 그 믿음이라는 것은 하나님을 믿고 하나님의 말씀을 믿는 것입니다. 그러면 평생에 걸쳐서 부흥이 일어나게 되는데 인생 전체가 아름답게 됩니다.

1:17하, "오직 의인은 믿음으로 말미암아 살리라 함과 같으니라"

믿음으로 의롭게 된 사람은 하나님을 믿는 믿음으로 살아가기만 하면 되는 것입니다. 하박국 선지가 이 말을 할 때는 예루살렘에 불법이 만연되어있고 바벨론이 쳐들어올 때였습니다. 그래서 하박국은 너무 걱정이 되어서 죽을 것 같았습니다. 그런데 하나님의 응답은 "의인은 믿음으로 살면 된다"는 것이었습니다. 즉 바벨론 군대가 오면 잡혀가면 되는 것입니다. 왜냐하면 지금 예루살렘은 너무 썩어서 다 버려야 하는데, 하나님은 바벨론 군대를 보내서 썩은 것을 잘라내고 다시 새롭게 하려고 하시는 것입니다.

우리는 우리의 미래에 대하여 하나님을 믿어야 합니다. 우리가 하나님을 믿고 사는데 고난이 오면 고난을 받아야 합니다. 왜냐하면 그것이 나에게 필요한 과정이기 때문입니다. 우리 자녀들도 고난을 받아야 합니다. 자식이 항상 편하고 잘 되면 좋지만 그러면 믿음이 자라지 않기 때문입니다.

하나님은 믿음으로 사는 자는 결코 수치를 당하지 않는다고 말씀하셨습니다. 즉 장년기에 실패해서 온 세상에 부끄러움을 당하는 일은 없다는 것입니다. 우리는 모든 일에 하나님을 믿으면 됩니다. 그러면 당장 감람나무에 열매가 없고 외양간에 소가 없어도 기뻐할 수 있습니다(합 3:17-18). 우리는 끝내 세상적인 영웅이나 의인은 될 수 없을 것입니다. 그러나 하나님이 의인이라고 인정하시기 때문에 의인이 되는 것입니다.

05

자랑스러운 복음
롬 1:16

로마서의 배경이 되는

로마에서는 로마인이라는 것 자체가 큰 자랑이었습니다. 로마는 거의 모든 전쟁에서 이김으로 세계 최강의 나라가 되었기 때문입니다. 거기에다가 자신의 신분이 로마 장군이나 원로원의 귀족 또는 공부를 많이 한 학자라면 더 자랑스러웠을 것입니다. 또 로마인이 아니라 헬라인도 그 당시 특별한 대접을 받았습니다. 로마인은 헬라인이 지식 수준이 높다고 생각해서 헬라에서 잡혀온 노예들을 우대했고 그중에서도 의사라든지 철학자들은 더 높이 평가했습니다. 그리고 유대인 중에서는 율법에 해박한 지식을 갖춘 귀족이나 사업에 성공해서 돈이 많은 부자를 존경했던 것 같습니다.

그런 반면에 로마에서 노예는 아주 부끄러운 사람이었습니다. 그들은 주인으로부터 사람 취급을 받지 못하고 물건이나 짐승 취급을 받아야 했습니다. 오늘 우리에게 있어서도 가난한 사람들이나 직업이 없는 사람들은 자랑할 것이 아무것도 없을 것입니다.

그런데 사도 바울은 로마에 있는 사람들에게 엄청난 말을 전했습니다. 이것은 마치 폭탄을 터트린 것과 같았습니다. 그것은 사람에게 있어서 자랑할 수 있는 것은 따로 있다는 것이었습니다. 이것은 바로 예수님을 믿는다는 사실이라고 강조한 것입니다. 우리 인간에게 있어서 예수를 알고 하나님을 믿는다는 것은 어떤 명예와 자랑을 능가하는 최고의 일이라는 것입니다.

그래서 사도 바울은 말합니다.

1:16상, "내가 복음을 부끄러워하지 아니하노니 이 복음은 모든 믿는 자에게 구원을 주시는 하나님의 능력이 됨이라"

여기서 "부끄러워하지 아니하노니"라는 말은 이중부정으로, 단지 부끄러워하지 않는 정도가 아니라 엄청나게 자랑스럽게 생각한다는 뜻입니다. 바울은 자기만이 아니라 온 세상 사람들이 참으로 자랑스럽게 생각해야 할 것은 바로 우리가 예수를 믿는다는 사실이라는 것입니다.

우리는 무엇을 자랑하면서 살아가고 있습니까? 혹시 우리는 아무 것도 자랑할 것이 없는 사람들인가요? 아니면 돈이 많은 것이나 자랑하고 세상 지식을 자랑하는 사람인가요? 지금의 우리는 예수 믿는 것을 그렇게 자랑스럽게 생각하지는 않게 되었습니다. 왜냐하면 예수 믿는 사람들이 너무 많은 데다가 예수 믿는다고 해서 뭔가 달라지는 것이 없기 때문입니다. 그러나 사도 바울은 복음을 믿는 것이야말로 세상에서 가장 자랑할 만한 것이라고 말하고 있습니다. 이것이 우리의 생각과 얼마나 다릅니까?

1. 예수가 누구신가?

　복음이 과연 자랑할 만한 것인지, 아닌지 하는 것은 예수가 누구인지라는 문제와 직결되는 것입니다. 왜냐하면 복음의 핵심이 예수 그리스도이기 때문입니다. 우리가 복음을 받는다는 것은 예수님을 만나서 개인적으로 어떤 관계를 맺고 어떤 약속을 맺는 것을 말합니다. 복음이 인류 최고의 자랑인 이유는 우리가 복음에서 하나님의 아들을 만나게 되기 때문입니다. 모든 피조물은 천사가 아닌 이상 창조주 하나님을 볼 수 없고 만날 수 없고 이야기를 할 수도 없습니다. 예를 들어서 토기장이가 진흙 덩이를 가지고 질그릇을 만들든 개밥그릇을 만들든, 그릇은 아무 말할 자격이 없는 것입니다. 이것은 짐승도 마찬가지입니다. 짐승이 하나님을 향해서 왜 나를 개로 만드셨느냐고 따질 수 없고, 왜 나를 닭으로 만드셨느냐고 항의할 수도 없습니다. 그런데 하나님은 오직 사람만 귀하게 생각하셔서 이야기하기를 원하셨습니다.

　하나님에게는 비밀이 하나 있는데, 그것은 하나님의 아들이었습니다. 하나님의 아들은 온 세상을 만든 지혜였고 하나님과 똑같은 영광과 권세를 가지신 분이었습니다. 그런데 이 아들은 우리 인간을 너무 사랑하셔서 우리와 똑같은 사람이 되어 이 세상에 오셨습니다. 우리는 그 아들을 통하여 하나님의 말씀을 육성으로 들을 수 있었습니다. 예수님은 육성으로 하나님의 말씀을 전하셨습니다. 하나님은 우리를 사랑하셔서 아들을 보내셨습니다. 그리고 누구든지 아들을 믿는 자에게는 영생이 있습니다. 하나님의 아들은 우리를 대신해서 채찍에 맞으시고 십자가 위에서 피를 흘리시면서 죽으셨습니다. 그러나 그는 사망의 권세를 깨트리시고 다시 살아나셔서 제자들을 찾아오셨습니다.

　복음이 귀한 이유는 우리가 복음을 통해서 하나님의 아들을 만날 수 있기 때문입니다. 그리고 예수님은 자신이 우리를 대신해서 죽으셨다고 말씀하시고, 우리의 모든 죄가 용서되었다고 말씀하십니다. 우리는 모두 하나님 앞에서 죄가 하나도 없는 사람들이 되었습니다.

이 세상에서 복음 외에 우리로 하여금 하나님을 알 수 있게 하고, 죄가 하나도 없도록 만들 수 있는 것이 있는지 한 번 제시해보시기 바랍니다. 도대체 이 세상의 어떤 보석이 우리를 깨끗하게 하며 어떤 정치인이나 부자가 우리를 하나님과 만날 수 있게 할 수 있겠습니까? 오직 복음만이 우리로 하여금 예수님을 만나게 하며 하나님 앞에서 깨끗하게 할 수 있습니다.

2. 모든 믿는 자에게 구원을 주시는 능력

우리 인간은 모두 죽음과 죄라는 엄청난 바윗덩어리에 갇혀 있는 죄수들입니다. 그리고 이 죽음의 무게에 깔려서 살아 나올 수 없는 사람들이었습니다. 그러나 예수님께서 이 세상에 오셔서 직접 사망 안에 들어가셨습니다. 예수님이 사망에 들어가는 과정은 끔찍했습니다. 그는 온몸을 채찍으로 맞아서 피투성이가 되었고, 죽는 순간까지 손발에 큰 대못이 박혀서 고통을 당했습니다.

그러나 예수님은 죄가 하나도 없었기 때문에 사망 안에서 사망을 부수었습니다. 사망의 세력에 금이 가게 되었습니다. 또 예수님은 죄의 세력을 쳐부수었습니다. 예수님은 마귀의 머리를 철장으로 부수었고 살아서 돌아오셨습니다. 그리고 예수님은 우리에게 약속하셨습니다. 우리의 모든 죄는 다 씻겨졌고 하나님은 우리에게 영생을 주셨다고 말씀하셨습니다. 우리는 영원히 죽지 않는 것입니다. 그런데 우리는 그냥 죽지 않는 것이 아닙니다. 예수님께서는 우리의 살과 뼈를 전부 다 바꾸어주십니다. 그래서 우리는 하늘로 올라갈 수 있습니다. 하나님은 우리를 전부 예수님과 같이 하나님의 아들로 삼으셨습니다. 우리는 모두 하나님의 양자가 된 것입니다. 우리는 모두 하나님의 자녀가 되어서 어마어마한 세계를 물려받게 됩니다.

 예수님은 그 증거를 보여주셨습니다. 가장 중요한 증거가 하나님의 말씀입니다. 일단 하나님의 말씀이 지금까지 이렇게 보존된 자체가 기적입니다. 하나님의 말씀을 보면 예수님이 하신 말씀이 다 적혀 있습니다. "나를 믿는 자는 영생을 얻었다"고 말씀하셨습니다. 그리고 우리는 예수님과 함께 한 상속자입니다. 그래서 어떤 사람은 남의 땅에서 일을 하다가 밭에 있는 보물을 발견하고는 그것을 도로 땅에 묻고 가서 자기가 가진 것을 전부 다 팔아서 그 밭을 샀다고 비유로 말씀하고 있습니다(마 13:44). 성경 안에 보물이 잔뜩 들어있습니다. 우리가 하나님의 말씀을 먹으면 우리 자신이 보물로 변하게 됩니다.

 그리고 하나님은 그 증거로 성령을 보내셨습니다. 그래서 우리에게는 우리의 기질 외에 또 다른 어떤 기질이 들어와 있습니다. 옛날에는 우리가 성질이 급하고 파괴적이고 세상적이었다면 그것과 무엇인가 다른 기질이 들어와 있습니다. 그것은 우리 자신을 소중하게 생각하는 기질입니다. 자신을 함부로 대하지 않고 음탕하고 더러운 것들을 싫어하게 됩니다. 그리고 자꾸 새로운 생각이 떠오릅니다. 그것은 바로 성령이 주시는 영감입니다. 그래서 나중에는 양같이 겸손하지만 아주 현명한 지혜로운 사람이 됩니다. 세상 사람들이 마치 힘이 센 눈먼 거인이라면 우리는 작지만 재빠른 지혜로운 사람들이 됩니다. 결국 눈먼 사람이 재빠른 사람을 이기지 못합니다.

 예수님은 우리에게 어마어마한 선물을 주셨습니다. 그것은 바로 우리를 그 기가 막힐 웅덩이에서 건져주시고, 그 엄청난 바위를 깨트려 우리를 구해주시고, 우리를 하나님의 아들이 되게 하시고, 영생을 약속해주신 것입니다.

3. 복음의 자랑

우리는 과연 복음이 자랑할 만한 것인가 의심될 때가 많이 있습니다. 이 세상 사람들은 아무도 복음의 가치를 알아주지 않을 뿐 아니라 예수를 믿는다고 하면 답답한 사람이라고 하면서 조롱하기 때문입니다. 이 세상에서 성공하거나 유명해지면 사람들이 좋아하고 알아주지만 예수 믿는다고 하면 거의 거지나 다를 바 없이 생각할 때가 많습니다.

1:16하, "이 복음은 모든 믿는 자에게 구원을 주시는 하나님의 능력이 됨이라 먼저는 유대인에게요 그리고 헬라인에게로다"

이 당시 로마 세계에서 로마인이 아니면서 매우 두드러진 사람들은 유대인과 헬라인이었습니다. 헬라인은 최고로 지식을 가진 자들이었고, 유대인은 유일신을 믿는 자들이었습니다. 그러나 최고의 지식인과 최고의 종교인이 그 자랑스런 복음을 인정하지 않았습니다. 그들의 눈에는 무식하게 보였고 아무 능력도 없는 것으로 보였던 것입니다. 유대인은 모세처럼 하늘에서 만나가 내리게 하고 반석에서 생수를 솟아내게 해야 능력이 있다고 생각했고, 헬라인은 제우스나 포세이돈 같은 신들을 믿어야 신들이 화를 내지 않고 자기들을 도와준다고 생각했던 것입니다.

유대의 종교지도자들은 예수님이 귀신들을 쫓아내는 것을 보고 귀신의 왕의 도움을 받아서 쫓아낸다고 비난했습니다. 예수님이 십자가에 달렸을 때도 저가 다른 사람은 구원하였지만 자신은 구원하지 못했다고 조롱했습니다. 예수님이 죽으시고 부활하셨을 때도 군인들에게 제자들이 밤에 와서 시체를 훔쳐갔다고 하라고 하면서 돈을 주었습니다.

그래서 우리는 왜 이 세상에서 복음을 자랑할 수 없는지 이유를 알아야 합니다. 그 이유는 이 세상에는 눈이 먼 거인이 많기 때문입니다. 그들은 마귀의 종들이고 사람을 찢어 먹는 자들이며 특히 예수라고 하면 귀신의 종이라고 하면서 욕을 하는 자들이기 때문입니다.

그러나 사도 바울은 예수 그리스도에 대하여 성경에서 깊이 연구했습니다. 그 결과 그는 예수야말로 우주의 최고의 보석인 것을 알았습니다. 그런데 이 보석은 살아있는 보석이었습니다. 그래서 사도 바울은 자기가 지금까지 자랑하던 모든 것을 배설물로 여긴다고 하면서 예수 그리스도를 아는 지식이 가장 고상하다고 했습니다(빌 3:8). 예수님은 제자들에게 진주를 개에게 주지 말고 고상한 것을 돼지에게 주지 말라고 하셨습니다(마 7:6). 왜냐하면 보석이나 진주의 가치를 알지 못하기 때문에 고마워하지 않고 덤벼들어서 물 것이기 때문입니다.

요한은 창세전부터 있던 말씀을 우리는 눈으로 보았고 손으로 만졌고 귀로 들었다고 말했습니다. 우리는 모두 이 세상에 있는 것들을 가지고 자랑을 합니다. 그러나 이 모든 것은 창조의 부산물들입니다. 우리는 창조의 부산물 중에서 좀 좋은 것이 있으면 그것을 가지고 자랑하고 있습니다. 그러나 최고의 자랑은 예수님을 아는 것입니다. 그러나 우리는 이것을 세상 사람들에게 자랑할 수 없습니다. 왜냐하면 그들의 눈이 멀어 있기 때문입니다.

그러나 예수님은 말씀하셨습니다. 만일 너희가 세상에서 내 이름을 부끄러워하면 나도 하나님과 천사들 앞에서 너를 부끄러워하겠다고 말씀하셨습니다. 그리고 만일 너희가 이 세상에서 내 이름을 자랑스럽게 생각하면 나도 하나님과 천사들 앞에서 너희를 자랑할 것이라고 말씀하셨습니다(눅 9:26). 우리에게 가장 자랑스러운 것은 내가 예수를 믿는 것입니다.

《천로역정》에 보면 사망의 음침한 골짜기를 지난 순례자가 '믿음'이라는 사람과 함께 길을 가는데, 어쩔 수 없이 허영의 시장을 통과하게 됩니다. 천성에 가려고 하면 누구든지 이곳을 지나가야 하기 때문입니다. 예수님도 이곳에서 절을 하기만 하면 모든 영광을 다 주겠다는 마귀의 유혹을 받았습니다. 사람들은 순례자와 '믿음'이 거기에 있는 물건을 사지 않는다고 시비를 걸어서 시장에게 끌고 가서 감옥에 가두었습니다. 시장과 검사와 배심원들은 먼저 '믿음'을 사형에 처했습니다. 그러나 순례자는 '소망'이라는 사람의 도움을 받아서 허영의 시장에서 도망치게 됩니다. 그리고 나중에 절망의 성에 들어갔다가 죽도록 두들겨 맞게 되는데 절망이라는 거인의 부인은 자포자기인데 자꾸 자살을 시키라고 이야기합니다.

　우리는 정말 허영의 도시에서 살아가고 있고 절망의 거인에게 매일 두들겨 맞으면서 자살을 강요받고 있습니다. 우리가 이 세상에서 자랑하는 것들은 전부 일시적인 액세서리에 불과합니다. 우리는 액세서리와 내 생명을 바꿀 수 없습니다. 절망의 거인이 아무리 두들겨 패도 우리에게는 모든 문을 열 수 있는 약속이라는 열쇠가 있습니다. 이제 우리는 자랑하는 것을 바꾸어야 합니다.

　우리는 하나님의 아들을 알았고 영생의 약속을 받았습니다. 우리는 영원히 죽지 않고 아주 젊은 새 사람으로 또 살게 될 것입니다. 그것이 진짜 인생입니다. 지금 우리가 여기서 사는 것은 시험 치는 것밖에 되지 않습니다. 시험에 커닝해서 걸리지 말고 소망을 가지고 성령으로 아름답게 사시기 바랍니다.

06

새로운 시대
롬 1:18-23

세상을 살아가는데

시대의 변화를 아는 것이 아주 중요합니다. 처음 핸드폰이 나왔을 때 이렇게 모든 사람이 핸드폰을 쓸 줄은 예상하지 못했습니다. 또 아날로그 방식에서 디지털 방식으로 넘어갈 때 자기 기술만 믿고 시대의 변화를 읽지 못한 회사들은 모두 망하고 말았습니다. 그만큼 시대의 변화라는 것은 무서운 것입니다.

문경 부근에 영남대로라는 곳이 있는데, 지금 보면 대로가 아니고 바위 사이에 있는 정말 좁은 도로인 것을 볼 수 있습니다. 그런데 옛날에 얼마나 많은 사람이 그곳을 통해서 한양에 올라갔던지 바위가 반질반질 닳아 있는 것을 볼 수 있습니다. 그러나 지금은 KTX를 타면 2시간 정도면 서울에 갈 수 있고, 서두르면 하루 만에 일을 마치고 다시 부산이나 대구에 내려올 수 있게 되었습니다.

그러면 요즘 같은 세상에 사는 사람들에게 행복하냐고 물어보면 행복하지 않다고 대답을 합니다. 우리 인간은 옛날에 비해 훨씬 잘살게 되었고 훨씬 편하게 살게 되었는데 왜 행복하지 않은 것일까요?

왜 옛날보다 더 많은 병에 걸리고 더 많은 스트레스로 자살을 할까요? 그것은 바로 인간의 근본적인 문제가 여전히 풀리지 않았기 때문입니다.

우리 인간은 이 세상을 살면서 나름대로 풀리지 않는 숙제를 가지고 살아가고 있습니다. 그 하나가 내가 누구냐 하는 것입니다. 나는 도대체 누구이며, 어떻게 살아야 완전히 만족한 삶을 살 수 있느냐 하는 것입니다. 사람들은 이 문제를 풀기 위해서 자기 수양을 쌓기도 하고 공부를 하기도 하지만 궁극적으로는 답을 풀지 못했다는 것을 알게 됩니다.

그리고 또 인간이 알고 싶은 것은 내가 죽으면 어떻게 되느냐 하는 것입니다. 모든 사람이 다 그런 것처럼 땅에 묻혀서 썩어서 없어지고 마는가 아니면 사람에게는 영혼이 있다고 하는데 죽은 후에 또 다른 세계가 있을까 하는 것입니다.

거기서 한 걸음 더 나아가서 과연 신은 존재하는가 아니면 신은 존재하지 않는가 하는 것입니다. 만일 신이 존재한다면 그 신은 누구이며 나는 그 신을 만날 수 있는가 아니면 신은 그냥 인간의 상상에 불과한 것인가 하는 것입니다. 이것은 우리에게 가장 중요한 문제이면서도 우리의 머리로는 절대로 풀 수 없는 어려운 문제입니다.

1. 인간의 숙제

인간은 이 세상에 살면서 반드시 풀어야 할 숙제가 있습니다. 그 중에서 가장 중요한 것은 우리는 살아야 한다는 것입니다. 우리가 죽어버리면 숙제를 한 것이 아닙니다. 우리는 전쟁이 일어나도 살아야 하고, 먹을 것이 없어도, 홍수가 나고 지진이 나서 건물더미에 깔려도 우리는 살아나야 합니다. 왜냐하면 산 자와 죽은 자는 너무나도 다르기 때문입니다. 그래서 사람은 살기 위하여 모든 노력을 다합니다.

사람이 살아있다는 것이 얼마나 신기한 일인지 모릅니다. 특히 내가 죽지 않고 살아있다는 것이 얼마나 신기한 일인지 모릅니다. 그러나 우리가 살아있다는 것은 아직 숙제를 풀 수 있는 시간이 있다는 것이지, 살아있는 자체가 숙제를 푼 것은 아닙니다. 우리는 인생을 살아가면서 자신에 대하여, 세상에 대하여 많은 의문을 가지게 됩니다. '나는 어떻게 해서 생기게 되었을까?, 이 아름다운 세상은 누가 만든 것일까?, 내가 이 세상을 살아야 할 목적인 무엇일까?' 하는 등등의 질문입니다.

그런데 인간에게 한 위대한 시대가 오게 되었습니다. 그것은 바로 인간의 근본적인 문제를 풀 수 있는 분을 하나님께서 우리에게 보내주신 것입니다. 그분이 바로 우리가 가지고 있는 모든 의문에 대한 답입니다. 예수님이 오시기 전에는 인간은 답을 풀 수 없었습니다. 오직 하나님은 이스라엘 백성 중에서도 하나님의 말씀을 믿고 순종하는 자들에게만 그 답을 주셨습니다. 그러나 그들도 인생의 답을 푸는 과정은 알지 못했습니다.

그런데 드디어 하나님께서 자기 자신보다 우리의 답을 가지고 계신 하나님의 아들을 먼저 우리에게 보내셨습니다. 그가 바로 하나님의 아들 예수 그리스도이십니다.

1장 4절에 "성결의 영으로는 죽은 자들 가운데서 부활하사 능력으로 하나님의 아들로 선포되셨으니 곧 우리 주 예수 그리스도시니라"고 했습니다.

예수님은 하나님의 아들로서 우리 인간을 만드신 장본인이셨습니다. 그는 인간의 언어로 우리가 알아들을 수 있도록 하나님의 말씀을 전해주셨습니다. 즉 이 세상이나 이 세상에 있는 모든 것을 하나님이 만드셨다는 것입니다. 그리고 또 한 가지 중요한 사실은 하나님이 우리를 사랑하셔서 독생자를 보내셨다는 것입니다. 하나님은 우리를 사랑하고 계신 것입니다.

　원래 모든 인간은 하나님이 만드셨는데 죄로 인하여 심각한 흠이 생기게 되었습니다. 우리 모든 인간은 아주 심각한 흠이 있는 도자기여서 주인의 마음에 들지 않았습니다. 그래서 주인은 이스라엘 사람들 일부만 하나님의 작품의 증거로 남기고 나머지는 모두 다 부수어서 폐기처분을 해버렸습니다. 그래서 예수 그리스도께서 이 세상에 오시기까지 인간은 자신들의 문제를 풀 수 있는 방법이 없었습니다. 아무리 소크라테스가 있었고 그리스 문명이 있었고 공자가 있었어도 인간은 자신의 문제를 풀지 못했습니다.

1:18, "하나님의 진노가 불의로 진리를 막는 사람들의 모든 경건하지 않음과 불의에 대하여 하늘로부터 나타나나니"

　하나님의 진노라는 것은 하나님께서 우리 인간을 보시는 관점을 말합니다. 우리 인간은 나름대로 뛰어나게 만들어졌지만 모두 다 큰 결함을 가지고 있어서 하나님의 마음에 들지 않은 것입니다. 하나님은 그래도 인간을 사랑하셔서 이 세상에 살게 하셨습니다. 하나님은 인간에게 비를 주시고 햇빛을 주셨습니다. 그리고 남녀 간에 사랑의 감정을 주시고 부모는 자식들을 사랑하게 하셨습니다. 그럼에도 불구하고 인간은 하나님이 보시기에는 너무나도 마음에 드시지 않았던 것입니다.

　그 인간의 결함이라는 것은 '경건하지 않음' 과 '불의' 였습니다. '경건하지 않음' 은 하나님을 모르고 자기 멋대로 자기가 자기 인생의 주인으로 사는 것이고, '불의' 는 이기적인 것을 말합니다. 인간은 언제나 이기적입니다. 그래서 인간은 다른 사람을 사랑할 줄 모르는 것입니다. 어떤 남자는 결혼을 해 놓고는 술만 마시면 부인을 때립니다. 그것은 짐승보다 못한 행동입니다. 그리고 권력자들은 어떻게 해서든지 무기와 군대를 모아서 옆에 있는 나라를 쳐서 빼앗고 더 큰 나라가 되려고 합니다.

결국 하나님의 진노가 하늘에서 나타난 것은 두 번 있었습니다. 한 번은 노아 홍수 때였고, 또 한 번은 소돔과 고모라 때였습니다. 사실 노아 홍수는 필요했습니다. 인간이 너무 악하게 변한 데다가 너무 오래 살았기 때문입니다. 그때 사람들이 팔백 년, 구백 년씩 사니까 얼마나 이 세상에 악이 가득 찼겠습니까? 그래서 노아 홍수로 노아의 여덟 식구만 살고 다 죽었습니다.

그리고 소돔과 고모라 때에는 인간의 남녀 성문제가 엄청나게 타락했습니다. 심지어는 누구든지 모르는 사람을 보면 동성 강간을 한 정도였으니까 얼마나 성적으로 문란하고 타락했는지 알 수 있습니다. 그래서 결국 하늘에서 유황과 불이 내려서 소돔과 고모라의 사람이나 식물과 동물이나 하나도 빼놓지 않고 다 태워 죽였고, 지금 그곳이 사해바다로 남아 있는 것입니다. 그리고 하나님은 때때로 하늘의 시커먼 구름이나 번개나 우레를 통해서 인간에게 경고하십니다. 이것은 "너희들이 먹고사는 것으로 다 된 것이 아니다. 너희들은 좀 더 근본적인 것을 찾아야 한다."고 말씀하시는 것입니다.

2. 인간의 가능성

하나님은 인간에게 뛰어난 두 가지 선물을 주셨습니다. 하나님은 인간에게 뛰어난 지능을 주셨습니다. 그리고 하나님은 인체구조에 도구를 사용할 수 있도록 특별한 능력을 주셨습니다. 그것은 엄지손가락이 반대로 되어있어서 도구를 쥘 수 있게 하시고 발바닥을 편편하게 하시고 척추를 세워서 일어서고 달릴 수 있게 하신 것입니다. 또 인간은 뛰어난 두뇌를 가지고 논리를 만들고, 뛰어난 상상력을 사용해서 이야기를 만들었습니다. 그리고 손을 사용해서 별 희한한 도구를 다 만들었습니다. 그러나 이것들이 인간으로 하여금 문명을 만들고 생활을 더 발전하게 했지만, 인간의 근본적인 숙제를 풀 수 있는 것은 아니었습니다. 우리 인간으로 하여금 숙제를 풀 수 있게 만든 것은 두 가지였습니다.

하나는 자연에 대한 호기심이었습니다.

> 1:20, "창세로부터 그의 보이지 아니하는 것들 곧 그의 영원하신 능력과 신성이 그가 만드신 만물에 분명히 보여 알려졌나니 그러므로 그들이 핑계하지 못할지니라"

우리가 자연을 보면 그 광대함에 놀라게 되고, 또 그 섬세함과 정교함에 놀라게 됩니다. 하늘이 얼마나 크고 높고 넓습니까? 그리고 바다가 얼마나 넓게 퍼져 있습니까?

그런데 자연에는 계절의 변화가 있습니다. 곤충의 세계나 새의 세계나 물고기의 세계에도 놀라운 법칙이 있습니다. 그래서 인간은 이 다양하고 정교한 세상이 저절로 생겼을까 아니면 누군가가 만들었을까 하는 호기심을 가지게 됩니다. 이것이 인간을 겸손하게 만드는 이유가 되는 것입니다. 그러므로 우리 인간은 자연을 숭배해서는 안 되지만 자연을 통해서 호기심을 가져야 합니다.

그리고 인간의 숙제를 풀 수 있게 만드는 다른 한 가지는 하나님께서 인간의 마음에 영원을 사모하는 마음을 주셨다는 것입니다. 즉 하나님께서 인간의 마음에 신이 계실 것 같고 영원한 세계가 있을 것 같은, 영원을 갈망하는 마음을 주신 것입니다. 그래서 인간은 한평생 영혼의 갈증을 가지고 살아가게 됩니다.

1:19, "이는 하나님을 알 만한 것이 그들 속에 보임이라 하나님께서 이를 그들에게 보이셨느니라"

모든 인간의 마음속에는 신을 갈망하는 마음이 있습니다. 즉 모든 인간의 마음속에는 하나님을 알만한 것이 있다는 것입니다. 그래서 모든 인간은 어떤 어려운 일을 당하면 누군지 모르지만 하나님께 도와달라고 기도를 하게 됩니다. 그런데 기도하면 이상하게 기도한 것이 이루어지는 경우가 많이 있다고 합니다.

그러나 인간이 아무리 좋은 집에 살고 먹을 것이 풍족하다 하더라도 행복하지 않은 것은 마음속에 근본적인 숙제를 풀지 못했기 때문입니다. 그런데 하나님께서 인간으로 하여금 자신을 찾을 수 있도록, 그리고 이 세상에 사는 목적을 찾을 수 있도록 하나님의 아들을 보내어주셨습니다. 이것이 바로 복음입니다.

우리가 예수님을 알아야 하는 이유는 예수님을 만나야 우리 자신을 찾을 수 있기 때문입니다. 우리가 하나님의 알아야 하는 이유는 하나님을 알아야 인생의 숙제가 해결되기 때문입니다. 숙제를 풀지 못한 인간은 영원히 부서질 수밖에 없습니다. 왜냐하면 그들은 모두 실패한 인생이기 때문입니다.

예수님은 이 세상에 오셔서 인생의 문제를 풀어주셨습니다. 하나님은 온 세상을 만드셨고 하나님은 우리를 사랑하고 계신다는 것입니다. 그리고 우리 인간이 사는 목적은 하나님을 죽을 때까지 사랑하고 영광 돌리는 것이며, 그의 뜻에 순종하는 것이라고 가르쳐주셨습니다.

3. 인간의 교만과 욕심

인류 역사는 예수 그리스도의 오심으로 나누어지게 됩니다. 예수님이 오시기 전에는 인간은 자신의 숙제를 풀 수 없었습니다. 인간이 자기가 사는 목적을 알지 못하면 방황하게 됩니다. 그래서 모든 인간은 방황을 하다가 죽었습니다. 그런데 예수님이 오심으로 인생의 답을 찾을 수 있게 되었습니다. 사람들은 자신이 누구인지 알게 되었고 영생을 얻는 방법을 알게 되었습니다.

그런데 사람들은 이 위대한 복음을 다 받아들이지는 않았습니다. 그 이유는 두 가지로 생각할 수 있습니다. 하나는 하나님보다 이 세상에 있는 것들이 너무나도 좋았기 때문입니다. 즉 하나님이 보내셨다는 예수는 아무것도 아닌 것 같고 그 대신 이 세상에 있는 돈이나 지위나 권력이나 명성이 너무나도 매력적인 것이기 때문에 사람들은 예수님보다 이 세상을 더 사랑한 것입니다. 그래서 거의 대부분 사람은 숙제를 하지 않기로 한 것입니다. 하나님이고 영혼이고 무엇이고 간에 이 세상에서 내가 하고 싶은 대로 실컷 하면서 사는 것이 더 좋다는 것입니다. 즉 황제가 되고 장군이 되고 부자가 되는 것이 좋지, 노예이면서 하나님을 믿고 가난하면서 하나님을 믿는 것은 너무 비현실적이라는 것입니다.

> 1:21, "하나님을 알되 하나님을 영화롭게도 아니하며 감사하지도 아니하고 오히려 그 생각이 허망하여지며 미련한 마음이 어두워졌나니"

인간은 돈이 있든지 없든지, 직책이 높든지 낮든지 얼마든지 하나님께 영광 돌려드리고 감사하면서 살 수 있는데, 세상의 돈이나 권력에 눈이 어두워져서 스스로 신을 부정하고 돈만 위하여 살게 되는데 결국 나중에 광기가 발작하게 되고 미쳐서 죽게 되는 것입니다.

그리고 사람들이 복음을 받아들이지 않은 또 다른 이유는 복음이 좀 어렵고 학문적이면 공부할 가치가 있지만 오로지 예수를 믿는 것은 너무 쉽다고 생각했기 때문입니다. 그들은 좀 더 어려운 것을 원했습니다. 적어도 우리가 하나님을 믿는다면 아주 큰 공을 들이거나 공부를 많이 하거나 거대한 우상을 만들거나 해야지, 그냥 믿는다는 것은 아무것도 아닌 것이 아니냐 생각했던 것입니다.

역시 우리 인간은 답은 없어도 스스로 답을 찾아 고생하고 헤매는 것을 좋아합니다. 그러나 예수님은 답을 다 만들어 주시고 믿기만 하면 된다고 하니까 이것은 너무 시시하다고 생각해서 더 어려운 것을 찾는 것입니다.

> 1:22-23, "스스로 지혜 있다 하나 어리석게 되어 썩어지지 아니하는 하나님의 영광을 썩어질 사람과 새와 짐승과 기어다니는 동물 모양의 우상으로 바꾸었느니라"

사람 중에는 스스로 지혜 있다고 생각해서 하나님의 말씀을 자꾸 철학적으로 해석하려는 사람들이 있었습니다. 그러니까 하나님의 말씀이 너무 어려워서 뭐가 뭔지 알 수 없었던 것입니다. 그리고 그냥 믿는 것은 정성이 부족한 것 같으니까 마리아나 예수님의 상을 만들고 그림을 그리고 독수리의 상이나 사자와 뱀의 모양을 만들어서 절을 하든지 하면 더 정성이 있는 것 같은 느낌이 든다는 것입니다.

우리 모든 인간에게는 종교적인 감정이 있습니다. 그러나 인간이 죄에 빠지면서 종교적인 감정도 타락했습니다. 금식하고 수양을 하거나 도를 닦으면서 이상한 느낌이 드는 것은 그냥 느낌이지, 신이 임하는 것이 아닙니다. 어떤 때는 사탄이 그런 감정을 이용할 때도 많이 있습니다. 우리의 종교적인 감정은 하나님의 말씀을 들을 때 바로 살아나게 되고 바로 적용되게 됩니다.

우리는 위대한 시대에 살게 되었습니다. 그것은 예수님이 오신 시대이기 때문입니다. 예수님은 제자들에게 "많은 선지자와 의인이 너희가 보는 것들을 보고자 하여도 보지 못하였고 너희가 듣는 것들을 듣고자 하여도 듣지 못하였느니라"(마 13:17)고 말씀하셨습니다.

   하나님은 우리를 사랑하십니다. 우리가 하나님께 영광 돌리고 감사할 때 우리 인생은 실패하지 않을 것입니다. 절대로 자포자기하지 마시고 복음을 시시하다고 생각하지 마시기 바랍니다. 하나님을 믿는 믿음으로 끝까지 살아갈 때 우리는 후회 없는 아름다운 삶을 살게 될 것입니다. 그것이 바로 부흥이 일어나는 삶입니다. 이런 부흥이 일어날 때 우리는 한평생을 아름답게 살 수 있습니다.

07

치료하는 능력
롬 1:24-32

영국의 유명한

강해 설교자 마틴 로이드 존즈 박사는 성적이 좋아서 유명한 의사의 조수가 되었습니다. 그래서 자기 지도교수 환자의 차트를 정리하던 중에 영국에서 그 유명한 정치인들이나 부자들이 너무나도 좋지 않은 병에 걸린 것을 알게 되었고, 그들의 삶이 너무나도 비도덕적인 것을 알게 되었습니다. 그래서 그는 정식 교수로 발령이 나던 날 사표를 내고 웨일즈에 있는 시골 교회에 전도사로 떠나게 됩니다. 모든 사람이 미쳤다고 했지만 그는 육신을 치료하는 것만으로는 의미가 없다는 결론을 내렸던 것입다. 즉 영혼을 치료하지 않는 이상 육신의 치료만으로는 사람이 행복할 수 없다는 결론을 내리게 된 것입니다.

사람은 육신의 병만 있는 것이 아니고 정신이 썩어들어가는 병이 있습니다. 육신이 먼저 썩느냐 영혼이 먼저 썩느냐 하는 것은 사람마다 다른 것 같습니다. 결국 인간은 육체도 썩고 영혼도 썩어서 영원히 죽게 됩니다. 그런데 놀랍게도 이 불치의 병을 고치는 방법을 누군가가 개발해내었습니다. 그분이 바로 하나님의 아들 예수님입니다.

예수님께서는 영혼이 썩는 병을 고치는 방법을 개발하셨습니다. 그리고 육신이 썩는 것도 새롭게 재생하는 방법을 개발하셨습니다. 이것이 바로 복음의 능력입니다. 예수님 당시에는 귀신들린 사람들이 많았습니다. 어떤 의미에서 이 사람들은 정신이 병든 사람들이었습니다. 예수님은 이들을 고치셨습니다. 심지어는 군대 귀신들린 사람도 고치셨습니다(마 8:28-34). 예수님이 군대 귀신들린 사람에게 네 이름이 무엇이냐고 하시니까 '군대' 라고 대답했는데, 귀신이 군대로 들어있기 때문이라고 했습니다. 예수님은 그 귀신들을 돼지 떼 이천 마리에 들어가게 하셔서 고치셨습니다.

인간에게 가장 어려운 병은 정신이 썩고 영혼이 썩고 육체가 죽는 병입니다. 예수님은 이 병을 100퍼센트 치료할 수 있는 방법을 개발하셨습니다. 이것이 바로 복음입니다.

1. 인간의 자포자기

모든 사람에게는 위대한 가능성이 있습니다. 그 최고의 가능성은 신을 생각할 수 있다는 점입니다. 인간은 신의 존재를 생각합니다. 그뿐만 아니라 우리 인간에게는 뛰어난 지능이 있고 상상력이 있습니다. 그리고 인간은 아주 복잡한 생각을 말로 표현할 수 있고 글을 만들 수 있습니다. 그리고 인간은 다른 사람을 사랑할 수 있고 감정을 표현할 수 있습니다. 그리고 머리와 손을 사용해서 별 희한한 도구를 다 만들 수 있습니다. 인간은 기차나 비행기나 자동차 엔진이나 무엇이든지 다 만들었습니다.

그런데 인간은 그 뛰어난 지능과 능력을 가지고 하나님을 찾았어야 했는데 그렇지 못했습니다. 인간이 하나님을 찾아야 아름답고 고상한 자신의 모습을 찾을 수 있기 때문입니다. 그러나 인간은 눈에 보이지도 않고 알 수도 없는 하나님을 찾는 것을 포기해버렸습니다.

1:19, "이는 하나님을 알 만한 것이 그들 속에 보임이라 하나님께서 이를 그들에게 보이셨느니라"

1:21, "하나님을 알되 하나님을 영화롭게도 아니하며 감사하지도 아니하고 오히려 그 생각이 허망하여지며 미련한 마음이 어두워졌나니"

우리 인간의 삶을 보면 수수께끼로 가득 차 있습니다. 우리는 먹고살아야 하고 우리가 사는 세계에는 때로는 태풍이 몰려오고 때로는 홍수나 기근이 일어나기도 합니다. 전쟁이 터질 때도 있고 살인이 일어나기도 합니다. 그러나 우리 인간은 이 모든 것이 우리가 하나님을 찾지 못해서 그런다는 것을 생각하고 자손이나 제자들에게 끝까지 하나님을 찾는 노력을 포기해서는 안 된다는 것을 가르쳤어야만 했던 것입니다.

그러나 우리 인간은 하나님을 찾는 것이 귀찮아서 포기해버리기로 했습니다. 즉 인간은 스스로 자기가 최고라고 생각해서 힘이 있는 자는 약한 자를 죽이고 물건이나 여자를 빼앗고 그 뛰어난 머리로 거짓말을 하고 남을 속이고 거짓된 종교를 만들어내었던 것입니다. 그래서 결국 인간은 하나님을 찾는 것을 포기함으로 스스로 자기 자신을 버렸던 것입니다.

결국 인간은 그 뛰어난 머리로 거짓말을 만들어내게 되었습니다. 그 하나가 거짓 종교입니다. 그리고 자신의 죄를 감추기 위해서 많은 거짓말을 하고 분노나 시기를 참지 못해서 살인까지 하게 되었습니다. 그리고 인간의 도덕성은 급격히 추락하게 되었습니다. 물론 악을 행하는 자에게는 신나는 일이었을지 몰라도 당하는 자는 거의 짐승 이하의 취급을 받거나 죽어야 했던 것입니다.

인간이 하나님이 있을 것이라 생각하고 하나님을 찾으려고 노력하는 동안에는 인간의 도덕은 덜 타락할 수 있었습니다. 그러나 인간이 하나님을 찾는 것은 귀찮은 것이고 아무 소용 없는 일이라고 생각하고 포기해버렸을 때 그 아름다운 자아상을 잃어버리고 짐승 같은 자아상을 가지게 되었습니다.

인간은 이 세상에서 어느 정도 지위를 가지고 돈을 가지고 있으면 만족할 것 같지만 결코 만족하지 못합니다. 어떻게 해서든지 더 높은 자리에 올라가든지 아니면 다른 사람을 파멸시키기 위해서 비슷한 사람들끼리 모여서 남을 흉보고 깎아내리거나 혹은 당을 짓게 되어있습니다.

> 1:28-29, "또한 그들이 마음에 하나님 두기를 싫어하매 하나님께서 그들을 그 상실한 마음대로 내버려 두사 합당하지 못한 일을 하게 하셨으니 곧 모든 불의, 추악, 탐욕, 악의가 가득한 자요 시기, 살인, 분쟁, 사기, 악독이 가득한 자요 수군수군하는 자요"

인간은 그냥 자기에게 주어진 형편이나 처지대로 살면 되는데, 비슷한 사람들끼리 모이게 되어있습니다. 왜냐하면 하나님께서 그들을 내버려두셨기 때문입니다. 하나님께서 그들을 상실한 마음대로 내버려두셨다는 것은 그들의 마음속에 하나님이 없기 때문에 마음 놓고 악한 충동들이 생겨나게 된 것입니다.

그래서 처음에는 자기보다 잘났거나 똑똑한 사람을 보면 '왜 저 사람은 나보다 잘나고 더 똑똑할까'라고 불만을 가지다가 기분이 나빠지면서 미워하는 마음이 생기게 됩니다. 그러다가 사람들이 모이면 그런 사람을 욕하기 시작합니다. 즉 수군수군하게 되는 것입니다. 그러다가 자신이 권력을 가지게 되면 추악한 일을 벌이기 시작합니다. 약한 사람을 누르거나 자기 힘을 이용해서 해서는 안 되는 일을 하도록 강요하는 것입니다. 이런 사람들은 일을 충실하게 잘하는 사람을 그 자리에서 쫓아내기도 하고, 자격이 없는 사람을 아부하면 억지로 어떤 자리에 임명하기도 합니다. 그리고 사람이 무엇인가 잘못되었다고 하면 희한한 거짓말을 만들어내어서 사람들을 믿게 만들기도 합니다.

때로는 어마어마한 이권에 개입해서 엄청난 돈을 챙기기도 하고 그 돈을 이용해서 추종자들과 열성분자들을 만들어서 홍위병처럼 자기를 지키게 합니다. 이들은 마치 중국의 문화혁명 때 모택동이 했던 것처럼 젊은이나 자기들의 추종자들을 동원해서 모든 정적을 끄집어내어서 동네를 돌게 만들고 머리를 깎게 하고 감옥에 넣거나 때려서 죽이기도 하는 것입니다. 그런데 그 홍위병들은 현실을 배워야 한다고 해서 모택동이 시골이나 공장에 보내어서 다 고생하게 했습니다. 그러나 세월이 많이 지난 후에 그들은 자기들이 속았다는 사실을 깨닫게 되는 것입니다.

결국 인간이 악해지면 거짓말을 많이 하게 되고 위선적이 되고 나중에는 살인까지 하게 됩니다.

2. 성적인 타락

인간이 가장 **빠**른 시간 안에 만족감을 느끼는 것 중에는 마약이나 술이 있고 성적인 욕망이 있습니다. 마약이나 술은 혼자서 해롱거리는 것이라면 성적인 것을 두 사람 사이에서 이루어지는 욕망입니다.

바울 당시 로마에는 사창가와 검투사들이 엄청나게 발달했습니다. 그만큼 전쟁 포로들이 많았기 때문입니다. 남자 포로들은 일하는 데로 팔려가든지 아니면 검투사로 팔려갔습니다. 그리고 여자 포로들은 거의 집안일을 하든지 아니면 사창가로 팔려가서 주인의 수입을 올려주어야 했습니다. 로마는 전쟁을 많이 했습니다. 원래 로마 군인들은 농부였기 때문에 농사를 지을 때는 집에 돌아와야 했습니다. 그러나 후에 자기들끼리 내전을 벌이면서 직업 군인으로 변하게 되었습니다. 그러니까 로마 군인이 되면 십 년 넘게 집에 갈 수 없었는데, 이들의 욕망을 채워주는 것이 사창가였고 동성애였습니다. 아마 이것은 남자들로부터 먼저 시작된 것 같습니다.

1:24-25, "그러므로 하나님께서 그들을 마음의 정욕대로 더러움에 내버려 두사 그들의 몸을 서로 욕되게 하게 하셨으니 이는 그들이 하나님의 진리를 거짓 것으로 바꾸어 피조물을 조물주보다 더 경배하고 섬김이라 주는 곧 영원히 찬송할 이시로다 아멘"

로마 군인은 집을 오래 떠나 있으니까 전쟁에서 여자들을 보면 강간을 했습니다. 그러나 여자들을 만나기 쉽지 않으니까 나이가 어린 남자 아이들을 동성 강간하기 시작했습니다. 그래서 로마에 있는 남자들은 거의 다 강간이나 사창가나 동성 강간의 경험이 있는 자라고 보아야 하는 것입니다. 원래 동성 강간은 교도소같이 오랫동안 남자나 여자가 이성을 볼 수 없는 곳에서 이루어지는 것이었습니다. 그러나 전쟁이 길어지니까 사람들이 짐승같이 되어서 동성끼리 더러운 짓을 하게 된 것입니다.

그리고 남편이 전쟁터에 오래 나가 있는 것만이 문제가 아니라 아예 돌아오지 않으니까 여자들은 자주 만나는 다른 남자나 심지어는 노예들을 데리고 성관계를 맺기도 한 것입니다.

1:26-27, "이 때문에 하나님께서 그들을 부끄러운 욕심에 내버려 두셨으니 곧 그들의 여자들도 순리대로 쓸 것을 바꾸어 역리로 쓰며 그와 같이 남자들도 순리대로 여자 쓰기를 버리고 서로 향하여 음욕이 불 일듯 하매 남자가 남자와 더불어 부끄러운 일을 행하여 그들의 그릇됨에 상

당한 보응을 그들 자신이 받았느니라"

남자가 남자에 대하여 정욕을 느끼는 것은 엄청 부끄러운 일인데, 사람이 그런 행위에 한 번 빠지면 자꾸 하게 되는 것 같습니다. 나중에는 아예 자신은 그렇게 태어났다고 믿게 됩니다. 남자들이 방탕하니까 여자들도 방탕하게 되었습니다. 가장 쉬운 대상이 집안의 남자 노예들이었던 것입니다. 대표적인 인물로 로마 시대는 아니지만 요셉을 유혹했던 보디발의 아내를 들 수 있습니다. 그리고 여자끼리도 동성애가 있었던 것 같습니다. 여자 동성애자는 레즈비언이라고 하는데 그리스 여자 시인 사포는 호머와 달리 자연의 아름다움이나 남녀 사랑에 대한 시를 썼는데 그가 동성애자였다는 말이 있습니다. 그녀가 산 섬이 레스보스 섬이었기 때문에 레즈비언이라는 말이 생겼다고 합니다.

결국 인간이 하나님을 포기하면 그 마음에 영원히 채워지지 않는 공허한 부분이 생기게 됩니다. 그러면서부터 인간은 썩기 시작합니다. 처음에는 마음이 썩고 그다음에는 영혼이 썩고 그다음에는 입이 썩고 그리고 도덕적으로 썩게 됩니다.

1:30-31, "비방하는 자요 하나님께서 미워하시는 자요 능욕하는 자요 교만한 자요 자랑하는 자요 악을 도모하는 자요 부모를 거역하는 자요 우매한 자요 배약하는 자요 무정한 자요 무자비한 자라"

사람이 도덕적으로 타락하면 짐승 같은 수준으로 떨어지게 됩니다. 비싼 옷을 입고 잘 생겼지만 남이 보지 않는 곳에서는 완전히 조폭 같은 행동을 하는 것입니다. 그래서 남을 비방한다고 했는데 욕설을 함부로 하는 것입니다. 그리고 하나님을 엄청나게 미워합니다. 하나님께서 미워한다고 했는데 자기들이 하나님을 미워하는 것입니다.

그들은 다른 사람을 능욕하는데 고문을 하고 발로 짓밟고 비참하게 할수록 기분이 좋아지는 것입니다. 이들은 무자비한 자들입니다. 이런 자들은 썩은 인간이고 짐승 같은 인간입니다.

3. 복음의 약

사도 바울은 로마인들이 자신들의 잘못된 성 문제로 인하여 상당한 보응을 받았다고 언급하고 있습니다. 그리고 이런 성 문란은 부부 사이에 심각한 시기심과 살인을 일으켰습니다. 로마에서는 내란이 많이 일어났습니다. 물론 이 내란은 처음에는 평민과 귀족 사이의 갈등이었습니다. 그러나 나중에는 귀족 사이에 내란이 일어났습니다. 그리고 화재도 일어나고 화산 폭발도 일어나고 심각한 전염병도 퍼졌습니다. 어떤 사람은 로마는 이민족의 공격으로 망한 것이 아니라 성적인 타락으로 먼저 망했다고 주장하기도 했습니다.

만약 이 세상에 도덕적으로 썩은 인간을 치료할 수 있는 약이 있다면, 그 약은 죽은 인간을 살리는 것과 같은 역할을 할 것입니다. 인간이 육체적으로 썩은 것은 칼로 도려내어서 약을 바르면 되지만 도덕적으로 썩은 것은 인격 전체가 썩었기 때문에 회복시킬 수 없습니다. 그러니 인간의 썩은 마음을 살릴 수 있는 약이 개발되었습니다. 그것이 바로 복음입니다. 즉 예수 그리스도의 보혈은 미움과 시기와 우울증과 살인과 동성애와 비정한 마음으로 썩어버린 인간을 치유할 수 있는 새로운 복음입니다. 예수님은 십자가 위에서 죽었다가 살아나심으로 썩은 마음을 치료하는 복음을 만들어내셨습니다.

일단 예수님의 십자가는 죽은 우리의 옛사람을 도려내어 십자가 위에서 죽게 합니다. 우리가 예수를 믿으면 우리의 옛사람 전체가 예수님과 함께 썩어서 장사지내게 됩니다. 그래서 옛사람이 살처분되어버리는 것입니다. 이 방법 외에는 옛사람을 처분할 방법이 없습니다. 그리고 예수님은 부활하시면서 우리를 새 사람으로 살려내십니다. 우리는 예수님과 같이 새 사람으로 살아나게 됩니다.

　하나님은 맨 먼저 우리가 사랑받는 자임을 가르쳐주십니다. 우리는 사랑받을 자격이 있는 사람입니다. 우리는 예수님이 대신 죽어줄 정도로 사랑받는 자입니다. 우리는 다른 사람에게 능욕과 치욕을 당하고 욕을 얻어먹는 존재가 아니라 하나님의 사랑을 받는 존귀한 자로 변하게 되었습니다.

　두 번째로 하나님은 우리의 몸이 소중하다는 것을 가르쳐주십니다. 우리가 예수 믿기 전에는 이 몸으로 정욕을 채우고 술을 마시고 음란한 짓을 했지만 예수님이 다시 살리신 이 몸은 하나님의 성전인 것입니다. 우리에게 몸이 아주 중요합니다. 그래서 이 몸을 소중하게 다루어야 합니다. 욕도 하면 안 되고 싸움을 하거나 술을 마시거나 해서도 안 됩니다. 사람들이 나이가 들면 몸이 다치지 않도록 아주 소중하게 다룹니다. 나이 드신 분은 건강이 바로 생명이기 때문입니다. 우리의 몸은 아주 중요한 하나님의 기업이 되었습니다. 그리고 하나님은 다른 사람의 인생도 소중하다는 것을 가르쳐주셨습니다. 내가 행복하기를 원한다면 다른 사람도 행복하게 해주어야 합니다. 나의 일시적인 쾌감을 위하여 다른 사람을 비참하게 하고 불행하게 하는 것은 큰 죄악입니다.

　복음은 방탕한 생활을 하던 자들을 성자로 바꾸어놓고, 남을 괴롭게 하던 사람들을 천사로 만들어놓았습니다. 복음은 사람의 운명을 바꾸어버리고 사람 자체를 딴사람이 되게 합니다. 예수님의 보혈은 우리의 과거를 세탁해서 정결한 사람이 되게 하십니다. 누구든지 새 사람이 되고 싶은 사람은 복음을 믿으면 되는 것입니다.

08

남을 판단하는 사람
롬 2:1-4

사도 바울은

당시 소아시아나 그리스 여러 곳을 다니면서 복음을 전했는데, 그중에서도 특히 자신은 바울이 전하는 복음이 전혀 필요하지 않다고 주장하는 사람들을 만나게 되었습니다. 이 사람들은 대개 두 부류의 사람이었습니다. 하나는 그리스 철학을 많이 공부한 사람들이었고, 다른 한 부류는 유대인으로서 유대교를 깊이 믿는 사람들이었습니다.

그중에서 그리스 철학을 많이 공부한 사람들은 인간에게는 이성이라는 것이 중요한데, 이성으로 완전한 세계에 도달할 수 있다고 믿고 있었습니다. 이들에게는 이성이 중요하기 때문에 예수라는 사람의 도움으로 구원 얻는다는 것은 자기들의 생각과는 다르다고 주장했습니다. 또 유대인들은 우리는 이미 1,500년 이상 된 하나님의 율법을 믿는 사람들이고, 이것은 모두 하나님께서 모세를 통해서 주신 말씀이기 때문에 자신들에게 새로운 복음이라는 것이 필요하지 않다고 주장했습니다. 심지어 이들은 사도 바울이 하나님의 율법의 가치를 깎아내린다고 생각해서 돌로 치기도 하고 죽이려고 하기까지 했습니다.

사도 바울이 만났던 사람 중에서 복음이 필요하지 않다고 말하는 사람들은 자기 사상이 강하게 자리 잡은 사람이거나 아니면 이미 오랫동안 하나님을 믿고 있는 유대교인이나 유대교 성직자들이었습니다. 그런데 오히려 반대로 고린도나 에베소에 사는 사람들처럼 사상도 별로 없고 술에 취하고 음란한 생활을 하던 사람들이 더 복음을 잘 받아들였고 뜨거운 부흥이 일어났습니다.

사도 바울은 이제 새로운 사람들을 만나게 되었습니다. 그들은 로마인이었습니다. 그들은 당시 세계 최강의 나라 사람이었고 모든 것을 다 가진 사람들이었습니다. 그들은 자기 신이나 자기 자신이 최고라고 생각하고 있었기 때문에 또 다른 예수를 믿어야 한다고 전혀 생각하지 않았습니다.

예수님은 '복 있는 사람'에 대해 설교하시면서 "심령이 가난한 자는 복이 있나니 천국이 그들의 것임이요"(마 5:3)라고 하셨습니다. 하나님께서는 하나님의 아들을 이 세상에 보내셔서 모든 사람을 하나님의 나라로 초청하셨습니다. 그런데 그 초청에 조건이 한 가지 있습니다. 그것은 자기가 부족한 자라는 것을 알고 있어야 한다는 사실입니다. 즉 자기 자신은 하나님 앞에서는 한없이 가난한 자이고 부족한 자이고 모자라는 자라는 것을 깨달아야 한다는 것입니다.

1. 남을 판단하는 사람들

2:1, "그러므로 남을 판단하는 사람아, 누구를 막론하고 네가 핑계하지 못할 것은 남을 판단하는 것으로 네가 너를 정죄함이니 판단하는 네가 같은 일을 행함이니라"

여기에 보면 "남을 판단하는 사람"이 나옵니다. 이 사람은 자기 나름대로 인생관이나 철학이 확고합니다. 이 사람은 공부도 많이 했고 나름대로 생각의 체계도 있기 때문에 이 세상의 모순이나 비리에 대하여 예리하게 비판을 많이 합니다. 특히 그는 이 세상에서 성공은 했지만 비리를 저지르거나 무능한 높은 사람들에 대하여 사정없이 비판을 합니다.

이 세상에는 다른 사람들에 비해 비상한 두뇌와 문제의식을 가지고 남을 비판하는 사람들이 많이 있는 것이 사실입니다. 이런 사람들은 남들이 가는 평범한 길로는 가지 않습니다. 그들은 남들이 하지 않는 공부를 하고 남들이 하지 않는 고생을 하면서 이 세상을 완전히 바꾸려고 합니다. 특히 이런 사람들은 정부의 탄압을 받으면 비밀 조직을 만들어서 사회 문제를 다른 각도에서 보는 의식화 공부를 시키기도 합니다. 이런 사람들은 워낙 뛰어난 머리를 가졌고 말을 잘하는 재능을 가졌기 때문에 기존의 모든 타락한 사람들을 비판하고 우리는 그렇게 살면 안 되고 가난하지만 바르게 살아야 한다고 주장을 합니다. 그러면 현실에 실망해서 살아가고 있던 많은 사람이 이들의 주장에서 빛을 발견하고 그를 추종하거나 존경하면서 따라가게 됩니다.

그런데 놀라운 것은 이렇게 깨끗하고 이상적인 삶을 추구하던 사람들의 삶의 실체가 어떤 우연한 기회에 다 드러날 때가 있다는 것입니다. 나중에 알고 보니까 이들의 재산이 어마어마하게 많고 그의 삶은 거짓되며 특히 성적으로도 타락한 삶을 살았다는 것이 드러나게 됩니다. 그리고 그가 한 말이 거짓말이고, 또 말은 번지르르하게 했지만 실제로 자기는 하나도 그렇게 살지 않았다는 것을 알게 되는 것입니다. 그때 사람들은 이 사람을 무지무지하게 욕을 하게 되고, 결국 모든 존경을 다 잃어버리고 한 사람의 죄인으로 비난을 받든지 감옥에 들어가게 되는 것입니다.

우리가 지상에서 보면 5층 건물과 30층 건물은 엄청나게 차이가 납니다. 그러나 비행기에서 보면 모든 빌딩은 다 성냥갑처럼 비슷비

숫하게 작게 보입니다. 마찬가지로 우리 인간도 비교해보면 머리라든지 사상 같은 것이 엄청나게 차이가 나고 어려움이 와도 놀랍게 잘 참는 사람들이 있다는 것은 사실입니다. 물론 이런 사람들이 가난하고 돈이 없었을 때는 청렴하게 살고 가진 자를 비판하며 어려운 사람들과 고통을 함께 나누려고 노력하지만 나중에 이 사람들도 돈이 많아지게 되면 부자가 되는 쪽을 택하게 되고 위선적인 삶을 살게 되고 자신의 쾌락이나 명예를 위해서 얼마든지 거짓말을 하는 사람이 되는 경우가 허다합니다. 그러면 이 사람들이 가난했을 때 부자들을 비판한 것은 무엇이었을까요? 이것은 일종의 부자들에 대한 시기심이라고 볼 수 있습니다. 돈이나 명예나 성공이 가지는 힘 앞에서 여지없이 깨어지고 마는 것입니다.

그래서 아무것도 가진 것이 없고 알아주는 사람이 없을 때는 그렇게 맹렬히 부자나 높은 사람들을 비판하고 깨끗하게 살아야 한다고 주장하던 사람들이라도 막상 자기가 부자 되고 높은 사람이 되었을 때는 그렇지 못한 경우가 많습니다. 주장은 똑같이 하면서 사람들의 존경은 받고 있지만 실제로 그의 생활이 다 까발라지게 되었을 때는 자기가 판단하고 정죄했던 짓을 자기도 전부 다 했다는 것이 드러나게 되는 것입니다.

2. 하나님의 심판

가난하고 아무도 알아주는 사람이 없을 때는 비교적 깨끗하고 자기가 주장하는 진리대로 살 수 있습니다. 또 이런 사람들이 머리가 비상하고 생각하는 것이 남들이 따라올 수 없을 정도로 헌신적이면 사람들은 존경하고 믿고 따라가게 됩니다. 그러나 대개 높아지고 유명하게 되고 돈이 많아지게 되면 도저히 옛날의 그 가난하고 아무도 알아주지 않던 때처럼 살 수 없게 됩니다. 왜냐하면 자신이 이미 높아졌고, 자기를 무조건 믿고 따르는 자들이 수도 없이 많아지게 되었고, 자기가 한 말은 무조건 옳다고 믿는 사람들이 많아졌기 때문입니다. 그래서 이런 사람들은 자기가 손가락을 움직이기만 하면 모든 사람이 자기 뜻대로 움직여지는 인형이라는 생각을 하게 됩니다.

물론 이런 사람들도 처음에는 조심하기는 하지만 시간이 지남에 따라서 사람들이 무조건 추종하니까 결국 자기가 신이나 되는 것처럼 여자와 관계를 가지고 돈을 많이 감추어두고 더 높은 자리에 올라가기 위해서 별의별 짓을 다 하게 되는 것입니다. 그러다가 어느 날 전혀 생각하지도 못했던 일에 의해 그 사람의 베일이 하나씩 둘씩 벗겨지게 됩니다. 그때 사람들은 이 사람의 실체를 보고는 경악을 금치 못하게 되는 것입니다. 그것은 바로 하나님께서 하시는 일입니다.

2:2, "이런 일을 행하는 자에게 하나님의 심판이 진리대로 되는 줄 우리가 아노라"

머리가 좋고 말을 잘하는 사람들은 아무것도 깨닫지 못하는 대중을 향해서 너무나도 뛰어나고 놀라운 사상이나 말을 해서 감탄하게 합니다. 사람들은 그런 사람들이 가지는 사상의 새로움이나 기존 세력의 부패함을 알게 되고 이런 비판하는 사람들을 추종하게 됩니다. 그러나 이 세상에서 사람의 마음속에 완전히 들어가 보지 않고는 아무도 다른 사람의 진정한 모습을 보지 못합니다. 그런데 하나님은 모든 사람의 진정한 모습을 다 보고 계십니다. 그러다가 하나님은 한 번씩 모든 사람의 속을 다 까발리는 것이 아니라 주위 사람들의 비위 사실을 폭로시킵니다. 이 훌륭한 사람 밑에 있는 종이 주인을 배반해서 비밀 장부를 폭로하거나 혹은 갑자기 다른 사람을 수사하다가 이 사람까지 불똥이 튀게 되어서 비밀이 폭로되게 됩니다. 그것은 바로 하나님께서 하시는 일입니다. 그래서 이 세상에서 완전한 비밀이라는 것은 없습니다. 결국 모든 비밀은 다 드러나게 되는 것입니다.

하나님의 심판에서는 모든 것이 다 드러나게 됩니다. 여기서 "진리대로"라는 것은 그 사람이 주장하는 것이 아니라 사실 그대로 드러나게 되는 것을 말합니다. 이 세상에 완전한 비밀이라는 것은 없습니다. 그런데 사람들은 모두 비밀을 간직한 채 살아가고 있습니다. 그러나 어떤 사람은 이 비밀이 죽은 후에 드러나기도 합니다.

다윗의 비밀은 밧세바와의 간통 사건이었습니다. 그는 이것을 은폐하기 위해서 충성된 신하 우리야를 죽게 했습니다. 그는 전사한 신하의 과부를 자기 부인으로 받아들였습니다. 이것은 완전한 은폐였습니다. 그러나 하나님은 이것을 다 알고 계셨습니다. 그래서 처음 밧세바가 낳았던 아기는 죽고 선지자가 와서 다윗을 책망했습니다. 선지자는 비유를 들어서 책망했습니다. 어떤 부자가 양이 많았는데 자기에게 손님이 오니까 자기 종이었던 사람의 하나밖에 없는 어린양 한 마리를 뺏어서 손님을 대접했다고 했습니다. 그 말을 듣고 다윗은 화가 나서 그놈을 당장 잡아서 죽여야 한다고 하니까 선지자는 당신이 바로 그 사람이라고 지적했습니다. 다윗은 그 죄를 회개하느라고 침상을 다 썩을 정도로 울었고 망신이란 망신은 다 당했습니다. 그러고도 다윗은 하나님 앞에서 죄 용서받는 사람이 행복하다고 했습니다. 하나님 앞에 가면 사람들은 자기 입이 저절로 벌어지면서 자기가 지은 죄나 거짓말을 다 토해내게 됩니다.

2:3, "이런 일을 행하는 자를 판단하고도 같은 일을 행하는 사람아, 네가 하나님의 심판을 피할 줄로 생각하느냐"

우리는 이 세상에 누군가가 파렴치한 죄를 범하면 그를 비난하고 욕해야 세상이 덜 타락하고 덜 추해진다고 생각합니다. 그러나 하나님의 생각은 다르십니다. 즉 똑같은 죄를 지으면서 그런 사람을 비난하는 자의 입은 더 더럽다는 것입니다. 더 지독하게 썩은 냄새가 나기 때문에 차라리 입을 다물고 하나님의 심판이나 법의 심판을 조용히 지켜보는 것이 낫다고 말씀하고 있습니다.

3. 하나님의 인자하심

아마 하나님의 인자하심이 없었더라면 모든 인간은 서로의 감추어진 죄를 보고 모두 실망하거나 이 세상에 믿을 사람이 한 사람도 없다고 생각해서 살 의욕을 잃어버릴 것입니다.

얼마 전 어떤 지방에서 한 사람이 자기 아들이 보는 앞에서 다른 사람으로부터 따귀를 맞았는데, 그때 아들은 너무 충격받아서 학교를 제대로 다니지 못하고 있다고 했습니다. 자녀에게 아버지는 존경의 대상이고 거의 절대적인 존재입니다. 어린아이들은 이런 아버지를 믿고 살아가게 됩니다. 그런데 자기 아버지가 다른 사람에게 인사하지 않았다고 해서 따귀 맞는 것을 보았다면, 그 아이는 가치관이 다 무너지게 된 것입니다. 그래서 경찰도 범인을 잡아갈 때 아이들이 보는 앞에서는 부모에게 수갑을 채우지 않는 법입니다.

그러나 다행스러운 것은 하나님은 인자하신 분이라는 사실입니다. 하나님께서는 할 수 있으면 최대한 우리의 수치스러운 비밀을 감추고 드러내지 않으셔서 나중에 우리가 다 회개하고 죄 용서 받게 하십니다. 그래서 하나님께서 죄를 폭로하지 않으시는 것은 우리가 죄가 없거나 완전해서 그런 것이 아니라 하나님이 인자하셔서 기다리시는 것입니다.

2:4, "혹 네가 하나님의 인자하심이 너를 인도하여 회개하게 하심을 알지 못하여 그의 인자하심과 용납하심과 길이 참으심이 풍성함을 멸시하느냐"

하나님은 우리가 회개하기를 기다리십니다. 여기서 회개한다는 것은 나의 인생이 하나님을 떠난 죄의 인생이라는 것을 인정하고 방향을 하나님께로 돌리는 것입니다. 하나님은 오래 참으십니다. 그래서 이 세상에 복음이 필요하지 않을 정도로 완전한 사람은 한 사람도 없습니다.

그래서 우리는 다른 사람으로부터 나의 잘못에 대하여 욕을 먹어도 너무 억울하다고 생각하지 마시기 바랍니다. 왜냐하면 그 죄는 내가 지은 죄의 천분의 일이나 만분의 일도 안 되기 때문입니다. 하나님은 길이 참으시는 것이 풍성하십니다. 즉 우리가 아무리 죄를 많이 지었어도 하나님 앞에 잘못했다고 빌면 더 사랑해주시고 더 좋은 선물을 주시고 더 축복해주실 것입니다.

이 세상에 완전한 사람은 아무도 없습니다. 아무리 도덕군자나 사상가라 하더라도 돈이나 유혹 앞에서는 똑같은 죄인에 불과합니다. 단지 본인이 교만해서 복음을 무시할 뿐입니다. 사실 높은 자리에 있는 사람에게 복음이 얼마나 시시하게 보입니까? 그러나 이것이 바로 하나님의 사면장인 것입니다. 우리 모두 하나님의 사면장을 받고 당당하게 살아가는 성도들이 다 되시기 바랍니다.

09

인간의 목적
롬 2:5-11

사람마다 이 세상에

사는 목적이 다른 것을 볼 수 있습니다. 남들이 아무리 욕을 하든지 간에 세상에서 좋은 것을 다 가지는 것을 이 세상 사는 목적으로 생각하는 사람이 있고, 경찰관이 되어서 악한 자들과 싸우는 것을 인생의 목적으로 사는 사람도 있고, 노래를 잘 부르거나 축구를 잘해서 많은 사람의 환호 소리를 듣고 돈을 많이 버는 것을 목적으로 사는 사람도 있습니다. 그런데 자살하는 사람 중에는 영화배우나 가수 같은 유명인들이 많습니다. 그 이유는 한때는 유명해서 많은 사람의 박수와 갈채를 받았는데 그것이 없어지니까 그 공허함이 너무 심해서 우울증이 오고 자살하게 된다고 합니다.

그러나 많은 사람은 이 세상에 태어나니까 그냥 사는 것이라고 생각합니다. 사람이 죽을 수는 없으니까 사는 것이고 살아야 하니까 돈을 벌어야 한다는 것입니다. 그러다 보면 성공할 수도 있고 성공하지 못할 수도 있습니다. 또 살다 보면 좋아하는 사람이 생기거나 결혼해야 하니까 가정을 이루어서 아기를 키우게 되는 것입니다. 그래서 어떤 사람이 한평생 산 것을 보면 먹고산 것과 결혼해서 아이를 낳아서 키운 것이 전부인 사람들이 많이 있습니다.

그러나 복음이 나타나면서 이 모든 것은 달라졌습니다. 복음에는 하나님께서 모든 사람을 만드셨고 인간은 이 세상에 산 것에 대하여 하나님 앞에서 숙제 검사를 받아야 한다는 것입니다. 모든 인간은 이 세상을 다 살고 난 후에 하나님 앞에서 심판을 받아야 합니다. 그 이유는 진짜 영생의 복이 있기 때문입니다. 즉 인간은 이 세상에서 한번 사는 것으로 끝나는 것이 아니라 다시 한번 영원히 사는 것과 영원히 심판받는 것으로 갈라지게 됩니다. 마치 우리가 이 세상에 사는 것은 수험생이 입시 준비하는 것과 같습니다. 만일 지금 사는 것이 전부라면 농땡이나 부리고 게임이나 하고 멋대로 살면 되겠지만, 입시가 있고 그 뒤에 더 멋진 대학생활이 있고 더 출세할 수 있는 길이 있다면 아무리 놀고 싶어도 참고 공부해야 할 것입니다.

그런데 우리 인간은 이 세상에 태어나기는 하는데 그 길을 모른다는 것이 문제입니다.

1. 인간의 고집

사람이 어렸을 때는 마음이 말랑말랑한 편인데 나이가 들어가게 되면 딱딱하게 굳어지고 갈라지고 부서져서 돌처럼 됩니다. 이것은 사람의 피부도 마찬가지입니다. 어린아이의 피부는 얼마나 말랑말랑하고 부드러운지 모릅니다. 그래서 어린아이의 피부는 수술해도 금방 아물고 붙어버린다고 합니다. 그러나 성인은 피부가 굳어지게 되고 거기에다가 상처가 생기거나 혹은 문신까지 해버리면 더 없앨 수 없게 됩니다.

우리 인간의 마음은 두 가지로 구성되어있습니다. 그 하나는 안에 불이 있는 것입니다. 그리고 그 위를 딱딱한 껍질이 덮고 있습니다. 사람들은 화가 났을 때 자주 '열을 받았다'는 말을 하는데, 사실은 열을 받은 것이 아니라 안에 있는 열이 터져 나온 것입니다. 또 분통이 터진다고 하기도 하고 분노를 견디지 못하면 자기 머리를 처박기도 하고 안 되면 높은 데서 뛰어내려서 죽기도 합니다. 또 사람에게는 성욕의 불도 있습니다. 그래서 자기가 좋아하는 사람이 있으면 어떻게 해서라도 자기 소유로 만들기 위해서 별의별 짓을 다 하는 것입니다. 이것도 뜻대로 안 되면 미쳐서 죽기도 합니다.

그러나 모든 사람의 마음에는 고집이라는 것이 있어서 좀처럼 자기 인생이 틀렸다는 것을 잘 인정하려고 하지 않습니다. 왜냐하면 다른 사람들도 다 그렇게 살아가고 있고 또 딴 길을 찾으려고 하면 인생을 새로 시작해야 하기 때문입니다. 그런데 하나님께서는 인간으로 하여금 자신의 본질을 생각하도록 하기 위해서 위기를 사용하기도 합니다. 그것은 사업의 실패나 가족의 죽음 또는 자신의 병이나 아기의 출생과 결혼 같은 중요한 일들입니다. 사람은 이런 일을 통해서 과연 인생이 무엇이며 내가 왜 살아야 하는지 생각해야 하는 것입니다. 그러나 모든 사람의 마음에는 고집이라는 것이 있어서 자신의 생각을 잘 바꾸려고 하지 않습니다.

2:5, "다만 네 고집과 회개하지 아니한 마음을 따라 진노의 날 곧 하나님의 의로우신 심판이 나타나는 그 날에 임할 진노를 네게 쌓는도다"

저희 교회에도 아주 어렸을 때 엄마의 등에 업혀서 교회에 나오기 시작하신 분들이 있습니다. 이들은 마음이 아주 말랑말랑할 때 하나님을 알기 시작했기 때문에 하나님의 말씀이 그 마음에 잘 들어가게 됩니다. 그러나 이미 나이가 들면 마음이 딱딱하고 굳어져 있기 때문에 하나님의 말씀이 도대체 귀에 들어가지를 않고 믿어지지도 않고 무엇을 바꾸는 것도 어렵습니다. 그러다가 노인이 되면 다시 마음이 여려지게 됩니다. 그래서 노인 중에서 자존심 때문에 교회에 못 나와서 그렇지 누군가가 가자고 하면 따라 나올 사람들이 많이 있습니다.

여기서 "고집"이라는 것은 벌써 마음이 딱딱하게 굳어진 것을 말합니다. 석고 같은 것을 물로 개어서 무엇인가를 만들 때는 무슨 모양이든지 만들 수 있지만 한번 굳어지면 다시 말랑말랑해지지 않기 때문에 깨어야 합니다. 사람들이 깁스를 만들 때도 만드는 것은 쉬운데 한번 굳어지고 난 다음에는 깨어야 깁스를 풀 수 있습니다.

그래서 예레미야는 두 가지 마음을 이야기하고 있습니다. 하나는 돌 같이 굳은 마음이고, 다른 하나는 살 같이 부드러운 마음입니다. 돌 같은 마음은 무겁기도 하지만 딱딱해서 절대로 다른 모양으로 만들 수 없습니다. 그러나 살 같이 부드러운 마음은 부드럽기 때문에 얼마든지 칼로 잘라서 요리를 할 수 있는 것입니다.

그런데 사람의 마음을 부드럽게 하는 것은 두 가지입니다. 하나는 사랑입니다. 특히 하나님의 사랑이 우리 마음을 부드럽게 합니다. 이성의 사랑도 사람의 마음을 부드럽게 하기도 하지만 이것은 일시적인 효과밖에 없습니다. 그리고 지속적인 하나님의 말씀이 우리 마음을 부드럽게 합니다. 마치 물방울이 별로 힘도 없지만 계속 떨어지면 바위에 구멍을 뚫는 것처럼 하나님의 말씀은 우리 마음에 구멍을 뚫습니다. 그런데 평범한 사람의 마음속에 어떤 이론이나 어떤 종교가 들어오면 더 딱딱해지게 됩니다. 그래서 회개하는 것이 참 어렵습니다.

또 여기서 "회개한다"는 것은 바꾸는 것을 말하는데, 믿는 것을 바꾸고 사는 방식을 바꾸는 것입니다. 지금까지 돈이나 세상을 믿고 살았다면 이제부터는 하나님과 그 말씀을 믿는 것이 회개입니다. 그런데 사람의 마음에 이론이 들어오고 종교가 들어오면 마치 석고같이 되어서 그것을 깨지 않는 이상 그 모양이 바뀌지 않습니다. 인간은 살다가 다 죽는 것이고 모든 날은 다 똑같다고 생각하기 때문에 하나님의 심판을 믿지 않는 것입니다. 그래서 더 딱딱해지고 더 고집스러워져서 하나님의 심판의 날에 진노를 더 쌓게 되는 것입니다.

2. 하나님의 시험

학생들은 일 년 내내 열심히 공부해서 수능시험을 준비합니다. 우리나라는 입시가 너무나도 중요하기 때문에 수능시험을 치는 것도 전쟁을 하는 것처럼 준비합니다. 그런데 학생들이 무조건 참고서를 많이 사서 가지고 있다고 해서 좋은 성적을 받는 것이 아닙니다. 또 무조건 강의를 많이 듣는다고 해서 성적이 올라가는 것도 아닙니다. 중요한 것은 믿을 만한 실력 있는 선생을 만나서 꾸준히 공부해서 모두 자기 것으로 만들어야만 좋은 성적을 얻을 수 있다는 것입니다. 그런데 실력 있는 좋은 선생을 만난다는 것이 쉽지 않습니다. 이것은 인생의 모든 분야에서 다 마찬가지일 것입니다.

또 이것은 하나님의 시험에 있어서도 마찬가지입니다. 인간이 아무리 정성을 다해서 물을 떠놓고 빌고 나쁜 짓 안 한다고 해서 하나님의 진노를 없앨 수 있는 것이 아닙니다. 우리 인간의 탁월한 선생은 하나님의 아들이시면서 인간이 되신 그리스도 한 분밖에 없습니다.

우리가 하나님의 시험에서 합격하는 비결은 예수님을 만나는 것입니다. 이 방법 외에는 하나님의 진노를 피할 수 있는 길이 없습니다. 그래서 이 세상에 살아있는 동안 복음을 듣고 예수님을 아는 것이 최고의 복인 것입니다. 그렇지 않으면 그는 참고 서적은 많이 샀지만 책 내용은 모르는 사람이 되어서 시험에 떨어지게 됩니다. 또 책도 무조건 두꺼운 책이라고 해서 좋은 책은 아닌 것입니다.

우리가 복음을 들으면, 예수님이 하나님의 아들인데 이 세상에 우리를 살리기 위해서 오시고 하나님이 나를 사랑하신다는 사실을 믿게 됩니다. 이 하나님의 사랑이 우리 마음을 녹게 만든 것입니다. 우리의 돌 같이 단단했던 마음을 하나님의 사랑이 살 같이 부드러운 마음으로 만드는 것입니다. 그래서 우리의 사는 목적이 달라지게 됩니다. 그것은 바로 하나님의 선을 이루어드리는 것입니다. 하나님의 선은 우리 자신을 하나님의 뜻에 맞추는 것입니다. 이것은 엄청난 인내심이 필요합니다.

2:7, "참고 선을 행하여 영광과 존귀와 썩지 아니함을 구하는 자에게는 영생으로 하시고"

우리 자신의 인생을 하나님에게 맞출 때 하나님은 우리에게 영광을 주십니다. 그리고 존귀를 주시고 썩지 않는 상을 주십니다. 즉 우리 인간에게는 영생이 있는 것입니다. 우리는 이 세상에서 한번 사는 것으로 모든 것이 끝나는 것이 아니라 또다시 살게 됩니다. 지금 우리보다 더 멋있고 더 젊고 아름다운 모습으로 또 살게 됩니다. 이것은 마치 중고등학교 생활로 모든 것이 끝날 줄 아는 학생에게 멋진 대학생활이 있는 것과 마찬가지입니다. 우리에게는 영생이 있는 것입니다.

그런데 하나님의 시험에 떨어지는 사람이 많이 있습니다. 이 사람들은 역시 자신의 죄 용서를 받지 못한 사람들입니다.

2:8, "오직 당을 지어 진리를 따르지 아니하고 불의를 따르는 자에게는 진노와 분노로 하시리라"

여기서 중요한 것은 "하나님의 진리를 따르지 않는" 것입니다. 하나님이 주신 진리를 찾아야 하고 그 진리를 따라야 하는데, 다른 사람들의 말만 믿고 따르지 않는 것입니다. 그것이 바로 당을 짓는 것인데, 자기 생각을 지지해주는 사람들이 많이 있다는 뜻입니다. 그런 사람들에게는 하나님의 "진노와 분노"가 있습니다. 하나님의 진노와 분노라는 것은 하나님이 화를 잘 내신다는 뜻이 아닙니다. 그들이 하나님의 사랑을 받지 못한다는 것입니다. 왜냐하면 자기 마음 안에 있는 분노와 정욕의 불을 긁어내지 못했기 때문입니다. 그들은 마음을 딱딱하게 돌 같이 만들어서 예수님이 그들의 마음에 있는 분노의 불과 거짓의 불을 꺼내지 못하게 했습니다.

하나님의 심판에서 떨어진 사람은 어떻게 될까요? 그 영혼이 저주를 받고 영원히 버림을 받습니다.

2:9, "악을 행하는 각 사람의 영에는 환난과 곤고가 있으리니 먼저는 유대인에게요 그리고 헬라인에게며"

"악을 행하는 사람"은 하나님의 진리를 따르지 않는 사람을 말합니다. 그들의 영혼에는 영원한 환난과 고통이 있습니다. 그들은 마음이 행복하지 않고 늘 불안하고 고통이 있습니다. 그들에게는 진정한 기쁨이 없습니다. 그들은 이 세상에서도 만족스럽지 못할 뿐 아니라 나중에는 영원한 불 못에 떨어져서 저주에서 나오지 못하게 됩니다. 그때 그들의 모습은 너무나도 징그러운 해골바가지 자체인 것입니다. 유대인도 헬라인도 그렇게 됩니다. 그래도 이 당시에는 유대인이나 헬라인은 인정을 받는 사람이었던 것을 알 수 있습니다. 그러나 이 사람들도 예외가 아닌 것입니다.

2:10, "선을 행하는 각 사람에게는 영광과 존귀와 평강이 있으리니 먼저는 유대인에게요 그리고 헬라인에게라"

하나님의 말씀을 따라서 순종한 사람은 그 영이 축복을 받습니다.

영광을 받습니다. 그는 빛난 곳에 있게 되고 존귀한 몸을 가지게 됩니다. 그 몸은 너무나도 멋진 새 인생인 것입니다. 그리고 평강을 얻게 됩니다. 그의 마음에는 갈등과 고통이 없게 됩니다. 이것은 유대인도 해당이 되고 헬라인도 해당이 됩니다. 나중에는 로마인도 노예도 해당이 될 것입니다.

3. 외모를 보지 않으시는 하나님

사람에게는 그의 직위나 소속 혹은 계급이 중요합니다. 로마 군인인 경우에도 일반 병사와 천부장이나 사령관 사이에는 엄청난 차이가 있습니다. 더욱이 같은 로마에 살아도 자유인과 노예라는 신분에는 엄청난 차이가 있었습니다. 유대인은 돈을 잘 벌었고 헬라인은 지식도 있었고 상업에도 뛰어났습니다. 요즘 우리나라에도 장관이라고 하면 엄청난 권력을 가지게 되고, 국회의원이라고 하면 또 국민의 대표라고 해서 엄청나게 대우하는 것을 볼 수 있습니다. 그런데 하나님께서는 사람을 보실 때 외모를 보지 않으십니다.

2:11, "이는 하나님께서 외모로 사람을 취하지 아니하심이라"

일단 병원에 가서 내시경 촬영을 하게 되면, 그 사람의 얼굴이 어떻게 생겼든지 그 사람이 어떤 직업을 가지고 있든지 아무 상관이 없습니다. 단지 거기에서 암이 나오면 암 환자가 되고, 이상한 것이 보이지 않으면 건강한 것입니다. 마찬가지로 사람은 다른 사람을 볼 때 외모를 봅니다. 그래서 잘생긴 사람을 좋아하고 돈 많은 사람을 인정해주고 유명한 사람을 알아줍니다. 그러나 하나님의 눈에는 모든 인간이 다 진흙으로 만들어진 피조물이기 때문에 다 똑같이 보십니다.

얼굴이 잘생겨도 진흙이고 키가 커도 진흙인 것입니다.

하나님께서 보시기에 사람의 마음이 딱딱하면 전부 불합격입니다. 그리고 그 안에 성령의 불이 아닌 분노의 불이나 정욕의 불이 있으면 전부 다 불합격입니다. 여기에는 학교 성적이나 세상의 직책, 군대의 계급 같은 것은 아무 소용이 없습니다. 유대인이나 헬라인이나 로마인이나 자유인이나 노예나 아무런 차이가 없는 것입니다.

그래서 복음이라는 것은 단지 한 철학이나 인생관이 아닙니다. 이것이야말로 우리의 영원한 가치를 결정하는 하나님의 선물입니다. 우리가 이 세상에서 성공하는 길을 가는 것은 당을 짓는 것밖에 되지 않습니다. 자기 당 안에서 아무리 사람들이 알아주고 치켜세워준다고 해도 하나님 앞에서 영원한 불합격인 것입니다.

그래서 사람이 진실하다면 이 세상에서 이익이나 성공을 생각하기 이전에 자신의 삶의 목적을 생각해야 합니다. 그리고 복음이야말로 우리가 영원히 살 수 있는 약임을 인정해야 합니다. 우리는 이 약을 먹어야 마음이 말랑말랑해질 수 있고 속에 있는 분노의 불과 정욕의 불을 빼낼 수 있습니다. 우리는 정말 위대한 약을 가진 자들이고 위대한 살길을 아는 자들입니다. 복음은 정말 위대한 살길입니다. 사람을 외모로 보지 말고 속에 있는 것을 고칠 수 있기를 바랍니다.

10

율법의 존재
롬 2:12-16

이제 로마서는

바울이 다루고자 하는 가장 중요한 부분의 바로 앞에 와 있습니다. 사도 바울은 복음이야말로 이 세상에서 가장 위대한 것이고, 자기 자신은 복음을 가장 위대하게 생각한다고 말하고 있습니다. 그 이유는 복음은 하나님의 아들이 직접 이 세상에 내려오셔서 우리에게 전해주신 말씀이고 모든 죄를 치료할 수 있는 약이기 때문입니다.

그런데 이 당시 복음에 가장 적이 되는 것이 두 가지가 있었는데, 하나는 율법이고 다른 하나는 그리스의 철학이었습니다. 유대인들은 자기들은 이미 1,500년 전에 하나님의 율법을 받았고 그것을 지키고 있다고 주장했습니다. 그래서 그들은 지금 온 지 얼마 안 되는 예수가 하나님의 아들인지도 모르겠고 자기들은 오래 지켜온 율법으로 충분하게 구원받을 수 있다고 주장했습니다. 사실 이 당시 예수를 믿는 사람 중에서 가장 헷갈렸던 것이 그렇게 오래된 전통을 가지고 있는 율법을 믿어야 하고 할례를 받아야 하는 것이 아닐까 하는 것이었습니다.

그리고 또 하나는 그리스인들이 믿는 철학이었습니다. 그리스인들은 우주론에 대해서도 생각을 많이 했고 나중에는 인간을 생각했습니다. 그들은 인간은 이성과 육체로 나누어져 있는데, 육체의 욕망을 부정하고 이성적인 생각을 많이 하면 완전한 세계에 들어갈 수 있다고 믿었습니다. 그러나 사도 바울은 인간이 삶의 목적을 모르고 방황하는 것은 복음이 오기까지이고 이제는 더이상 방황해서는 안 된다고 했습니다. 복음은 인간의 생각이 아니라 하나님께서 직접 그 아들을 통해서 하신 말씀이기 때문입니다.

사도 바울이 로마에 복음을 전한 후 이천년의 시간이 지났습니다. 그렇다면 우리 인간의 지식이나 철학이나 윤리는 얼마나 발전이 되어 있어야 할까요? 물론 인간의 생활 자체는 엄청나게 변했지만 인간 자체의 죄짓는 것은 그때나 지금이나 별로 변하지 않은 것을 알 수 있습니다.

1. 율법을 가지고 있는 것

유대인이 가지고 있는 율법의 가치는 하늘에서 떨어진 운석과도 비교되지 않을 만큼 엄청난 것이었습니다. 율법의 가치는 그야말로 보물 중의 보물이었습니다. 율법의 두 돌비는 하나님께서 직접 모세에게 써서 주신 것이었습니다. 하나님께서 율법을 주실 때 그냥 주신 것이 아니라 모든 이스라엘 백성을 시내산 밑에 다 모이게 하셨는데, 산이 불타오르고 땅에는 지진이 일어나고 하늘에서는 번개가 치고 천둥과 나팔 소리가 울렸습니다. 그리고 모세는 산에 올라가서 40일 동안 자지도 않고 금식하면서 기도한 후 하나님께서 직접 새기신 율법의 돌판을 받았습니다. 그리고 모세가 시내산에서 내려온 후 하나님께서는 그 율법에 맞는 많은 예배와 윤리와 도덕에 대한 법을 주셨습니다. 그래서 율법의 돌비와 율법의 두루마리의 가치는 이 세상의 어떤 금이나 보석을 다 모은 것보다 더 가치가 있는 것이었습니다.

그러면 도대체 이 율법이라는 것은 무엇일까요? 이 율법은 이스라엘 백성이 넘어서는 안 되는 경계선이라고 할 수 있습니다. 우리가 고속도로를 가면 길가에 가드레일이 있습니다. 차들은 그 가드레일을 보고 안전선 안으로만 달리면 아무 문제가 없습니다. 그런데 운전자가 운전을 잘못해서 가드레일을 들이받고 밖으로 튕겨 나가면 큰 사고가 나게 되는 것입니다.

또 이 율법은 하나님을 가리키는 표시이기 때문에 기쁨으로 하나님의 말씀을 지키면 부흥이 일어나고 영생을 얻을 수 있습니다. 그러나 아무리 율법의 말씀이라 하더라도 형식적으로만 지키고 죄를 은폐한다면 이스라엘은 망하게 되는 것입니다. 그래서 이스라엘 백성이 율법을 가지고 있기만 하고 지키지 않으면 정신이 딱딱하게 굳어지고 욕망을 이기지 못해서 속에 있는 불이 뚫고 나와서 음행이나 도둑질이나 사기나 살인까지 하게 되는 것입니다.

2:12, "무릇 율법 없이 범죄한 자는 또한 율법 없이 망하고 무릇 율법이 있고 범죄한 자는 율법으로 말미암아 심판을 받으리라"

사람이 율법을 모르면 죄를 지을 가능성이 굉장히 큽니다. 율법이 없으면 일단 하나님을 모르고, 또 죄를 짓는 것에 대하여 거의 양심의 거리낌이 없기 때문입니다. 그래서 하나님을 모르는 사람이 돈이나 엄청난 권력을 가지고 있으면 그것은 백퍼센트 괴물이 될 수밖에 없습니다. 그 돈과 권력이 모두 죄를 짓도록 하는 기름 덩어리이기 때문입니다.

그런데 무서운 것은 율법을 가지고 있고 종교로 믿는다고 해서 죄를 짓지 않는 것은 아니라는 것입니다. 율법을 가지고 있기만 해서는 안 되고 그것을 좋아해야 하고 가슴에 넣어야 하는데, 유대인들은 그 방법을 잘 몰랐기 때문입니다. 그래서 많은 유대인은 율법을 가지고 있기만 하고 그 하나님의 말씀을 가슴에 넣지를 않았습니다. 그러니까 유대인은 엄청난 보물을 가지고 있기만 하고 전시만 해 놓았지 사용할 줄을 몰랐던 것입니다.

그래서 이스라엘 백성이 실제 생활할 때는 하나님을 알기 때문에 나쁜 짓을 해서는 안 되는 줄은 알았습니다. 그러나 마음의 욕망이 너무 커지면 '이것은 안 되는데…' 하면서 음행에 빠지고 우상숭배에 빠지고 남을 해치는 생활을 해서 부흥은 일어나지 않고 결국 망하고 말았던 것입니다.

2. 율법을 바르게 쓰는 방법

율법의 가치는 엄청난 보물이었지만 그냥 가지고 있다고 해서 효력이 나타나는 것은 아니었습니다. 그런데 하나님의 율법을 이스라엘 백성이 가슴 속에 넣는 방법이 있었습니다. 하나님의 율법을 가슴에 넣으면 그 사람 자체의 가치는 엄청나게 됩니다. 일단 하나님의 율법을 가슴에 넣으려고 하면 하나님의 율법을 사랑해야 합니다. 다윗은 자기는 하나님 율법의 말씀을 사랑한다고 했습니다. 그리고 시편 1편에서 주야로 하나님의 율법을 즐거워하며 묵상하는 자가 복이 있다고 했습니다.

그리고 또 중요한 것은 하나님의 말씀을 들었을 때 그대로 실천하게 되는 것입니다. 물론 하나님의 말씀을 그대로 실천하는 데는 많은 위험이 따르게 됩니다. 그러나 하나님의 말씀대로 실천하면 그 말씀은 완전히 내 것이 되게 됩니다.

2:13, "하나님 앞에서는 율법을 듣는 자가 의인이 아니요 오직 율법을 행하는 자라야 의롭다 하심을 얻으리니"

성경에서는 하나님의 말씀에 순종한 사람을 대표적으로 두 사람을 들고 있습니다.

그 첫 번째가 아브라함입니다. 그가 백 세에 낳은 아들을 바친 사건을 대표적으로 들고 있습니다. 하나님은 아브라함의 믿음을 시험하시기 위해 모리아 산에 가서 그 아들을 바치라고 명령하셨습니다. 지금까지 하나님은 아브라함에게 모든 것을 다 버리게 하셨습니다. 고향 친척 아버지 집을 떠나게 하셨고, 하갈이 낳은 아들 이스마엘도 내보내게 하셨습니다. 그런데 나중에는 백 세에 낳은 아들 이삭을 죽여서 바치게 하셨던 것입니다. 만약 아브라함이 하나님의 말씀에 순종해서 아들을 죽여서 바친다면 지금까지 하나님의 약속을 믿고 아들을 기다린 아브라함은 뭐가 되는 것입니까?

그러나 아브라함은 하나님을 믿었습니다. 그는 "하나님은 무에서 유를 만드신 분이다. 하나님이 나로 하여금 백 살에 아들을 낳게 하셨다면 내가 죽여도 이 아들을 다시 살려주실 것이다"는 믿음이 있었던 것입니다(히 11:19).

두 번째는 여리고성의 기생 라합이었습니다. 기생 라합의 집에 이스라엘의 두 정탐꾼이 들어왔을 때 그것은 라합에게는 기회임과 동시에 위기였습니다. 그는 그 정탐꾼을 살려주고 하나님을 믿을 수도 있었지만 만일 정탐꾼을 감춘 것이 들통난다면 여리고를 배신한 죄로 죽임을 당할 것입니다. 그러나 기생 라합은 결단을 내렸습니다. 그는 두 정탐꾼을 숨겨서 살렸고 추격하는 군대와 반대되는 산으로 보내서 사흘을 숨어있게 한 후 돌아가게 했습니다. 하나님은 라합을 기생이라고 해서 차별하지 아니하시고 이스라엘 백성이 되게 하시고 의인이 되게 하셨습니다.

우리가 하나님의 율법을 듣는 것은 하나님의 율법을 가까이하는 것입니다. 이 가까이한 율법을 마음속에 집어넣어야 합니다. 하나님이 안식일을 지키라고 하면 지키면 됩니다. 이웃의 부인을 탐하지 말라고 하면 이웃이 행복하기를 빌면 됩니다. 고아나 과부를 잘 돌보아 주라고 하면 고아나 과부라고 하면 무엇이든지 하나 더 주면 되는 것입니다.

　그런데 여기서 가장 위험한 것이 하나 있습니다. 그것은 율법을 가르치는 자가 되는 것입니다. 율법을 가르치면 엄청나게 힘이 듭니다. 그리고 그 율법이 자기 가슴을 관통하기 때문에 자기 가슴에 들어온 것으로 생각하게 됩니다. 그리고 율법을 가르치고 난 후에는 자기 할 일을 다 했다고 생각하는데, 그동안 하나님의 말씀을 가지고 긴장했기 때문에 감정통제가 안 되는 것입니다. 감정이 통제가 안 되니까 방탕할 때도 있고 음욕에 빠질 때도 있고 또 다른 사람들로부터 하나님의 사람이라는 신뢰를 받으니까 음란한 행동에 빠지게 될 때도 있는 것입니다. 이것은 바로 망하는 것입니다.

　하나님의 율법을 가르치는 자가 음욕이나 다른 욕심에 빠질 때 자포자기해버리는 것을 보게 됩니다. 자포자기하게 되면 망하는 것입니다. 하나님의 말씀을 전하는 것과 자기가 직접 하나님의 말씀을 순종해서 사는 것은 다릅니다. 그래서 성경은 할 수 있으면 많이 선생이 되지 말라고 했습니다(약 3:1). 왜냐하면 흔히 아는 것 자체가 의인의 자격을 주는 것으로 생각하거나 아니면 종교적인 직분 자체가 의인이 되는 것으로 생각하기 쉽기 때문입니다. 사도 바울은 자기가 날마다 자신의 몸을 쳐 복종하게 하는 이유는 자기가 남에게 복음을 전파한 후에 버림을 당할까 두렵기 때문이라고 했습니다(고전 9:27).

3. 양심의 기능

하나님은 우리 몸에 많은 안전장치를 하셔서 육체가 금방 죽지 않도록 보호하게 하셨습니다. 그래서 몸은 피부가 감싸고 있지만 그 안에 또 살이 있고 근육이 있고 기름이 있어서 다친다고 해서 금방 죽지 않습니다. 머리에는 완전한 두개골을 주셔서 그 안에 있는 중요한 뇌를 보호하게 하셨습니다. 그리고 심장이나 내장이 충격으로 쉽게 파열되지 않도록 갈비뼈로 보호해 주셨습니다.

이와 마찬가지로 하나님은 인간에게 나쁜 생각을 한다고 해서 당장 죄를 짓지 못하도록 양심이라는 것을 주셨습니다. 이 양심은 옳고 그른 것을 자기 나름대로 판단하는 기준입니다. 그리고 이 양심 주위에는 감정이라는 것이 싸고 있어서 금방 죄를 지을 수 없습니다. 그래서 이 양심이 하나님을 바로 알 수 있는 것은 아니지만 죄를 막을 수 있는 기능을 하고 있습니다. 그래서 사람이 양심만 잘 지켜도 '저 사람은 법이 없어도 살 사람이라' 고 하면서 칭찬을 하고 존경도 합니다.

그러나 양심은 율법에 비하면 누구에게나 있는 것이고 가치가 많이 떨어지는 것입니다. 즉 인간이라면 누구든지 양심은 다 있습니다. 그런데 인간이 양심적인 행동만 해도 그렇게 멋있을 수 없습니다. 그래서 하나님께서는 나중에 심판하실 때 율법을 한 번도 들어본 적이 없는 사람에게는 양심을 가지고 판단하시기도 하실 것입니다.

2:14-15, "율법 없는 이방인이 본성으로 율법의 일을 행할 때에는 이 사람은 율법이 없어도 자기가 자기에게 율법이 되나니 이런 이들은 그 양심이 증거가 되어 그 생각들이 서로 혹은 고발하며 혹은 변명하여 그 마음에 새긴 율법의 행위를 나타내느니라"

이방인도 얼마든지 율법의 행위를 할 수 있는 것입니다. 즉 이웃의 아내를 탐하지 않든지 남의 물건을 빼앗거나 도둑질하지 않든지 거짓말이나 살인을 하지 않든지 하게 되는 것입니다. 이것은 양심이 율법의 기능을 부분적으로 하기 때문입니다. 자기감정이 좋다고 해서 무조건 남의 여자를 사랑하는 것이 아니라 자기가 해서는 안 되는 짓을 스스로 하지 않는 것입니다. 왜냐하면 인간에게는 의리라는 것이 있고, 다른 사람들의 비난이라는 것이 있기 때문입니다. 그래서 어떤 욕망이 생겨도 자기 안에서 스스로 고발하기도 하고 변명하기도 하는 것입니다.

약한 자를 여러 남자가 괴롭히는 것은 나쁜 짓이라는 것을 누구든지 마음속으로 다 압니다. 그렇지만 사람들은 보복이 두려워서 나서지 않는데 누군가 용감한 사람은 나서는 것입니다. 사실 사람의 힘이라는 것은 원래 약한 자를 도우라고 있는 것입니다. 옛날에는 기사도라는 것이 있어서 말을 타는 기사들은 치사한 짓을 하지 않는 것을 명예로 생각했습니다. 이렇게 약한 자를 돕는 사람들은 영웅이지요. 그리고 그 마음속에는 만족감이 있는 것입니다. 그렇다고 해서 이런 마음 때문에 구원을 얻는 것은 아닙니다. 왜냐하면 그런 행동은 인간으로서 용감한 것이지 하나님 앞에서 의로운 것은 아니기 때문입니다. 그래서 사람 중에는 복음을 듣지 못한 사람은 양심으로도 천국에 갈 수 있다고 주장하는 사람이 있는데 그것은 틀린 생각입니다. 양심을 지키는 것과 천국에 갈 수 있는 것은 완전히 다른 것입니다.

그런데 인간의 양심은 여러 가지 상태로 존재합니다. 물론 어린아이의 양심은 말랑말랑한 편이지만 청소년이 되거나 어른이 되면 양심은 딱딱해지기 시작합니다. 거기에다가 죄를 자꾸 지으면 나중에는 화인 맞은 양심처럼 되어서 전혀 감각이 없어지게 되는데, 굳은살이 박여서 감각도 없고 딱딱해지게 되는 것입니다. 이런 양심은 병든 양심입니다. 간경화증처럼 양심경화증이라는 병에 걸린 것입니다. 그러나 예수 믿는 사람들이 하나님의 말씀을 듣고 눈물로 회개하면 양심이 아주 부드러워지고 깨끗해지게 되는데, 보석처럼 살아있는 양심이 됩니다. 이 양심이 보물입니다.

2:16, "곧 나의 복음에 이른 바와 같이 하나님이 예수 그리스도로 말미암아 사람들의 은밀한 것을 심판하시는 그 날이라"

사람들은 다른 사람들의 숨은 비밀은 전혀 알지 못합니다. 물론 이 세상에서도 가끔씩은 죄나 거짓말이 드러날 때가 있습니다. 주로 청문회할 때라든지 아니면 어떤 큰 사건이 터졌을 때 감추어졌던 비리들이 다 들통나게 됩니다. 그러나 사람 속의 생각은 이 세상에서는 다 알 수 없습니다. 그러나 하나님의 심판을 받을 때 인간은 자기 헛바닥으로 자기가 지은 죄들을 전부 다 떠들게 되어있습니다. 그때 모든 사람이 다른 사람들의 죄를 다 알게 됩니다. 왜냐하면 워낙 자기 혀로 자기 죄를 크게 떠들므로 모를 사람이 아무도 없기 때문입니다. 평소에 그렇게 점잖고 존경받던 자들이 그런 위선자였던 것도 다 폭로되게 됩니다.

그래서 율법을 가지고 있고 비교적 양심적이거나 하나님의 말씀을 가르친다고 해서 의로운 것이 아닙니다. 복음 외에는 우리를 깨끗하게 할 수 있는 것이 아무것도 없습니다. 그리고 의로운 것은 행해야 내 것이 될 수 있습니다. 아무리 위험하고 어려워도 이를 실천하시기 바랍니다.

11

진짜 유대인
롬 2:17-24

초대교회 기독교에서

가장 어려운 과제는 유대교의 문제였습니다. 유대교는 하나님이 주신 종교였고 구약 성경을 가지고 있었으며 모든 유대인은 할례를 받았으므로 생긴 지 얼마 안 되는 예수의 복음보다는 훨씬 더 하나님을 잘 믿는 것으로 보였기 때문입니다. 그래서 이방인 중에서 처음 복음을 들을 때는 기쁨으로 복음을 받아들였지만 얼마 지나지 않아서 오히려 유대교로 개종하는 사람들이 많았습니다. 그리고 유대인은 유대인 나름대로 사도 바울이 율법의 가치나 유대인의 가치를 떨어뜨린다고 해서 그를 죽이려고 했습니다.

사실 초대교회에서 유대교의 문제는 오늘 무엇이 바른 교회인가 하는 것과 비슷하게 아주 어려운 문제였습니다. 우리가 어떤 교회를 방문했는데 그곳에 바른 복음적인 설교는 없고 오직 헌금만 내라고 하고 무조건적인 순종만 강요한다면 그 교회가 바른 교회인지 아닌지 헷갈리게 될 것입니다. 그런데 다녀본 대부분 교회가 모두 그런 식이라면 정말 내가 교회를 다녀야 하는지 말아야 하는지 고민이 생길 것입니다.

본문에서 사도 바울은 유대교를 향해 엄청난 발표를 하게 됩니다. 그것은 겉으로 보이는 유대인이 참 유대인이 아니라는 것입니다. 참 유대인은 하나님의 말씀대로 사는 사람이라는 것입니다. 그리고 할례를 받은 사람이라고 해서 참 할례자가 아니라고 했습니다. 할례는 율법대로 사는 것의 표시이므로 율법대로 살지 않는 사람의 할례는 엉터리이기 때문입니다. 그런데 율법이나 할례보다 더 분별하기 어려운 것이 복음입니다. 왜냐하면 복음은 마음속으로 믿는 것이므로 아무도 그 진실을 볼 수 없기 때문입니다.

1. 유대인의 자랑

유대인은 그들이 이 세상에서 유일한 하나님의 백성이며 율법을 가지고 있는 것을 엄청나게 자랑했습니다. 그야말로 유대인에게는 선민사상이 있었습니다. 즉 하나님의 택함받은 백성이라는 것입니다. 이것은 사실 엄청난 자랑이 아닐 수 없습니다. 이 세상의 수많은 사람이 하나님을 모르는데 유대인만은 하나님을 바로 알고 있었습니다. 왜냐하면 성경에 나타난 그 하나님이 바로 천지를 창조하신 하나님이시기 때문입니다.

그리고 유대인이 하나님의 말씀을 가지고 있는 것은 엄청난 보물 중의 보물이었습니다. 율법은 처음에는 모세가 가지고 내려온 두 개의 돌판이었는데, 그다음에는 율법의 해설서인 출애굽기 후반과 레위기와 민수기 초반이 쓰이게 되고 나중에는 이스라엘 역사와 시와 지혜서와 선지자의 예언이 합쳐지면서 어마어마한 보물로 커지게 되었습니다. 이것이 구약 성경으로 남게 되었습니다. 이 세상에 이런 보물을 가진 민족은 없었습니다.

그런데 유대인의 역사는 너무 참혹하고 불행했습니다. 유대인은 사도 바울이 로마에 건너간 지 얼마 되지 않아서 로마와 전쟁해서 예루살렘에서만 백십만 명이 죽습니다. 그리고 전 세계로 흩어져서 살게 되는데 엄청난 환란을 당하게 됩니다. 세계 어느 곳에서도 그들을 반갑게 받아들이지 않았습니다.

그 대표적인 예가 셰익스피어의 작품 《베니스의 상인》에서 나오는 샤일록이라는 상인일 것입니다. 그는 자기가 돈 빌려준 사람의 가슴살 한 파운드를 기어코 뜯어내겠다는 지독한 인간으로 나옵니다. 러시아에서도 유대인이 대대적인 박해를 받아서 팔레스타인으로 탈출했는데 오래전에 〈영광의 탈출〉이라는 영화로 만들어졌습니다. 그리고 이차대전 때는 히틀러에 의해 육백만 명이나 가스실에서 죽습니다. 너무나 참혹한 역사입니다. 사도 바울은 로마서에서 유대인이 곧 하나님께로 돌아올 것으로 내다보았는데, 그들은 아직도 유대교를 만들어서 돌아오지 않고 있습니다.

그런데 사도 바울의 엄청난 선포가 바로 이것입니다. 참된 유대인이라는 것은 겉으로 보이는 유대인이 유대인이 아니요, 하나님의 말씀대로 사는 자가 참된 유대인이라는 것입니다. 그리고 할례도 마음에 하는 것이라고 했습니다. 이것은 완전히 폭탄선언이었습니다.

2:17, "유대인이라 불리는 네가 율법을 의시하며 하나님을 자랑하며"

유대인이 되는 경로는 두 가지입니다. 하나는 혈통으로 유대인의 자녀로 태어나는 것입니다. 부모가 둘 다 유대인이면 자식은 자동적으로 유대인입니다. 그런데 이방인은 유대교를 배우고 개종함으로 유대인이 될 수 있었습니다. 만일 부모 중 한 사람이 유대인이면 할례를 받음으로 유대인이 될 수 있었습니다. 그러나 진짜 정통 유대인 취급은 받지 못하고 거의 이방인 개종자 취급을 받았던 것 같습니다. 그러나 남들에게 자신은 유대인이라고 소개했습니다.

그런데 유대인은 일단 참 하나님을 안다는 것이 엄청난 복이었습니다. 그리고 그들은 율법을 가지고 있었습니다. 그러나 그들이 율법을 많이 읽은 것이 아니라 율법의 의식을 가지고 있었다는 것이 맞을 것입니다. 왜냐하면 유월절을 지키고 안식일을 지키는 정도였기 때문입니다.

그러나 그 유대인의 자부심은 대단했습니다.

2:18, "율법의 교훈을 받아 하나님의 뜻을 알고 지극히 선한 것을 분간하며"

유대인은 어려서부터 율법 대신에 '미슈나' 라는 교훈집을 배웠습니다. 물론 나중에는 '탈무드' 라는 책도 나오게 됩니다. 그들은 미슈나를 잘 아는 것이 하나님의 뜻을 잘 아는 것이라고 생각했습니다. 왜냐하면 미슈나라는 것은 아주 좋은 교훈집으로 어떻게 보면 역사나 법으로 되어있는 성경보다는 좋은 교훈만 모아놓은 미슈나가 훨씬 더 가치가 있어 보였기 때문입니다.

그러나 그들이 모르고 있었던 것은 성경 그 자체가 부흥을 일으키는 기름이었다는 사실입니다. 성경은 별 것 아니고 재미가 없는 책인 것 같지만 우리를 하나님에게로 인도하는 길이었습니다. 그리고 그 말씀을 읽고 가르칠 때 부흥이 일어나게 됩니다. 그래서 여기에 "율법의 교훈을 받아 하나님의 뜻을 알고"라고 했던 것입니다. 그들의 율법은 하나님의 말씀이 아니라 율법의 교훈이었습니다. 그리고 이 요약된 교훈은 하나님의 말씀이 희석된 것이었고 박제된 종교였습니다. 즉 그 율법은 죽은 하나님의 말씀이었던 것입니다.

또 "지극히 선한 것을 분간하며"라고 했는데, 여기서 선한 것은 장소나 직업을 의미하는 것입니다. 즉 그들은 성소나 예루살렘에 가까울수록 선한 것이며, 종교적인 직업을 가져야 선한 것이라고 생각했지, 생활 가운데 하나님의 선한 뜻이 있다고 생각하지 않았던 것입니다. 그래서 그들은 성전에서 멀리 떨어져 있으면 하나님이 보지 못한다고 생각해서 이방인과 똑같이 생활하고 행동을 했습니다. 그 대신 성전에 갈 때는 옷을 잘 입고 경건하게 행동하면 되는 것이었습니다.

2:19, "맹인의 길을 인도하는 자요 어둠에 있는 자의 빛이요"

예수님은 맹인이 맹인을 인도하면 둘이 다 구덩이에 빠진다고 하셨습니다(마 15:14). 유대인은 자신들이 맹인을 인도한다고 했지만 실제로는 자신들이 맹인이었습니다. 왜냐하면 하나님의 말씀만이 눈을 뜨게 할 수 있고 앞을 볼 수 있게 하기 때문입니다. 이들은 어둠에 있는 자들을 인도한다고 했습니다. 그러나 그들 자신이 빛을 모르고 있었습니다. 왜냐하면 온 세상이 어둠에 빠져 있었기 때문입니다. 그들은 그 모든 원인이 하나님의 말씀에 있다는 것을 깨닫지 못했습니다. 그들은 교훈을 가르쳤습니다. 그래서 텍스트를 만들고 단계를 만들어서 열심히 가르쳤습니다. 그러나 그 끝은 어둠이었습니다.

2. 유대인의 이중생활

그들은 유대인인 자체가 거룩한 것이고 하나님의 교훈을 배우는 자체가 거룩한 것이라고 생각했습니다. 그러나 그들의 생활은 이방인과 다를 바 없었습니다. 왜냐하면 그들은 생활 중에서 손해를 보기 싫었기 때문입니다. 즉 남들은 죄를 지어서 이익을 보고 성공하는데 우리도 인간이기 때문에 죄를 지을 수밖에 없다고 생각했던 것입니다. 그리고 성전에서 떨어져 있으면 하나님도 보시지 않는다고 생각했습니다.

2:20-21, "율법에 있는 지식과 진리의 모본을 가진 자로서 어리석은 자의 교사요 어린아이의 선생이라고 스스로 믿으니 그러면 다른 사람을 가르치는 네가 네 자신은 가르치지 아니하느냐 도둑질하지 말라 선포하는 네가 도둑질하느냐"

유대인은 일정한 훈련을 받으면 다른 사람을 가르칠 수 있는 자격을 얻었던 것 같습니다. 요즘 우리나라로 치면 제자훈련을 받으면 순장이 되든지 사역자가 되는 것입니다. 그리고 여기 "어리석은 자"라는 것은 아직 초보단계에 있는 사람들을 말합니다. "어린아이"는 말 그대로 어린아이를 의미합니다. 즉 이들은 모두 교사의 자격을 받은 사람들이었습니다. 그래서 그들은 회당에서 사람들을 가르쳤고 어린아이에게도 미슈나 탈무드 같은 것을 가르쳤습니다.

그러나 그들은 자기 자신은 그런 가르침에 전혀 도움을 받지 않았습니다. 가르치는 자체를 하나의 일로 생각했기 때문입니다. 이 사람들은 먼저 자기가 은혜를 받고 가르치는 것이 아니라 가르치는 것 자체만 목적으로 삼았습니다. 우리가 하나님의 말씀을 가르치는 것은 모든 것을 다 알기 때문이 아닙니다. 우리는 자신이 먼저 하나님의 말씀에 은혜를 받고 그 은혜 받은 말씀을 전하는 것입니다. 그런데 그들은 자신을 가르치지 않았고, 하나님의 말씀을 묵상하지도 않았고, 그대로 살려고 노력하지도 않았습니다. 그들은 하나님의 말씀을 가르치는 것이 책임이었고 그 책임을 다하고는 존경을 받으려고 했습니다. 그러나 자기 자신을 가르치지 않는 자는 진정한 선생이 아닙니다.

2:22, "간음하지 말라 말하는 네가 간음하느냐 우상을 가증히 여기는 네가 신전 물건을 도둑질하느냐"

누군가 회당에서 간음에 대해서 가르쳤습니다. 이 사람은 간음은 무서운 죄이고, 절대로 다른 여자를 곁눈으로 쳐다봐서도 안 된다고 가르쳤습니다. 그런데 막상 이 사람에게 너무 아름다운 여성이 나타난 것입니다. 너무나도 보고 싶어서 자꾸 만나다 보니까 이상한 관계까지 가게 되었습니다. 그런데 이 사람은 너무나 어리석어서 자기가 만나는 여성이 끝까지 이 비밀을 지켜줄 것이라고 믿었습니다. 그러나 이 여성은 결국 누구에겐가 실토했습니다. 결국 이 사람은 처음에는 부인하다가 나중에는 실토하고 그에 따라 모든 명성과 신뢰를 다 잃고 말았던 것입니다.

"우상을 가중히 여기는 네가 신전 물건을 도둑질하느냐?"

우상을 가중히 여기는 사람이 이방 신전에 왜 들어갈까요? 잘 이해되지 않습니다. 그러나 누군가가 신전에 보물이 있다고 하면 몰래 들어가서 그것을 훔쳐오는 사람이 있었던 것 같습니다.

그래서 율법을 자랑하는 자들이 율법을 범함으로 하나님의 이름이 이방인 중에서 모독을 받는다고 했습니다.

> 2:23-24, "율법을 자랑하는 네가 율법을 범함으로 하나님을 욕되게 하느냐 기록된 바와 같이 하나님의 이름이 너희 때문에 이방인 중에서 모독을 받는도다"

율법을 자랑하는 그들이 사실은 너무 이기적이었던 것 같습니다. 그리고 그들은 세상 법도 우습게 알고 지키지 않았습니다. 그러니까 세상 사람들이 유대인을 너무 싫어하게 되었던 것입니다. 왜냐하면 그들은 너무 이기적인 데다가 말은 다 그럴듯하게 하지만 세상 법도 지키지 않았기 때문입니다.

3. 참 이스라엘 사람을 찾으라

여기서 사도 바울은 폭탄선언을 합니다. 그것은 형식적인 유대인이 결코 진짜 유대인이 아니라는 것입니다. 진짜 유대인은 겸손해서 하나님의 법은 물론 세상 법도 잘 지키기 때문입니다.

이어서 사도 바울은 할례가 무엇이냐고 질문을 던집니다. 물론 할례는 하나님의 백성이라는 표시입니다. 하나님의 소유를 몸에다 인을 치는 것입니다. 그런데 하나님 백성의 특징은 전부 겸손한 것입니다. 이들의 겸손은 하나님의 법과 세상 법을 잘 지키는 것으로 나타납니다. 그들이 무슨 특권 의식을 가지고 행동하는 것은 하나님 백성의 표시가 아닙니다.

2:25, "네가 율법을 행하면 할례가 유익하나 만일 율법을 범하면 네 할례는 무할례가 되느니라"

할례는 하나님께서 이 사람은 율법을 지키는 사람이라고 도장을 찍으시는 것입니다. 그런데 율법을 전혀 지키지 않으면서 할례를 받은 사람은 하나님의 도장을 도용하는 것이고, 공문서 위조가 되는 것입니다. 그래서 그 사람에게 찍힌 할례도 인정받지 못하고 그 사람의 신앙도 인정받지 못합니다.

2:26-27, "그런즉 무할례자가 율법의 규례를 지키면 그 무할례를 할례와 같이 여길 것이 아니냐 또한 본래 무할례자가 율법을 온전히 지키면 율법 조문과 할례를 가지고 율법을 범하는 너를 정죄하지 아니하겠느냐"

어떤 사람이 이방인이어서 율법을 받지 못했습니다. 그러나 율법을 신실하게 배우고 하나님의 말씀대로 살면 하나님의 눈에 보기에 이 사람은 할례를 받은 사람이 되어서 굳이 할례를 받을 필요가 없는 것입니다. 결국 하나님의 도장이라는 것은 하나님께서 보시는 것이지 몸의 표시가 전부가 아니라는 것입니다.

> 2:28-29, "무릇 표면적 유대인이 유대인이 아니요 표면적 육신의 할례가 할례가 아니니라 오직 이면적 유대인이 유대인이며 할례는 마음에 할지니 영에 있고 율법 조문에 있지 아니한 것이라 그 칭찬이 사람에게서가 아니요 다만 하나님에게서니라"

이 말은 사실 이 당시에는 엄청난 선언이었습니다. 전 세계 유대인의 사고방식을 뒤집어엎는 폭탄선언이었던 것입니다. 즉 겉으로 믿는 유대인이 진짜 유대인이 아니라는 것입니다. 그리고 몸에 받는 할례도 진짜 할례가 아니라는 것입니다. 마음의 유대인이 진짜 유대인이라는 것입니다. 그래서 우리가 진정으로 하나님의 말씀대로 살면 우리가 유대인이 되고 이스라엘의 복을 받게 됩니다. 그리고 할례는 마음에 받아야 합니다.

그래서 마음속에 세상으로 갈 수 없는 선이 있어야 하고 세상도 우리에게 들어올 수 없는 경계선이 있는 것입니다. 누가 아무리 뭐가 좋다고 해도 우리 안에는 예수의 영이 있기 때문에 세상이나 귀신은 우리에게 들어올 수 없습니다. 진정한 이스라엘 백성처럼 살고 이스라엘의 복을 다 받으시기 바랍니다.

12

유대인의 책임
롬 3:1-8

사람이 나이가 들고

난 후 자신의 인생을 돌아보면 후회하는 경우가 많이 있습니다. 옛날에는 자신의 생각이 너무나 옳다고 여기고 그 길만 고집했는데 나중에 돌아보니까 다른 길도 얼마든지 있을 수 있다는 생각이 들기 때문입니다. 즉 옛날 생각이 한때는 옳아 보여도 고집이고 허영인 경우가 많습니다. 사람들은 이 세상에서 무엇인가 잘못되면 누군가를 원망하면서 '누구 때문에, 무슨 일 때문에' 라고 하면서 핑계 댈 때가 많은데, 그렇게 해봐야 자기 인생은 달라지지 않습니다.

저는 나중에 주님의 손에 붙들려서 연단을 많이 받았습니다. 그리고 주님은 저를 목회자로 만들고 싶어 하셨습니다. 저는 목회자가 싫어서 또 반항했습니다. 7년간 주님과 저 사이에는 싸움이 있었습니다. 그러나 주님은 지지도 아니하셨고 저를 꺾지도 아니하시고 알아들을 수 있도록 설득하셨습니다.

요즘도 그렇지만 옛날에는 좋은 강해서가 아주 드물었습니다. 어떤 추운 겨울날 서점에 들어갔다가 로마서에 대해서 6권인지 8권인지 강해설교를 해 놓은 책을 보게 되었습니다. 강해서는 한 권이면 되지 무슨 로마서 하나를 가지고 6권이나 8권이나 설교를 하나 생각해서 그 책을 사 가지고 집에 가서 읽었습니다. 그리고 저는 설교의 새로운 세계를 보게 되었습니다. 마치 의사가 전통적인 의술만 가지고 수술하다가 무한한 새로운 의술을 발견한 것과 같았습니다. 그 순간만큼은 절대 후회하지 않습니다. 그리고 다른 어떤 것과도 바꿀 수 없는 체험이었다고 생각합니다. 그런 순간이 없었더라면 설사 목회자가 되었다 하더라도 다른 사람들과 별 차이가 없는 무미건조한 죽은 목회를 했을 것입니다.

로마는 당시 세계의 중심이었습니다. 사도 바울은 세계의 중심을 향해서 폭탄적인 선언을 했습니다. 즉 겉으로 보이는 유대인이 유대인이 아니고 유대인은 하나님의 말씀대로 사는 사람을 말하며, 할례도 육신적으로 하는 할례가 할례가 아니라 말씀에 순종해서 사는 사람이 할례 받은 자라고 말한 것입니다. 어떤 의미에서 이것은 유대인의 존재 자체를 부정하는 말이었습니다. 이것은 전 세계를 향하여 '유대인은 없다'라고 말하는 것과 같은 것입니다.

사도 바울은 다른 것은 몰라도 지금 유대인이 하는 그대로 따라 하면 절대로 천국에 들어가지 못한다고 강조하고 있습니다. 물론 유대인이 다른 민족에 비하여 하나님에 대하여 엄청난 이점을 갖고 있다는 것은 틀림없지만 죽은 종교를 믿고 있으므로 구원받지 못하는 것은 틀림없다는 주장이었습니다.

1. 이스라엘이 뛰어난 점

사도 바울이 전 세계를 향하여 형식적인 유대인이 유대인이 아니라고 외쳤을 때, 사람들은 그러면 유대인은 아무것도 아니란 말인가 하는 생각을 하게 되었습니다. 즉 유대인은 아무 소용이 없고 구약의 역사도 아무 소용이 없는가 하는 생각을 하게 되었습니다. 사도 바울은 결코 그런 뜻은 아니라고 했습니다. 오히려 유대인은 다른 민족에 비하여 엄청난 유익이 많이 있다고 했습니다.

그중에 가장 중요한 것이 바로 믿음의 기원인 아브라함이 유대인의 조상이라는 점입니다. 유대인은 하나님의 축복과 약속을 독점적으로 가진 민족이었습니다. 유대인은 아브라함의 믿음을 그대로 따라 하기만 하면 얼마든지 구원을 얻을 수 있다는 엄청난 유익이 있었습니다.

3:1-2, "그런즉 유대인의 나음이 무엇이며 할례의 유익이 무엇이냐 범사에 많으니 우선은 그들이 하나님의 말씀을 맡았음이니라"

하나님은 민족이나 나라마다 시대에 따라서 다른 사명을 주시는 것 같습니다. 그리스에는 철학을 주셨고, 중세 독일에는 종교 개혁을 주셨으며, 이탈리아에는 르네상스를 주셨고, 미국에는 자유의 정신을 주셨습니다. 그러나 나쁜 역할을 했던 민족도 많이 있었습니다. 로마는 세계를 정복하려고 했고 도덕적으로 타락했으며, 구소련은 공산주의 혁명의 온실이 되었고, 일본제국주의와 나치독일은 군국주의로 수천만 명의 사람들을 죽였습니다. 그런데 하나님께서 아침 고요의 나라에 주신 사명은 마지막 때 영적인 대부흥을 일으키는 것이라고 생각합니다.

하나님께서는 아브라함의 자손 즉 이스라엘 민족에게만 하나님 자신을 나타내시고 하나님의 말씀을 주셨습니다. 그래서 모세 이전에는 하나님의 말씀이 구전되었던 것 같은데, 모세 때부터는 두루마리에 기록하기 시작했습니다. 그래서 이스라엘에는 서기관이라는 직책을 가진 사람들이 있어서 구전되는 구약 성경을 정확하게 기록해서 보관했습니다. 이것이 바로 이스라엘의 사명이었습니다.

이스라엘 백성이 얼마나 구약 성경을 정확하게 필사했는지는 사해 사본을 통해서 알 수 있습니다. 물론 사해 사본은 구약 성경 전체를 다 포함하고 있는 것은 아니고 이사야서와 하박국서 일부를 가지고 있습니다. 사람들은 사해 사본이 발견되기 전까지는 전래되던 히브리 성경을 신뢰하지 않았습니다. 아마 그 당시 제일 오래된 사본이 레닌그라드 사본일 것입니다. 그런데 사해 사본과 비교했을 때 이사야서는 거의 차이가 없었습니다. 그 정도로 이스라엘 백성은 하나님의 말씀을 순수하게 보존했던 것입니다.

그런데 이스라엘 백성의 문제가 무엇입니까? 그들은 구약 성경을 그토록 정확하게 보전은 하면서도 그 성경을 믿지 않았던 것입니다. 그들이 가지고 있는 구약 성경은 보물 지도와 같았습니다. 그들이 성경을 보존하고 그것을 믿고 사랑하고 지켰더라면 그들은 모두 구원받을 수 있었을 것입니다. 예를 들어서 우리가 어떤 보물 지도를 가지고 있다면 그 보물 지도를 베끼고 이야기책으로 만들고 잘 보존하는 것도 중요하지만, 더 중요한 것은 그 보물 지도를 믿고 힘이 들더라도 그 섬을 찾아가는 것입니다.

유대인은 이 세상에서 유일하게 하나님의 말씀을 맡은 특권이 있었습니다. 그러나 그들은 그 말씀이 능력 있다는 것을 믿지 않았습니다. 그래서 그들은 훨씬 더 유익한 교훈집과 예화집이나 예배 형식을 만들어서 믿었지만 그것은 이미 죽은 종교였던 것입니다. 어떤 종교가 진짜 하나님의 종교냐 아니냐 하는 것은 간단하게 알 수 있습니다. 우선 격식이나 계급이 거창하거나 혹은 예배의식이 거창하면 엉터리입니다. 진짜 하나님의 종교는 오직 하나님의 말씀이 단순하고 분명하게 증거되고 성령의 감동이 임하는 것입니다. 성령의 감동이 없으면 그 종교는 죽은 종교입니다. 죽은 종교는 아무리 오래되어도 사람을 살려낼 수 없습니다.

3:3, "어떤 자들이 믿지 아니하였으면 어찌하리요 그 믿지 아니함이 하나님의 미쁘심을 폐하겠느냐"

예를 들어서 어떤 보물 지도가 틀림없는데 가짜인 줄 알고 실제로 가지 않았다면 그것은 자기 손해입니다. 자기가 믿지 않았다고 해서 그 보물을 감추어놓은 사람이 틀렸다고 말할 수 없는 것입니다.

2. 하나님은 참되시다

그런 의미에서 하나님의 보물 지도를 우리에게 가장 가까이 가져온 책은 〈영어성경 킹 제임스〉라고 볼 수 있습니다. 아마 이 세상에 있는 책 중에서 영어성경 킹 제임스만큼 많이 찍히고 많이 읽힌 책은 없을 것입니다. 마틴 루터의 종교개혁이 성공할 수 있었던 이유는 그때 발명되었던 금속활자 때문이라고 말합니다. 그래서 마틴 루터가 책을 하나 쓰면 그 잉크가 채 마르기도 전에 출판업자들이 가져가서 찍어서 온 곳에 보내었다고 합니다. 그런데 마틴 루터의 그 위대한 업적은 성경을 독일어로 번역한 것이었습니다. 물론 그 당시 불가타라고 해서 라틴어로 된 성경이 있었지만 정확하지 않았고 일반인들은 라틴어를 읽지를 못했습니다.

그런데 영국 국왕의 이름으로 번역된 이 킹 제임스 성경은 전 세계에서 영어를 읽을 수 있는 사람들에게 하나님의 보물을 가져다 주었습니다. 그리고 드디어 우리나라에도 몇백 년 후에 아름다운 성경이 번역되게 되었습니다. 우리나라 성경도 세계 어느 번역에 못지않은 뛰어난 번역으로 손꼽히고 있습니다. 그런데 이 세상 모든 사람은 다 거짓되고 진실하지 못하지만 하나님 한 분만은 진실하십니다.

3:3, "어떤 자들이 믿지 아니하였으면 어찌하리요 그 믿지 아니함이 하나님의 미쁘심을 폐하겠느냐"

여기서 어떤 자들은 보물 지도를 가지고 있으면서도 믿지 않았습니다. 결국 그 사람이 믿지 않은 것은 그의 사정이지 보물이 없는 것은 아닙니다. 즉 하나님의 보물은 틀림없이 있는데 사람이 믿지 않았다고 해서 그 보물이 없어지는 것은 아닙니다. 하나님은 그 아들 예수를 우리를 위한 속죄 제물로 주셨습니다. 하나님은 우리의 인질 값을 지불하셨고 노예 값을 주셨던 것입니다. 우리는 모두 인질에서 해방되었고 노예에서 풀려났습니다.

그러면 이 세상에서 하나님의 말씀을 따라간 사람 중에서 하나님의 보물을 찾은 사람이 있을까요? 많이 있습니다. 그중에서 가장 중요한 보물은 성령을 받는 것입니다. 우리는 성령을 받음으로 우리의 영혼이 살게 됩니다. 그리고 우리가 이 세상에서 필요한 돈이나 명예나 지위는 필요한 만큼 받으면 됩니다. 단지 우리는 이 세상에서 하나님의 부흥을 받게 됩니다. 부흥이 일어난 삶은 썩지 않습니다. 우리는 언제나 신선할 수 있습니다. 그리고 최종적으로 우리는 부활한 몸을 받게 되고 어마어마한 하나님의 유업을 상속받게 됩니다.

3:4, "그럴 수 없느니라 사람은 다 거짓되되 오직 하나님은 참되시다 할지어다 기록된 바 주께서 주의 말씀에 의롭다 함을 얻으시고 판단 받으실 때에 이기려 하심이라 함과 같으니라"

"사람은 다 거짓되되"라는 것은 사람들이 하는 말은 참 훌륭하지만 그 말을 끝까지 따라갔을 때 길이 더 이상 없는 것을 뜻합니다. 즉 사람들은 누구든지 자기가 한 말에 책임을 지지 못합니다. 사람의 말에는 학식과 교양이 있고 진리가 있는 것 같지만 우리에게 아무것도 줄 수가 없습니다.

어떤 사람은 "왜 하나님은 공평하게 모든 사람에게 하나님의 말씀을 맡기시지 않고 오직 유대인에게만 맡겨셨느냐?"고 말합니다. 그러나 그것은 이 세상에 워낙 가짜가 많아서 그런 것입니다. 하나님은 하나님 말씀의 순수성을 지키기 위해서 오직 이스라엘 백성에게만 하나님의 말씀을 맡기셨습니다. 그리고 이 믿음의 출발점인 아브라함이 그들의 조상이었습니다.

이스라엘 백성은 구원받기에 너무나도 유리한 조건에 있습니다. 그러나 그들은 하나님의 말씀을 시시하다고 생각해서 믿지 않았습니다. 그들은 아브라함의 믿음도 따라가지 않았습니다. 그래서 하나님 백성의 모든 장점을 잃어버리게 되었습니다. 그래서 사도 바울은 형식적인 유대인은 아무 소용이 없다고 말하고 있는 것입니다. 모든 것은 인간의 생각대로 되지 않고 하나님의 말씀대로 되기 때문입니다. 우리 인간은 외모만 보고 판단하고 성공했다고 하고 위대하다고 판단하지만 속이 드러나는 순간 인간은 망하고 마는 것입니다.

3. 사람은 그대로 있기만 하면 되는가?

오늘날 많은 사람은 종교가 필요하지 않다고 생각합니다. 심지어 기독교도 하나의 인생관이나 종교에 불과하다고 생각합니다. 그래서 많은 사람은 더 복을 받기 위해서 예수를 믿거나 천국에 가기 위해서 예수를 믿는다고 생각합니다. 그러나 우리가 복음을 들으면 가장 먼저 이야기하는 것이 하나님을 떠난 우리 인간은 모두 죄인이라는 것입니다. 그러면 사람들이 가장 많이 반발하는 것이 왜 기독교가 멀쩡한 우리를 죄인으로 만드느냐는 것입니다. 즉 하나님은 의인이시고 우리는 죄인이라고 하는데 동의할 수 없다는 것입니다.

그러나 이것은 인간이 동의하고 말고의 문제가 아닙니다. 우리 인간은 모두 하나님께 영광을 돌리고 순종하기 위하여 만들어졌지만, 기회를 타서 하나님 앞에서 탈출한 순간부터 하나님의 적이 된 것입니다. 인간이 하나님의 영광도 모르고 자기 욕망만을 위해 사는 존재가 되었기 때문입니다. 하나님은 우리를 사랑하셔서 스스로 하나님의 말씀에 순종해서 영광 돌리는 자로 만드시려고 하는데, 하나님의 사랑을 잃어버린 순간부터 우리는 맹수로 변하고 우리에게는 하나님의 진노가 있게 되었습니다. 즉 우리는 하나님의 손에 붙잡혀서 변화되든지 아니면 죽임을 당하게 되는 것입니다. 그렇지 않은 인간은 굉장히 위험한 존재입니다.

3:5, "그러나 우리 불의가 하나님의 의를 드러나게 하면 무슨 말 하리요 [내가 사람의 말하는 대로 말하노니] 진노를 내리시는 하나님이 불의하시냐"

"불의"라는 것은 우리가 하나님을 떠난 것을 죄라고 인정하는 것입니다. 하나님을 떠난 순간부터 우리는 아주 위험한 존재가 되고 맙니다. 왜냐하면 우리는 살기 위해서 무슨 나쁜 짓이든지 다 할 수 있기 때문입니다. 그래서 우리가 하나님 앞에서 불의하다고 고백하는 것은 절대로 잘못하는 것이 아니리는 것입니다. 바로 이것이야말로 우리가 살길입니다.

3:6-7, "결코 그렇지 아니하니라 만일 그러하면 하나님께서 어찌 세상을 심판하시리요 그러나 나의 거짓말로 하나님의 참되심이 더 풍성하여 그의 영광이 되었다면 어찌 내가 죄인처럼 심판을 받으리요"

만일 우리 인간이 나는 절대로 죄를 짓지 않았다고 잡아떼면 하나님께 더 영광이 되지 않겠느냐는 반문입니다. 즉 우리가 하나님 앞에서 죄인이라고 하면서 눈물 콧물 흘리면서 하나님을 믿는 것보다는 세상에서 성공하고 멋진 모습으로 하나님을 믿으면 하나님께 더 큰 영광이 되지 않겠느냐는 것입니다. 그러나 그것은 거짓말입니다. 왜냐하면 우리 인간은 모두 하나님의 마음에 큰 상처를 입혔고 하나님은 우리 인간에 대하여 상한 감정을 가지고 있기 때문입니다. 만약 하나님이 우리 인간 같다면 당장 모두 다 심판해서 죽이셔도 모자랄 것입니다. 그러나 하나님은 우리를 끝까지 사랑하셔서 아들을 통해서 살리기를 원하시는 것입니다.

그래서 인간은 하나님을 믿어도 되고 믿지 않아도 되는 것이 아니라 지금이라도 믿지 않으면 하나님의 진노를 피할 수 없는 존재라는 것입니다. 여기서 하나님의 진노는 우리 인간을 버리시는 것입니다.

3:8, "또는 그러면 선을 이루기 위하여 악을 행하자 하지 않겠느냐 어떤 이들이 이렇게 비방하여 우리가 이런 말을 한다고 하니 그들은 정죄 받는 것이 마땅하니라"

사람들은 복음을 듣고 우리가 아무리 많이 죄를 지어도 하나님이 다 용서해주시니까 마음대로 죄를 짓자고 하는 사람도 있고, 또 어떤 사람은 죽기 전에 회개하기만 하면 천국 가니까 너무 빨리 예수 믿지 말고 세상에서 하고 싶은 것을 실컷 다 하고 난 후에 예수를 믿자고 한다는 것입니다.

만일 우리가 죽기 전에 회개한다면 그 긴 기간을 우리는 죄의 종이 되어서 인생을 허비하면서 사는 꼴이 되는 것입니다. 하나님은 한 시간이라도 급해서 문 앞에서 집 나간 아들을 기다리고 계십니다. 우리가 하나님의 사랑에 굴복하는 것이 우리가 사는 것이고 하나님께도 큰 기쁨이 되는 것입니다.

13

인간의 상태
롬 3:9-18

지구상에는 무서운
전염병이 있는데, 딱 한 사람만 병에 걸려도 그와 접촉하는 모든 사람이 다 걸리게 되고 거의 다 죽게 되는 무서운 질병입니다. 그중에는 페스트가 있고 메르스와 천연두, 에볼라 바이러스 같은 것이 있습니다. 제가 어렸을 때 호열자가 돈다고 하면서 동네 골목에 흰 천으로 줄을 쳐서 사람들의 출입을 금지했던 것을 본 기억이 납니다.

그런데 이런 무서운 전염병은 인간의 상태를 보여주는 가장 좋은 예가 됩니다. 즉 처음 인간에게 죄라는 바이러스가 들어오게 되었습니다. 그리고 모든 인간은 전부 다 죄에 감염되어서 죽어가게 된 것입니다. 그래서 "한번 죽는 것은 사람에게 정해진 것이요 그 후에는 심판이 있으리라"(히 9:27)고 했습니다. 즉 사람은 나빠서 나쁜 것이 아닙니다. 사람 자체는 얼마든지 선할 수 있습니다. 그러나 죄의 바이러스에 걸리면 인간은 누구든지 미치게 되어있고 죽을 수밖에 없는 것입니다. 그리고 그 영혼과 시체는 영원히 저주받은 상태에 있게 되는 것입니다.

미국에는 형벌 중에 가석방 없는 두 번의 종신형 같은 것이 있다고 합니다. 이것은 종신형을 한번 살고 또 종신형을 살아야 하는 형벌입니다. 대개 어린이들을 성폭행하고 살인하면 이런 중형을 받게 됩니다. 사람들은 우리 인간이 어떤 상태에 있는지 많은 생각을 하게 되었습니다. 어떻게 보면 인간은 선한 것 같고 어떻게 보면 참 악한 것 같기도 하기 때문입니다. 그런데 모든 인간은 악합니다. 그 이유는 바로 이 죄의 바이러스가 세상에 들어와서 인간 전부를 오염시켜버렸기 때문입니다.

1. 인간의 죄에 대한 자각

인간이 죄에 감염되었을 때 즉시 미쳐서 발작한다든지 열이 펄펄 나서 의식을 잃어버린다든지 아니면 피를 토하고 죽는다면, 죄의 심각성에 대하여 자각하게 될 것입니다. 그러나 죄라는 것은 잠복기가 대단히 길기 때문에 인간은 죄에 감염이 된 채 한평생을 살아가기도 합니다.

사실 우리 인간은 굉장히 위대한 존재입니다. 어떻게 보면 천사보다 더 선할 수도 있고 어떻게 보면 짐승보다 더 더럽고 악할 수도 있는 것입니다. 결국 인간은 마음먹기에 따라서 착할 수 있고 너무나 악할 수도 있는 것입니다. 그런데 인간의 발작이 더딘 이유는 하나님께서 인간의 마음이나 이 세상에 계속적으로 하나님의 영을 보내서서 그 발작을 막으시기 때문입니다. 사실 사람은 마음먹기에 따라서 얼마든지 천사같은 사람이 될 수 있을 것 같습니다. 그런데 머리로는 그렇게 하고 싶은데 마음이 따르지 않는 것이 문제입니다.

그래서 임마누엘 칸트라든지 마이클 샌들 같은 사람은 인간의 마음속에는 다 선한 본성이 있기 때문에 그것을 잘 교육을 시키면 얼마든지 선해질 수 있다고 주장했습니다. 사실 우리가 훌륭한 선생님을 만나서 좋은 영향을 받으면 얼마든지 선한 사람이 될 수 있을 것입니다. 그러나 그렇게 되는 사람도 있고 정반대로 반항심으로 더 악한 사람이 되는 경우도 있습니다. 결국 인간은 설득이나 감동만으로는 선하게 되는데 한계가 있는 것입니다. 그 이유는 이미 그들의 무의식 세계 안에 병이 들어있기 때문입니다.

모든 사람이 걸려 있는 병은 점점 시간이 지날수록 미쳐가는 병입니다. 이것이 겉으로 행동으로 나타나지 않아서 그렇지 모든 인간의 내면세계는 미치려고 하는 힘과 이 미치는 것을 막으려고 하는 힘 사이의 싸움이라고 볼 수 있습니다. 그래서 미치려고 하는 힘을 막으면 평범하게 살아가는 것이고 미치려는 힘이 이기게 되면 광기에 의해 발작하게 되는 것입니다.

성경은 모든 인간은 죄에 감염되어있다고 선언하고 있습니다.

> 3:9, "그러면 어떠하냐 우리는 나으냐 결코 아니라 유대인이나 헬라인이나 다 죄 아래에 있다고 우리가 이미 선언하였느니라"

여기서 "우리는" 이라는 것은 유대인이요, 하나님을 믿는 모든 사람을 말합니다. 종교를 가지고 있고 학문을 한 사람들도 모두 다 죄에 감염되어서 한평생 살아가게 되는 것입니다. 그 증거가 마지막에 죽는 것입니다. 죽으면서 그 시체는 썩게 되고 그 영혼은 영원한 불로 태워야 우주를 오염시키지 않게 됩니다.

2. 죄의 증세

인간에게 있어서 죄라는 것은 하나님을 거부하는 것입니다. 하나님을 거부하는 것은 아무것도 아닌 것 같지만, 우리 인간이 하나님을 거부한 순간 관계가 단절되는 것입니다. 이때 죄가 들어오게 되고 그때부터 죄에 감염되어 썩게 됩니다. 예를 들어서 냉장고에 고기가 잔뜩 들어있는데 전기가 끊어지게 되면 그때부터 그 고기는 전부 썩어서 나중에는 하나도 먹지 못하게 되고 썩는 냄새가 날 것입니다. 원전은 더 위험합니다. 원전에 전기가 끊어지면 연료봉에 온도가 올라가게 되는데 나중에는 원전 전체가 폭발해서 많은 사람이 방사능에 노출되게 됩니다.

인간은 하나님의 피조물이기 때문에 영적인 생명은 하나님과 늘 교제함을 통해서 공급받아야 합니다. 만일 우리가 하나님과의 교제가 끊어지면 그 순간부터 부패가 들어오게 되는데 그때부터 인간의 잠재력 속에는 하나님에 대한 반발심과 미치려고 하는 충동이 늘 자리를 잡게 됩니다. 그러다가 이것이 폭발하면 온갖 죄를 저지르게 되는 것입니다.

하나님께서는 인간이 죄에 빠진 증세를 조사해 보셨습니다. 그랬더니 죄의 증세가 나타나지 않는 사람이 한 사람도 없었습니다. 모두가 다 미쳤고 모두가 다 비뚤어져 있었던 것입니다.

> 3:10-11, "기록된 바 의인은 없나니 하나도 없으며 깨닫는 자도 없고 하나님을 찾는 자도 없고"

여기 의인은 그 속에 죄의 바이러스가 없는 사람을 말합니다. 하나님의 눈에는 죄의 바이러스가 보이는데, 인간의 눈에는 보이지 않는 것입니다. 하기야 돼지열병 같은 것도 돼지 자신이 그 병에 걸린 줄 아는 돼지는 없을 것입니다. 증세가 나타나야 걸린 줄 아는데 그때는 이미 늦은 것입니다. 하나님의 눈으로 보니까 죄의 병에 걸리지 않은 사람이 한 사람도 없었습니다. 그래서 결국 모든 인간은 끝에 가서 다 죽게 됩니다. 그런데 인간은 그것을 깨닫지 못합니다. 그리고 하나님을 찾지 않습니다. 물론 인간은 하나님을 찾습니다. 그러나 그 길과 그 방법을 모르는 것입니다.

결국 인간은 하나님을 찾지 못하기 때문에 자기 자신을 찾지 못하게 됩니다. 우리는 하나님을 찾아야 자기 자신을 찾을 수 있습니다. 왜냐하면 우리의 모든 설계도나 모든 기능이 하나님께서 다 만드셨기 때문입니다.

3:12, "다 치우쳐 함께 무익하게 되고 선을 행하는 자는 없나니 하나도 없도다"

인간은 하나님을 떠난 후 모든 것이 비뚤어지게 되었습니다. 인간의 모든 눈이나 목도 비뚤어지고 생각하는 것도 비뚤어지게 되었습니다. 여기서 "다 치우쳐"라는 말은 비뚤어지게 되었다는 뜻입니다. 어떤 사람은 누가 무슨 말을 하든지 삐딱하게 들어서 오해하고 화를 내고 싸우는 것을 보게 됩니다. 어떤 사람은 언제나 부정적으로 생각하는 사람도 있습니다. 인간이 하나님을 떠난 후부터 하나님의 길은 막히게 되고 마귀의 길이 뚫리게 되어서 언제나 마귀가 하는 말을 듣고 마귀가 하는 생각을 하게 된 것입니다. 그래서 사람들은 선을 행하려고 마음만 먹으면 얼마든지 천사같이 될 수 있는데도 불구하고 아무도 선을 행하지 않습니다.

그러나 하나님에게는 미치지 못할지라도 사람에게 선을 행하는 방법이 있습니다. 그중 하나가 칭찬입니다. 사람은 누구든지 다른 사람이 칭찬을 해주면 단단한 마음이 부드러워지게 되고 또 좋은 일을 하려고 힘쓰게 됩니다. 또 누군가가 믿어주고 사랑을 해주면 머릿속에 항상 좋은 기억이 있어서 기회가 있으면 좋은 일을 하고 싶은 생각을 하게 됩니다. 이것으로 그나마 인간 세상을 아름답게 유지하게 됩니다.

그러나 인간에게는 악하게 되는 경향이 월등하게 강합니다. 그래서 누구든지 자기가 산 인생을 다 합산해보면 항상 마이너스 인생이 되어서 무익하게 될 것입니다. 그러나 하나님을 향한 선은 불가능합니다. 왜냐하면 하나님을 모르는데 어떻게 하나님의 뜻에 자신을 맞출 수 있겠습니까?

예수님을 믿고 따라가는 것이 선입니다. 왜냐하면 그래야 죄를 치료받을 수 있고 하나님의 생명을 회복해서 죽은 영혼이 살 수 있기 때문입니다. 그것은 바로 사랑입니다. 즉 죄를 치료받는 사람의 특징은 사랑의 눈으로 모든 것을 보는 것입니다.

3. 인간 안에 들어 있는 죄

인간은 잠재의식 속에 죄의 병이 잠재되어있으므로 겉으로는 잘 알 수 없습니다. 프로이트는 이것이 꿈을 통해서 나타난다고 한 적이 있습니다. 그러나 인간 안에 있는 죄는 말을 통해서 나오게 됩니다. 이것이 바로 다른 사람의 영혼을 감염시켜버리는 것입니다.

> 3:13, "그들의 목구멍은 열린 무덤이요 그 혀로는 속임을 일삼으며 그 입술에는 독사의 독이 있고"

인간의 죄가 가장 먼저 표출되는 곳은 말을 통해서입니다. "목구멍은 열린 무덤"이라고 했습니다. 아마 이 세상에 열린 무덤보다 더 끔찍한 것은 없을 것입니다. 더욱이 시체를 매장한 지 얼마 안 되는 무덤을 열어 놓으면 더 끔찍할 것입니다.

사도 바울은 인간의 말을 언급하면서 그가 머리에 두고 있는 것은 분명히 독사였을 것입니다. 독사는 이빨 밑에 무서운 독을 담고 있기 때문에 그 이빨에 물리거나 독에 스치기만 해도 죽거나 시력을 잃게 됩니다. 사람 속에는 모두 썩은 시체가 들어있어서 말을 할 때마다 시체 썩은 냄새가 진동하면서 나오게 됩니다. 그것은 바로 자기를 자랑하는 말이요 남을 깎아내리는 말이요 하나님을 저주하는 말입니다.

그래서 예수님께서는 음식을 먹을 때 언제나 손을 씻고 깨끗하게 하는 바리새인들을 향해서 그릇이나 대접의 겉은 깨끗하지만 속에는 더러운 것이 가득하다고 말씀하셨습니다. 예수님은 손만 씻고 음식을 먹는다고 해서 사람의 마음이 깨끗해지는 것은 아니라고 말씀하셨습니다(마 15:17-20). 즉 사람은 듣는 것이 중요한 것입니다. 사람의 입에서 나오는 말은 머리에서 나오는 것인데, 온갖 살인과 간음과 자랑과 남에게 상처 주는 것과 중상 모략하는 것이 다 들어있기 때문입니다.

여기에 보면 "그 혀로는 속임을 일삼으며"라고 했는데 속인다는 것이 바로 사실을 왜곡하고 남을 공격하는 것을 말합니다. 그리고 "그 입에는 독사의 독이 있다"고 했습니다. 독사에게 물리면 처음에는 따끔한 것 같은데 시간이 지날수록 점점 그 독이 몸에 퍼져서 나중에는 죽게 됩니다. 마찬가지로 우리가 사람의 말을 처음 들을 때에는 그렇게 기분이 나쁘지 않은 것 같은데 시간이 지날수록 점점 더 생각나면서 나중에는 하룻밤에도 수천 번씩 생각하면서 잠을 자지 못하게 되는 것입니다. 요즘은 그런 것을 모두 스트레스를 많이 받아서 그렇다고 말을 하는데 실제로는 독을 먹어서 죽는 것입니다. 그러나 말하는 본인은 그 사실을 알지 못합니다. 왜냐하면 늘 자기 안에 독이 들어있는 것을 자기도 모르게 내뿜었을 뿐이기 때문입니다.

3:14, "그 입에는 저주와 악독이 가득하고"

어떤 사람의 입이 불룩하다면 그 입에 무엇을 잔뜩 물고 있는 것입니다. 그것이 물일 수도 있고 음식일 수도 있습니다. 그러다가 배를 건드리면 입 안에 있는 것이 다 나오게 됩니다. 대개 사람이 술을 너무 많이 마시면 입이 불룩해지면서 어느 순간 다 토하게 되는데 그것을 보면 그날 저녁 무엇을 먹었는지 다 알 수 있습니다. 그러나 냄새가 너무 지독해서 그것을 살피는 사람은 아무도 없을 것입니다.

독사가 입을 불룩하게 만드는 것은 독을 쏘려고 하는 것입니다. 사람들도 소리를 지르게 되면 독이 저절로 나오게 되고 다른 사람의 마음에 엄청난 독을 뿜게 됩니다. 이것을 잘 치료하지 않으면 한평생 가든지 아니면 자살을 하든지 돌연사를 하게 됩니다.

그러므로 우리는 좋은 하나님의 말씀을 들어야 속에 든 독을 중화시킬 수 있습니다. 우리 입안에 저주와 악독이 가득하도록 내버려 두어서는 안 됩니다. 그래서 기독교에서는 찬송이 있습니다. 찬송은 축복이고 가장 아름다운 고백입니다. 그런데 세상 사람들은 찬송을 부를 줄 모릅니다. 주로 부르는 것이 유행가인데 대개 이루지 못한 사랑이라든지 아니면 요즘은 뜻도 모르는 중얼거림 같은 것입니다.

3:15, "그 발은 피 흘리는 데 빠른지라"

이 당시 로마는 많은 당파가 나누어져 있어서 그들은 기회만 있으면 칼을 들고 가서 반대파 사람들을 죽였습니다. 즉 거리에서 사람을 암살하는 것이 일상화되어있었습니다. 그 피해를 본 사람이 줄리어스 시저였습니다. 정치하는 사람들은 피를 흘리는데 굉장히 빠른 것 같습니다. 그리고 자기 이익을 챙기는데 발이 가장 빠른 것 같습니다.

그래서 그 길에는 파멸과 고생이 있다고 했습니다.

3:16-17, "파멸과 고생이 그 길에 있어 평강의 길을 알지 못하였고"

우리가 생각하기에는 이런 식으로 발 빠르게 움직이는 것이 잘사는 것 같고 성공하는 것 같은데, 성경은 거기에 파멸과 고생이 있다고 했습니다. 즉 우리 인간의 눈으로 보기에는 처세에 능하고 수단과 방법이 좋은 것 같지만, 결국 그 결과는 영원한 파멸이요 고생인 것입니다. 왜냐하면 그 속에는 병이 있기 때문입니다.

3:18, "그들의 눈 앞에 하나님을 두려워함이 없느니라 함과 같으니라"

죄에 빠진 인간의 눈에는 하나님이 보이지 않습니다. 사실 하나님이 눈에 보이지 않는 것보다 더 위험한 것은 없습니다. 어떤 사람이 길을 걷는데 자기 생각에 빠져 있어서 구덩이도 보지 못하고 건물이나 전봇대가 있는 것을 보지 못하고 더욱이 트럭이 오고 있는 것을 보지 못해서 부딪친다면 죽든지 크게 다치게 될 것입니다. 죄에 빠진 인간의 눈에는 하나님이 보이지 않아서 그대로 하나님에게 가서 부딪쳐 버립니다. 그러면 그들의 인생은 박살이 나는 것입니다.

인간은 모두 죄의 보균자입니다. 간염이나 암세포의 보균자들도 굉장히 조심해야 하고 치료를 받아야 하는데, 죄의 보균자는 이것부터 치료받지 않으면 영원한 살처분이 기다리고 있습니다. 그런데 예수님은 백신을 만드는 데 성공하셨습니다. 영생의 백신이 없는 성공이나 돈이 많은 것이나 좋은 차를 타고 다니는 것은 모두 실패한 것입니다. 그래서 사도 바울은 복음이야말로 가장 위대한 것이라고 강조하고 있습니다. 우리의 인생도 위대한 인생입니다.

14

하나님의 선물
롬 3:19-31

어느 날 텔레비전을
보니까 어떤 남자의 얼굴에 피부암이 생겼는데 얼굴 크기만 한 암 덩어리가 붙어있었습니다. 이 암이 얼굴도 비틀어지게 했고 눈도 보이지 않게 했고 먹는 것도 제대로 먹지 못하게 했습니다. 다행히 병원에서는 수술할 수 있다고 했고 수술을 받게 되었습니다. 엄청난 암 덩이를 잘라내고 성형수술을 하고 난 후에 그는 원래 얼굴을 되찾았습니다.

다른 사람에게 기쁨을 주는 것은 참 좋은 선물입니다. 또 다른 사람에게 새 인생을 주는 것은 너무나도 귀한 선물입니다. 하나님은 우리에게 새 인생을 선물로 주시기를 원하십니다. 그러나 우리 인간의 암은 너무 깊은 곳에 들어있어서 굉장히 어려운 수술인 것입니다. 그 증거가 있습니다.

우리 인간은 잘 모르지만 모두 죄의 인질이 되어있습니다. 그래서 우리 인간은 천사처럼 살지 못하고 때가 되면 늙어가며 나중에는 죽게 됩니다. 때로는 병이 들기도 하고 때로는 다른 사람들을 죽도록 미

위하기도 합니다. 그런데 만일 누가 죄를 치료하는 백신을 개발해서 사람에게 주사해서 살게 된다면 우리는 저절로 죄에서 해방이 되게 되고 천사처럼 살 수 있을 것입니다. 더 중요한 것은 영원히 살 수 있다는 것입니다.

사람에게 죽는 것보다 더 안타까운 것은 없습니다. 특히 사랑하는 가족이 죽는 것은 너무나도 가슴 아픈 일입니다. 특히 자신이 죽어야 한다면 너무나도 슬플 것입니다. 그런데 만일 죽는 것이 아니라 성형수술받기 위해서 마취된다면 슬퍼해야 할 이유가 없습니다. 오히려 우리는 기대를 할 것입니다. 우리 딸이나 엄마나 아빠가 성형수술을 받은 후 붕대를 푸는 순간 얼마나 멋있게 변해있을까 궁금해지게 될 것입니다. 하나님께서는 사람의 죄를 치료하는 백신을 개발하심으로 죽음을 성형수술로 바꾸셨습니다. 우리는 너무나도 멋진 모습으로 다시 살아나게 됩니다.

1. 모든 인간의 상태

모든 사람은 조금이라도 자신이 좀 더 나아지기 위하여 안간힘을 쓰면서 노력을 합니다. 달리기 선수들은 조금이라도 좀 더 나은 기록을 남기기 위하여 죽으라고 연습을 합니다. 100미터 단거리 선수들이 옛날에는 10초가 한계였는데 지금은 9.5초까지 돌파가 가능하다고 합니다. 그런데 만일 하나님께서 모든 인간이 구원을 얻기 위해서 5초대에 100미터를 달려야 한다고 정하셨다면 모든 인간은 구원 얻는데 불합격하고 말 것입니다.

그래서 우리 인간에게 가장 중요한 말씀이 바로 로마서 3장 23절입니다.

3:23, "모든 사람이 죄를 범하였으매 하나님의 영광에 이르지 못하더니"

　인간은 모두 노력하고 있습니다. 어떤 사람은 더 착해지기 위해서, 어떤 사람은 더 유명해지기 위해서, 어떤 사람은 지금까지의 기록을 깨기 위해서 노력을 합니다. 그래서 사실 성공한 사람들의 기록을 보면 정말 어마어마한 기록을 세운 사람들이 있습니다. 우리나라 국회의원들을 보면 얼마나 공부를 잘했는지 판사, 검사, 교수 출신들이 수두룩합니다. 그러나 그들이 입으로 뱉어놓는 말들은 너무나도 뻔뻔스러운 거짓말일 때가 많습니다. 그 이유가 무엇일까요? 모든 인간이 죄에 감염되어있기 때문입니다. 그래서 인간끼리 비교했을 때는 대단한 업적이고 대단한 실력이지만 흥분하면 본색이 튀어나오는 것입니다.
　인간은 그 실력을 가지고 하나님의 영광까지는 갈 수 없다는 뜻입니다. 인간은 하나님의 영광까지 가야 자기 얼굴을 찾을 수 있고 자기 인간성을 찾을 수 있고 영생의 선물을 찾을 수 있는데, 그냥 다른 사람들과 비교해볼 때에 대단한 것이지 하나님의 기준에는 이르지 못한다는 것입니다. 그 이유는 죄가 그 사람을 미련하게 하였고, 그 사람을 둔하게 하였고, 그 사람을 악하게 만들었기 때문입니다. 그래서 모든 인간은 다른 사람에 비해서 대단히 의롭고 성공적이고 위대한 것이지 그 안에 죄가 없는 것은 아닌 것입니다.
　사실 모든 사람은 더 완전해지고 더 훌륭해지기 위하여 많은 노력을 합니다. 그러나 속에 죄라는 암 덩이가 있어서 하나님 앞에서는 그 모든 의로운 행동과 성공이 인정받지 못하고 실패하고 마는 것입니다. 인간은 모두 다 죄인입니다. 다른 사람들이 몰라서 그렇지 모든 인간의 마음과 육체 속에는 죄가 있어서 죽어가고 있고 죽어있습니다. 그러나 우리에게 기회가 없는 것은 아닙니다. 우리가 살아있는 동안 하나님이 만드신 백신 주사를 맞으면 얼마든지 합격할 수 있는 것입니다.

2. 유대인의 자랑

유대인에게는 대단한 자랑거리가 있었습니다. 그것은 바로 하나님이 직접 주신 율법을 그들이 가지고 있다는 사실이었습니다. 이것은 하나님께서 거기에 직접 글을 쓰시고 그 내용을 지키면 합격시켜 주겠다고 약속하신 것이기 때문입니다. 사람에게 있어서 영생의 가치가 얼마나 되겠습니까? 만약 어떤 사람이 암으로 죽어가고 있는데 암이 완전히 나을 수 있다면 그 사람은 몇 억의 돈이 들어도 얼마든지 내려고 할 것입니다. 그런데 만일 우리가 영원히 죽지 않고 늙지 않고 아름답게 살 수 있다면 얼마의 돈을 내시겠습니까? 아마 모든 것을 다 주어도 아깝지 않을 것입니다.

유대인은 하나님이 주신 율법의 돌을 가지고 있었습니다. 그런데 그들은 그 돌을 가지고 있기만 했지 지킬 수 없었습니다.

> 3:19, "우리가 알거니와 무릇 율법이 말하는 바는 율법 아래에 있는 자들에게 말하는 것이니 이는 모든 입을 막고 온 세상으로 하나님의 심판 아래에 있게 하려 함이라"

예를 들어서 어떤 곳에서 경찰이 음주단속을 하고 있다고 합시다. 경찰이 운전자에게 음주측정기를 불게 했는데 면허취소 수준이 나왔다면 그 사람은 경찰서까지 붙들려가야 할 것입니다. 그가 경찰에게 아무리 한번 봐달라고 부탁해도 소용이 없을 것입니다. 예전에 제가 고속도로를 운전하는데 어느 곳에서 속도위반이라고 하면서 사진이 찍힌 벌금 통지서가 왔습니다. 제 얼굴도 찍혀 있어서 변명의 여지가 없었습니다. 몇 번 비싼 과태료를 낸 후 그 부근을 지나가면서 조심스럽게 살펴보니까 단속 카메라가 거기에 숨어 있었습니다. 그래서 그 다음부터는 그 부근을 지나갈 때 무슨 일이 있어도 속도를 올리지 않앉습니다.

　율법은 위대하지만 유대인은 율법을 지킬 수 없었습니다. 왜냐하면 인간의 호기심이 너무 강하고 인간의 충동이 너무 강해서 율법이 있는 줄 알면서도 율법대로 살 수 없었기 때문입니다. 일단 유대인이 보기에 다른 민족은 율법을 지키지 않고도 너무나도 잘 살고 너무나도 성공하고 권력을 누리는데 자기들은 율법대로 살려고 하니까 아무것도 할 수 없다고 생각했습니다. 그래서 그들은 율법을 가지고 있기만 하고 그것을 지키지 못했습니다.

　그러므로 율법이 할 수 있는 것은 모든 인간은 죄로 심판받는다는 것을 알려주는 것밖에 없었습니다. 율법에 우상숭배하지 말라고 했지만 다른 민족은 다 우상숭배하고 너무 잘 살고 있습니다. 안식을 거룩하게 지키라고 했지만 다른 민족은 안식일에 다 돈을 벌었습니다. 이웃의 집이나 아내를 탐내지 말라고 했는데 너무나도 탐이 나는데 어떻게 합니까? 유대인이 율법을 지킨다는 것은 아무것도 못하는 것을 의미한다고 생각했습니다. 이스라엘 백성은 머리가 좋은 사람들이었기 때문에 절대로 그것을 봐줄 수 없었습니다. 그래서 그들은 죄는 죄대로 짓고 하나님은 하나님대로 섬겼는데 그것이 바로 그들이 실패한 이유였습니다.

　유대인은 율법을 지키는 방법을 몰랐던 것입니다. 인간의 노력으로는 아무리 노력해도 위선적이 되지 않을 수 없습니다. 즉 아무리 거룩하고 헌신적인 사람이라 하더라도 그 안에 어느 정도의 위선은 다 들어있는 것입니다. 율법은 지키려고 노력한다고 해서 되는 것이 아니라 사랑하고 믿어버리면 되는 것입니다. 즉 이웃의 물건을 탐내지 않으려고 노력하는 것이 아니라 이웃의 행복을 믿어버리는 것입니다. 또 우상도 숭배하고 하나님도 숭배하는 것이 아니라 하나님의 사랑을 믿어버리면 되는 것입니다. 또 선을 행하려고 노력하는 것이 아니라 하나님을 믿어버리면 되는 것입니다.

3:20, "그러므로 율법의 행위로 그의 앞에 의롭다 하심을 얻을 육체가 없나니 율법으로는 죄를 깨달음이니라"

율법을 가지고 있는 자체는 대단한 것이기는 했지만 그것이 사람을 거룩하게 하지는 못했습니다. 예를 들어서 어떤 사람이 최고의 도덕을 배웠다고 해서 그 사람이 도덕가가 아닌 것과 같습니다. 만일 어떤 사람이 공자의 제자인데 그가 남의 물건을 훔치거나 다른 사람의 여자와 간음했다면 그는 도둑이고 간음한 자이지 도덕가가 아닌 것입니다.

원래 율법은 구원을 얻는 커트라인을 보여주는 것인데, 유대인이 율법을 가지고 있기만 하고 지키지는 않으니까 모두 커트라인에서 떨어지고 말았던 것입니다. 유대인은 머리를 굴려서 자기들이 하고 싶은 것을 다 하고 하나님을 믿으면 죄와 의가 플러스 마이너스가 되어서 조금이라도 플러스가 될테니까 구원받을 수 있을 것이라고 생각했습니다. 그러나 죄는 플러스와 마이너스의 문제가 아니었습니다. 죄는 조금이라도 있으면 죽음이었습니다.

3. 하나님의 선물

하나님께서는 인간을 사랑하셨습니다. 하나님은 이스라엘 백성들에게 직접 하나님께서 돌비에 쓰신 율법을 주셨지만 이스라엘 백성은 그 율법을 지킬 수 없었습니다. 인간은 그 속에 있는 정욕과 탐욕 때문에 아무리 율법을 주어도 그 정욕과 탐욕을 이길 수 없었습니다. 결국 인간이 하나님께 나아가는 길은 안에서부터 근본적인 변화가 일어나는 방법밖에 없었습니다. 그것은 바로 우리 안에 있는 죄를 없애고 죄를 이기는 면역성을 가지게 하는 것이었습니다. 바로 죄에 대한 백신을 만드는 것이었습니다. 죄에 대한 백신을 만드는 것은 너무 어려운 일이었습니다. 이것은 죄가 전혀 없는 사람에게 죄를 넣는 것이 아니라 죽음을 넣어서 그 피를 뽑는 것이었습니다. 그런데 하나님은 율법과 선지자들을 통하여 그 방법을 발표하셨습니다.

3:21, "이제는 율법 외에 하나님의 한 의가 나타났으니 율법과 선지자들에게 증거를 받은 것이라"

하나님은 먼저 이스라엘 백성에게 피를 먹지 말라고 하셨습니다. 피는 생명이기 때문입니다. 그리고 하나님은 이스라엘 백성에게 죄를 지었을 때 짐승을 죽여서 피를 흘리게 하고 그 기름이나 살을 태우게 하셨습니다. 결국 그 피가 이스라엘 백성의 죄를 씻었던 것입니다. 그러나 이스라엘 백성은 그 피의 의미를 알지 못했습니다. 그런데 선지자들은 계속 메시야에 대해 예언했습니다. 메시야에 대한 예언은 좋은 것도 있었지만 좋지 못한 것도 있었습니다. 그러다가 드디어 메시야가 이 땅에 오셨습니다.

3:22, "곧 예수 그리스도를 믿음으로 말미암아 모든 믿는 자에게 미치는 하나님의 의니 차별이 없느니라"

예수 그리스도가 바로 그 메시아였습니다. 예수 그리스도는 죄가 전혀 없으셨습니다. 그런데 하나님은 메시야를 죄인 취급하셨습니다. 그러나 죄가 그 안에 들어갈 수 없었습니다. 결국 하나님은 예수 그리스도 안에 죽음을 넣으셨습니다. 죽음에 들어간 메시야의 피는 죄를 이기는 백신이 되었습니다. 이것이 바로 하나님의 의였습니다. 하나님께서는 인간이 아무리 선행을 하고 좋은 일을 한다고 해도 그 안에 위선이 있다는 것을 아셨습니다. 그래서 하나님은 죄가 전혀 없으신 하나님의 아들을 죽게 하심으로 새 믿음을 만드셨습니다. 그것은 누구든지 예수를 믿는 사람에게는 하나님의 의가 들어간다는 것입니다. 즉 죄와 하나님의 의가 바꿔치기가 되는 것입니다.

> 3:24, "그리스도 예수 안에 있는 속량으로 말미암아 하나님의 은혜로 값 없이 의롭다 하심을 얻은 자 되었느니라"

여기서 중요한 것은 "속량"이라는 말입니다. 속량이라는 것은 죗값을 말하는 것입니다. 즉 인질로 잡힌 자들의 몸값을 말하는 것입니다. 하나님께서는 모든 죄인의 몸값으로 하나님 아들의 몸값을 내놓으셨습니다. 그리고 하나님의 아들에게 죽음을 주심으로 그 피가 죄를 다 이기게 하셨습니다. 그런데 이것은 값없는 은혜입니다. 그 이유는 너무 가치가 싸서 거저가 아니라 돈으로는 계산할 수 없는 어마어마하게 비싼 것이기 때문에 그냥 주시는 것입니다.

> 3:25, "이 예수를 하나님이 그의 피로써 믿음으로 말미암는 화목제물로 세우셨으니 이는 하나님께서 길이 참으시는 중에 전에 지은 죄를 간과하심으로 자기의 의로우심을 나타내려 하심이니"

하나님께서는 예수님이 흘리신 그 피를 화목제물로 세우셨습니다. 화목제물이라는 것은 속죄제물과 다릅니다. 속죄제물은 단지 죄가 없다고 선포하는 것이지만 화목제물은 관계까지 회복되는 것을 말합니다. 예를 들어서 어떤 사람과 크게 싸웠다면 그 사람과의 관계는 계속 서먹서먹할 것입니다. 우리나라 사람들은 그럴 때 밥을 먹는다든지 술을 마신다든지 해서 서먹서먹한 관계를 친한 관계로 바꾸려고 할 것입니다. 그러나 하나님께서는 예수님의 죽음으로 그렇게 비통하고 슬프셨지만 예수님이 다시 살아나신 것을 보았을 때 모든 사람을 사랑하시게 되었습니다. 왜냐하면 아들을 사랑하는 사람들이기 때문입니다. 부모들도 자기의 아이들이 좋아하는 아이는 모두 좋아할 것입니다.

이렇게 하나님께서는 아들 때문에 우리와의 관계를 화목하게 만드셨습니다. 즉 하나님은 예수님이 살아나신 것을 보고 믿는 사람들이 정말 좋아지게 된 것입니다. 그래서 하나님은 우리를 의롭게 하셨습니다. 우리 안에 죄를 이기는 하나님의 의가 들어오게 되었기 때문입니다. 이것이 이제 우리에게 기회가 열리게 된 것입니다. 불과 얼마 전에 예수님이 십자가에 죽으셨다가 부활하셨기 때문입니다. 그래서 이 세상에서 가장 귀한 것은 예수님입니다. 예수님만이 우리를 의롭다고 할 수 있습니다.

하나님은 우리가 전에 지은 죄를 모두 다 간과하셨다고 했습니다. 이것은 죄가 있지만 죄를 덮어서 죄를 보시지 않는다는 것입니다. 하나님은 우리를 전부 죄 없다고 인정하십니다. 왜냐하면 예수님의 피가 죄를 이기기 때문입니다. 그래서 복음은 죄를 이기는 약입니다.

우리는 복음을 통해서 과거의 모든 죄를 사함받고 앞에 있는 죽음을 이기게 됩니다. 우리는 영생을 얻게 됩니다. 이것이 하나님께서 이 세상에 있는 우리에게 주신 선물입니다. 이 선물을 받지 않은 사람은 실패한 인생입니다. 이 피를 믿지 않고 다른 것을 믿는 사람은 비참한 죽음을 죽게 될 것입니다. 우리는 오직 하나님을 믿는 믿음으로 살기만 하면 넉넉하게 합격하게 됩니다.

15

인간의 자랑
롬 3:27-31

우리 인간은 정말

자랑스러울 정도로 잘 만들어진 존재입니다. 우선 사람의 외모만 보아도 얼굴이나 몸에 짐승같이 털이 많지 않고 머리카락이나 눈썹같이 꼭 필요한 부분에만 털이 있어서 비가 오든지 바람이 불든지 추위가 오면 잘 보호할 수 있고 멋도 부릴 수 있게 되어있습니다. 코도 잘 만들어졌고 눈이나 입도 아주 아름답게 만들어져 있습니다. 더욱이 인간의 지능은 부한성으로 개발할 수 있습니다. 또 인간의 상상력은 너무 뛰어나서 수많은 영화나 소설을 만들어내고 인간의 감정은 얼마나 풍부한지 수많은 노래와 음악을 만들어냈습니다. 우리나라가 자랑하는 피겨 스케이트 선수는 얼음 위에서 칼날 위에 서서 얼마나 아름다운 동작을 하는지 모릅니다. 또 종교생활에 헌신해서 자신의 모든 욕망을 포기하고 기도하거나 금욕적인 생활을 하는 종교인들을 보거나 혹은 어려운 사람을 헌신적으로 돌보는 사람들을 보면 아무리 존경해도 지나침이 없을 것입니다.

그런데 인간이 아무리 똑똑하고 잘 생기고 감정이 풍부하고 종교적으로 대단한 열정을 가졌다고 해서 하나님 앞에 통과될 수 있느냐 하는 것입니다. 사람들은 전부 불합격품입니다. 왜냐하면 사람은 하나님 앞에서 통과되는 것은 고사하고 하나님을 전부 알지도 못하기 때문입니다. 결국 인간의 아름다움과 뛰어난 것은 우리 인간이 보기에 그렇다는 것이지 하나님 앞에서는 전혀 통과될 수 없는 아름다움이고 뛰어난 것입니다.

운동선수가 아무리 뛰어난 지능과 능력을 가지고 있다 하더라도 두 가지를 가지고 있으면 실격입니다. 하나는 병이고 다른 하나는 죄입니다. 병을 가진 선수는 시간이 갈수록 경기력이 떨어져서 나중에는 병원에 입원해야 할 것입니다. 또 죄를 지은 선수는 나중에 그것이 들통나면 선수 자격을 박탈당하게 될 것입니다. 우리 인간이 모두 뛰어나고 자랑할 것이 많은 것은 사실이지만 우리 역시 병과 죄를 갖고 있습니다. 그래서 우리 모든 인간은 하나님의 영광에 나아갈 수 없습니다.

1. 인간의 자랑

인간은 정말 자랑할 것이 많은 존재입니다. 우리 인간은 워낙 잘 만들어졌기 때문에 여기에서 조금만 뛰어나도 얼마든지 사람들의 자랑거리가 될 수 있습니다. 그런데 사람 중에는 상상력이 뛰어나서 소설가로 유명한 사람도 있고 영화를 만드는 사람도 있고 노래를 잘 부르거나 피아노나 악기를 잘 연주하는 사람도 있습니다. 이런 사람들은 모두 자랑할 만한 사람들입니다.

3:27, "그런즉 자랑할 데가 어디냐 있을 수가 없느니라 무슨 법으로냐 행위로냐 아니라 오직 믿음의 법으로니라"

본문을 보면 인간은 자랑할 데가 하나도 없다고 했습니다. 그러나 실제로 인간은 자랑할 것이 너무 많은 존재입니다. 인간은 외모부터도 너무나 잘 생겼습니다. 일단 털이 머리에만 있고 얼굴에는 없으므로 얼굴이 너무나도 아름답습니다. 또 눈도 아름답고 코도 아름답고 입술도 아름답고 이빨까지도 아름답습니다. 특히 여성들은 머리카락을 아름답게 자르거나 잡아매면 더욱 아름답습니다. 이것은 어디까지나 기본이고 여기에다가 인간이 공부를 잘한다거나 연기력이 뛰어나다거나 종교적으로 탁월하다거나 위대한 예술작품을 남긴다면 그는 더 자랑할 수 있을 것입니다.

그러나 인간에게는 치명적인 약점이 있습니다. 하나는 병이고 다른 하나는 죄입니다. 그래서 인간은 그 뛰어남에도 불구하고 자랑할 수가 없습니다. 인간의 병이라는 것은 다른 병이 아니라 미치는 병이고 음란한 병이고 몰래 남을 속이고 악한 짓을 하는 병인 것입니다.

우리나라 어떤 신부가 아프리카의 어려운 지역에 가서 봉사를 많이 했습니다. 이 신부는 참 헌신적이었고 존경받는 분이었습니다. 그러나 그에게도 치명적인 단점이 있었습니다. 그것은 자신의 욕망을 참지 못하는 것이었습니다. 그래서 그는 밤중에 우리나라 여자 간호 자원봉사 하는 분의 방에 가서 강제로 성추행을 했습니다. 그런데 그 여자분은 아주 가톨릭 신앙이 깊은 간호사였다고 합니다. 그런데 놀라운 것은 다른 신부들이 그 사실을 알고도 이 여성을 도와주지 않았다는 것입니다. 이 여자분은 중간에 돌아올 방법이 없어서 어쩔 수 없이 그 봉사기간을 채웠다고 합니다. 그 내내 이 여성은 그 신부로부터 시달림을 받았다는 것입니다. 결국 천주교에서는 이 신부를 처벌한다고 했습니다. 그렇다면 이 신부의 아프리카에서의 그 헌신적인 수고는 자랑할 것이 있을까요? 있을 수 없는 것입니다.

결국 사람들은 이 세상에서 사람들 사이에서 남들보다 조금 더 우수하고 잘생긴 것으로 자랑할 수 있을 뿐이고, 그것도 그 사람의 죄가 들통나지 않는 한 자랑할 수 있는 것뿐입니다.

2. 믿음의 법

우리 인간은 조금이라도 더 자신이 완전해지려고 노력을 합니다. 그것이 바로 신이 되려고 하는 것입니다. 즉 사람들은 감정의 기복도 없고 거짓도 없고 자기 있는 모습 그대로 만족할 수 있는 완전한 자신을 찾으려고 합니다. 그래서 유대인들은 철저하게 율법을 지키려고 했고 그 중의 어떤 사람은 죄를 짓지 않기 위해서 동굴이나 사막에서 혼자 사는 사람도 있었습니다. 그러나 사람은 어느 곳에 살든지 아무리 뛰어나든지 그 몸 안에는 미치는 병이 있고 하나님을 대적한 죄가 있습니다.

우리는 두 종류의 사람을 생각해 볼 수 있습니다. 한 사람은 평범한 사람이고, 다른 한 사람은 유명한 사람입니다. 유명한 사람은 지식으로나 예술적으로도 뛰어나고 군사적으로도 철학적으로도 업적을 많이 쌓았다고 합시다. 그렇다면 뛰어나고 유명한 사람이 성공한 것은 틀림없습니다. 그는 돈도 많이 가지고 있을 것이며 많은 사람의 존경을 받는 사람일 것입니다. 그런데 이 두 사람에게는 차이가 있습니다. 그 평범한 사람은 복음을 듣고 예수를 믿게 된 것입니다. 그러나 성공한 사람은 자신의 성공을 믿고 예수는 필요 없다고 생각해서 믿지 않은 것입니다.

이 두 사람을 비교해보면 어떨까요? 아마 비교되지 않을 정도로 세상적으로 성공한 사람이 훌륭하고 모든 것을 뛰어나게 잘하고 많은 것을 누리고 있을 것입니다. 그런데 평범한 사람은 다른 사람에게 자랑할 것은 아무것도 없지만 예수를 믿음으로 '믿음의 법'에 의해서 죄와 병을 치료하는 백신이 이 사람의 몸 안에 들어오게 된 것입니다. 이 사람은 점점 발작하는 병이 치료되고 하나님을 알게 되었습니다. 그리고 하나님 앞에서 믿음으로 의롭다 함을 받았기 때문에 기도할 수 있게 되었고 성령을 받게 되었고 하나님의 능력이 조금씩 들어오게 되었습니다. 거기에 비해 세상적으로 성공한 사람은 시간이 지날수록 병이 더 심해지게 되어서 발작을 일으키게 되었고 감정을 통제하기 어렵게 되어서 몰래몰래 죄를 짓게 되었습니다. 문서도 위조하고 거짓말도 예사로 하고 점점 욕심만 많아지게 되었습니다.

성경에 나오는 대표적인 사람이 이스라엘의 사울 왕이었습니다. 그는 아주 키가 크고 잘생겼고 이스라엘의 왕이었습니다. 그러나 그에게서 성령이 떠난 후 죄가 들어오면서 히스테리 정신병 환자가 되었습니다. 결국 그는 끝까지 회개하지 않고 히스테리를 부리고 다윗만 죽이려고 쫓아다니다가 나중에 전쟁에 져서 자살로 인생을 끝내게 됩니다.

그런데 또 다른 한 사람은 나아만이라는 이방인 장군이었습니다. 그는 몸에 한센병이 생겼을 때 자기 집에 종으로 잡혀 와 있던 이스라엘 여자 종의 말을 듣고 이스라엘에 있는 선지자를 찾아갔습니다. 그는 모든 자존심을 다 버리고 엘리사의 집까지 찾아갔지만 문전박대를 당했습니다. 그는 너무 화가 나서 씩씩거리면서 집으로 돌아가려는데 종들의 설득으로 요단강에서 일곱 번 목욕했는데, 결국 그의 한센병은 치료되었습니다.

요즘 사람들은 겉으로 보이는 경력이나 학벌은 대단하고 외모도 잘 생겼는데, 거짓말을 너무 잘하고 남을 너무 잘 속입니다. 사람들은 그 사람의 말만 믿고 따라 하다가 그가 말하는 것과 실제가 다른 것이 나타나게 되는데, 나중에는 이 사람의 인생 거의 전부가 거짓이요 엉터리였다는 것이 밝혀지게 된 것입니다. 그러면 어떻게 되겠습니까? 이 사람을 믿었던 왕이나 다른 사람들은 모두 속았다는 것을 알게 되고 이 사람을 감옥에 집어넣든지 죽이든지 하게 될 것입니다. 그러면 과연 어느 인생이 성공한 인생이겠습니까?

> 3:28, "그러므로 사람이 의롭다 하심을 얻는 것은 율법의 행위에 있지 않고 믿음으로 되는 줄 우리가 인정하노라"

여기서 "사람이 의롭다 하심을 얻는 것"은 하나님 앞에서 의인으로 인정받는 것을 말합니다. 즉 하나님 앞에 나아갈 수 있고 기도할 수 있고 축복받을 수 있는 것을 말합니다. 이것은 인간의 성공이나 자랑으로 되지 않습니다. 왜냐하면 하나님은 너무나도 거룩하시므로 아주 미미한 죄라도 있으면 통과가 되지 않기 때문입니다. 예를 들어서 어떤 사람이 은행의 금고문을 열려고 한다면 대충 번호가 맞거나 열쇠가 맞아서는 안 되고 완전히 맞아야 합니다. 마찬가지로 우리가 하나님 앞에 나아가려고 하면 완전히 번호가 맞아야 하고 열쇠가 맞아야 합니다. 이것은 인간의 노력이나 성공으로는 절대로 안 되는 것입니다. 오직 하나님의 아들만 그 번호와 그 구멍을 맞출 수 있습니다.

우리는 예수를 믿음으로 예수님과 함께 하나님 앞에 나아가서 능력을 받게 됩니다. 우리는 평범하지만 부흥을 일으킬 수 있습니다. 이것이 바로 하나님의 합격 표시입니다. 그리고 우리는 영생을 얻습니다. 우리는 영생을 얻었다는 데도 기뻐하지 않는 것을 보면 이상한 생각이 듭니다. 우리는 죽지 않습니다. 단지 성형수술을 받을 뿐입니다. 그리고 난 후에 정말 멋진 모습으로 실제로 살게 됩니다. 우리가 영생의 말을 들어도 기뻐하지 않는 것은 아직 영생이 믿어지지 않아서 그런 것입니다. 우리는 영생을 믿어야 합니다.

3. 모든 인간의 하나님

유대인들은 특별히 복 받은 민족이었습니다. 이 세상의 모든 민족은 하나님을 알지 못하고 있었는데 유대인들만은 하나님이 직접 쓰신 율법의 돌비를 가지고 있었습니다. 아마 우리나라 누군가가 중국의 왕휘지의 친필 글씨를 가지고 있다면 그것은 보물 중의 보물일 것입니다. 중국 서안에 가면 비석들을 모아놓은 곳이 있는데 중국의 유명한 사람들이 쓴 비석들입니다. 그 글씨를 탁본을 떠서 돈을 주고 살 수도 있습니다. 그런데 이스라엘 백성들은 하나님이 직접 쓴 십계명 글씨를 가지고 있었습니다. 만일 모세가 처음 돌비를 깨트리지 않았더라면 그 돌비조차 하나님이 만드신 것이었습니다. 그 가치는 어마어마할 것입니다. 거기에다가 하나님은 십계명의 해설까지 주셨습니다. 그것이 바로 출애굽기 후반부터 민수기 초반까지입니다. 그리고 하나님은 선지자들과 이스라엘 역사를 통해서 하나님의 말씀과 능력을 쏟아 부어주셨습니다. 이 이스라엘 역사의 가치는 이 세상의 것으로는 도저히 살 수 없는 역사였습니다.

그런데 이상하게 이스라엘 백성들은 망했습니다. 그 이유는 그들은 이 엄청난 하나님의 말씀을 가지고 있기만 하고 믿지를 않았기 때문입니다. 우리도 사실 신앙을 가지고 있는 것은 쉽습니다. 성경책을 사서 가지고 있고 예배에 참석하는 것은 쉽습니다. 그러나 실제로 하나님의 말씀을 읽고 기도하기는 쉽지 않습니다. 왜냐하면 그 시간에 다른 책을 공부하는 것이 유리하고 사람을 만나는 것이나 텔레비전을 보는 것이 재미있기 때문입니다. 이스라엘은 이 세상의 그 어느 것으로도 살 수 없는 율법을 가지고 망해버렸습니다. 그런데 이제는 그 어마어마한 율법이 필요 없게 되었습니다. 그 이유는 하나님의 아들이 직접 이 세상에 오셨기 때문입니다.

이 세상에 가장 빛나는 보석이 하나 있다면 그것은 바로 예수 그리스도입니다. 그런데 예수 그리스도는 인간이 되셔서 고난받아 죽으심으로 백만 배나 더 빛나는 보석이 되셨습니다. 이제는 유대인의 율법, 그 엄청난 율법이 더 이상 필요하지 않게 되었습니다. 왜냐하면 하나님의 아들이 이 세상에 직접 오셔서 우리 죄를 위하여 죽으심으로 우리 몸값을 갚으셨기 때문입니다. 우리 한 사람 한 사람은 그 어느 것과도 비교할 수 없는 하나님 아들의 몸값을 내시고 구원받은 사람들입니다. 우리는 이제 하나님 앞에 마음대로 나아갈 수 있게 되었고 성령을 받고 부흥을 받으며 영생을 얻게 되었습니다. 원래 하나님은 모든 인간의 하나님이시지만 죄의 벽이 허물어짐으로 진짜 모든 인간의 하나님이 되셨습니다.

3:29, "하나님은 다만 유대인의 하나님이시냐 또한 이방인의 하나님은 아니시냐 진실로 이방인의 하나님도 되시느니라"

이제는 정말 위대한 시대가 열렸습니다. 그것은 바로 유대인이 가졌던 율법보다 수억 만 배 중요한 하나님의 열쇠가 우리에게 주어지게 된 것입니다. 그것은 우리의 죄를 치료하고 우리의 병을 치료하는 예수 그리스도의 의입니다. 물론 그렇다고 해서 율법의 가치가 없어진 것은 아닙니다. 율법은 율법대로 가치가 있지만 예수 그리스도를 믿는 믿음은 율법과 비교되지 않는 보물 중의 보물입니다.

그래서 예수님께서는 밭에 감추인 보물 비유를 말씀하셨습니다 (마 13:44). 어떤 사람이 가난해서 다른 사람의 밭에서 일을 하고 있었습니다. 그런데 어느 날 밭을 파는데 '땅' 하는 소리가 났습니다. 그래서 조심스럽게 파보았더니 누군가가 보화를 잔뜩 항아리에 넣고 그 밭에 파 묻어놓았던 것입니다. 그런데 지금 주인은 일하기가 너무 싫어서 그 밭을 빌려주고 있었고 할 수 있으면 그 밭을 사라고 자꾸 말을 했습니다. 이 사람은 당장 가서 모든 것을 다 팔아서 이 밭을 샀습니다. 그는 어마어마한 보물을 가진 사람이 되었습니다.

예수 그리스도의 복음 안에는 이 세상 어느 곳에서도 구할 수 없는 하늘의 보물이 다 들어있습니다. 물론 우리도 유대인들처럼 복음을 가지고 있기만 할 수 있습니다. 복음을 가지기만 하고 세상 성공과 세상 자랑으로 잘 난 체할 수 있습니다. 그러나 그들은 사실 믿음의 법을 믿는 것이 아니라 자기 성공을 믿는 것입니다. 그는 율법보다 더 비싼 보물을 가지고도 쓸 줄 몰라서 가지고만 있는 것입니다. 우리는 복음 안으로 파고 들어가야 합니다. 그리고 이 복음을 가지고 하나님께로 가는 연습을 자꾸 해야 합니다. 그렇게 하나님에게까지 뚫고 갔을 때 우리에게 부흥이 일어나게 됩니다. 우리는 이 열쇠를 사용해서 문을 열어야 합니다. 열쇠를 돌려야 하는 것입니다.

오늘날은 자기 PR의 시대이고 자기 자랑의 시대입니다. 그러나 그것으로 자기 안에 있는 병과 죄를 고칠 수 없습니다. 모든 죄는 다 드러나게 되어있고 모든 병은 다 발병하게 되어있습니다. 예수 그리스도의 복음은 누구에게나 열려 있습니다. 우리가 이것을 가지고 천국 문을 열기만 하면 성공입니다. 천국 문이 열릴 때 하나님의 복이 쏟아지고 우리는 더 완전해지고 부흥이 일어나고 마귀는 쫓겨가게 될 것입니다.

우리에게는 영생이 있습니다. 우리는 죽음의 병을 치료받은 사람들입니다. 우리에게 죽는 것은 끝이 아닙니다. 우리에게 죽는 것은 잠시 성형수술 받는 시간입니다. 복음을 가지고 있기만 하지 말고 이것을 파고 들어가서 이것을 돌리고 이것으로 사람들의 영혼을 살리시기 바랍니다.

16

떳떳한 구원
롬 3:25-26

어떤 사람이

죄를 지어서 출국금지령이 내려졌다면, 그가 비행기를 타려고 해도 출국 심사할 때 이미 그 사람의 이름이 입력되어있기 때문에 거기서 붙잡히게 될 것입니다. 얼마 전에는 영국에서 어떤 사람들이 냉동 컨테이너를 통해 불법 입국을 했는데, 무언가 잘못되어 수십 명이 모두 얼어 죽고 말았습니다. 미국에서도 불법 입국해서 있는 사람들은 늘 불안합니다. 왜냐하면 일을 해도 제대로 월급을 받을 수 없고 약간이라도 죄를 지어서 경찰에 붙들리면 바로 추방되기 때문입니다. 그러나 정당한 자격을 가지고 있는 사람은 아무도 출입을 금지할 수 없습니다. 마음대로 비행기도 타고 경찰서에 들어가서 일도 보고 나오고 모든 것을 마음대로 할 수 있습니다.

얼마 전 탈북자들의 이야기를 들어보면 비행기를 타고 갈 때 밥값을 따로 낸 적이 없으므로 처음에는 식사를 하지 않다가 나중에 그것을 마음대로 먹어도 된다는 것을 알면 그때부터 안심하고 마음껏 먹는다고 합니다. 그리고 이들이 한국에 와서 가장 놀라운 곳은 뷔페라고 합니다. 한번 들어가기만 하면 음식을 아무리 많이 가져와서 먹어도 아무 소리도 하지 않으니까 신기하다고 합니다.

예를 들어서 어떤 여학생들이 노상 떡볶이집에서 떡볶이와 어묵을 실컷 먹고는 돈이 없어서 주인에게 야단을 맞고 있다고 합시다. 그런데 지나가는 신사가 그것을 보고 아이들이 먹은 것이 얼마나 되느냐고 물으니까 십만 원어치나 먹었다고 하는 것입니다. 그러자 이 신사는 주머니에서 십 억짜리 수표를 주면서 이것으로 아이들이 먹은 값을 내겠다고 하면서 잔돈은 가지라고 한다면 그 주인은 어떻게 하겠습니까? 남은 떡볶이 전체와 수레까지 주면서 절을 수십 번 하면서 도망치듯이 사라질 것입니다.

우리의 구원이 바로 이런 것입니다. 물론 우리가 지은 죄는 작은 것이 아닙니다. 우리는 남을 속이기도 했고 하나님께 반항하기도 했고 다른 사람을 못살게 굴기도 했습니다. 음란하기도 했고 하나님께 불순종하기도 했습니다. 그런데 이것을 다 합해봐야 십만 원짜리 밖에 되지 않습니다. 그런데 예수님께서 십자가 위에서 죽으신 것은 십 억짜리 수표와 같습니다. 우리는 모든 것을 다 가지고도 남는 것입니다.

1. 의로우신 하나님

성경에서 "의롭다"는 것은 정당한 자격을 말합니다. 일반인들은 군부대를 마음대로 들어갈 수 없습니다. 군부대 안을 들어가려고 하면 그 부대에 들어갈 수 있는 정식 출입증이 있어야 합니다. 만약 군인도 아닌 사람이 군부대 안이나 출입금지 된 지역을 어슬렁거리면서 돌아다닌다면 보초나 군인들은 당장 상황실에 연락해서 출동하게 됩니다. 그래서 군인들이 그 수상한 사람을 체포해서 어떻게 들어왔으며 무엇을 하고 있는지 조사를 하게 됩니다.

군 구치소에 들어가 보면 철창 안에 미결수들이 있는데 철창에는 그 사람의 이름과 계급 그리고 죄목이 기록되어있습니다. 어떤 사람은 공금횡령, 어떤 사람은 살인, 어떤 사람은 근무 이탈 등등으로 기록되어 있습니다. 그 사람이 거기에 있는 이유는 그 죄 때문이고 그 죄를 갚기 전에는 그 방에서 한 발자국도 밖으로 나갈 수 없습니다. 교도소 안에는 자유가 없고 사생활이라는 것이 없습니다.

하나님은 우리를 사랑하십니다. 그런데 하나님에게 한 가지 특이한 성품이 있습니다. 그것은 바로 죄는 아무리 작은 것이라도 용납하지 못하신다는 것입니다. 그래서 하나님은 죄인을 용납하지 못하십니다. 그래서 죄가 있는 사람을 죄가 없는 것처럼 넘어가지 못하시는 것입니다. 그러므로 누구든지 하나님 앞에 나아가려고 하면 정신적으로나 육체적으로나 죄가 티끌만큼도 없어야 합니다.

우리 인간이 처음 창조되었을 때는 죄가 없는 무죄 상태였습니다. 그러나 인간은 죄를 지을 수도 있었고 죄를 짓지 않을 수도 있었습니다. 하나님은 인간에게 자유 선택권을 주셨습니다. 이때 인간은 뱀의 꾐에 넘어가서 하나님의 말씀을 어기고 타락했는데 그 후에는 완전히 죄 덩어리가 되고 말았습니다. 인간이 처음 하나님의 말씀을 거역한 순간 죄가 인간 안에 들어오기 시작했는데 그것은 완전히 독이 되고 암 덩어리가 되어서 온 인간의 몸과 영혼과 정신에 퍼지게 되었습니다. 그래서 지금 모든 인간은 죄 덩어리가 되고 암 덩어리를 달고 살아가고 있는 것입니다.

지금 우리 인간이 이 세상에 사는 것은 죄가 잠복해 있기도 하고 죄가 튀어나오기도 한 상태에서 살아갑니다. 그래서 우리 인간은 한 명도 구원을 받을 수 없습니다. 그러나 하나님은 우리 인간들을 너무 사랑하셔서 우리가 이 세상에 살아있는 동안에는 유예 기간을 두셨습니다. 즉 이 세상에 살아있는 동안에는 치료를 받을 수 있게 하신 것이었습니다. 그러나 우리 인간은 종교, 예술이나 돈, 다른 어떤 선행으로도 하나님 앞에 나아갈 수 없습니다. 왜냐하면 죄가 독처럼 온몸에 퍼져 있기 때문입니다. 즉 우리 인간이 달고 있는 암 덩어리가 너무 강해서 아스피린 같은 것으로는 치료할 수 없기 때문입니다.

에이즈라는 것은 면역성이 하나도 없어서 병이란 병은 다 걸려서 죽습니다. 우리 모든 인간은 약도 없는 병에 걸려서 고통하고 있고 온몸에 암 덩어리를 달고 살아가고 있는 것입니다. 우리 인간이 이 세상에서 성공한 것으로는 아무도 자신을 치료할 수 없습니다. 하나님은 인간 중에서 조금이라도 죄가 있는 사람은 받아주실 수 없습니다. 왜냐하면 그 죄인은 천국 전체를 또 오염시킬 것이기 때문입니다.

2. 하나님의 방법

하나님께서는 우리 인간을 너무 사랑하셔서 우리 모두 살리기를 원하셨습니다. 그러나 하나님이 우리 인간을 구원하시려면 우리 인간에게 죄가 완전히 없어져야 합니다. 그래야 하나님이 떳떳하시고 우리도 떳떳하게 됩니다. 하나님께서는 우리 인간이 스스로의 힘으로 얼마나 의로워질 수 있는지 보셨습니다. 그런데 인간은 자기 힘과 돈 자랑만 하고 눈에 보이는 세상에서 톱이 되려고만 했지 하나님을 찾는 사람이 없었습니다. 특히 인간의 혀 밑에는 독이 고이기 시작했습니다. 말을 할 때마다 독을 뿜었고 결국 다른 사람들을 죽게 했습니다. 하나님은 노아 때 노아 식구 여덟 명 말고는 모두 홍수로 죽는 심판을 내리셨습니다. 그러나 그 여덟 명의 의인들 안에도 죄의 DNA는 들어있어서 홍수가 끝난 직후 바벨탑을 쌓기 시작했습니다. 그 후에도 바벨탑 쌓는 것을 너무 좋아했습니다.

중국에서는 만리장성을 쌓고 프랑스 사람들은 에펠탑을 쌓았습니다. 사람들은 노벨상을 타려고 하고 군인들은 세계적인 전쟁을 일으키려고 했습니다. 나폴레옹은 유럽을 지배하려고 했고 칭기즈칸은 아시아와 유럽을 지배했습니다. 일본 군국주의자들은 아시아를 지배하고 미국까지 공격했습니다. 스탈린은 전 세계를 공산화하려고 했습니다. 결국 인간에게 있어서 죄의 바이러스는 고칠 수가 없었습니다.

그런데 하나님은 인간의 죄를 위하여 온 우주에서 가장 값진 보석을 내놓으셨습니다. 바로 하나님의 아들 예수 그리스도의 생명이었습니다. 사실 어느 누구도 하나님의 아들이 있는지 알지 못했습니다. 인간은 하나님이 있는지도 모르는데 하나님의 아들이 있다는 것을 어떻게 알겠습니까? 이것은 천사들만 아는 비밀이었습니다. 그리고 사탄도 하나님의 아들은 알았지만 완전한 비밀은 잘 알지 못했습니다.

하나님은 그 아들을 인간이 되어 이 세상에 태어나게 하셨습니다.

3:25, "이 예수를 하나님이 그의 피로써 믿음으로 말미암는 화목제물로 세우셨으니 이는 하나님께서 길이 참으시는 중에 전에 지은 죄를 간과하심으로 자기의 의로우심을 나타내려 하심이니"

하나님의 아들이 인간이 된 것은 신비입니다. 아마 천사들도 놀란 것 같고 사탄은 이해가 되지 않았던 것 같습니다. 어떻게 신이 인간이 될 수 있습니까? 그리고 하나님의 아들같이 높은 분이 무엇 때문에 천하디천한 인간이 되겠습니까? 하나님의 아들이 인간에게 얻을 것이 뭐가 있겠습니까? 우리가 쓰레기장에서 무엇을 건질 것이 있겠습니까? 아무것도 없습니다.

하나님의 아들도 인간이 되어야 피가 생깁니다. 예수님은 예수 믿는 사람들의 모든 죄를 다 뒤집어쓰고 십자가 위에서 피를 다 흘리셨습니다. 인간이 지은 모든 죄를 다 합치면 몇백만 원 정도 된다고 합시다. 그런데 예수께서 흘리신 피의 값은 수조 원이 넘는 보물입니다. 이것은 마치 전쟁터에서 다 죽어가는 부상병들에게 신선한 피를 수혈

해주는 것과 같습니다. 인간의 죄를 스스로의 노력으로는 갚을 수 없습니다. 그러나 하나님은 수조 원의 보물을 피로 주셔서 우리 인간의 죄를 다 덮어버리셨습니다. 예수님의 피가 흐르면서 인간의 모든 죄는 다 덮이게 되었고 이것이 백신이 되어서 인간의 죄나 암이 다 없어지게 되었습니다.

사탄은 인간의 조그만 죄라도 다 찾아내서 지옥으로 끌고 가기 위해서 노리고 있는 검사와 같습니다. 사탄은 만일 하나님이 인간의 죄를 조금이라도 봐주기만 한다면 당장 대들 생각을 가지고 있었습니다. 그러나 하나님은 당당하셨습니다. 왜냐하면 하나님은 인간의 죗값을 갚고도 몇천 번, 몇백 번 더 갚을 대가를 치르셨기 때문입니다.

이때 사탄이 착각한 것이 있었습니다. 그것은 바로 하나님의 아들을 죽이면 이 세상이나 인간은 자기 것이 될 것이라고 생각했던 것입니다. 그러나 마귀는 성경을 다 깨닫지 못했습니다. 즉 죄 없는 자가 피를 흘리고 죽으면 사망이 삼키어지게 되고 죄가 깨어지게 됩니다. 사탄은 결정적인 순간에 실수를 한 것입니다. 예수님이 부활하시면서 사탄의 머리가 깨어지게 되었습니다. 사탄은 지금 머리 반이 날아간 상태입니다.

3. 떳떳한 구원

누구든지 예수님의 보혈을 믿는 자는 하나님 앞에서 죄가 하나도 없습니다. 왜냐하면 우리 옛 사람은 예수님과 함께 죽었고 이제 새 사람으로 태어났기 때문입니다. 우리는 모두 새 사람입니다. 마귀가 아무리 우리의 죄를 찾아내려고 해도 우리의 죄는 예수님의 피가 다 덮어버렸기 때문에 찾을 수 없습니다. 물론 우리는 완전한 의인이 아닙니다. 우리는 아직 죄짓는 습관도 있고 죄지은 기억도 있습니다. 그러나 적어도 법적으로는 완전한 의인입니다. 그래서 우리는 하나님 앞에 얼마든지 나아가서 기도할 수 있고 은혜받을 수 있고 능력 받을 수 있습니다. 왜냐하면 우리는 모두 떳떳하게 구원을 받았기 때문입니다.

3:26, "곧 이 때에 자기의 의로우심을 나타내사 자기도 의로우시며 또한 예수 믿는 자를 의롭다 하려 하심이라"

하나님은 떳떳한 방법이 아니면 우리를 구원하기를 원하지 않으셨습니다. 하나님은 우리를 몰래 뒷구멍으로 합격시키는 방법을 쓰시지 않는 것입니다. 예를 들어서 부모가 자녀를 대학에 떳떳하게 합격을 시켜야지 가짜 자격들을 만들어서 합격시키면 언젠가는 그것이 다 들통나게 되는 것입니다. 그러면 부모도 망신을 당하고 자녀도 합격이 취소되게 되는 것입니다. 이것은 부모의 잘못된 자녀 사랑에서 만들어진 것입니다. 이 세상에 부모가 자기 자식을 사랑하지 않는 사람이 어디 있겠습니까? 그렇다고 해서 부모가 자기의 권한을 악용해서 자격이 안 되는 자녀를 불법으로 합격시킨다면 망신을 당하게 되는 것입니다.

하나님은 의로우십니다. 왜냐하면 하나님의 아들이 피를 흘리며 죽었기 때문입니다. 그리고 우리 예수 믿는 사람들도 떳떳합니다. 왜냐하면 예수님의 피가 백신이 되어서 우리 안에 죄를 물리치고 암을 치료하고 하나님의 뜻에 순종하는 사람으로 만들었기 때문입니다. 우리는 예수님이 우리 죗값을 지불하셨기 때문에 우리는 더 이상 지불할 죗값이 없습니다. 예수님은 우리 한 사람 한 사람의 죗값을 넘치도록 지불하셨습니다.

예수님의 피는 정말 놀라운 능력을 가지고 있습니다. 예수님의 피는 먼저 우리 죄를 보이지 않게 덮었습니다. 집에서 먹다 남은 음식

같은 것이 있어서 신문지로 덮으면 보이지 않게 됩니다. 그런데 예수님의 피가 우리 안으로 들어가면서 백신이 되어서 우리 안에 있는 죄와 암을 죽였습니다. 그리고 예수님의 피는 하늘로 올라가면서 '하나님, 저는 죄 없이 죽었습니다!' 라고 호소하셨습니다. 하나님은 그것을 보시고 오케이라고 하셨고, 사망은 삼키어지고 죄는 깨어지고 마귀의 머리도 깨어지고 우리 안에는 영생이 들어오게 되었습니다.

지금 우리는 이미 빛의 세계에 살고 있으며 이미 영생을 살고 있습니다. 우리의 육신은 늙어가지만 우리의 영은 점점 더 새로워지고 있습니다. 우리는 모두 떳떳합니다. 마귀의 참소와 공격에 대항하시기 바랍니다. 하나님 은혜의 축복도 감사하면서 받으면 됩니다. 우리는 하나님 앞에서 모두 떳떳한 구원을 받았기 때문에 담대히 하나님 은혜의 보좌 앞에 나아가야 합니다.

히 4:16, "그러므로 우리는 긍휼하심을 받고 때를 따라 돕는 은혜를 얻기 위하여 은혜의 보좌 앞에 담대히 나아갈 것이니라"

만일 우리 음식값이 모두 지불되었다면 우리는 뷔페에서 먹을 것을 기저가기 위해서 담대하게 음식이 있는 곳을 향하여 나아갈 것입니다. 우리는 절대로 음식을 훔쳐 먹을 필요가 없는 것입니다. 마찬가지로 우리는 이 세상에서 하나님의 도우심이 필요한 문제를 두고 담대하게 하나님 앞에 나아갈 필요가 있습니다. 자녀 중에는 자기가 필요한 것이 있어도 부모에게 말을 잘 하지 않고 혼자 고민만 하는 아이들이 있습니다. 그러나 이제는 더 이상 하나님의 눈치를 볼 필요가 없습니다. 우리가 필요한 것은 전부 다 하나님께 말씀을 드리면 됩니다.

우리는 과거의 죄에 얽매여서 비굴하게 신앙생활을 할 필요가 없습니다. 우리는 그리스도 안에서 새로운 피조물입니다. 우리는 하나님께 담대하게 예배를 드릴 필요가 있습니다. 우리나라는 다른 나라와 다르며 과거 하나님을 모를 때의 임진왜란 때나 병자호란 때와도 다릅니다. 담대하게 기도하기만 하면 하나님은 가장 좋은 것을 우리에게 주실 것입니다.

17

왜 할례를 받지 않는가?

롬 3:30

옛날 초대교회
시절에 할례를 인정하느냐 하지 않느냐 하는 것은, 그동안 수천 년 동안 유지되어왔고 세계적으로 영향을 미치고 있는 유대교를 인정하느냐 하지 않느냐 하는 엄청나게 큰 문제였습니다. 지금도 이스라엘이나 미국에 가면 유대교를 믿는 사람들이 있어서 유대인의 회당이 있고 할례를 행하며 유대교 의식에 따라서 율법을 배운다고 합니다. 그러나 과연 복음이 옴으로 이 유대교는 아무 필요가 없게 되었는가 하는 것은 초대교회에서 아주 중요한 문제였습니다. 그런데 사도 바울은 할례가 하나님의 백성이 되는데 필요하지 않다고 주장했습니다. 그래서 사도 바울은 유대인들의 미움을 받았고 여러 번 죽임을 당할 뻔한 적도 있었습니다.

 이스라엘 백성들은 하나님의 백성이라는 표시를 할례로 표시했는데, 이것은 남성의 성기를 포경수술하는 것이었습니다. 이것은 한 평생 없어지지 않고 몸에 그 흔적이 남아있게 됩니다. 하나님은 믿음의 조상 아브라함에게 이 할례를 받으라고 명령하셨습니다. 그리고 그 후 모든 이스라엘 백성은 할례의 수술을 받았습니다. 나중에 성인이 되어서 유대인으로 개종하는 자들도 할례 수술을 받아야 했습니다. 왜냐하면 이것이 바로 하나님의 백성이라는 표시였기 때문입니다. 그래서 유대인들은 아브라함 이후 예수님이 오셨을 때까지 약 이천년 동안 할례를 행해 왔습니다. 그래서 초대교회 당시에 예수 믿는 이방인 중에서 예수를 믿는 것만으로는 부족하고 할례까지 받아야 진짜 하나님의 백성이 된다고 믿는 사람들이 많았습니다. 그래서 이방인 중에서도 할례를 받는 사람들이 많았습니다.

이때 사도 바울은 거의 폭탄선언을 했는데, 그것은 예수 믿는 것으로 충분하고 예수 믿는 사람은 할례를 받을 필요가 없다고 한 것입니다. 만약 사도 바울이 이 문제를 분명하게 선언하지 않았더라면 오늘 우리도 할례를 받아야 하나님의 백성이 될 수 있었을 것입니다. 이것은 마치 천주교에서 교황을 부인하는 것보다 더 엄청난 선언이었습니다.

하나님은 믿음의 조상 아브라함에게 할례를 받게 하셨고 모세도 모든 이스라엘 백성은 할례를 받아야 유월절 음식을 먹을 수 있다고 했는데, 왜 바울은 크리스천이 할례를 받지 않아도 된다고 하는 것일까요? 이것은 우리에게도 엄청나게 중요한 문제입니다.

1. 믿음의 표시로서의 할례

하나님께서는 이스라엘 백성에게 할례로 하나님 백성의 표시를 하게 하셨습니다. 그래서 이스라엘의 모든 남자는 태어난 지 팔일이 되면 할례를 받아야 했습니다. 그래서 삼손과 다윗은 할례를 받은 것에 엄청난 자부심을 가지고 있었고, 할례를 받지 않은 블레셋 사람들을 거의 야생동물 취급했던 것을 볼 수 있습니다. 이스라엘 백성들은 하나님을 믿음으로 사는 자들이기 때문에 우상숭배를 해서는 안 되었습니다. 그리고 이스라엘 백성들은 자연적으로 하나님의 말씀에 순종해서 살아야 했습니다. 그래서 이스라엘 백성들은 다른 이방인과 자연스럽게 구별되었습니다.

그런데 여기에 가장 어려운 문제가 하나 놓여 있었습니다. 그것은 만일 이스라엘 백성이 할례를 받고서 우상숭배에 가담하면 어떻게 되느냐 하는 것입니다. 이것을 하나님께서는 이스라엘 백성들이 음행하는 것이라고 말씀하셨습니다. 만약 어떤 여성이 자기 남편이 있는데 다른 남자와 성관계를 가지면 그것은 음행하는 것입니다. 그러면 원래 율법에 의하면 음행한 여자는 돌로 쳐 죽여야 했습니다. 그런데 모든 이스라엘 백성이 다 우상숭배에 빠지면 어떻게 하느냐 하는 것입니다. 그러면 과연 누가 이들을 돌로 쳐 죽이겠습니까? 그때는 어쩔 수 없이 이방인이 쳐들어와서 이스라엘 백성을 돌로 치는 대신에 칼로 쳤습니다. 그래서 이스라엘 백성은 여러 차례 이방인에게 멸망했습니다. 왜냐하면 그들이 할례의 백성이지만 그 할례의 언약을 배신했기 때문입니다.

그리고 또 어려운 문제는 이스라엘 백성이 하나님의 말씀을 멀리하고 자신의 야망과 욕심에 따라서 살면 어떻게 되느냐 하는 것입니다. 이스라엘 백성이 비록 우상숭배는 하지 않는다고 하지만 하나님보다 돈을 더 사랑하면 어떻게 될까요? 이것도 우상숭배나 마찬가지였습니다. 예수님도 이스라엘 백성에게 하나님과 맘몬을 동시에 사랑할 수 없다고 말씀하셨습니다. 즉 돈이 아무 소용이 없는 것은 아니지만 결코 하나님보다 더 의지하거나 하나님보다 더 사랑하면 안 된다는 뜻이었습니다. 그럼에도 불구하고 이스라엘 백성이 죽으라고 돈을 사랑한다면 그들이 할례를 받았을지라도 망하는 수밖에 없었습니다. 그래서 이스라엘 백성은 우상숭배는 하지 않았지만 돈을 사랑하고 율법을 변질시켜서 조상의 전통을 지켰기 때문에 멸망했습니다.

구약성경에 보면 하나님께서 이스라엘 백성에게 여호와께 돌아오라는 말을 수도 없이 하셨고, 또 선지자를 보내되 아침마다 보내었다고 말씀하고 있습니다. 그러나 이스라엘 백성들 자신이 하나님께 돌아오지 않으면 그들에게 있는 할례는 아무 소용이 없었습니다. 거기에다가 여성들은 할례를 받을 수 없었는데, 구약 시대만 해도 여성은 남성의 부수적인 존재로 생각했다는 것을 알 수 있습니다.

그래서 요엘 선지는 이스라엘 백성을 향해서 옷을 찢지 말고 마음을 찢고 하나님께 돌아오라고 선포했습니다(욜 2:13). 그리고 모세의 율법이나 시편에도 마음에 할례를 행하라는 말씀이 나오는 것을 볼 수 있습니다. 마음의 할례라고 하는 것은 무엇일까요? 그것은 세상적인 욕심과 야망과 우상숭배의 호기심 같은 것을 깨트려버리고 죽을 각오를 하고 하나님의 말씀을 믿는 것을 말하는 것입니다.

하나님께서는 예레미야 선지자를 통해서 앞으로 새 언약을 세울 것인데, 그것은 이스라엘 백성의 마음에 하나님의 율법을 새기는 것이라고 말씀하셨습니다(렘 31:31-33). 여기서 우리가 알 수 있는 것은 할례라고 하는 것은 결국 마음에 할례를 받아야 온전한 효력이 있다는 것입니다. 결국 진정한 할례는 하나님의 말씀을 가슴에 새기는 것입니다. 만약 하나님의 말씀이 가슴에 새겨질 수 없다면 할례는 육체의 표시밖에 되지 않는 것입니다. 반대로 하나님의 말씀이 가슴에 새겨질 수 있다면 할례는 더 이상 필요하지 않다는 것입니다.

2. 이방인이 하나님의 백성이 될 수 있는가?

그런데 유대인과 이방인 사이에 있는 담은 너무 높아서 이것이 허물어지고 이방인이 하나님을 믿을 수 있으리라고는 그 누구도 믿지 않았습니다. 아무리 시편이나 선지서에서 하나님은 열방의 하나님이고 이방인이 하나님께 돌아올 것이라고 해도 그것을 믿지 않았습니다. 그런데 예루살렘이 멸망한 후에 하나님을 믿는 이방인이 많이 생기게 되었습니다. 그들을 성경에서는 "하나님을 두려워하는 자"(God-fearer)라고 했습니다. 그리고 드디어 이방인에게도 성령이 임하게 되었습니다.

오순절 대부흥 이후에 베드로가 여러 곳에 기적을 행했습니다. 욥바의 가죽장이 시몬의 집에 있을 때 식사가 아직 준비되지 않아서 지붕 위에 올라가서 기도하는데, 그에게 환상이 나타났습니다. 하늘에서 보자기에 내려오는데, 그 안에는 율법에서 먹을 수 없다고 한 부정한 짐승들이 많이 있었습니다. 그런데 주님은 베드로에게 그것을 잡아먹으라고 말씀하셨습니다. 그래서 베드로는 주님께 "주여, 저는 이런 부정한 것들을 먹을 수 없습니다."라고 대답했습니다. 그때 주님께서는 "하나님이 깨끗하게 한 것을 네가 더럽다고 하지 말라"고 세 번이나 말씀하시고는 보자기가 하늘로 올라갔습니다.

베드로는 과연 이것이 무슨 뜻일까 생각하고 있을 때, 문 두드리는 소리가 나면서 이방인 고넬료가 보낸 사람들이 베드로를 찾았습니다. 그들은 하나님의 천사가 고넬료에게 나타나서 "너의 기도와 헌신을 하나님께서 받으셨다"고 하면서 욥바에 있는 베드로에게 사람을 보내서 하나님의 말씀을 들으라고 했다는 것입니다.

베드로는 이 사람들이 바로 이 부정한 짐승을 나타낸다는 것을 알고는 즉시 그들을 따라가서 모여 있는 이방인들에게 하나님의 말씀을 전하는데 오순절의 성령이 그들에게 임하면서 그들도 방언을 하고 모두 뜨거워지면서 구원의 확신을 가지게 되었습니다. 그래서 베드로는 이미 그들이 성령을 받았기 때문에 할례를 주지 않고 바로 세례를 주었습니다. 이때가 바로 2,000년간 계속되었던 이스라엘과 이방인의 경계선이 무너지는 순간이었습니다. 이제는 누구든지 할례받지 않고도 하나님을 믿을 수 있게 되었고, 구원을 받을 수 있게 되었습니다.

3. 할례의 문제점

할례받은 사람은 하나님의 백성이라는 확신을 어릴 때부터 가지고 있었습니다. 그들은 철이 들기도 훨씬 전부터 이방인과는 구별되는 하나님의 백성이었던 것입니다. 그러나 때때로 확신이 지나칠 경우에는 자만심을 가지게 되는데, 그들은 표시만 가지고 모든 것이 다 되었다는 생각을 하게 되었던 것입니다. 즉 유대인들은 우리는 할례를 받았기 때문에 이미 구원을 받았고, 이제는 종교적인 행위나 하면서 세상적인 복을 많이 받으면 된다고 생각하게 된 것입니다. 그래서 많은 유대인은 종교적인 행위로 의를 쌓으려고 했고, 그렇게 하면서도 세상적인 욕심을 떨치지 못해서 돈을 많이 가지고 명성을 가지려고 했습니다.

그런데 여기서 핵심적인 것은 마음에 할례를 받는다는 것입니다. 원래 할례라는 것은 마음에 있는 더러운 본성을 잘라내는 것인데, 할례받는다고 해서 사람의 기질이나 본성이 변하는 것은 아닙니다. 사람의 본성이 변하려고 하면 마음에 할례를 받아야 하는데 어떻게 마음에 할례를 받을 수 있겠습니까?

우리에게 세례를 받는 결단은 필요합니다. 왜냐하면 이것은 내가 믿는 것을 바꾸는 결단의 표시이기 때문입니다. 즉 지금까지는 세상을 믿고 나 자신을 믿고 돈을 믿은 것을 버리고 하나님을 믿는 결단입니다. 그러나 이것은 어디까지나 시작에 불과하고 심장에 할례를 받아야 합니다. 그것은 바로 하나님의 말씀을 자꾸 듣는 것입니다. 우리가 하나님의 말씀을 듣는 것이 바로 가슴에 칼질을 하는 것입니다. 그래서 어떤 때는 하나님의 말씀을 들으면서 가슴이 아프기도 하고 또 어떤 때는 심장에 가득 차 있는 고름을 짜내면 시원하기도 합니다. 이것이 바로 진정한 할례나 하나님의 백성의 의미인 것입니다.

우리가 심장에 자꾸 칼질을 하게 되면 자연스럽게 우리 안에 성령이 충만하게 되고, 하나님의 성품이 가득하게 되며, 어느 순간 폭발적인 부흥이 일어나게 됩니다. 그래서 예수를 믿는 가장 중요한 표시는 성령이 임하는 것이고 이것이 어느 순간 폭발하는 것입니다. 그래서 마음에 할례를 받은 자는 어디를 가든지 하나님의 백성인 것을 알게 됩니다. 그가 어느 곳에 서든지 그가 선 곳은 거룩한 땅이 되는 것입니다. 그러나 마음의 할례가 없으면 신분적으로 구분을 하려고 합니다. 사제나 목회자는 거룩하고 평신도는 거룩하지 않으며, 또 교회나 성전에 가까우면 거룩하고, 멀어지면 하나님과도 멀어진다고 생각하기 쉽습니다.

그래서 드디어 사도 바울은 폭발적인 선언을 하게 됩니다. 그것은 바로 예수님이 오심으로 누구든지 예수를 믿기만 하면 할례를 받을 필요가 없다는 것입니다. 이 선언은 유대인들에게 극심한 분노를 일으키게 했습니다. 왜냐하면 자기들은 2,000년이나 할례를 믿어왔고 할례를 받아왔는데, 사도 바울은 이것을 한순간에 무너뜨렸기 때문입니다.

3:30, "할례자도 믿음으로 말미암아 또한 무할례자도 믿음으로 말미암아 의롭다 하실 하나님은 한 분이시니라"

이제 더 이상 할례는 중요하지 않습니다. 중요한 것은 오직 마음의 할례인 것입니다. 회개도 마음의 회개가 중요합니다.

세례 요한은 "회개하라 천국이 가까이 왔느니라"고 하면서 바리새인과 서기관들에게 "이미 도끼가 나무 뿌리에 놓였으니 좋은 열매를 맺지 아니하는 나무마다 찍혀 불에 던져지리라"고 했습니다. 또 "나는 물로 세례를 베풀지만 내 뒤에 오실 분은 성령과 불로 세례를 베푸실 것이라"고 강조했습니다(마 3:2-11).

우리가 하나님의 말씀을 들으면 우리의 양심이 타들어 가는 느낌이 들어야 합니다. 우리가 더욱 더 우리 자신을 신뢰하지 아니하고 나의 부족한 것까지도 하나님께 다 맡길 때 우리는 진정으로 회개를 한 것입니다. 우리가 어떻게 돈보다 하나님을 더 사랑할 수 있겠습니까? 우리가 하나님 말씀의 가치가 보물인 줄 알면 돈 같은 것을 별로 중요하지 않게 여기게 됩니다.

사도 바울은 옛날에 내가 소중하게 생각하던 것을 모두 배설물로 여기는 것은 예수 그리스도를 아는 지식이 가장 고상하기 때문이라고 했습니다(빌 3:8). 그리고 사도 바울은 사람들에게 이제 더 이상 나를 괴롭게 하지 말라고 하면서 나는 예수 그리스도의 흔적을 지녔다고 했습니다(갈 6:17). 예수님의 흔적이라는 것은 그가 복음을 전하면서 사람들에게 매를 맞기도 하고 고문을 당하기도 한 상처를 말하는 것입니다. 그는 예수님을 사랑하고 복음을 사랑해서 유대인들과 이방인들로부터 매를 맞고 고문도 많이 당했던 것입니다.

그런데 사도 바울이 복음을 전한 것을 보면 여러 차례에 걸쳐서 폭발적인 부흥이 있었던 것을 보게 됩니다. 비시디아 안디옥에서도 부흥이 있어서 도시 사람들이 거의 다 복음을 들으러 왔고, 데살로니가에서도 부흥이 있었고, 고린도나 에베소에서도 폭발적인 부흥이 있었던 것을 볼 수 있습니다.

할례는 필요하지 않게 되었습니다. 우리는 예수를 믿는다고 시인하면 구원을 받은 것이 아니라 그것이 시작이라는 것을 가르쳐야 합니다. 우리 가슴에 자해하듯이 칼질을 할 것이 아니라 하나님의 말씀으로 칼질을 해야 합니다. 그러면 우리에게 다시 한번 놀라운 대부흥이 일어날 것입니다.

18

인간이 사는 목적
롬 3:31

사람 중에는

자기 몸에 지워지지 않는 표시를 남기기 위해서 문신을 하는 사람들이 간혹 있습니다. 주로 조직폭력배나 운동선수 같은 사람들이 많이 하는 것 같습니다. 유대인들은 하나님의 백성이라는 표시를 할례로 몸에 새겼습니다. 그러나 사도 바울은 진정한 할례는 하나님의 말씀을 가슴에 새기는 것이지 피부에 새기는 것은 아니라고 했습니다. 이제 복음이 왔기 때문에 할례는 절대적인 것이 아니라 받아도 되고 안 받아도 되는 것이라고 강조했습니다. 더욱이 이방인 신자들은 할례를 받지 말아야 한다고 했습니다. 이 바울의 말을 듣고 유대인들은 격분해서 하나님의 율법을 폐지하는 자라고 하면서 그를 죽이려고 했습니다.

율법은 우리가 하나님의 뜻을 잘 행하도록 테두리를 쳐서 도와주는 역할을 하는 것입니다. 그러나 복음은 우리를 율법 안에 있게 할 뿐 아니라 우리로 하여금 하나님의 뜻을 순종하도록 자라게 합니다.

사람에게 있어서 과연 사람이 사는 목적이 무엇이냐 하는 문제만큼 어려운 것은 없을 것입니다. 사람이 이 세상을 사는 목적은 과연 무엇일까요?

우리는 인간이 사는 목적이라고 할 때, 하나님을 아는 사람과 하나님을 모르는 사람의 목적은 완전히 다르다는 것을 인정해야 합니다. 하나님을 모르는 사람은 자기 자신의 존재가 가장 중요하기 때문에 자기가 가장 높아지고 유명해지며 많은 사람을 지배하고 최고 높은 자리까지 올라가는 것이 이 세상에서 사는 목적일 것입니다. 그래서 공부나 운동도 최고로 잘하고 돈도 최고로 많이 벌고 최고로 높은 자리까지 올라가면 성공한 인생이라고 말할 것입니다. 그런데 과연 그럴까요? 결코 그렇지 않습니다. 그러나 만일 우리가 하나님을 안다면 인생을 사는 목적이 달라질 것입니다. 물론 우리는 최고가 되고 싶은 마음이나 이름을 남기고 싶은 마음은 여전히 있지만, 하나님께서 인정하시는 삶을 살아야 할 것입니다.

1. 인간이 사는 목적

하나님을 아는 사람과 하나님을 알지 못하는 사람이 똑같이 생각하는 것이 있습니다. 그것은 우리가 이 세상에 한평생 사는 것이 엄청나게 중요한 것이라는 사실입니다. 우리 인간이 살아있는 것을 보면 거의 하나님에 가까울 정도로 정의롭고 지혜롭고 재주가 많습니다. 그래서 사람이 죽지 않고 살아있는 것은 엄청나게 가치가 있고 소중한 것입니다. 그런데 이 세상을 살면서 높은 자리에 오르거나 성공을 달성하는 사람이 있는가 하면 자기를 희생하는 사람도 있습니다. 그런데 사람들은 성공을 달성하는 사람들을 보면 부러워하지만 자기를 희생하는 사람을 보면 존경하게 됩니다.

여기서 우리는 하나님을 믿든지 믿지 않든지 두 가지 사실은 인정하게 됩니다. 그 하나는 인간의 존재는 하나님 없이는 설명이 불가능하다는 것입니다. 인간이 이렇게 생각이 뛰어나고 머리가 좋고 상상력이 풍부하고 의로운 것은 하나님께서 우리 인간을 이렇게 만드셨기 때문입니다. 그러나 인간은 모두 죽음 앞에서는 무력합니다. 인간은 모두 다 어떻게 해서든지 한번은 죽게 되어있고, 죽으면 그 생애는 끝나게 됩니다. 그래서 모든 인간은 죽는 것을 두려워합니다. 그리고 죽지 않으려고 몸부림칩니다.

그리고 또 다른 하나는 인간이 다른 사람을 죽음의 자리에서 살려내는 것은 가장 위대한 일이라는 것입니다. 이것은 바로 인간이 할 수 있는 최고의 사랑입니다. 인간은 사상이나 인종을 떠나서 사랑하는 것을 좋아합니다.

2. 하나님의 율법

하나님께서는 전 세계에서 오직 이스라엘 자손에게만 율법을 주셨습니다. 전에 위구르 사막에 떨어진 큰 운석 하나가 12조 원에 팔렸다는 말씀을 드린 적이 있습니다. 그러나 율법은 그냥 하늘에서 떨어진 운석이 아닙니다. 율법의 돌비는 하나님께서 친히 만드셔서 율법을 적어주신 돌이었습니다. 물론 첫 번째는 모세가 깨뜨렸지만 두 번째 만든 돌비도 돌은 모세가 만들었지만 거기에 있는 글은 하나님께서 친히 새겨주셨습니다. 율법의 돌비가 지금 있다면 그 가치가 얼마나 되겠습니까? 아마 수천조 원을 넘을 것입니다.

이 율법의 돌비에는 이스라엘 백성이 이 세상에서 멸망하지 않고 하나님의 복을 받는 비결이 적혀 있었습니다. 이것이 의미하는 것이 무엇입니까? 이스라엘 백성은 이미 아브라함의 후손이 됨으로 하나님의 축복을 받은 자들이라는 뜻입니다. 단지 이스라엘 백성이 하나님의 경계선만 벗어나지 않으면 자동적으로 복을 받게 되어있었습니다. 그래서 율법은 부정적인 표현으로 적혀 있었습니다. 즉 "우상숭배하지 말라, 살인하지 말라, 간음하지 말라. 도둑질하지 말라"는 등의 부정적인 표현으로 되어있습니다. 이것은 그들은 이미 하나님의 축복 안에 있기 때문에 그 안에 가만히 있기만 하면 자동적으로 어마어마한 복을 받기 때문입니다.

그러나 인간의 문제는 그 속에 열정이 넘쳐흘러서 절대로 가만히 있을 수 없다는 것이었습니다. 특히 인간은 금지된 무엇인가를 할 때 엄청난 스릴을 느꼈습니다. 금지된 사랑을 하고, 금지된 물건을 가지고, 금지된 종교 행위를 하고, 금지된 살인을 할 때 자기가 마치 신이 된 것 같은 우월감을 느낄 수 있었던 것입니다. 그래서 이스라엘 백성은 가만히 있기만 하면 절대로 망하지 않을 텐데, 그들은 가만히 있을 수 없어서 어마어마한 가치를 가진 율법을 가지고도 망했습니다. 그 이유는 이스라엘 백성의 마음속에 있는 욕망이 끓는 물처럼 끓어 넘쳤기 때문입니다.

인간은 무엇인가를 탐을 내어야 자기 인생이 발전한다고 생각합니다. 사람들은 성공하기 위해서는 수단과 방법을 가리지 않습니다. 그래서 유대인은 돈으로는 그 가치를 따질 수 없는 율법을 가지고도 망했던 것입니다. 유대인은 머리를 굴려서 율법도 가지고 부자도 되려고 했습니다. 그런데 그 결과는 멸망이었습니다.

하나님은 새로운 법을 주셨습니다. 그 새로운 법은 바로 하나님을 믿는 것입니다. 예수님께서 이 세상에 오셔서 십자가에 못 박혀 죽으신 후 인간에게는 하나님에 대한 믿음이 생기게 되었습니다. 그러면 믿음이라는 것은 율법도 아니고 성공도 아니고 아무것도 아닌 것이 아닐까요? 그럴지도 모릅니다. 믿음은 우리를 바보로 만드는 것 같습니다. 예수님은 바보 같았고 예수 믿는 사람들도 모두 바보 같습니다. 우리가 바보가 되어서 이 세상에 사는 목적을 이룰 수 있을까요?

당시 유대인이 예수를 믿으면 할례를 받지 않아도 된다는 사도 바울의 말을 들었을 때, 그러면 믿음은 율법을 완전히 폐하는 것이 아닌가 하고 생각을 했습니다.

3:31, "그런즉 우리가 믿음으로 말미암아 율법을 파기하느냐 그럴 수 없느니라 도리어 율법을 굳게 세우느니라"

율법이라는 것은 하나님의 축복 밖으로 벗어나지 않는 마지노선을 말합니다. 그래서 이스라엘 백성이 살인하고 간음하면 완전히 하나님의 축복에서 탈락되는 것입니다. 왜냐하면 율법은 엄청나게 가치가 있는 것이지만 인정사정이 없기 때문입니다. 예를 들어서 보석을 감정하는데 그 보석 안에 불순물이 있으면 아무리 그 보석이 크고 아름다워도 가차 없이 불합격되는 것과 같습니다. 또 어떤 학생이 입학 시험을 칠 때 점수가 조금이라도 미달되면 가차 없이 불합격 처리가 되는 것과 같습니다. 그래서 율법은 내용을 보는 것이 아니라 형식을 보고 행위를 보는 것입니다.

그런데 믿음이라는 것은 걷는 훈련을 시키는 것이 아닙니다. 믿음은 하나님의 자녀로 새로 태어나는 것입니다. 믿음을 가진 이들은 자기 스스로 하나님이 기뻐하시는 뜻이 무엇일까 생각하면서 넘어지기도 하고 일어서서 걷기도 합니다. 우리 인간이 자기 자신을 위해서 많은 생각을 하지만 스스로 하나님이 원하는 것을 생각하는 것은 참 어려운 일입니다. 그런데 믿음은 하나님의 기쁘신 뜻을 자기 스스로 생각을 하기 시작한다는 것입니다. 그리고 물론 완전하지는 않지만 하나님의 뜻을 해보고 싶은 충동을 가지고 행동하게 됩니다.

3. 율법을 굳게 세우느니라

우리나라에 많은 법이 있습니다. 형법과 민법도 있고 무슨 시행규칙 같은 법도 있을 것입니다. 그런데 우리나라에서 가장 중요한 법은 헌법입니다. 그러나 최근 우리나라에서 가장 조롱을 받는 법이 바로 헌법입니다. 사람들이 헌법을 자기 멋대로 해석해서 지키지 않기 때문입니다.

헌법은 우리나라가 존재하며 국민의 삶을 결정하는 가장 중요한 법입니다. 미국에서는 헌법 수정안이 있는데 거기에 어긋나면 체포를 당하게 됩니다. 이것이 우리나라와 미국의 다른 점입니다. 우리나라는 아무리 헌법에 위배되는 행동을 해도 힘이 있으면 처벌을 받지 않고 버틸 수 있지만, 미국은 그 어느 누구라도 헌법 수정안을 어기면 체포되고 재판을 받고, 심지어 대통령이라도 탄핵을 받게 됩니다.

그런데 하나님 앞에서 최고의 법은 율법입니다. 하나님 앞에서는 모든 것이 율법대로 판결되게 됩니다. 누구든지 율법을 조금이라도 어기면 처벌을 받습니다. 그런데 믿음이라는 것은 이미 율법 안에 들어가 있는 것입니다. 율법은 "살인하지 말라, 도둑질하지 말라, 거짓 증언하지 말라, 간음하지 말라, 탐내지 말라, 부모를 공경하라, 우상 숭배 하지 말라"라고 되어있는데, 이것은 전부 사랑하라는 말의 구체적인 표현입니다. 즉 누군가를 사랑하면 죽이기보다는 살리려고 할 것이고, 누군가를 사랑하면 간음하려고 하기보다는 좋은 사람과 잘 살기를 바랄 것이고, 누군가를 사랑하면 거짓말하기 보다는 진실을 말할 것이고, 누군가를 사랑하면 탐내기보다는 자기의 좋은 것을 주려고 할 것입니다. 그래서 믿음은 이미 율법 안에 들어와 있기 때문에 율법의 처벌을 받는 것이 아니라 더 율법을 이루게 됩니다.

예를 들어서 어떤 여성이 정신을 잃고 쓰러져 있는 것을 보았을 때 사랑이 있으면 그 여성을 간음하려고 하기보다는 병원에 데리고 가서 치료받게 할 것입니다. 또 큰 돈 가방이 떨어져 있는 것을 보면 그것을 가지기보다는 그것을 잃어버린 사람이 얼마나 힘들어하겠는가 하는 것을 생각해서 주인에게 돌려줄 것입니다. 약한 사람이 있으면 때리거나 왕따를 시키기보다는 그 아이를 힘이 센 자로부터 지켜주려고 할 것입니다. 결국 이 세상에서 사랑받지 못할 사람은 한 사람도 없습니다. 이 세상 모든 사람은 전부 다 사랑받을 자격이 있습니다. 우리가 그런 사람을 사랑하는 것이 바로 율법인 것입니다.

그러면 이 세상에서 가장 위대한 것은 무엇일까요? 인간을 만약 로봇에 비유한다면 로봇이 그 만든 사람의 지시에 따라 정확하게 움직인다면 대단한 성공일 것입니다. 로봇 팔이 움직여서 커피도 만들고 로봇 다리가 계단을 걷게 하고 로봇 손으로 수술을 한다면 대성공일 것입니다. 그런데 만일 그 로봇이 스스로 생각을 해서 주인의 뜻을 알아서 행한다면 어떨까요? 이것은 엄청난 성공이 아닐 수 없을 것입니다. 예를 들어서 어떤 집에서 개를 키우는데 개가 주인의 뜻을 알아서 빨래나 그릇도 갖다 주고 청소까지도 해 주는 개가 있다면 이 개는 밥값을 단단히 하고 있는 것입니다.

하나님께서 가장 원하시는 것은 자기 스스로 하나님의 뜻을 생각하고 실천하는 사람을 보는 것입니다. 물론 우리는 하나님의 뜻을 잘 못 알 수도 있고 또 하나님의 뜻을 실천하는데 실수할 수도 있습니다. 그러나 하나님은 강요받지 않고 자기 스스로 생각해서 이것이 하나님의 뜻일 것이라고 하여 순종하는 자에게 복을 주시고 능력을 주십니다. 물론 그것이 하나님의 뜻일 것이라고 생각하게 하는 분은 성령님이십니다.

우리의 믿음은 하나님의 허락 없이는 이 세상에는 아무 일도 일어날 수 없다는 것입니다. 우리는 아직 하나님의 뜻을 생각하는데 너무나도 부족합니다. 그래서 많은 경우 하나님의 뜻을 엉뚱하게 생각할 때도 많습니다. 그러나 하나님의 뜻을 스스로 생각해서 행하는 것이 우리가 이 세상에 사는 목적입니다.

사도 바울은 자기가 율법 공부를 열심히 해서 의로운 행위를 많이 하는 것이 하나님의 뜻이라고 생각했습니다. 그러나 그는 예수님을 만나고 나서는 자기가 예수님을 박해하고 있으며 가시채를 뒷발질하고 있다는 것을 깨달았습니다. 그래서 사도 바울은 하나님의 뜻을 근본적으로 다시 생각했습니다. 생각해보니까 예수 그리스도를 아는 것보다 더 귀한 것은 없었습니다. 그리고 그는 구원의 비밀과 이방인들에게 복음을 전하면서 고난받는 것이 하나님의 뜻이라는 것을 알게 되었습니다. 그래서 그는 어느 누구보다 많은 고난을 받았고 또 많은 서신을 썼습니다. 그는 아시아와 유럽을 다니면서 열심히 복음을 전했습니다. 그는 사는 목적을 찾았던 것입니다. 우리에게 있어서 이 세상에 사는 목적이 모두 똑같을 수 없습니다. 사도 바울은 우리가 다 귀가 되고 손이 되고 눈이 될 수는 없다고 했습니다.

우리는 나름대로 성경 말씀과 묵상을 통해서 하나님의 뜻을 생각하시기 바랍니다. 그리고 하기 싫고 귀찮고 다른 사람이 알아주지 않아도 내가 생각한 하나님의 뜻을 하나씩 실천하시기 바랍니다. 우리가 하나님의 뜻을 알아서 생각하고 실천을 할 때 우리 안에 귀한 성령의 역사가 일어날 것입니다. 하나님은 아예 우리의 심장을 바꾸어주실 것입니다. 옛날에 약하고 병든 심장이라면 하나님의 뜻을 생각하는 자에게는 강한 심장을 주셔서 달려가거나 독수리같이 날아가도 피곤치 않게 하실 것입니다.

19

복음의 비밀
롬 4:1-3

고대 이집트 사람들은

상형 문자를 사용했습니다. 이 상형문자는 사람이나 어떤 물건의 모양을 가지고 문자를 만들었기 때문에 후대의 사람이 해독하는 것이 거의 불가능했습니다. 점토나 바위에 그려져 있는 상형문자 중에 어떤 것은 개 모양도 있고 점도 있고 나무나 배 모양도 있는데, 이것이 무슨 뜻인지 알 수 없었습니다. 그런데 이 상형문자를 풀 수 있는 계기가 생겼습니다. 그것은 나폴레옹에 의해서였습니다. 나폴레옹이 이집트를 정복하러 가면서 옛날 알렉산더를 흉내 내었는지 많은 학자를 데리고 갔습니다. 그런데 그 중의 어떤 학자가 한 돌을 발견하게 되는데, 삼각 뿔 모양으로 된 꽤 큰 돌이었습니다. 그 돌의 한 면에는 상형문자가 적혀 있었고, 다른 한 면에는 그 문자를 해석한 고대 그리스 대문자가 있었고, 다른 한 면에는 모르는 문자가 적혀 있었습니다. 결국 학자들은 그 돌에 있는 상형문자와 그리스 대문자를 비교해서 해석함으로써 이집트의 상형문자를 해독할 수 있게 되었습니다. 그 돌이 유명한 '로제타스톤' 입니다.

얼마 전에는 우리나라 충주에서 큰 비석이 해석되었는데 거기에는 고구려 어느 지방을 나타내는 글자가 새겨져 있었습니다. 학자들은 만일 이것이 사실이라면 그 지역까지 고구려가 다스렸다는 증거가 된다고 하면서 고구려의 역사를 다시 써야 할지도 모른다고 했습니다. 이런 것을 보면 별 것 아닌 것 같은 비석의 글자나 고대 문서의 글자 하나가 역사적으로 매우 큰 영향을 미칠 수 있습니다.

사람들의 마음속에는 초월적인 존재에 대해서 알고 싶은 본성이 있어서 신을 알고 싶어 하고 생명의 본질에 대해서도 알고 싶어 합니다. 그래서 세상의 많은 사람은 할 수만 있으면 신에게 가까이 가보려고 노력합니다. 그런데 이 세상에서 하나님과 가장 가까운 민족은 이스라엘 민족이었습니다. 특히 이스라엘 민족에게는 하나님께서 직접 돌에 써서 주신 십계명이 있었습니다. 그러나 그 계명의 돌판만 가지고 있고 그 계명만 잘 지키면 이스라엘 백성은 모두 하나님의 나라에 들어갈 수 있느냐 하는 것입니다. 그런데 이스라엘 백성은 그 엄청난 돌비를 가지고 다른 어느 민족이 가지지 못한 하나님의 계명을 가지고도 천국에 들어가지 못하였습니다. 왜냐하면 천국에 들어가려면 하나님의 비밀계획을 알아야 했기 때문입니다.

이스라엘 백성은 하나님이 주신 율법만 잘 지키면 천국에 다 들어갈 수 있는 것으로 생각해서 열심히 율법을 지켰습니다. 그들은 모두 할례를 받았고 율법을 더 잘 지키기 위해서 율법에서 말하지 않은 것까지 만들어서 지켰습니다. 그런데 그들이 미처 깨닫지 못하고 넘어간 것이 있었습니다. 그것은 바로 아브라함이 믿음으로 하나님 앞에 의롭다 함을 받았다는 사실이었습니다. 이것도 사실 율법이었습니다. 그러나 사람은 일단 자기가 가지고 있는 선입견을 가지고 무엇을 봅니다. 그래서 자기 생각과 맞지 않으면 그것은 늘 보기는 하지만 대수롭지 않게 생각하고 넘어가 버리는 것입니다.

이스라엘 백성이 그렇게 수없이 읽으면서도 미처 깨닫지 못했던 말씀은 창세기 15장 6절이었습니다. "아브람이 여호와를 믿으니 여호와께서 이를 그의 의로 여기시고"라는 구절입니다. 아브라함은 율법을 열심히 지켰고 할례도 받았기 때문에 의롭다 함을 받은 것이 아니었습니다. 이 당시 아브라함은 할례도 받지 않았고 율법도 몰랐지만, 오직 믿음으로 하나님 앞에 의롭다 함을 받았던 것입니다.

1. 믿음의 대상을 바꿈

4:1, "그런즉 육신으로 우리 조상인 아브라함이 무엇을 얻었다 하리요"

아브라함은 원래 갈대아 우르에 살던 아람 사람이었습니다. 그리고 그는 다른 사람들과 마찬가지로 하나님을 모르고 우상숭배를 했습니다. 그런데 아브라함은 갈대아 우르에서 어느 날 하나님에 대한 계시를 받게 되었습니다. 아브라함이 처음 어떻게 하나님을 믿게 되었는지는 알 수 없습니다. 이 당시 아주 드물게 하나님을 믿는 사람들이 있었는데 아브라함이 그들을 통해서 전도 받았다고 생각할 수도 있고, 아니면 하나님의 천사가 사람의 모습으로 그에게 나타나서 하나님에 대하여 소개했다고 볼 수도 있습니다. 그런데 사람이 오랫동안 살아오던 습관이나 사고방식을 바꾼다는 것은 결코 쉬운 일이 아닙니다.

사람이 신앙을 가질 때에는 무엇인가 계기가 있어야 합니다. 아브라함은 누군가를 통해서 하나님의 말씀을 듣고 놀라운 사실을 발견했던 것 같습니다. 그 하나는 이 세상의 죄악성이었습니다. 아마도 아브라함은 이 세상에 가득 차 있는 죄악에 대하여 굉장히 절망하고 있었던 것 같습니다. 그리고 또 다른 하나는 자기 안에 있는 죄였습니다. 아브라함은 자기 마음으로는 언제나 의롭고 깨끗하게 살고 싶은 욕망을 가지고 있음에도 불구하고 그것이 언제나 뜻대로 되지 않고 나쁜 욕망을 따라가는 것을 보았던 것입니다. 그는 자기 자신에 대하여 좌절감을 느끼고 있었습니다. 그는 자기를 벗어버리고 싶었던 것입니다.

그리고 아브라함은 하나님의 말씀을 들으면서 하나님께서 자기 자신을 속속들이 전부 다 아신다는 것을 깨달았습니다. 하나님은 아브라함의 모든 고민과 모든 절망을 다 알고 계셨습니다. 그리고 하나님은 그 모든 무거운 짐을 하나님께서 책임을 져주신다고 말씀하셨습니다. 그래서 아브라함은 이미 갈대아 우르에서 조상 때부터 믿던 우상을 다 버리고 하나님을 믿게 되었습니다. 이것이 바로 아브라함의 회개였습니다. 예수님께서도 전도하실 때에 "회개하라 천국이 가까이 왔느니라"(마 4:17)고 말씀하셨습니다. 여기서 "회개한다"는 것은 믿는 것을 바꾸는 것을 의미합니다.

이 로마에 있는 기독교인들에게도 로마 시민이라고 하는 것이 얼마나 대단하며 로마의 귀족이라고 하면 얼마나 그 권한이 대단했는지 모릅니다. 그러나 하나님의 백성이 되려고 하면 그 모든 것을 부정해야 하니까 너무나도 비현실적이고 이 세상에서 아무것도 가진 것이 없는 비참한 사람이 되어야 할 때도 있는 것입니다. 그럼에도 불구하고 아브라함이 하나님을 믿었던 것은 이 세상의 죄와 자기 안에 들어있는 죄 때문이었습니다. 그리고 그는 자기의 모든 것을 아시는 하나님께 자기 인생을 맡기고 싶었습니다.

2. 아브라함의 믿음

4:2, "만일 아브라함이 행위로써 의롭다 하심을 받았으면 자랑할 것이 있으려니와 하나님 앞에서는 없느니라"

아브라함의 믿음은 하나님의 말씀에 순종하는 데서부터 시작되었습니다. 하나님은 먼저 아브라함에게 "너는 너의 고향과 친척과 아버지의 집을 떠나 내가 네게 보여 줄 땅으로 가라"(창 12:1)고 명령하셨습니다. 이때 이미 아브라함은 하란에서 상당한 부를 모으고 사람들의 존경을 받고 시민권도 가지고 많은 친척과 함께 아주 안정된 생활을 하고 있을 때였습니다. 그러나 하나님은 아브라함이 안정된 생활 하는 것을 포기하게 하셨습니다. 그래서 아브라함은 아무 대책도 없이 안정된 생활을 포기하고 가나안 땅을 떠돌아다니게 되었습니다.

아브라함에게 믿음이라는 것은 하나님의 말씀이 가라고 하는 데로 갈 데까지 가보는 것이었습니다. 아브라함이 찾아갔던 가나안 땅에 심한 흉년이 들어서 아브라함은 양식을 찾아서 애굽으로 내려갔다가 아내를 바로에게 후궁으로 빼앗기는 일을 당하게 됩니다(창 12:10-20). 아브라함이 하나님의 말씀에 순종한 결과는 흉년이었고 떠돌이 생활이었고 자기 아내를 빼앗기는 것이었습니다. 그러나 아브라함이 끝까지 하나님을 믿었더니, 하나님은 애굽의 바로의 집안을 병으로 치셔서 사라를 내주게 하셨습니다. 아브라함은 사라를 도로 찾아가서 애굽을 떠날 수 있었습니다.

아브라함의 신앙의 절정은 그가 백 세에 낳은 아들 이삭을 하나님이 정해주신 산에 가서 번제물로 바치는 것이었습니다(창 22:1-19). 아브라함은 백 세에 겨우 아들 하나를 얻었는데, 하나님이 이 아들을 바치라고 한다고 해서 그 말씀에 순종하기 위해서 아내에게는 말도 하지 않고 아들과 종들을 데리고 모리아 산으로 갔습니다. 아브라함은 나무를 쌓아 놓고 아들을 묶은 뒤 칼로 쳐서 죽이려고 했을 때 황급하게 하나님의 천사가 아브라함을 말렸습니다. 그래서 아브라함은 이삭을 죽이는 대신 나무에 뿔이 걸려 있는 숫양을 잡아서 번제를 드리고 돌아오게 되었습니다. 아브라함은 그곳에서 준비하시는 하나님, 즉 여호와 이레의 하나님을 만났던 것입니다.

아브라함의 믿음은 하나님에 대한 믿음에서 하나님의 말씀에 대한 믿음으로 발전하였습니다. 백 세에 하나님이 아들을 낳게 하셨다면 자기가 하나님의 말씀에 순종해서 아들을 제물로 바쳐도 아들을 다시 살리실 줄 믿었다고 했습니다(히 11:19).

우리가 하나님을 믿는 것은 하나님의 말씀에 순종해서 사는 것을 말합니다. 어떤 때는 하나님의 말씀을 따라가다 보면 도저히 살 수 있는 길이 없지만 그대로 순종할 때 살게 되는 것입니다. 그래서 회개라는 것은 믿는 것을 바꾸는 것을 말하고, 하나님을 믿는다는 것은 하나님의 말씀을 믿는 것을 의미하는 것입니다.

3. 의로 여기심

우리가 하나님을 믿는 데서 가장 중요한 것은 의롭다 함을 받는 것입니다. 우리가 하나님을 알지도 못하고 하나님께 가까이 나아갈 수 없는 이유는 하나님 앞에서 죄인이기 때문입니다. 그래서 '의롭다 함'을 받는 것은 하나님 앞에서 의인의 자격을 얻는 것을 말합니다. 즉 우리가 하나님 앞에 나아가서 기도하고 기도 응답을 받고 축복을 받을 수 있는 자격을 말하는 것입니다.

> 4:3, "성경이 무엇을 말하느냐 아브라함이 하나님을 믿으매 그것이 그에게 의로 여겨진 바 되었느니라"

그런데 놀랍게도 아브라함의 생애를 보면, 그가 의인의 자격을 얻기 위하여 십일조를 바쳤다거나 안식일을 지켰다거나 기도를 많이 했다는 언급이 없습니다. 아브라함이 의인의 자격을 얻게 된 것은 전적으로 그가 하나님을 믿었기 때문입니다.

아브라함은 아내가 미인이고 가축도 많은 부자였지만 그에게는 상속자가 없었습니다. 아브라함은 믿음 하나만 가지고 전쟁에 뛰어들어서 대승을 거두었지만 그의 마음에는 무엇인가 허전한 것이 있었습니다. 그것은 바로 그가 나이 들었지만 상속자 아들이 없다는 것이었습니다. 하나님은 허전해하는 아브라함을 찾아오셔서 아브라함을 위로하셨습니다. 하나님은 아브라함에게 "나는 네 방패요 너의 지극히 큰 상급이니라"(창 15:1)고 말씀하셨습니다. 그러나 아브라함에게 당장 시급한 것은 그가 죽은 후에 그의 재산을 상속할 상속자였습니다.

그래서 아브라함은 하나님께 자기의 계획을 이야기했습니다. 그것은 하나님께서 상속자를 안 주셨기 때문에 자기 종 중에서 가장 믿을만한 사람인 다메섹의 엘리에셀을 상속자로 삼겠다고 했습니다. 그때 하나님은 "그 사람은 너의 상속자가 아니라"고 하면서 "네 몸에서 난 자가 너의 상속자가 될 것이라"고 하셨습니다. 그러나 그때 아브라함이나 사라는 너무 늙어서 아이를 낳을 수 없는 나이였습니다.

그러니까 하나님께서는 아브라함을 집 밖으로 데리고 나가셔서 밤하늘을 가리키면서 저 밤하늘의 별을 헤아려 보라고 말씀하셨습니다(창 15:5). 아브라함은 도저히 그 많은 별을 헤아릴 수 없었습니다. 그때 아브라함이 깨달았던 것은 원래 저 하늘에는 별이 하나도 없었는데 하나님께서 저 많은 별을 있게 하셨다는 사실입니다. 그렇다면 하나님은 내가 지금 아들이 없지만 얼마든지 많은 아들을 있게 하실 수 있다는 것을 믿었던 것입니다.

여기서 우리는 두 가지를 생각하게 됩니다.

그 하나는 아브라함이 하나님을 믿었다는 것입니다. 이것은 무엇을 의미할까요? 우리는 하나님의 성실하심을 생각할 수도 있고 하나님 말씀의 능력을 생각할 수도 있습니다. 중요한 것은 아브라함이 자기 머리를 믿지 않고 하나님을 믿었다는 것입니다. 아브라함의 생각으로는 절대로 아들을 가질 수 없었습니다. 그러나 아브라함은 하나님의 지혜와 능력을 믿었습니다. 이런 아브라함의 믿음은 하나님의 말씀을 믿는 것으로 나타났습니다. 결국 하나님을 믿는 것은 하나님의 말씀을 믿는 것이었습니다.

아브라함의 믿음은 하나님의 말씀을 따라서 갈 데까지 가는 것이었습니다. 그런데 그 마지막은 아들을 죽여서 번제물로 바치는 것이었습니다. 왜냐하면 하나님의 말씀에 의하면 죄의 삯은 사망이기 때문입니다. 아브라함은 자기 아들을 죽이려고 모리아 산으로 갔습니다. 그러나 그는 자기 아들을 죽이지 않았습니다. 왜냐하면 하나님이 다른 아들을 준비해놓고 계셨기 때문입니다. 그 아들은 결국 인간의 모든 죄를 다 짊어지신 하나님의 아들이었습니다. 결국 아브라함이 믿었던 하나님은 하나님의 말씀으로 그리고 아들의 죽음과 연결되게 됩니다. 아브라함이 경험했던 하나님은 '여호와 이레'의 하나님이셨습니다. 우리도 하나님의 말씀을 믿고 갈 데까지 가면 하나님은 우리에게 모든 것을 다 준비해주실 것입니다.

그리고 두 번째는 "아브라함이 하나님을 믿으니 이것을 의로 여기셨다"는 것입니다. 여기서 "여기셨다"는 것은 사실이 아닌데 그렇게 인정해주셨다는 뜻입니다. 즉 아브라함은 원래 우상을 숭배하는 다른 사람들과 같은 죄인이었습니다. 그래서 아브라함의 장부를 보면 전부 죄가 적혀 있었습니다. 그런데 아브라함이 자기 모든 자랑이나 자기 의를 버리고 하나님을 믿었을 때 하나님은 아브라함의 장부를 하나님의 장부와 바꾸어버리셨습니다. 그래서 아브라함의 장부에는 하나님의 의만 기록되게 되었습니다.

그런데 만일 우리가 이 세상에서 자기가 의지하는 것을 버리고 하나님과 하나님의 말씀을 믿고 예수님의 십자가 죽음을 믿으면 어떤 일이 일어나게 될까요? 우리 안에 놀라운 교환이 이루어지게 됩니다. 즉 우리가 이 세상에 살면서 지은 모든 죄는 예수님에게로 넘어가서 예수님의 십자가 위에서 못 박히게 됩니다. 그 대신 예수님이 가지셨던 하나님의 의는 우리에게 넘어오게 됩니다. 그래서 우리는 하나님 앞에서 '의인'이라는 판정을 받게 됩니다. 우리는 사실 죄인입니다. 우리는 지금도 죄를 짓고 있습니다. 그런데 믿음의 순간 죄는 다 빨려서 십자가 안으로 들어가게 됩니다. 그 대신 하나님의 의가 우리에게 넘쳐흐르게 됩니다. 그래서 우리는 하나님 앞에 나아갈 수 있습니다.

그리고 우리의 기도가 하나님과 통하기 시작하는 것입니다. 전에는 전혀 하나님과 통하지 않았는데 이제는 우리 기도가 하나님께 들리고, 하나님의 말씀이 우리 귀에 들리게 되는 것입니다. 그리고 우리는 여호와 이레의 하나님을 만나게 됩니다. 하나님이 예수님을 준비하셨듯이 우리 삶에 필요한 모든 것을 다 채워주십니다. 그런데 더 놀라운 것은 우리에게 하나님의 나라가 임한다는 것입니다. 하나님 나라의 권능이 임하고 하나님 나라의 기쁨이 임하고 하나님 나라의 축복이 우리에게 임하게 됩니다.

우리가 세상 사람들에게서 보게 되는 것은 화려한 것들입니다. 그러나 그것은 아무리 많이 모아도 하나님의 빚을 갚을 수 없습니다. 그리고 세상의 모든 화려한 것들은 임시로 우리가 이 세상에 살면서 필요한 응급조치에 불과하고 비상식량에 불과한 것입니다. 그러나 그리스도는 우리에게 삶의 의미를 주십니다. 예수님은 우리가 참으로 살아야 할 목적을 주시고 우리에게 영생을 주십니다.

우리는 더 이상 죄인이 아니고 의인입니다. 우리의 모든 죄는 예수님의 십자가가 다 빨아가 버리기 때문입니다. 하나님이 우리를 의인으로 인정해주시기 때문에 우리에게는 영원히 심판이 없습니다. 그러나 하나님 앞에서 빚을 갚지 못한 사람들은 감옥에서 영원히 나오지 못할 것입니다. 그들은 죄인이기 때문입니다. 한 푼이라도 남은 빚이 있으면 영원히 나오지 못할 것입니다.

20

공로 없는 죄인
롬 4:4-8

사람이 일단

죄를 지으면 재판에서는 그 사람이 그동안 잘한 것은 봐주지 않고 오직 그 죄만 가지고 판단합니다. 그래서 나름대로 큰일을 많이 했다는 사람도 죄지은 것이 드러나면 인정사정없이 비난을 받으면서 쇠고랑을 차고 구치소에 끌려갑니다. 그러나 나라를 위하여 큰 공을 세운 사람은 그 공을 조금 인정해 줘서 형량을 낮추어주기도 합니다. 그러나 전혀 공로가 없는 죄인이라면 인정사정 봐주지 않습니다.

얼마 전 우리나라 어느 편의점에 아버지와 아들로 보이는 두 사람이 들어와서 이리저리 둘러보더니 돈도 내지 않고 물건을 가지고 나갔습니다. 편의점 주인은 이 사람들을 따라가서 붙잡고 경찰을 불렀습니다. 경찰이 이들을 조사해보니까 그들은 음료수병 하나와 빵 몇 개를 훔쳐 가지고 있었는데 돈이 없어서 몇 일간 아무것도 먹지 못했다고 말했습니다. 이들의 사연은 당장 신문에 '현대판 장발장'이라고 보도되었습니다. 그리고 담당 경찰은 이 두 사람을 식당으로 데리고 가서 국밥을 사주었습니다. 이 경찰은 기자에게 "요즘 세상에 굶어 죽는 사람이 어디에 있습니까?'라고 말을 했다고 합니다. 그들의 이야기를 들은 어떤 분은 당장 주머니를 털어서 이십만 원을 봉투에 넣어서 이들에게 주고 떠났습니다. 또 어떤 사람은 자기가 담은 김치를 한 통 담아서 갖다 주었고 어떤 사람은 쌀을 한 포대를 갖다 주었다고 합니다.

이것을 보면 아직까지 한국 사람들이 양심이 있고 정신이 살아있다는 증거입니다. 아직 우리나라 사람들은 굶어가는 사람에 대하여 감옥에 집어넣는 것이 아니라 먹을 것을 주는 불쌍히 여기는 마음이 살아있다는 것입니다.

우리가 하나님 앞에서 의롭다 함을 받는 것은 역사상 불가능한 일이었습니다. 우리는 날 때부터 죄밖에 지은 것이 없습니다. 우리 인간이 하나님이 계신 줄도 모른다는 것은 하나님이 우리를 상대도 안 해 주신다는 의미입니다. 우리가 하나님 앞에서 의롭다 함을 받는다는 것은 천사같이 된다는 뜻인데, 이것은 우리 인간에게는 불가능한 일입니다. 그런데 하나님은 우리가 천사처럼 될 수 있는 기가 막힌 방법을 감추어 놓으셨습니다. 그것은 바로 믿음의 방법이었습니다. 우리가 스스로 의로워지려고 종교적인 행위를 많이 하거나 선을 쌓는 것이 아니라 하나님의 말씀을 듣고 하나님을 믿을 때 하나님께서 우리를 불쌍히 여기셔서 모든 죄가 없다고 인정하시는 비밀입니다.

이 방법으로 하나님 앞에서 의인 된 사람이 바로 아브라함이었습니다. 아브라함에게 유명한 말은 그가 '하나님의 친구였다'는 사실입니다. 하나님의 친구라면 얼마나 대단한 영향력을 가진 사람입니까? 만일 누군가가 미국 대통령의 막역한 친구라면 그는 장관도 될 수 있고 상원의원도 될 수 있고 외교 정책에도 중요한 영향을 미칠 수 있을 것입니다.

1. 일하지 않은 자의 임금

누구든지 회사에서 임금을 받으려고 하면 일을 해야 합니다. 더욱이 옛날 사람들은 온종일 밭에서 일을 하고 저녁이 되면 임금을 받아 가지고 집으로 돌아갔습니다. 이때 일했는데 주인이 임금을 주지 않으면 그것은 주인의 빚이 되는 것입니다. 주인은 반드시 그 밀린 임금을 주어야 합니다. 특히 요즘 같은 세상에서는 밀린 임금을 주지 않았다가는 회사 사장은 붙들려 갈 것입니다. 그만큼 일을 한 사람이 임금을 받는 것은 당연히 받아야 할 보수입니다.

그런데 만일 어떤 사람이 일을 하지 않았는데도 임금을 준다면 이것은 부정일 것입니다. 어떻게 일을 하지도 않았는데 임금을 받을 수 있습니까? 그러나 그럴 때가 있습니다. 그것은 그 사람이 일을 하다가 다쳐서 일을 하지 못하게 되었을 때일 것입니다. 또는 그 사람이 법적으로 정해진 휴가를 사용하고 있을 때는 일은 하지 않았지만 그 사람은 임금을 정상적으로 받게 됩니다. 성경은 하나님이 감추어 놓으신 하나의 비밀을 공개했습니다. 그것은 바로 일을 하지 않고 임금을 받는 이상한 노동자의 예입니다.

4:4-5, "일하는 자에게는 그 삯이 은혜로 여겨지지 아니하고 보수로 여겨지거니와 일을 아니할지라도 경건하지 아니한 자를 의롭다 하시는 이를 믿는 자에게는 그의 믿음을 의로 여기시나니"

사람이 어느 직장에 취직이 되어 일을 하고 돈을 받는 것은 그야말로 '줄 것은 주고 받을 것은 받는' 거래입니다. 여기에는 무슨 사랑이나 동정이 있는 것이 아닙니다. 그리고 이 사람이 일을 하기 싫으면 그만두면 됩니다. 그러나 어떤 사람이 돈 한 푼 받지 않고 오랫동안 봉사를 했다면 이것은 그 사람의 사랑이고, 도움을 받는 사람에게는 감사의 마음이 생길 것입니다.

어떤 사람이 교회에서 피아노 반주를 오래 했습니다. 그러다가 사정이 생겨서 그 봉사를 그만두게 되었습니다. 교인들은 너무 아쉬워서 눈물을 흘리면서 고생만 많이 하셨다고 인사말을 했습니다. 그런데 이분의 입에서 나온 말이 그들의 눈물을 싹 들어가게 만들었습니다. 그분은 "저는 그냥 돈 받고 일한 것뿐인데요."라고 했으니 그것은 너무나도 인정 없는 말이었습니다. 교인들은 그분이 자기들을 사랑해서 봉사하는 줄 알았던 것입니다.

그런데 하나님께서는 사람이 하나님 앞에서 의로워지기 위해서 공로를 쌓고 종교행위를 많이 하고 사람들의 인정을 많이 받고 칭찬 받는 것을 '줄 것은 주고 받을 것은 받는' 거래 행위로 보는 것입니다. 그래서 예수님은 사람들이 많이 보는 곳에서 기도나 구제를 하고 칭찬을 받는 것이나 금식을 한다고 소문내는 것을 모두 자기 상을 이미 받았느니라고 말씀하셨습니다(마 6:5). 이것은 믿음이 아닙니다. 긍휼도 아닙니다. 그들은 사람들 앞에서 칭찬을 받고 모든 거래가 끝난 것입니다. 그래서 그들은 하나님 앞에서 의롭다 함을 받을 여지가 없었던 것입니다.

그런데 어떤 사람은 하나님의 말씀을 듣고 하나님을 믿었습니다. 그는 하나님의 말씀이 너무 좋아서 묵묵하게 하나님의 말씀에 순종해서 살았습니다. 특별히 의로운 행동을 한 것이 아무것도 없었습니다. 그냥 하나님의 말씀에 순종해서 살았지만 모든 것을 다 완전하게 산 것도 아니었습니다. 때로는 넘어질 때도 있었고 때로는 부족할 때도 많이 있었습니다. 그런데 이것이 바로 하나님께 통하는 길이었습니다. 하나님은 그를 의롭다고 하신 것입니다. 이 사람은 하나님 앞에서 놀라서 "저는 하나님 앞에서 자랑할 것이 아무것도 없습니다. 저는 잘한 것도 없습니다."라고 말하는데 하나님은 "그것이 바로 내가 원하는 것이었다."라고 하시면서 "너는 의로웠다."고 하시는 것입니다.

하나님은 우리가 천사처럼 되는 비결을 많은 봉사나 유명한 종교 생활을 하는 데 두신 것이 아니고 하나님의 말씀을 사랑하고 믿는 데 두신 것입니다. 이런 사람과 하나님 사이에는 고마운 마음이 있고 사랑이 있고 긍휼하심이 있습니다. 우리는 처음에 하나님의 말씀만 듣고 아무것도 하지 말라고 하면 굉장히 이상한 생각이 듭니다. 아무것도 하지 않는다면 누가 하나님의 일을 하고 어떻게 하나님의 인정을 받을 것인가 하는 의심이 들게 됩니다. 이것이 바로 하나님의 비밀입니다.

우리가 하나님의 말씀을 사랑하면 자꾸 마음속에서 감동이 생겨서 하나님의 일을 하고 싶어집니다. 그리고 더욱이 자기를 내세우거나 자기를 자랑하는 마음이 없어집니다. 바로 이 마음이 모든 불신의 벽을 뚫고 사탄의 방해를 물리치고 우리 믿음을 하나님 앞에 연결하게 하는 것입니다. 자기를 자랑하지 않고 자기를 내세우지 않는 믿음이 의롭다 함을 받는 비밀 방법인 것입니다.

2. 다윗의 범죄

다윗은 어렸을 때부터 믿음으로 의롭다 함을 얻는 비결을 알았습니다. 그 이유는 그의 집이 너무나도 가난해서 자랑할 것이 없었기 때문입니다. 다윗은 자기가 가진 것은 양치는 막대기와 돌을 던지는 물매 그리고 머릿속에 들어있는 하나님의 말씀뿐이었습니다. 옛날에는 성경 두루마리가 워낙 비싸서 아무나 가질 수 없었습니다. 그래서 다윗이 할 수 있는 것은 회당에 가서 랍비가 성경을 가르쳐주면 수없이 반복해서 암송하는 수밖에 없었습니다. 다윗은 자랑할 것이 아무것도 없었습니다. 그러나 그는 하나님의 말씀을 암송하고 하나님을 믿는 믿음으로 살았습니다.

다윗은 왕이 되고 하나님의 축복을 받으면서 큰 죄에 빠지게 되었습니다. 그것은 그가 목욕하던 어떤 여인을 보고 불러다가 음행을 저지른 것이었습니다. 그 여인은 결혼해서 남편이 있었습니다. 그것도 자신의 충성된 부하였습니다. 그런데 문제는 이것으로 끝난 것이 아니었습니다. 그 여인은 아기를 배게 되었습니다. 다윗은 그 범죄를 은폐하기 위하여 전쟁을 하고 있는 남편 우리야를 죽게 만들었습니다. 다윗은 슬퍼하는 척하면서 그 부인을 아예 자기 부인으로 데리고 왔습니다. 사람들은 아무도 다윗의 범죄를 몰랐습니다. 그러나 하나님은 알고 계셨습니다. 그러나 다윗은 가만히 있었습니다. 하나님도 가만히 계셨습니다. 다윗이 가만히 있는 것은 믿음이 아니었습니다. 이것은 마음을 더 완악하게 만드는 것이었고 될 대로 되라는 식이었습니다.

다윗의 죄는 무엇입니까? 우선 첫째로 간음죄였습니다. 이것은 회개할 수 있었습니다. 한번 망신당할 각오를 하고 자기가 간음했다고 하면 용서받을 수도 있었습니다. 그러나 그는 죄를 은폐했고 살인을 교사했습니다. 사람을 죽이라고 지시한 것인데 이것은 용서받을 수 없는 죄였습니다. 만일 다윗이 끝까지 입 다물고 가만히 있으면 그의 영혼은 썩어갈 것이고 하나님은 그를 쳐서 죽이실 것입니다. 그러면 다윗은 지옥에 갈 것이며 그의 믿음은 모두 헛것이 되고 말 것입니다.

그러나 하나님은 다윗의 죄가 썩어서 곪을 대로 곪았을 때 선지자를 보내어서 그의 죄를 폭로했습니다. 그때 다윗은 하나님께 회개하고 울었습니다. 다윗이 얼마나 울었던지 침상이 썩을 정도였다고 했습니다. 그리고 그는 하나님 앞에서 정직했습니다. 그는 하나님께 기도하기를 우슬초로 나를 깨끗케 해주시고 주의 성령을 회복시켜 달라고 했습니다(시 51:7). 결국 다윗은 하나님께 다시 의롭다 함을 받게 되었습니다. 이때 다윗은 얼마나 기뻤는지 모릅니다. 하나님이 자신의 영혼을 음부에 던지지 아니하시고 그의 죄를 가려주심을 찬양했습니다.

4:6-8, "일한 것이 없이 하나님께 의로 여기심을 받는 사람의 복에 대하여 다윗이 말한 바 불법이 사함을 받고 죄가 가리어짐을 받는 사람들은 복이 있고 주께서 그 죄를 인정하지 아니하실 사람은 복이 있도다 함과 같으니라"

다윗의 한평생은 자기가 무엇을 잘하려고 한 것보다는 하나님께서 시키시는 대로 한 것밖에 없었습니다. 오히려 다윗은 사람들을 많이 죽였고 부인도 여러 명 두었고 분노했고 음란했고 열등의식도 가지고 있었습니다. 그는 다른 사람의 부인을 차지했고 살인을 교사했습니다. 그런데도 그가 하나님 앞에 아무것도 자랑할 것이 없다는 것을 인정하고 자신을 내세우지 않았을 때 하나님은 그의 불법을 사해 주시고 그의 죄를 가려주셔서 의인이 되게 하셨던 것입니다. 그 이유는 다윗과 하나님 사이에는 사랑의 관계가 형성되어있었기 때문입니다. 다윗과 하나님 사이에는 신뢰의 관계가 만들어져 있었습니다.

3. 다른 사람들의 체험

이스라엘의 초대 왕 사울은 엄청난 업적을 쌓았지만 그가 아말렉을 다 죽이라는 하나님의 명령을 불순종해서 왕을 사로잡아오고 좋은 양과 소를 하나님께 제사 드리려고 가져왔을 때, 하나님은 그에게서 성령이 즉시 떠나게 하셨습니다.

열왕기상 13장에 보면, 어떤 하나님의 선지자가 여로보암이 벧엘에 금송아지 우상을 만들고 제사 드릴 때 거기에 가서 저주했는데, 왕이 부하에게 "저 놈을 잡으라"고 했을 때 손이 굳어져 버렸습니다. 그런데 그 선지자가 기도했을 때 왕의 손을 풀렸습니다. 그리고 그 선지자의 말대로 제단이 쪼개지면서 재가 다 쏟아졌습니다. 그러나 그는 하나님으로부터 이스라엘에서 아무 대접도 받지 말고 돌아오라는 말에 불순종하고 늙은 선지자의 집에 가서 음식을 먹었을 때 길에서 사자를 만나 죽게 되었습니다. 그는 큰일은 했지만 하나님과의 사이에 사랑의 관계가 만들어 있지 않았던 것입니다.

요나는 하나님께서 니느웨로 가서 망한다고 선포하라는 하나님의 말씀에 불순종해서 다시스로 도망치다가 폭풍에 걸려들었습니다. 요나는 배 밑창에서 잠을 자다가 선장의 꾸중을 듣고 끌려 올라왔습니다. 요나는 미친 듯이 날뛰는 파도를 보고는 하나님이 자신의 불순종에 대하여 진노하신다는 것을 알았습니다. 그래서 제비에 자기가 뽑혔을 때 자기를 바다에 던지라고 했습니다. 요나는 선지자가 하나님의 말씀에 불순종한 대가는 죽어야 하는 것이며 자신의 살고 죽는 것은 모두 하나님께 달렸다는 것을 믿었습니다. 선원들은 신에게 노하지 마시라고 하면서 요나를 바다에 던졌습니다. 그런데 하나님은 큰 물고기를 준비해서 요나를 삼키게 하셨습니다. 큰 물고기 속에는 공기도 얼마 없었고 움직일 수도 없었습니다. 그리고 거기에는 온갖 비린내와 악취가 진동했고 요나는 살았지만 죽은 것보다 더 비참했습니다.

그런데 요나는 죽어가는 물고기 뱃속에서 할 수 있는 것이 아무것도 없었습니다. 그러나 요나는 자기가 아는 시편의 말씀으로 하나님께 기도히고 찬양했습니다. 이것이 바로 하나님께 통하는 비결이었습니다. 하나님은 물고기에게 요나를 육지 가까운 데 가서 토하라고 명령하셨습니다. 그렇게 요나는 살 수 없는 곳에서 살아났습니다. 그 이유는 그가 자랑할 것이 없었고 죽자 살자 하나님만 믿었기 때문입니다.

사도 바울은 소아시아 전도에서 어려움을 많이 겪고 있었습니다. 사도 바울은 북쪽으로 가려고 하는데 그 길은 항상 막혔습니다. 그러다가 바닷가에 있는 드로아라는 곳에서 마케도니아로 와서 자기들을 구원해 달라는 그곳 사람의 환상을 보고는 바다를 건너가서 빌립보로 갔습니다. 그런데 사도 바울은 빌립보에서 귀신에 들려서 점을 치는 여자 종의 방해로 상당히 애를 먹었습니다. 사도 바울은 며칠을 참다가 드디어 예수 그리스도의 이름으로 그 여자 종에게서 귀신을 쫓아내 버렸습니다. 그런데 그 점치는 여자 종의 주인이 여러 명이었는데, 다윗과 실라를 관청에 고소해서 그들은 채찍에 맞고 깊은 동굴에 갇혀서 차꼬에 채워져 밤을 새게 되었습니다.

그러나 바울과 실라는 그 깊은 동굴에서 하나님을 찬양하고 기도를 했습니다. 그랬더니 갑자기 한밤중에 감옥에서 지진이 일어나더니 옥문이 다 열리고 차꼬도 다 풀어져 버렸습니다. 죄수들은 놀라서 도망가지 못했습니다. 그때 간수는 죄수들이 다 도망쳤는가 해서 칼을 빼서 자결하려고 하는데 바울이 말리면서 아무도 도망치지 않았다고 했습니다. 바울과 실라가 채찍에 맞고 쇠사슬에 묶여서도 기도하고 하나님을 찬양했을 때 이것이 바로 하나님과 통하는 비밀 루트였던 것입니다. 하나님은 즉시 기적을 일으키셔서 간수와 그 가족까지 다 예수를 믿게 하셨습니다.

우리는 이 세상에서 자기 의를 쌓으려고 하는 시도를 중단해야 합니다. 또 이 세상에서 사람들의 인정을 받으려고 하는 시도도 중단해야 합니다. 우리는 단지 공로 없는 죄인일 뿐입니다. 우리는 하나님 앞에서 아무것도 내세울 것이 없습니다. 그저 우리는 하나님이 좋고 하나님의 말씀이 좋아서 조금 순종했을 뿐입니다. 그런데 우리는 어려움에 빠져 있습니다.

그러나 우리는 하나님을 믿습니다. 그래도 우리는 하나님을 찬양합니다. 그때 지진이 일어나고 기적이 일어나는 것입니다. 그래서 자랑이 될 만한 것은 다 버리시기 바랍니다. 우리는 자랑할 것이 아무것도 없고 내세울 것도 없습니다. 하나님을 위하여 대단한 것을 한 일도 없습니다. 단지 우리는 하나님이 좋고 하나님의 말씀이 좋을 뿐입니다. 이것이 하나님께 인정을 받게 되는 비밀 통로입니다.

21

믿음의 비밀
롬 4:9-15

우리나라에는

공부를 잘해서 존경도 받고 성공도 한 사람들이 있습니다. 그러나 학벌은 거의 없다시피 하지만 경영이라든지 기술이 뛰어나서 성공한 사람들도 있습니다. 이것은 신앙에 있어서도 마찬가지입니다. 그것은 외국의 유명한 신학교에 유학 가서 명성이 있는 사람이 되느냐 아니면 죽으라고 성경을 공부하고 기도해서 능력 있는 사람이 되느냐 하는 것입니다.

우리나라에서 큰 교회를 세워서 세계적인 목회를 하는 목사님들을 보면 놀랍게도 그들의 교육수준은 지방의 성경학교 수준인 것을 볼 수 있습니다. 그러나 그들은 탁월한 설교와 목회 수준을 가지고 있기 때문에 세계적으로 유명한 목회자들이 되었습니다. 물론 그들이 세계적으로 유명하게 되었다고 해서 하나님의 뜻에 맞는 목회자라는 뜻은 아닙니다.

우리는 사도 바울로부터 하나님의 비밀을 듣게 되었습니다. 그것은 우리가 하나님 앞에서 모든 죄를 다 씻음 받고 하나님 앞에 의인으로 당당하게 설 수 있는 자격을 말합니다. 그런데 그 비밀은 아무런 배지나 자격도 필요가 없습니다. 오직 하나님의 말씀 하나만 믿으면 의인이 되고 죄 씻음을 다 받는다는 것입니다. 그런데 이것을 초대 교인들은 믿기가 아주 어려웠습니다. 왜냐하면 그 당시에는 유대교라는 막강한 하나님의 종교가 있었기 때문입니다. 또 거기에는 제사장과 바리새인들이 있었으며 율법과 할례가 있었습니다. 그래서 할례도 받지 않고 율법도 지키지 않고 아직도 죄의 습성이 남아 있는 이방인이 유대인 성자들을 다 제치고 하나님 앞에 당당하게 선다는 것은 믿어지지 않았기 때문입니다.

오늘 우리에게는 할례가 종교적으로 아무 문제가 되지 않습니다. 오히려 기독교인 중에서 할례받는 사람들은 아무도 없고 오히려 할례받는다고 하면 모두 미쳤다고 이야기할 것입니다. 그러나 초대교회 당시에는 할례가 아주 크고 심각한 문제였습니다. 할례받지 않는 자는 그 모든 믿음을 거부당할 수 있었던 것입니다.

그래서 본문 말씀을 지금 우리의 시각에서 본다면 아무 의미가 없을 것입니다. 왜냐하면 오늘에는 아무도 할례나 율법을 믿지 않기 때문입니다. 그러나 오늘에도 우리 그리스도인을 여전히 붙잡고 있는 것이 있습니다. 그것은 바로 세상적인 성공이나 종교적인 명성입니다. 우리는 할례를 믿지 않지만 세상적으로 아주 공부도 많이 하고 유명한 교인은 복 받은 교인이 아닌가 생각한다는 것입니다. 그래서 어떤 교회는 그런 사람들을 불러서 특강이나 간증을 시키는 교회도 있습니다. 그리고 교회 자체가 할례나 율법은 믿지 않지만 교회의 성공 즉 거대한 교회가 되어서 유명해지는 것은 믿고 있는 것입니다. 반대로 교인 수가 몇 명 되지도 않고 또 자신이 많이 배우지도 못하고 가난하게 살면 초라한 교인으로 생각한다는 것입니다. 우리가 이런 것을 보면 하나님의 말씀을 믿는다는 것이 얼마나 어려운지 모릅니다.

1. 믿음에 대한 의심

사도 바울은 "아무것도 행하지 않고 오직 믿음으로 의롭다 함을 받는 진리"를 '복'이라고 불렀습니다.

4:9, "그런즉 이 복이 할례자에게냐 혹은 무할례자에게도냐 무릇 우리가 말하기를 아브라함에게는 그 믿음이 의로 여겨졌다 하노라"

하나님에게는 아주 오래전부터 하나님의 비밀스러운 복이 감추어져 있었습니다. 그것은 바로 하나님의 말씀 하나만 믿으면 모든 죄 다 용서하시고 하나님의 자녀로 삼으신다는 계획이었습니다. 그러나 하나님이 인간을 너무 뛰어나게 만드시고 또 세상에 복을 많이 주셨기 때문에 인간은 타락했어도 뛰어났습니다. 그리고 이 세상은 타락했지만 아름답고 영화로웠습니다. 그래서 인간은 자신들의 머리를 믿었고 자신들의 실력을 믿었으며 이 세상의 성공을 믿었습니다. 그래서 성공하고 복을 받을수록 더 추악해지고 타락해갔습니다. 그러다가 하나님이 한 사람을 보셨습니다.

그 사람은 아브라함이었습니다. 원래 그는 우상을 섬기던 사람이었고 평범한 목자였습니다. 그의 부인 사라는 아주 아름다운 여성이었지만 그에게는 상속자 아들이 없었습니다. 하나님은 아브라함에게 "너는 너의 고향과 친척과 아버지의 집을 떠나 내가 네게 보여 줄 땅으로 가라"(창 12:1)라고 명령하셨고, 아브라함은 하나님의 말씀을 믿고 떠났습니다. 그리고 가나안 땅에 흉년이 있게 되자 애굽으로 내려가서 사라를 빼앗겼지만 아브라함은 하나님의 말씀을 버리지 않았습니다.

하나님은 어느 날 아브라함에게 "밤하늘의 별을 보라"고 하시면서 "네 자손이 이와 같이 많게 될 것이라"고 말씀하셨을 때 아브라함은 그 하나님의 말씀을 믿었습니다. 또 하나님은 아브라함에게 "내가 너에게 하늘의 복을 주어 복의 근원이 되게 하겠다"고 하셨는데, 아브라함은 그 말씀을 믿었습니다. 심지어 하나님이 아브라함에게 "백세에 낳은 독자 이삭을 죽여서 번제물로 바치라"고 하셨을 때도 순종해서 아들을 데리고 모리아 산까지 가서 죽이려고 했습니다. 하나님은 아브라함의 믿음을 보시고 그를 의롭다고 인정하셨습니다. 이것은 하나님이 아브라함의 모든 죄를 다 용서하시고 그에게 하나님 앞에서 당당하게 서서 기도하고 말할 수 있는 자격을 주신 것이었습니다.

그리고 하나님은 아브라함에게 천국의 복을 독점적으로 주셨습니다. 이 아브라함의 복은 오랫동안 감추어져 있었습니다. 왜냐하면 아브라함의 자손들이 아브라함 같은 믿음을 가지지 못했기 때문입니다. 근 이천 년 동안 이 하나님의 복은 감추어져 있었습니다. 그러다가 예수님이 이 세상에 오시고 십자가에 못 박혀 죽으시고 부활하셨을 때 이 복이 터지기 시작했습니다. 그래서 사도 바울은 아주 오래 감추어진 비밀을 하나님이 나에게 전하라고 하셨다 하면서, 누구든지 예수를 믿기만 하면 의롭다 함을 받는다고 증언했습니다. 즉 하나님의 말씀을 믿는 것이 예수를 믿는 것이고, 예수를 믿는 것이 하나님의 말씀을 믿는다는 것입니다.

2. 왜 하나님은 할례를 받게 하셨을까?

사도 바울은 로마 교인에게 질문을 던졌습니다. 그것은 아브라함이 할례받은 것이 하나님을 믿은 후냐 아니면 믿기 전이냐는 것이었습니다. 그것은 아브라함이 하나님을 믿은 후였습니다.

4:10-11, "그가 할례의 표를 받은 것은 무할례시에 믿음으로 된 의를 인

친 것이니 이는 무할례자로서 믿는 모든 자의 조상이 되어 그들도 의로 여기심을 얻게 하려 하심이라 또한 할례자의 조상이 되었나니 곧 할례 받을 자에게뿐 아니라 우리 조상 아브라함이 무할례시에 가졌던 믿음의 자취를 따르는 자들에게도 그러하니라"

아브라함이 하나님의 말씀을 믿은 것은 그가 할례를 받기 전이었습니다. 하나님은 아브라함의 모든 자손에게 할례를 받게 하셨습니다. 여기서 중요한 차이가 있습니다. 아브라함은 하나님을 모르고 있다가 하나님의 말씀을 듣고 이 세상의 타락과 자기 자신의 타락을 깨닫고, 또 하나님의 말씀이 너무 순결하고 의로운 것을 깨닫고 하나님의 말씀을 믿었습니다. 하나님께서는 아브라함이 의롭다 함을 받은 표시로 할례를 받게 하셨습니다. 아브라함도 인간이기 때문에 아무것도 없는 것보다는 표시가 있는 것이 필요했던 것입니다.

그런데 아브라함의 자손들은 난지 팔 일 만에 할례를 받기 때문에 하나님의 말씀이 뭔지 알지도 못했습니다. 무조건 아브라함의 자손이기 때문에 할례를 받은 것입니다. 난지 팔 일 된 아이는 자기 목도 가누지 못하고 사람의 눈도 맞추지 못합니다. 그런데 그들이 하나님의 말씀이 뭔지 어떻게 알겠습니까? 그래서 아브라함의 자손이 할례받은 것은 믿음의 자손이라는 표시였고, 앞으로 하나님의 말씀을 듣고 믿으면 하늘의 엄청난 복을 받는다는 하나님의 초청이었던 것입니다.

예를 들어서 어떤 사람이 사관생도가 되면 외출을 할 때 멋진 생도복을 입고 외출하게 됩니다. 그런데 만일 사관생도가 밖에서 술에 취하거나 패싸움하거나 윤락촌 같은 데 갔다가 적발당하면 퇴교를 당하게 될 것입니다. 그러면 그는 다시는 생도복을 입지 못하고 학교에서도 쫓겨나서 사병으로 군대에 가게 될 것입니다. 그러므로 생도복만 입고 있다고 해서 자동적으로 장교가 되고 장군이 되는 것이 아닙니다. 평소에 열심히 공부해서 좋은 실력을 갖추어야지 장교도 되고 나중에는 장군도 되는 것입니다.

　이것은 이스라엘 백성에게도 마찬가지였습니다. 이스라엘 백성들이 하나님의 계명을 어기고 도둑질이나 음란한 행위를 하거나 혹은 살인을 하면 그는 이스라엘의 자격이 박탈당하게 됩니다. 그리고 그의 할례는 아무 소용이 없게 됩니다. 어렸을 때 할례받았지만 할례자의 자격을 박탈당하고 하나님의 복을 받을 수 없고 저주를 받게 됩니다. 그렇다고 그들은 율법 안에서 가만히 있기만 하면 안 됩니다. 그들이 하나님의 말씀을 열심히 배우고 사랑할 때 하나님 앞에서 믿음의 큰 영웅이 될 뿐 아니라 하나님의 엄청난 복이 그들을 통해서 쏟아지게 됩니다. 아브라함이 하나님의 말씀을 믿었을 때 발견했던 하나님은 '여호와 이레'의 하나님입니다. 하나님은 모든 것을 준비해주시고 아브라함을 위기에서 건져주시는 분이셨던 것입니다.

　모세는 하나님의 말씀대로 홍해를 건넜을 때 '여호와 라파'의 하나님 즉 치료하시는 하나님을 발견했습니다. 하나님은 마라의 쓴 물이 단물이 되게 하셨고, 반석을 쳐서 생수가 나게 하셨으며, 불뱀에 물렸을 때도 치료해주셨습니다. 그리고 모세는 '여호와 닛시'의 하나님을 발견했는데, 아말렉이 쳐들어왔을 때 손을 들고 기도하니까 아말렉이 패하고 하나님은 영원히 아말렉과 싸우겠다고 말씀하셨습니다. 사사 기드온도 여호와의 사자를 만나고 그의 말씀을 믿었을 때 '여호와 샬롬'의 하나님을 발견하게 되었습니다. 이사야는 하나님의 말씀을 듣고 믿었을 때, 기묘자요 모사요 전능하신 하나님이시고 영존하시는 아버지요 평강의 왕이신 주님을 발견하게 되었던 것입니다 (사 9:6).

　이것은 오늘 우리에게도 마찬가지입니다. 우리가 믿음이 별로 없어도 하나님이 물질의 복을 주시고 좋은 학교에 입학하게 하시고 사회적으로 성공하게 하시는 것은 우리로 하여금 더 하나님의 말씀을 듣고 순종해서 하늘의 모든 복을 다 차지하라는 뜻입니다. 그런데 오늘 우리도 이스라엘 백성처럼 세상적으로 복을 받고 공부를 잘해서 좋은 학교를 졸업하면 그것이 전부인 줄 알고 그것을 놓치지 못해서 더 세상을 따라가는 것을 보게 됩니다. 이것은 마치 에서처럼 팥죽 한 그릇에 장자의 명분을 팔아먹는 것밖에 되지 않습니다. 우리는 하나님의 복을 받으면 받을수록 이것이 하나님의 말씀에 초청하는 것임을 믿고 더 하나님의 말씀에 들어가서 하나님의 말씀 안에서 헤엄을 쳐야 합니다.

그런데 우리에게 의심이 드는 것이 하나 있습니다. 그것은 하나님의 말씀은 좋은데 현실적이지 않다는 것입니다. 하나님의 말씀은 취직이나 공부나 돈 버는 데나 결혼이나 아이를 낳는 데도 도움이 되지 않는 것입니다. 결국 우리의 의심은 하나님의 말씀은 아무것도 아닌 것이 아니냐 하는 것입니다. 하나님의 말씀이 현실화하지 않으면 결국 나만 손해를 보고 망하는 것이 아니냐 하는 것입니다. 그런 의미에서 본다면 요셉은 정말 망한 사람이었을 것입니다. 그는 하나님의 말씀을 믿었기 때문에 노예로 팔렸고, 하나님을 믿었기 때문에 감옥에 들어갔습니다. 다니엘의 세 친구는 하나님의 말씀을 믿었기 때문에 풀무불에 들어가게 되었고 다니엘은 하나님의 말씀을 믿었기 때문에 사자굴에 들어가게 되었습니다.

그러나 하나님의 말씀은 그들을 망하게 하지 않았습니다. 그들은 모두 믿음의 영웅이 되었습니다. 하나님의 말씀을 믿는다고 해서 세상 공부나 일을 전혀 하지 말라는 뜻이 아닙니다. 우리는 하나님이 하라고 하시는 범위 안에서 열심히 해도 얼마든지 성공할 수 있습니다. 학생들도 기도하고 성경을 읽으면서 공부하고 직장인들도 기도하면서 직장 일을 하세요. 오히려 하나님이 우리의 짐을 가볍게 해주실 것이며 쉽게 일이 풀릴 것입니다.

3. 세상의 상속자

그러면 하나님께서는 왜 이렇게 어렵게 구원의 방법을 정해놓으셨을까요? 하나님은 왜 두 개의 구원의 길을 정해놓으셔서 우리를 헷갈리게 하시고 많은 이스라엘 백성을 실패하게 하셨을까요? 우리가 구원받는 것은 단순히 지옥에 안 가는 정도가 아니라 온 세상의 상속자가 되는 어마어마한 것이기 때문입니다.

> **4:13-14,** "아브라함이나 그 후손에게 세상의 상속자가 되리라고 하신 언약은 율법으로 말미암은 것이 아니요 오직 믿음의 의로 말미암은 것이니라 만일 율법에 속한 자들이 상속자이면 믿음은 헛것이 되고 약속은 파기되었느니라"

하나님은 아브라함에게 그와 그 후손에게 가나안 땅을 유업으로 주시겠다고 약속하셨습니다. 그런데 하나님은 이 땅을 그냥 주신 것이 아닙니다. 이스라엘 자손이 애굽에서 400년 동안 노예가 되게 하시고, 그 후에 하나님의 강한 손으로 애굽을 치시고 홍해를 갈라서 가나안 땅을 차지하게 하셨습니다. 이스라엘 백성이 가나안 땅의 복을 받는 것은 자기들이 잘났거나 능력이 있어서가 아니라 하나님의 능력으로 되는 것이었습니다. 하나님이 오른손으로 한번 치시니까 홍해가 갈라졌고 이스라엘 백성은 바다를 걸어서 건넜습니다.

그리고 아브라함은 시간이 흐를수록 하나님이 주실 것이 가나안 땅이 아니라는 것을 알았고, 하나님의 상속자가 이삭이 아니라는 것을 알았습니다. 이것이 바로 아브라함에게 영의 눈이 열리는 것이었습니다. 아브라함에게 가나안 땅은 할례같이 하나의 표시에 불과하고, 하늘에 하나님께서 지으시는 어마어마한 성이 있다는 것을 알았습니다. 그리고 하나님께서 모리아산에서 바치게 하신 아들은 자기 아들 이삭이 아니라 하나님의 영원한 아들이라는 것을 알게 되었던 것입니다.

우리는 이 세상 말고 하늘에 어마어마한 집과 파티장과 성전이 있습니다. 우리는 하나님의 모든 복의 상속자입니다. 이것은 전부 믿음으로 된 것입니다. 즉 하나님의 비밀계획인 것입니다. 그래서 하나님의 엄청난 복을 상속하려고 하면 믿음의 흉내만 내어서는 안 되고 하나님의 말씀을 속에도 채우고 겉에도 채워서 하나님의 말씀으로 헤엄치고 춤을 추고 날아다닐 수 있어야 합니다.

4:14-15, "만일 율법에 속한 자들이 상속자이면 믿음은 헛것이 되고 약속은 파기되었느니라 율법은 진노를 이루게 하나니 율법이 없는 곳에는 범법도 없느니라"

"율법에 속한 자"라는 것은 하나님의 교복을 입고 배지를 단 사람을 말합니다. 즉 겉으로 믿는 사람들이 전부 다 하나님의 나라를 상속한다면 그런 믿음은 엉터리이고 약속도 천국도 믿을 수 없다는 것입니다. 우리는 실력을 갖추어야 합니다. 실제로 하나님을 믿어야 하고 말씀이 나에게 실제적인 것이 되어야 합니다.

하나님이 우리에게 율법을 주신 이유는 우리가 죄인이라는 뜻입니다. 그래서 우리는 죄만 씻지 않으려고 노력할 뿐 아니라 다윗이나 사도 바울처럼 하나님의 말씀을 자유자재로 사용할 수 있는 실력자가 되어야 합니다. 모세나 엘리야와 엘리사 같이 자유자재로 하나님의 말씀과 능력을 사용할 수 있는 성도들이 다 되시기 바랍니다.

22

믿음의 상속자
롬 4:15-25

우리가 성경을 보면

아브라함은 재산이 엄청나게 많은 부자였는데 아들이 없었습니다. 그래서 아브라함은 어쩔 수 없어서 자기 집의 종 중에서 똑똑한 사람을 상속자로 삼아서 재산을 물려주려고 생각했습니다. 그러나 하나님은 안 된다고 하시면서 "네가 직접 아들을 낳을 것이라"고 하셨습니다. 아브라함이 직접 아들을 낳는다면 첩을 구해도 되는 것이니까 부인 사라의 여종 하갈을 첩으로 받아들여서 아들 이스마엘을 낳았습니다. 아브라함은 이스마엘을 13살이 될 때까지 잘 키웠습니다. 그러나 어느 날 하나님은 첩의 자식은 네 상속자가 아니라고 하면서, 사라가 낳는 아이가 진짜 네 상속자가 된다고 하셨습니다. 그리고 진짜 아브라함은 백 세가 되어서 아들 이삭을 낳게 되었습니다.

그런데 어느 날 이삭이 젖떼는 잔치를 하는데 구석에서 이스마엘이 이삭을 굉장히 괴롭히는 장면을 사라가 보게 되었습니다. 아브라함은 내가 재산이 많으니까 이스마엘과 이삭에게 반반씩 나누어주어야겠다고 생각했는지 모릅니다. 그러나 사라는 아브라함에게 첩의 자식은 재산을 하나도 가질 수 없으니까 당장 내보내라고 요구했습니다. 하나님은 아브라함에게 사라의 말이 맞다고 하시면서 물주머니 하나와 떡을 조금 주고 하갈과 이스마엘을 내보내게 했습니다. 아브라함의 상속자는 오직 본부인에게서 난 이삭뿐이었던 것입니다.

하나님에게는 엄청난 나라와 재산이 있습니다. 하나님은 이 세상에도 많은 재산과 지식과 권세를 주셨습니다. 힘 있고 똑똑한 사람들은 이 세상에 있는 좋은 것들도 다 차지하고, 나중에는 하나님의 재산과 나라도 다 차지하려고 합니다. 그런데 하나님의 상속자는 정해져 있는 것입니다. 그것은 바로 아브라함의 자손이고 믿음의 자손입니다.

1. 두 종류의 자손

가끔 유명한 재상 집안 중에서 파(波)가 나뉘는 경우가 많이 있습니다. 그래서 어떤 사람은 무슨 파라고 하고 또 어떤 사람은 무슨 파라고 합니다. 그런 이유는 그 재상이 부인을 두 명을 두었기 때문입니다. 즉 작은어머니에 해당하는 첩이 있기 때문에 첩의 자식들은 아무리 똑똑해도 파가 나누어질 수밖에 없는 것입니다.

아브라함에게는 하나의 파만 있는 것 같았지만 실제로 두 개의 파가 있었습니다. 하나는 율법의 파였고, 다른 하나는 믿음의 파였습니다. 또 사실 아브라함의 자손 중에는 율법도 없고 믿음도 없는 파도 있었습니다. 그들은 다 율법파에 속한다고 보면 좋을 것입니다.

이스마엘과 이삭은 어머니가 달랐기 때문에 파가 금방 나뉘지만 에서와 야곱은 쌍둥이였기 때문에 어머니가 같았습니다. 그런데도 에서는 하나님의 복을 차지하지 못했습니다. 그 이유는 그가 하나님의 말씀에 대한 믿음이 없었기 때문입니다.

하나님께서는 아브라함의 자손이 애굽에서 종이 되어 모세가 태어날 때까지 그냥 내버려 두셨습니다. 그래서 아브라함의 자손은 모두 애굽에서 종의 신분이 되었습니다. 하나님은 큰 능력으로 아브라함의 자손을 종에서 이끌어내시면서 그 증표로 율법을 주셨습니다. 그래서 이스라엘 백성이 율법을 가지고 있다는 것은 이제 더 이상 종이 아니라는 표시였습니다. 그런데 이 이스라엘 백성 안에는 진짜 아브라함의 자손이 감추어져 있었습니다. 그런데 겉으로는 나타나지 않았습니다.

하나님께서는 아브라함의 자손에게 율법을 주시면서 그들이 자유인이지만 그럼에도 불구하고 그들 안에는 죄가 있다는 것을 함께 가르쳐주셨습니다. 그래서 하나님은 율법 안에 "다른 신을 숭배하지 말라, 간음하지 말라, 살인하지 말라, 도둑질하지 말라"는 말씀을 주셨던 것입니다. 그러니까 율법만 가지고 있다고 해서 진짜 아브라함의 상속자는 아니었던 것입니다. 이들은 이 세상에 있는 동안에는 하나님의 축복도 누리고 세상의 축복도 누리고 살지만 진짜 상속자는 아니었습니다.

아브라함의 진짜 상속자와 가짜 상속자의 구별은 이스라엘 백성이 가나안 경계에 왔을 때 할 수 있었는데, 가나안 땅에 들어갈 수 있느냐 없느냐는 믿음으로 갈라지게 되었던 것입니다. 이때 하나님은 12지파의 대표자를 정탐꾼으로 보내었는데, 10명은 우리 힘으로 가나안 땅에 들어갈 수 없다고 주장했고, 그 중의 2명만 하나님이 말씀하셨으면 우리는 믿고 들어가야 한다고 주장했습니다. 그래서 아브라함의 믿음의 상속자는 애굽을 떠난 육십만여 명 중에도 여호수아와 갈렙 두 사람만 합격하게 되었습니다. 나머지 육십만 명은 진짜 상속자가 아니었던 것입니다.

우리 인간이 하나님 앞에 갈 수 없는 치명적인 문제는 돈도, 성공도, 공부 잘하는 것도 아니고 오직 죄 때문이었습니다. 즉 인간의 피

속에도 있고 마음속에도 있고 머릿속에도 있는 죄가 해결되지 않으면 단 한 명도 하나님의 상속자가 될 수 없습니다.

4:15, "율법은 진노를 이루게 하나니 율법이 없는 곳에는 범법도 없느니라"

하나님이 이스라엘 백성에게 율법을 주셨다는 자체가 인간 속에는 죄가 있다는 것을 의미하는 것입니다. 만일 인간이 전혀 죄가 없다면 하나님은 이스라엘 백성에게 율법을 주실 필요도 없었을 것입니다. 그런데 죄는 인간의 본성과 잠재의식 속에 들어있기 때문에 인간의 힘으로 빼내는 것이 불가능했습니다. 죄가 없는 사람이 하나님의 상속자인데, 인간 중에 죄가 없는 사람은 단 한 명도 없었기 때문입니다.

그런데 하나님은 인간의 죄를 없애기 위해 한 방법을 생각하셨습니다. 그것은 우리 인간이 하나님의 말씀을 죽도록 믿는 것입니다. 하나님은 만일 인간이 목숨 걸고 하나님의 말씀을 믿으면, 그의 모든 죄를 다 씻으시고 영생을 주시고 하나님의 상속자로 삼으시기로 결정하셨습니다. 이것이 하나님의 비밀이었습니다. 그러나 우리가 눈에 보이지 않는 하나님의 말씀을 믿는다는 것은 쉬운 일이 결코 아닙니다. 아니, 도대체 우리가 무슨 근거로 눈에 보이지도 않는 하나님의 말씀을 목숨을 걸고 믿을 수 있습니까? 그러나 이것이 하나님의 약속이고, 이것이 하나님의 비밀입니다.

4:16, "그러므로 상속자가 되는 그것이 은혜에 속하기 위하여 믿음으로 되나니 이는 그 약속을 그 모든 후손에게 굳게 하려 하심이라 율법에 속한 자에게뿐만 아니라 아브라함의 믿음에 속한 자에게도 그러하니 아브라함은 우리 모든 사람의 조상이라"

하나님은 아브라함의 후손 중에 율법의 자손과 믿음의 자손을 두셨습니다. 물론 이 밖에는 이스마엘이나 에서 같은 혈통의 자손도 있었습니다. 그러나 어느 파에 속했든지 간에 진짜 아브라함의 자손은 목숨 걸고 하나님의 말씀을 지키는 자들입니다. 아브라함은 이들의 조상입니다.

2. 아브라함의 믿음

아브라함의 믿음에는 한 가지 특징이 있었습니다. 보통 사람들이 종교를 가진다거나 혹은 신을 믿는다고 할 때는 자기 안에 있는 종교적인 본성에 따라서 믿거나 혹은 자기가 생각한 하나님을 어떤 형상으로 만들어서 하나님이라고 생각하고 믿게 됩니다. 그래서 다른 모든 종교를 가진 사람들에게도 나름대로 다 종교적인 체험이 있다는 것을 부정할 필요가 없습니다. 또 그들 모두 종교를 믿음으로 무엇인가 도움이 되고 마음이 어느 정도 선하게 된다는 것을 인정할 필요가 있습니다. 왜냐하면 모든 인간의 마음속에는 종교적인 본능이 있기 때문입니다.

그런데 아브라함은 제일 먼저 하나님을 믿을 때 창조자 하나님을 믿게 되었습니다. 창세기 15장에 보면, 하나님은 아브라함을 집 밖에 데리고 나가셔서 밤하늘의 별을 보게 하셨고 밤하늘의 별을 헤아려보라고 하셨습니다. 이것이 의미하는 바가 무엇입니까? 하나님은 바로 창조자이시다는 것입니다.

아브라함은 밤하늘의 무수한 별을 보면서 저 별들은 우연히 만들어진 것이 아니라고 믿었습니다. 우주 폭발로 만들어진 것도 아니고 저 별들은 하나님이 하나하나 만드셔서 하늘에 달아 놓으신 것입니다. 하나님은 저 수많은 별의 이름을 다 알고 계시고 위치를 다 알고 계신 것입니다. 그러나 인간은 별들의 수조차 헤아리지 못하고 있습니다. 인간이 추측하기로는 수천억 개의 별이 있다는 정도입니다.

4:17, "기록된 바 내가 너를 많은 민족의 조상으로 세웠다 하심과 같으니 그가 믿은 바 하나님은 죽은 자를 살리시며 없는 것을 있는 것으로 부르시는 이시니라"

하나님은 자손이 하나도 없는 아브라함에게 하늘의 별 같은 자손을 주시겠다고 약속하셨습니다. 아브라함은 하나님의 그 말씀을 믿었습니다. 왜냐하면 하늘의 저 많은 별을 만드셔서 저렇게 붙여놓으실 하나님이시라면 죽은 자도 얼마든지 살리시며 없는 자도 얼마든지 만드실 수 있다고 믿었기 때문입니다.

즉 하나님이 없는 자의 이름을 부르시면 그 사람은 만들어지게 되는 것입니다. 사실 죽은 자가 살아나며 없는 자가 생기고 하늘의 별을 하나님이 만드셨다고 믿는 것은 요즘으로 치면 미친 사람일 것입니다. 하나님은 죽은 자도 살리신다고 해서 산 사람들을 죽인다면 살인자가 아니겠습니까? 그리고 아직 태어나지도 않은 아이들의 이름을 지어서 부른다면 정신병자가 아니겠습니까? 마찬가지로 우리가 하나님을 믿는다는 것은 정신병자나 미친 사람이 되는 것이나 마찬가지입니다.

그러나 아브라함은 기꺼이 그런 하나님을 믿었고 기꺼이 백 살까지 기다려서 이삭을 낳았습니다. 그리고 이삭이 좀 자란 후에 하나님은 이삭을 죽여서 하나님께 번제로 바치라고 하셨습니다. 아브라함이 얼마나 미친 사람인가 하면 자기가 백 세에 낳은 그 아들 이삭을 하나님께 바치기 위해서 모리아 산으로 가서 칼로 찌르려고 했던 것입니다. 그래서 우리가 믿음을 가지려고 하면 정상적인 인간이 되어서는 안 됩니다. 우리가 창조주를 믿는다는 것은 미치는 것이나 마찬가지입니다.

3. 아브라함의 믿음이 약해졌을 때

아브라함도 인간이기 때문에 믿음이 약해질 때가 있었습니다. 아브라함은 백 세가 될 때까지 아들이 생기지 않았습니다. 그런데 아브라함은 백 세까지 하나님의 약속을 기다렸습니다. 아브라함도 인간인데 도저히 사람의 머리로 믿어지지 않는 것을 어떻게 믿을 수 있었을까요? 그것은 그가 하나님의 음성을 듣고 믿음으로 불신앙과 싸웠기 때문입니다.

> 4:19, "그가 백 세나 되어 자기 몸이 죽은 것 같고 사라의 태가 죽은 것 같음을 알고도 믿음이 약하여지지 아니하고"

아브라함은 백 세가 되어서 그의 몸이 거의 죽은 것처럼 되었습니다. 그의 신진대사는 눈에 보일 정도로 떨어졌고 힘도 없어졌고 미래에 대한 소망을 가지는 것이 불가능했습니다. 그리고 그의 아내 사라는 이미 오래전에 여성으로서 아이를 낳을 가능성이 없어졌습니다. 사라의 태는 죽었습니다. 아브라함의 몸도 죽었습니다. 그런데도 아브라함의 믿음은 약하여지지 아니하였다고 했습니다. 아니, 그의 몸이 신체적으로 죽었고 아내도 아이를 낳을 수 없게 되었는데 무엇을 믿습니까?

아브라함은 신체적으로나 그냥 나이로나 백 세였습니다. 그런데도 믿음이 약해지지 않았다고 했습니다. 즉 아브라함은 밤마다 밤하늘의 별을 헤아리면서 내 자손이 저렇게 많아진다는 것을 믿었다는 것입니다. 사실 아브라함은 믿음이 약해질 때가 여러 번 있었습니다. 그래서 자기 집의 종을 아들로 입양하려고 했고 첩에게서 이스마엘을 낳았던 것입니다.

그러나 하나님의 뜻이 확고했고 그것은 아브라함과 사라가 낳는 아이가 축복의 상속자라는 것입니다. 그래서 아브라함의 믿음이 약하여지지 않았다기보다는 하나님의 의지가 확고했다고 보아야 할 것입니다. 그것을 아브라함은 믿었던 것입니다. 즉 아브라함은 믿음이 약해지고 의심이 생길 때마다 하나님의 뜻이 확고하다는 것을 믿었던 것입니다. 우리가 이 세상에서 아무리 노력하고 아무리 애를 써도 내 뜻대로 안 되는 것은 나에 대한 하나님의 뜻이 확고한 것입니다. 그때 우리는 하나님의 뜻에 끌려가게 됩니다. 그것이 믿음입니다.

4:21, "약속하신 그것을 또한 능히 이루실 줄을 확신하였으니"

아브라함도 사람이기 때문에 인간적인 방법을 썼습니다. 그때마다 실패하고 하나님께서 거부하셨을 때 '아, 이 문제에 대하여 하나님의 뜻은 확고하시구나. 나는 끝까지 하나님을 믿어야 하고 결과는 부끄럽지 않을 것이다.' 는 것을 믿었던 것입니다. 여호와를 의지하는 자는 수치를 당하지 않는다고 했습니다.

4:22, "그러므로 그것이 그에게 의로 여겨졌느니라"

아브라함이 모든 수치를 각오하고 다른 사람들의 비난과 욕설을 감수하고 또 자기 몸이 죽어가고 있었지만, 끝까지 하나님을 믿었을 때 하나님은 이것을 아브라함에게 의로 인정하셨습니다. 이 의는 무엇입니까? 아브라함의 모든 죄의 본성이 깨끗함을 받고 하나님 앞에 서며 기도 응답받고 영생을 얻으며 축복의 상속자가 되는 것이었습니다. 바로 이 의가 상속권이고 기도의 권세이고 하나님과 대화할 수 있는 자격입니다.

4:23-24, "그에게 의로 여겨졌다 기록된 것은 아브라함만 위한 것이 아니요 의로 여기심을 받을 우리도 위함이니 곧 예수 우리 주를 죽은 자 가운데서 살리신 이를 믿는 자니라"

우리의 믿음이 무엇입니까? 하나님은 예수님을 죽은 자 가운데서 살리셨고 하나님의 모든 말씀이 옳다는 것을 믿는 것입니다. 하나님의 나라가 이 땅에 임했고 하나님은 내 기도를 듣고 계시며 나는 하나님 앞에서 의인이고 나는 영생을 얻는다는 것을 죽어도 믿는 것입니다. 우리는 때때로 결혼이나 아이를 낳는 것이나 기다리던 어떤 것들이 아무리 기다려도 실현되지 않을 때가 있습니다. 이때 우리는 답답해서 거의 미칠 지경일 것입니다. 그러나 우리에 대한 하나님의 뜻은 확고하시다는 것을 믿는 것이 믿음입니다.

4:25, "예수는 우리가 범죄한 것 때문에 내줌이 되고 또한 우리를 의롭다 하시기 위하여 살아나셨느니라"

예수님이 살아나심으로 우리 믿는 자는 의인이 되었고, 예수님은 보좌 우편에 앉아계시는데 우리는 무엇을 걱정하겠습니까? 세상 사람들은 상속자들이 아닙니다. 그들은 노예고 일꾼들입니다. 우리가 왜 일꾼들을 걱정하며 노예들을 두려워하겠습니까? 그러나 아직 우리의 신분은 감추어져 있습니다. 왜냐하면 반역하는 자들이 많기 때문입니다. 함부로 자신의 신분을 떠들지 말고 조용히 내 소망을 지키며, 하나님을 의지하는 자는 수치를 당하지 않는 것을 끝까지 믿으시기 바랍니다.

23

완전한 화해
롬 5:1-2

예수님이 이 세상에 오시기 전에 하나님과 우리 인간 사이도 미묘한 관계에 있었습니다. 겉으로 보기에는 하나님은 안 계신 것 같고, 계신다고 해도 좋은 관계인 것 같습니다. 왜냐하면 하나님이 이 세상에 비도 주시고 햇빛도 비춰주시고 모든 좋은 것을 다 주시기 때문입니다. 그런데 어떤 때는 하나님이 인간에게 화를 내시는 것 같을 때도 있습니다. 그때는 태풍이 불고 홍수가 나고 지진이 일어나고 자연재해가 일어날 때입니다. 미국에서는 눈 태풍이 불 때 수십 명씩 얼어 죽기도 하고 홍수가 나면 모든 것이 다 떠내려가고 화산이 폭발하거나 쓰나미가 일어날 때면 수만 명이 죽기도 합니다. 더욱이 전쟁이 일어나면 수백만 명의 사람이 죽기도 합니다.

이처럼 하나님과 인간은 묘한 관계에 있습니다. 하나님과 우리 인간은 어떤 때에는 좋은 관계이기도 하지만 어느 선을 넘으면 가차 없이 재앙이 일어나는 적대적인 관계이기도 합니다. 그러나 하나님은 우리 인간과의 영원한 평화와 사랑의 관계를 위하여 비밀계획을 가지셨습니다. 그것이 바로 하나님의 아들을 이 세상에 보내서서 그를 통하여 우리 인간과 하나님 사이에 완전한 평화와 사랑의 관계를 만드시는 것입니다. 이것이 바로 믿음의 비밀입니다. 즉 우리가 하나님의 말씀을 믿고 하나님의 아들을 믿기만 하면 하나님은 우리의 모든 조건이나 과거의 죄들을 불문에 부치고 우리와 화해하시는 것입니다.

1. 의롭다 하심을 받은 의미

요즘은 얼마나 스마트폰을 많이 사용하는지 거의 누구나 가지고 있습니다. 그러나 내가 통화를 하고자 하는 사람의 번호를 알지 못하면 아무리 스마트폰이 있어도 통화할 수 없습니다. 그래서 대개 많은 분이 자신의 번호는 자기와 친한 사람에게만 알려주는 경우가 많습니다. 그렇게 하지 않으면 그 번호를 가지고 보이스 피싱을 하기도 하고 다른 못된 짓을 하는 사람들도 있기 때문입니다. 어떤 분은 자신이 모르는 번호로 전화가 오면 받지 받는 경우도 많이 있습니다.

더욱이 우리가 안다고 하더라도 장관이나 높은 직책에 있는 사람과는 직통전화하는 것이 아주 힘들 때가 많습니다. 더욱이 높은 직책에 있는 사람이 평범한 우리 같은 사람과 전화통화 한다는 것은 상상하기 어려운 일입니다.

전에 미국에서 미국 어린이들이 특허개발을 한다고 참신한 아이디어로 새 물건들을 만들어 전시했을 때, 미국 대통령이 그것을 보고 멋있다고 생각해서 한 아이에게 직접 전화를 했습니다. 아이는 자기에게 모르는 전화가 오니까 누구시냐고 물었습니다. 그때 대통령은 "나는 미국 대통령이다."라고 대답하니까 그 아이는 "아저씨, 웃기는 소리 하지 마세요."라고 하며 전화를 끊어버렸습니다. 결국 세 번째 전화하여 겨우 그 아이를 설득해서 통화하는 데 성공했다고 합니다. 이 모든 것이 당당하거나 친밀하지 못하기 때문에 생긴 결과입니다. 만약 우리가 부모와 자녀 사이라든지 혹은 부부 사이같이 친한 사이라면 언제든지 전화하고 통화할 수 있을 것입니다.

제가 어렸을 때는 전화가 드물었습니다. 그래서 우리는 전화를 걸거나 받을 일이 거의 없었습니다. 그때 서울에 올라와서 아버지 직장 전화번호를 알았습니다. 그리고 전화를 걸었습니다. 그런데 뚜~뚜~ 하면서 전화가 가는 소리가 나니까 겁이 났습니다. 그래서 저는 아버지가 전화 받기 전에 황급하게 전화를 끊었습니다. 그리고 또 전화를 걸었습니다. 아버지니까. 그리고 아버지가 계신 곳 가까운 데 있으니까 가도 되느냐고 물어보려고 전화한 것입니다. 그러나 전화가 뚜~뚜~ 소리를 내면서 신호가 가고 아버지가 전화를 받으면 무슨 소리를 해야 할지 몰라서 또 끊어버렸습니다. 아마 그때 아버지는 누군가가 장난 전화 거는 줄 아셨을 것입니다. 그러나 전화에 익숙하지 않은 저는 전화가 가는 소리만 들어도 너무 긴장되었던 것입니다. 아마 저는 아버지와 전화로 대화한 기억이 없는 것 같습니다.

이와 마찬가지로 하나님과 우리의 관계는 아주 애매한 관계였습니다. 하나님은 우리를 좋아하십니다. 그러나 우리는 하나님을 잘 모릅니다. 하나님이 아무리 우리를 좋아한다고 말씀하셔도 우리 귀에는 번개나 우레나 태풍 소리로 들리고, 또 하나님의 음성을 들어본 적이 없었기 때문에 하나님과 통화하는 것을 두려워하는 것입니다.

그런데 하나님은 하나님과 우리 사이가 사랑하고 친밀하게 될 수 있는 한 비밀을 가지고 계셨습니다. 그것은 바로 우리가 하나님의 말씀을 믿는 것입니다. 우리가 하나님의 말씀을 믿고 예수님을 믿으면 하나님과 바로 직통전화가 열리게 되는 것입니다. 우리가 하나님께 기도하면 바로 하나님이 전화를 받으신다는 것입니다. "나, 하나님이다!"라고 말씀하시는 것과 같습니다. 우리는 그냥 하나님께 말씀을 드리기만 하면 되는 것입니다. 물론 우리 귀에는 "그래, 나는 하나님이다"라는 소리가 안 들려도 하나님이 전화를 받으시니까 그냥 내가 하고 싶은 이야기를 다 하면 됩니다.

우리는 옛날부터 전화를 걸 때 '용건만 간단히!'라고 배웠습니다. 그러나 이제는 친하고 사랑하는 사람일수록 별 시시한 이야기를 가지고 다 전화를 합니다. 더욱이 요즘은 전화 요금이 싸고 무료인 경우도 많이 있기 때문에 그야말로 마음대로 통화를 할 수 있습니다.

그래서 "믿음으로 의롭다 함을 받았다"는 것은 그 위대한 창조자 앞에서 우리가 마음대로 이야기하고 통화할 수 있는 자격을 얻었다는 것입니다. 우리는 대통령이나 높은 사람 앞에서 마음대로 이야기하지 못합니다. 그런데 하나님의 말씀을 믿고 예수님을 믿으면 하나님 앞에서 마음대로 이야기할 수 있는 것입니다.

우리는 높은 신분에 있는 사람과 같이 있으면 그 자리에 가만히 앉아 있어야 하고 자기 마음대로 말도 못하고 숨도 제대로 쉴 수 없습니다. 그러나 믿음으로 의롭다 함을 받은 자는 하나님 앞에서 완전히 자유입니다. 하나님께 모르는 것이 있으면 물을 수도 있고 재미있는 것이 있으면 이야기할 수도 있고 원하는 것이 있으면 달라고 할 수도 있습니다. 이것이 하나님 앞에서 우리의 신분입니다.

그래서 사도 바울은 "주는 영이시니 주의 영이 계신 곳에는 자유가 있느니라"(고후 3:17)고 했고, 또 디모데에게 "하나님이 우리에게 주신 것은 두려워하는 마음이 아니요"(딤후 1:7)라고 했습니다. 그리고 예수님은 "진리를 알지니 진리가 너희를 자유롭게 하리라"(요 8:32)고 하셨습니다. 우리는 하나님 앞에서 마치 하나님이 계신 곳이 우리 집인 것처럼 행동할 수 있는 것입니다.

2. 하나님과의 화평을 누리자

5:1, "그러므로 우리가 믿음으로 의롭다 하심을 받았으니 우리 주 예수 그리스도로 말미암아 하나님과 화평을 누리자"

만약 우리가 적대적인 사람과 만나고 있다면 한순간 한순간이 긴장일 것입니다. 옛날 무협소설이나 서부 총잡이 영화를 보면 원수끼리 만났을 때 서로 칼을 겨누거나 서로 빨리 총을 뽑으려고 엄청나게 긴장합니다. 그래서 "화평한다"의 반대말은 긴장하거나 겁을 집어먹는 것입니다. 특히 요즘은 다른 사람들의 말에 의해 많은 스트레스를 받고 상처를 입는 것을 볼 수 있습니다. 그 이유는 오늘의 사람들은 서로 화평하지 못하기 때문입니다. 그러나 만일 사람이 서로 너무 좋아하고 친한 관계에 있다면 말하면서 긴장할 필요도 없고 상처를 입을 필요도 없으며 무슨 말을 해도 오해하지 않을 것입니다.

그런데 우리는 하나님을 잘 모르기 때문에 하나님을 만나야 한다면 긴장부터 하게 되고 하나님으로부터 도망칠 생각을 할 때가 많습니다. 즉 우리는 이 세상에 살면서 죄를 많이 지었기 때문에 도무지 하나님을 만날 자격이 없으며, 하나님은 내 모든 중심을 다 알고 계시기 때문에 할 수 있는 대로 하나님으로부터 도망치는 것이 좋은 방법이라고 생각합니다. 그래서 아담과 하와도 하나님이 먹지 말라고 하신 선악과를 따 먹고는 하나님으로부터 도망쳐서 숨었습니다. 하나님이 우리를 사랑하신다고 말씀하셔도 우리는 과연 하나님이 진짜 나 같은 것을 좋아하시겠나 하는 의구심을 가질 때가 많습니다. 우리는 하나님으로부터 사랑을 받아야 할 이유가 하나도 없기 때문입니다.

그래서 우리는 아무리 하나님이 믿음으로 의롭다 하셔도 하나님과 화평하기가 어렵습니다. 왜냐하면 하나님이 겁나고 또 하나님이 말씀하시는 것이 두렵기 때문입니다. 또 내가 하나님의 말씀을 아무리 듣는다 하더라도 하나님의 말씀대로 살지 못한 것이 100퍼센트 확실하기 때문입니다.

한번은 어느 호텔에 아내와 같이 간 적이 있습니다. 그 호텔은 옛날 부시 대통령이 와서 묵은 것을 자랑으로 삼는 호텔이었습니다. 그 호텔 입구에는 부시의 사인과 사진이 있었습니다. 그런데 그 호텔은 전혀 손님을 불편하게 하지 않았습니다. 우리가 어떤 행동을 하건 어느 화장실에 들어가건 무엇을 시키든 무엇을 먹든 전혀 불편하게 하지 않았습니다. 그래서 우리는 그 호텔을 통해서 특급 호텔의 특징을 알 수 있었는데, 그것은 바로 전혀 손님을 불편해하지 않는다는 사실입니다.

어떤 두 사람이 아주 화려한 유람선을 몰래 타고 관광하고 있다고 합시다. 그런데 이 두 사람은 전혀 돈을 내지 않았습니다. 이들은 밤에는 창고에서 잠을 자고 음식은 손님이 먹다 남은 것을 먹었습니다. 그런 숨바꼭질을 하다가 어느 날 승무원에게 잡혔는데 조사를 해보니까, 어떤 돈 많은 사람이 이 두 사람을 위해서 특급 방을 예약해 놓았고 모든 식사비와 체류비를 다 지불해 놓았던 것입니다. 이 사실을 안 두 사람은 그때부터 완전한 자유를 누릴 것입니다. 그들은 그 특급 방에서 먹을 것을 마음대로 먹으면서 편안하게 여행을 할 것입니다.

마찬가지로 하나님의 아들이 인간이 되시고 그가 피를 흘린 것이 얼마나 비싼 가치가 있는가 하면, 우리가 천국에 가고 또 이 세상 살면서 필요한 모든 비용을 그분이 다 지불하신 것과 같습니다. 그래서 성경에는 예수님이 우리를 구속하셨다고 했습니다. 그것은 우리를 구원하는데 필요한 모든 비용을 예수님이 다 지불하셨다는 뜻입니다. 그래서 "하나님과 화평을 누리자"라는 말은 우리가 예수 믿은 후에 방구석에 숨어 있지만 말고 밖에 나와서 공기도 좀 쐬고 맛있는 음식도 먹고 재미있는 놀이기구도 사용하면서 지내라는 것입니다.

하나님은 우리를 불편하게 하시지 않습니다. 하나님은 우리가 무슨 질문을 하든지 무슨 요구를 하든지 친절하게 대답해주십니다. 그래서 하나님과 화해를 누리자는 말은 없는 화해를 누리자는 것이 아니고 이미 있는 화해를 누리라는 것입니다. 우리가 믿음으로 의롭다 하심을 받았다면 믿음 안에 있는 모든 축복을 우리는 다 탐색할 필요가 있는 것입니다.

우리는 하나님 앞에서 아무것도 주저할 필요가 없습니다. 그런데 우리는 믿음으로 의롭다 함을 받은 후에도 자꾸 세상에 대하여 호기심을 가지고 세상에 있는 것들을 가지려고 하는 것입니다. 물론 우리도 세상에 있는 좋은 것들을 가지고 싶은 마음이 있고 또 가질 필요도 있을 것입니다. 그러나 이 세상에 있는 좋은 것들은 돈만 있으면 가질 수 있는 것입니다. 이 세상에 있는 것은 믿음으로 의롭다 함을 받는 것이 아니라 돈으로 의롭다 함을 받는 것입니다. 그러나 돈으로 의롭다 함을 받는 것은 우리 몸이 하나밖에 없기 때문에 아무리 돈이 많이 있어도 죽거나 병이 들면 아무 소용이 없습니다.

3. 믿음으로 서 있는 은혜

엄마는 자기 아이를 키울 때 돈을 받고 키워주지 않습니다. 엄마는 돈 한 푼 받지 않고 자기 아이를 키웁니다. 왜냐하면 아이는 이 세상에서 엄마가 가장 사랑하는 아이이기 때문입니다. 아이는 나중에 커서 유명한 음대나 의대에 들어가게 되면 부모가 돈이 있으면 등록금을 그냥 줍니다. 왜냐하면 자기 아이이기 때문입니다. 부모는 자녀가 잘되는 것이 자기가 잘되는 것이라고 생각합니다.

'은혜'라는 것은 무료로 모든 좋은 것을 다 주는 것을 말합니다. 무엇이든지 필요해서 달라고 하면 다 주는 것이 은혜입니다. 그런데 달라고 하는 것이 나이에 따라서 다릅니다. 어렸을 때 아기는 엄마 젖이나 우유를 달라고 합니다. 엄마는 일절 돈을 받지 않고 아기에게 젖을 줍니다. 아이가 크면 과자를 사달라고 합니다. 그때 엄마와 아이는 갈등이 생깁니다. 왜냐하면 아이는 과자를 먹고 싶은데 엄마는 아이가 밥을 먹기를 원하기 때문입니다. 아이가 더 크면 더 큰 갈등이 생깁니다. 아이는 게임을 하고 싶은데 부모는 아이가 공부하기를 바라기 때문입니다. 더 크게 되었을 때 자녀는 사랑하는 사람과 결혼하고 싶은데, 부모는 집안도 있고 인물도 있는 사람과 결혼하기를 원하기 때문에 갈등이 생깁니다.

그러나 부모나 자녀나 서로 사랑하고 신뢰하는 것은 변함이 없을 것입니다. 그리고 부모가 잔소리하는 것도 자녀가 다 잘되기를 바라는 마음에서 한다는 것을 알고 있습니다. 이럴 때 부모와 자녀가 대화를 통해서 의견이 잘 맞으면 부모는 아낌없이 자신이 가진 것을 자녀에게 내줄 것입니다. 이것은 우리와 하나님과의 관계도 마찬가지입니다. 우리는 '은혜' 안에 있기 때문에 무엇이든지 달라고 하면 하나님은 다 주십니다. 하나님께 필요한 것이 있으면 무엇이든지 다 달라고 하시기 바랍니다. 그러나 아무리 달라고 해도 안 주시면 하나님의 뜻이 있는 것입니다.

그런데 이 '은혜'의 세계는 그냥 맨땅 위에 서 있는 것이 아니라 믿음으로 서 있는 것이 특징입니다. 우리는 믿어야 은혜의 세계 안에 들어갈 수 있습니다. 믿음은 무엇을 믿는 것입니까? 하나님은 선하시며 자신을 믿는 자를 결코 부끄럽게 하시지 않는다는 것을 믿는 것입니다. 사실 우리는 눈에 보이는 세계밖에 보지 못한다는 것이 가장 큰 유감입니다. 우리는 하나님의 화려하고 거대한 성을 보지 못하고 있습니다. 우리는 하나님의 불말과 불병거를 보지 못합니다. 우리는 하나님이 믿음으로 산 자에게 주실 상을 보지 못합니다. 그러니까 늘 이 세상에서 좋아 보이는 명품만 가지고 욕심을 내고 투정을 하는 것입니다.

우리가 하나님을 믿으면 어떻게 될까요? 하나님이 계신 곳을 믿고 하나님의 약속을 믿고 하나님의 모든 것을 믿으면 어떻게 될까요? 이 세상의 모든 축복은 마치 풀잎이나 꽃잎처럼 시들어가게 되어있습니다. 사람들은 다 늙어서 시들어가기 때문입니다. 아무리 아름답던 배우도 다 늙어서 죽었고 천재들도 죽었습니다. 철학자들도, 화가도, 소프라노도, 피아니스트도 죽었습니다. 그런데 이 세상에서 딱 하나 시들지 않는 것이 있는데, 그것은 하나님의 말씀이라고 했습니다.

우리가 우리 마음과 머리와 창자를 하나님의 말씀으로 채우면 우리는 영원히 남게 됩니다. 우리가 죽는 것은 잠깐 성형수술 하는 것과 같다고 했습니다. 우리는 또 한 번 살게 되는 것입니다. 이 세상에서도 우리는 모두 빈손으로 왔고 빈손으로 죽을 것입니다. 그러나 우리는 빈손으로 왔지만 하나님의 보석으로 남게 됩니다. 하나님의 보석은 하나님께 달라고 하기만 하면 됩니다. '여호와 이레'의 하나님이십니다. 그리고 그 후는 바로 하나님의 영광입니다.

5:2하, "하나님의 영광을 바라고 즐거워하느니라"

우리가 이 세상에서 가장 먼저 느끼게 되는 하나님의 영광은 하나님이 계시다는 사실입니다. 기도하니까 병이 낫고 예배드리니까 성령이 임하시는 것입니다. 기도가 응답되고 부흥이 일어나며 성경의 축복이 그대로 이루어지게 됩니다. 그런데 그 후에는 우리가 하나님의 영광을 보게 됩니다. 우리는 먼저 우리 자신이 태양 같은 모습이 되어서 태양보다 더 빛난 하나님의 영광을 눈으로 보게 될 것입니다. 그리고 그때의 기쁨은 말로 표현할 수 없습니다.

우리는 이 세상에서도 너무 좋은 일을 만나면 울게 됩니다. 이것은 너무 기뻐서 우는 것입니다. 그런데 우리가 드디어 하나님의 그 아름다운 영광의 모습을 보게 되었을 때 우리는 울게 될 것입니다. 그

눈물이 다 다이아몬드가 될 것입니다. 그러니까 이 세상에서 다이아몬드를 살 필요가 없습니다. 모든 것이 은혜입니다. 우리는 아무것도 가진 것 없이 최고의 복을 받게 될 것입니다.

24

왜 고난이 오는가?
롬 5:3-5

사람들은 할 수 있으면

모든 것에서 편하게 지내려고 하고 이기적으로 살려고 합니다. 그러나 그런 비뚤어진 마음을 가지고 있으면 절대로 훌륭한 사람이 될 수 없습니다. 사람 속에는 비뚤어진 자아가 있는데 이것은 쇠파이프보다 더 단단합니다. 이것을 바르게 해서 나쁜 것을 배출시키고, 새로운 것은 받아들여야 말이나 생각이 신선할 수 있습니다.

어떤 사람은 눈이 쌓여있는 로키산맥을 일행과 함께 여행하다가 실수를 해서 미끄러지는 바람에 혼자 산 밑으로 떨어지게 되었습니다. 그런데 산에 눈이 많이 쌓여있고 계속 눈이 내리고 있어서 아무도 그를 데리러 내려갈 수 없었습니다. 그리고 그날부터 사흘간 눈보라가 엄청나게 불었습니다. 다른 사람은 대피했지만 이 한 사람만 산 밑에 떨어져 있었습니다. 그러나 그는 눈 속을 파고 들어가서 굴을 만들고 입구를 막아서 바람에 얼지 않게 하고 자기가 가지고 있는 돈을 다 꺼내어서 불을 피우기 시작했습니다. 내가 죽으면 돈이 필요 없기 때문입니다. 그리고 그 사람이 사흘 후에 굴에서 나왔을 때 구조 헬기가 그 사람을 발견해서 목숨을 건지게 되었습니다.

　우리가 예수님을 믿을 때, 하나님과 즉시 화해하게 되고 우리는 하나님의 아들이 되고, 하나님은 우리 아버지가 되는 것입니다. 그래서 예수님은 부활하신 후 막달라 마리아를 만났을 때 "내가 내 아버지 곧 너희 아버지, 내 하나님 곧 너희 하나님께로 올라간다"(요 20:17)고 하셨습니다. 하나님은 우리를 위하여 모든 좋은 것을 다 주실 준비가 되어있습니다.

　그런데 우리가 이해되지 않는 것은 예수 믿은 후에 하나님이 복을 주시지 않고 고난을 주신다는 것입니다. 어떤 분은 없던 새로운 고난이 찾아오기도 하고 병이나 가난이나 압제로 무지무지하게 고생하게 됩니다. 심지어는 이런 어려움으로 죽는 경우도 있습니다. 우리는 하나님과 화해를 했는데 왜 하나님은 다른 사람들보다 못살게 하시고 병에 걸리게 하시고 어려운 일을 당하게 하실까요? 이것이 우리가 가장 이해하지 못하는 것입니다.

1. 환란 중에도 즐거워함

　이 세상에서 자기에게 어려운 일이 닥쳤는데 기뻐할 사람은 한 명도 없습니다. 예를 들어서 어떤 학생이 학교에서 시험을 쳤는데 떨어졌다고 해서 좋아할 학생이나 부모는 없을 것입니다. 그러나 대개 크리스천은 열심히 살려고 노력합니다. 공부도 열심히 하려고 하고 일도 열심히 하려고 합니다. 그러나 이 세상은 부나 공부도 대물림하는 세상입니다. 역시 부자의 자식이 아버지의 부를 물려받아서 부자가 되고, 또 부모가 공부 잘하는 집 아이들이 공부를 열심히 해서 성공하는 경우가 많습니다. 그런데 가끔 보면 그렇게 가난하고 공부도 못한 크리스천 중에서 큰 홈런을 치는 사람들이 있습니다.

예를 들면 《천로역정》을 쓴 존 번연 같은 사람입니다. 옛날에는 양은 그릇에 구멍이 나면 때워주는 사람이 있었는데 이 사람은 이 땜장이의 아들이었습니다. 존 번연은 나쁜 짓을 하는 친구들과 어울려서 컸습니다. 그러다가 어느 날 자칫 잘못했으면 독사를 밟을 뻔했습니다. 독사가 발 바로 옆에 있었던 것입니다. 독사에게 물리지 않았으니까 얼마나 감사한 일입니까? 그러나 그는 하나님께 대한 반항심으로 손으로 그 독사를 잡아서 자기 이빨로 독사를 물었다고 합니다. 그러다가 그는 성경 공부하는 여인들이 성경에 대하여 이야기하는 것을 듣고 회개하게 되었으며, 그가 결혼한 부인도 엄청 가난했습니다. 그 부인은 청교도 책 두 권만 들고 시집을 왔던 것입니다.

그러나 그는 평신도로서 하나님의 말씀을 전하고 싶어서 설교하다가 평신도는 설교할 수 없다는 법에 걸려서 감옥살이를 12년 동안 하게 됩니다. 그의 큰딸은 맹인이었고 그가 감옥에서 나오기 전에 죽습니다. 존 번연은 무식한 땜장이였지만 12년이나 감옥에 있으면서 죽으라고 성경만 읽었습니다. 성경은 존 번연에게 완전히 소화되어 버렸습니다. 그는 어떤 사람이 꿈을 꾼 내용을 듣고, 자기가 읽은 성경을 기반으로 하여, 천성을 향하여 가면서 겪게 되는 여러 가지 경험을 엮어서 《천로역정》이라는 책으로 펴내었습니다. 이 책은 세계적으로 성경 다음으로 많이 읽히는 책이 되었습니다.

5:3상, "다만 이뿐 아니라 우리가 환난 중에도 즐거워하나니"

우리는 예수를 믿고 하나님을 믿음으로 하나님과 화평했는데, 왜 복이 오지 않을까 하는 의문을 갖게 됩니다. 그 이유는 우리 마음 안에 있는 중요한 관이 꺾여 있든지 막혀 있기 때문입니다. 우리 마음 안에는 죄의 노폐물은 다 빼버리고 하나님의 새 은혜를 받아들여서 발동이 걸리게 하는 두꺼운 쇠로 만든 관이 있습니다. 그런데 이 쇠관이 거의 직각으로 꺾여서 노폐물이 빠져나가지 못하고 몸 안에 차게 되고 하나님의 새 은혜가 들어갈 수 없도록 막아서 우리의 영혼이 침체하게 만드는 것입니다.

이 관을 똑바로 뚫리게 하는 것은 엄청나게 큰 작업입니다. 우리가 우리 마음의 관이 막혀 있다는 것을 알 수 있는 것은, 다른 사람이 하는 말을 오해할 때도 많고, 또 화가 나면 이것이 며칠에서 몇 달 동안 남아 있기도 하고, 하나님의 은혜는 잘 오지 않는 것으로 알 수 있습니다.

우리 안에 있는 배설물 덩어리를 녹이기 위해서 하나님은 일단 고난의 불을 사용하십니다. 하나님은 우리를 가난하게 하시고, 병에 걸리게도 하시고, 일이 잘 풀리지도 않게 하시는데, 그러면 우리는 화가 나서 씩씩거립니다. 어떤 때는 다른 사람에게 화를 퍼붓기도 하고 소리를 지르기도 합니다. 그리고 하나님은 엄청나게 굵은 그 쇠파이프를 말씀의 능력으로 바로 펴기 시작하십니다. 이것이 부러지면 안 되기 때문에 하나님은 조금씩 힘을 주셔서 파이프가 바로 펴지게 하십니다. 이것은 몇 년이 걸리는 작업입니다. 이 휘어지거나 막힌 파이프가 바로 펴져서 바로 연결되게 되면 너무나도 기뻐서 눈물이 펑펑 쏟아지고 속이 시원해지게 됩니다. 그 이유는 이제부터는 하나님의 은혜가 바로 들어오기 시작하고 배설물들은 바로 나가기 때문입니다.

전에 예배 시작하기 전에 찬송을 부르는데 너무나도 심하게 통곡하는 분이 계셨습니다. 그분은 전에 자살 충동을 아주 심하게 느껴서 시도까지 한 분이었습니다. 그래서 제가 또 그런 충동을 느껴서 통곡하는지 물어보니까 그는 최근에 울어본 적이 없다고 했습니다. 그런데 그가 하나님의 말씀을 듣고 찬송 부르는데 너무 마음속에서 감동이 끓어올라서 실컷 우는 것이라고 대답했습니다. 이제 그분은 다시는 극단적인 생각을 하지 않을 것입니다. 왜냐하면 가장 중요한 파이프가 똑바로 펴져서 오물은 다 빠지고 물도 빠지고 새 물이 들어오기 때문입니다.

　이 세상에서 환난을 당했는데 기뻐할 사람은 아무도 없습니다. 하나님은 우리를 남들보다 조금 힘들게 하심으로 중요한 파이프를 다 고쳐주십니다. 하나님은 어려움을 통해서 그것을 고쳐주십니다. 단지 사람들은 자기가 고장난 줄 모르기 때문에 돈 모은 것이나 세상 사람들이 알아주는 것을 성공한 것으로 착각하는 것입니다. 예수님만이 인생을 고치는 기술자이십니다. 그래서 돈이나 인기로는 고장 난 인생을 고치지 못합니다. 우리가 환난당할 때는 죽을 것 같은데 다 고쳐져서 우리 인생이 제대로 가동되면 그때는 즐거워하게 됩니다. 내가 살아있는 그 자체로 아무 문제가 없게 되는 것입니다.

　우리나라 외국의 유명한 정치인 중에 생각이 아주 비뚤어진 사람들이 있습니다. 어떤 정치인은 성적으로 참지 못해서 망신을 당하고, 어떤 사람은 절제하지 못해서 술이나 마약에 중독되고, 어떤 사람은 분노를 참지 못하고 일을 저지르고, 어떤 사람은 병이 깊이 들어있는데 그것을 숨기고 정치하는 모습을 보게 됩니다. 그것이 바로 파이프가 고장 나서 그 인생이 추락하고 있다는 증거가 되는 것입니다.

2. 인내와 연단

　고장 난 기계를 고칠 때는 끝까지 고쳐야 합니다. 조금 수리하다가 그만두어버리면 그 기계는 못 쓰는 고철이 되고 말 것입니다. 그리고 수리한다면 제대로 된 재료를 사용해서 고쳐야 다시는 고장 나지 않게 해야지 조금 쓰다가 다시 고장 나게 되면 고치나 마나 할 것입니다.

　자동차나 집을 수리해야 할 때 아주 질이 좋지 못한 기술자가 있습니다. 그 사람은 실제로 고장 난 것은 고치려 하지 않고 여기도 고장이 났다고 하고 저기도 고쳐야 한다고 하는데 일반인들은 아무것도 모르기 때문에 하자고 하는 대로 할 수밖에 없습니다. 그런데 나중에 보니까 진짜 고쳐야 할 곳은 손도 대지 않고 다른 데만 부속을 갈아 끼워서 돈만 많이 받아냈던 것입니다. 이처럼 교회도 실컷 믿고 헌금하고 봉사했는데 나중에 보면 엉터리만 배운 경우가 너무 많은 것입니다.

5:3하-4상, "이는 환난은 인내를, 인내는 연단을"

우리는 환난을 통해서 큰 고장을 고친 후에 인내를 배워야 합니다. 여기서 인내라는 것은 정말 인내심을 가지고 자신 내면의 세밀한 부분까지 고장 난 것을 찾아서 똑바로 고치기 시작하는 것입니다. 여기서 자신의 모든 과거를 다 통찰해 보아야 합니다. 이때 많은 부분을 고치려고 해서는 안 됩니다. 사람들은 무엇인가 좀 잘 된다고 하면 이 일 저 일 닥치는 대로 감투를 쓰고 많은 일에 관여하는데 이것은 진정한 기술자들이 할 일이 아닙니다.

이때 내가 잘할 수 있는 것을 찾아야 합니다. 그리고 나에 대한 하나님의 부르심을 확인해야 합니다. 내가 잘할 수 있는 것을 찾는다는 것은 절대로 다른 사람과 비교해서는 안 됩니다. 이것은 내 나름대로 순수한 자신의 것을 찾아내는 것입니다. 이것이 바로 인내입니다. 사람이 다른 사람들이 하는 것을 모방해서 성공하는 데는 한계가 있습니다. 왜냐하면 그것은 누구든지 다 흉내 낼 수 있기 때문입니다. 다른 사람은 어느 누구도 흉내낼 수 없는 나 자신의 것만을 만들어내야 합니다.

그뿐만 아니라 우리는 한번 고쳤으면 다시 거의 고장이 나지 않아야 합니다. 예를 들어서 쇠파이프를 가지고 연결해야 하는데 임시로 비닐 같은 것으로 연결하면 또 고장이 날 것입니다. 어떤 사람은 불량

품을 사용해서 수리하기 때문에 금방 다시 고장 나는 경우가 많습니다. 그래서 기왕 고치려고 하면 완전히 정품을 사용해서 완전히 새것처럼 고쳐놓아야 합니다. 이것이 바로 연단입니다. 연단은 아무리 오래 사용해도 찢어지거나 깨어지지 않는 것입니다.

그래서 사도 바울은 도둑질하던 사람은 도둑질만 하지 않아서는 안 되고 일을 해야 하고, 그 수입으로 남을 돕기까지 해야 한다고 했습니다. 그리고 화를 자주 내었던 사람은 해가 질 때까지는 화를 수습하는 법을 배워야 합니다. 결국 연단이라는 것은 기왕 자기를 고치는 것, 최고의 작품으로 고치는 것입니다. 우리는 우리 자신 전체를 이제는 더 이상 찢어지지도 않고 깨어지지도 않고 더럽혀지지도 않는 완전한 새것으로 만들어야 합니다.

그래서 우리는 자기 자신에게 질문해야 합니다. 그것은 "내 인생은 완전히 새 인생인가?" 하는 것입니다. 즉 내 인생은 과거의 쓸데없는 나쁜 기억에 고통받지도 않고, 나쁜 습관이 나를 더럽히지도 않고, 이제는 찢어지지도 않고 깨어지지도 않고 재발하지도 않는 완전한 새 인생인가 하는 것입니다. 우리는 새 인생을 살아야 합니다.

3. 희망이 있는 인생

요즘 우리에게 가장 중요한 질문은 "우리에게는 과연 희망이 있는가?" 하는 것입니다. 청년에게는 무슨 희망이 있을까요? 아마 청년 때가 가장 희망이 많은 시절일 것입니다. 그때는 사랑하는 사람을 만나고 좋은 직장을 가지고 멋을 부리면서 여행을 다니는 것이 희망일 것입니다.

어린이에게는 얼마나 꿈이 많겠습니까? '의사가 된다. 간호사가 된다. 유명한 축구 선수가 된다. 농구 선수, 야구 선수가 된다. 멋진 드레스를 입고 결혼한다' 등등 얼마나 꿈이 많겠습니까? 그러나 요즘은 희망이 없는 세상이 되었고 꿈이 없는 세상이 되어버렸습니다. 또 노인에게는 더 꿈이 없어져 버렸습니다. 늙어가다가 더 늙으면 양로원에 가고 더 늙으면 노인병원에 있다가 언젠가는 죽는다는 식입니다.

우리의 소망이나 희망은 무엇입니까? 어떻게 하면 우리가 새 인생을 살 수 있고 소망이 있는 삶을 살 수 있을까요? 그것은 바로 사랑입니다. 사람이 나이가 어느 정도 들어도 진정으로 사랑하는 사람을 만나면 새 인생을 사는 것처럼 살 수 있을 것입니다. 그런데 만일 하나님의 사랑이 우리 마음에 임하면 어떻게 될까요? 즉 하나님과 우리가 연애하게 된다면 어떻게 될까요?

5:4하-5, "연단은 소망을 이루는 줄 앎이로다 소망이 우리를 부끄럽게 하지 아니함은 우리에게 주신 성령으로 말미암아 하나님의 사랑이 우리 마음에 부은 바 됨이니니"

우리가 고난을 통과하면 소망이 생깁니다. 이 소망이 우리를 부끄럽게 하지 않는 것은 우리의 인생이 너무나도 멋진 인생으로 변하기 때문입니다. 우리가 나이가 들었든지 젊든지 어느 누구도 흉내 낼 수 없는 멋을 가지게 됩니다.

가끔 미국에 보면 자동차를 자기 손으로 직접 만드는 기술자들이 있습니다. 이 사람들은 1950년대나 60년대의 자동차를 사서 거기에 온갖 새로운 부속을 넣어서 완전히 새 차로 만드는데, 지나가는 사람들도 보고 부러워하고 주위 사람들은 그것을 보고 새 차보다 낫다고 칭찬합니다.

이와 마찬가지로 우리가 환난을 통과하고 하나님의 말씀을 성령으로 내 것으로 만들어서 내 내면을 완전히 새것으로 만들면 그것은 '연단'입니다. 이때 우리에게는 새로운 소망이 생기게 됩니다. 그것은 우리의 미래가 참으로 아름다울 수 있는 소망입니다. 이미 나이 든 사람이 어떤 소망을 가진다면 젊은 사람은 이상하게 생각할 수도 있을 것입니다. 또 자기 자신도 부끄러울 수 있습니다.

그런데 소망이 부끄럽지 않다고 했습니다. 그 이유는 젊음으로는 도저히 살 수 없는 것이 자기 안에 있기 때문입니다. 그것은 바로 하나님의 사랑이 부어지는 것입니다. 우리 마음 중심에 있는 관이 똑바로 고쳐져 있고 우리 안에 있는 모든 부속과 모든 기관이 다 새것으로 고쳐져 있을 때 하나님의 사랑이 우리 안에 부어지게 됩니다. 이것은 마치 새 차에 좋은 기름이 콸콸 부어지는 것과 같습니다. 그러면 차는 달리는 것입니다. 다른 어떤 차도 따라올 수 없는 속력으로 달리게 되는 것입니다.

나이가 들어서 '연단'을 받으면 젊음으로 살 수 없는 기술을 가지게 됩니다. 이것은 단순히 인생을 사는 기술이 아니라 인간을 이해하는 기술이나 자기 자신을 만들어내는 기술이고 영원히 사는 기술입니다. 가끔 영화를 보면 영화배우들이 만들어내는 표정이나 연기 같은 것이 너무 뛰어날 때가 있습니다. 그래서 사람들은 반드시 그런 유명한 배우들이 나오는 영화를 보게 됩니다. 왜냐하면 그 배우들은 표정이나 동작이나 몸 전체로 어느 누구도 만들어낼 수 없는 카리스마를 만들어내기 때문입니다.

하나님은 우리 안에 사랑을 부으시려고 합니다. 우리 입에서부터 우리 몸 전체에 하나님의 사랑으로 가득 채워주시려고 환난을 주시는 것입니다. 다른 것은 돈으로 다 되거나 사람의 인정을 받으려고 하는 것이지만, 우리는 행복해서 하는 것입니다. 이때 우리는 이 세상에서 가장 행복한 사람이 될 것입니다.

25

우리가 죄인이었을 때
롬 5:6-9

아이들이 어렸을 때는

너무 예쁘고 말도 잘 듣습니다. 그러다가 십대만 되면 갑자기 반항적이 되고 말도 거칠어지면서 부모에게 대들기도 하고 사사건건 싸우고 어떤 때는 다른 아이들과 싸워서 경찰서에 붙들려 갈 때도 있습니다. 아이들의 덩치는 다 커서 이미 성인이 되었는데 그들의 마음은 여전히 미숙하여 무엇이 옳고 틀린지 분별이 잘되지 않기 때문입니다. 그러나 아이가 부모에게 소리를 지르고 문을 쾅 닫고 나갈 때도 부모는 아이에게 "우리는 여전히 너를 사랑한다"고 말합니다.

    우리는 신앙생활을 하면서 예수를 믿고 믿음으로 의롭다 함을 받은 후에도 여전히 아름답지 못한 자신을 발견할 때가 많이 있습니다. 넘어졌던 문제에 또 넘어지기도 하고 하나님이 싫어하는 짓들을 많이 하기도 하고 세상의 염려나 근심에도 많이 빠져 있고 또 신앙생활도 잘하지 못하기도 합니다. 그때 우리는 낙심에 빠져 있고 반항심에 가득 차 있는 자신의 모습을 보고는 아름답지 않다는 것을 깨닫게 됩니다. 하물며 하나님께서 우리의 이런 모습을 보시면 얼마나 싫어하시며 실망하실까 하는 생각을 하게 됩니다. 그러나 성경은 우리에게 놀라운 대답을 해주고 있습니다. 그것은 하나님이 여전히 우리를 사랑하실 뿐 아니라 오히려 예전보다 더 사랑하신다는 사실입니다. 이것이 바로 믿음이 시작되는 것입니다.

단지 우리가 볼 때 자신이 밉상으로 보이는 이유는 우리가 예전보다 더 자랐기 때문입니다. 우리의 신앙도 청소년처럼 되어서 생각하는 것도 더 복잡해졌고, 감정도 옛날같이 단순하지 않게 되었고, 세상에서 우리가 부딪쳐야 하는 일들도 훨씬 더 충격적이 되어버렸기 때문입니다. 그래서 우리는 여기도 터지고 저기도 터지고 모든 것이 엉망진창이 된 것 같은데, 하나님은 우리를 예전보다 더 사랑하신다는 것입니다.

1. 우리가 아직 연약했을 때

어떤 사람이 있기는 하지만 아무 도움이 되지 않고 사고만 자꾸 일으킬 때 "저 사람은 있으나 마나한 사람이다"라고 하든지, 아니면 "아무 쓸모없는 사람이다"는 말을 할 것입니다. 어떤 사람이 동네에서 늘 술에 취해서 아무나 붙들고 시비를 걸고 싸움질이나 한다면 그 사람은 차라리 없는 것이 훨씬 더 나을 것입니다. 우리도 사실 그런 때가 있었습니다.

> 5:6, "우리가 아직 연약할 때에 기약대로 그리스도께서 경건하지 않은 자를 위하여 죽으셨도다"

여기서 "연약하다"는 것은 우리가 아직 작고 귀여울 때라는 뜻이 아닙니다. 우리가 하나님 앞에서 아름다운 구석이라고는 전혀 없는 완전히 심술궂은 상태 그 자체라는 뜻입니다. 우리는 절망적으로 못생기고 아무 선한 것도 할 수 없는 상태가 있었습니다.

하나님은 그때 우리를 이미 사랑하셨습니다. 우리가 자신의 가치도 모르고 하나님께 한창 반항만 할 때 하나님은 이미 우리를 사랑하셨습니다. 사실 아기가 아주 어릴 때는 엄마에게 아무 도움이 되지 않습니다. 특히 어릴 때는 자기 목과 허리도 스스로 가누지 못합니다. 엄마는 바빠서 죽을 지경인데 아기는 등 뒤에 업혀서 배가 고프다고 울어댈 때는 정말 도움이 되지 않을 것입니다. 그래서 어떤 때는 아기가 너무 울면 엉덩이를 때릴 때가 있습니다. 그러면 아기는 더 큰 소리도 울게 됩니다.

하나님께서 우리를 사랑하셨을 때에는 우리가 하나님도 모르고 선한 것은 아무것도 할 줄 모를 때였습니다. 그런데 그때도 하나님은 우리를 얼마나 사랑했던지 하나님의 아들과 우리를 바꾸셨습니다. 그것도 그냥 바꾸신 것이 아니라 하나님의 아들이 우리를 대신해서 죽게 하셨습니다. 사실 우리는 반항아였고 엉망진창이었고 누가 우리 같은 사람들을 사랑이나 할까 할 정도로 버려진 모습이었습니다. 그런데 하나님은 우리를 사랑하셔서 하나님 아들의 피를 다 뽑아주셨습니다. 그래서 하나님의 아들은 우리가 죽어야 할 죽음을 대신 죽으셨던 것입니다.

원래 우리는 사랑이라는 것을 믿지 않았습니다. 그런데 어느 누구도 사랑할 것이 없는 우리를 하나님이 사랑하셨다는 말을 들었을 때 이해가 가지 않았습니다. "왜 하나님은 나를 사랑하신다고 하실까?" "하나님이 나를 사랑하신다는 말이 진짜일까?" 도무지 이해되지 않습니다. 그래서 어떤 복음성가에 보면 '왜 날 사랑하나?' 하는 가사가 있습니다.

하나님은 왜 나를 사랑하실까요? 왜 하나님은 내 멋대로 살고 싶은 대로 살다가 망하든지 말든지 내버려두시지 왜 사랑하셨을까요?

우리는 하나님이 사랑하신 이유를 죽어도 이해하지 못합니다. 그러나 최소한도로 우리는 하나님의 사랑에 놀라게 됩니다. 하나님께서 외모로 보나 무엇으로 보나 사랑할 이유가 하나도 없는 나를 위해서 아들을 죽일 정도로 사랑하신 것을 알았을 때, 우리는 놀라게 됩니다. 우리는 하나님의 사랑에 충격을 받게 됩니다.

여기에 보면 "기약대로 그리스도께서 경건하지 않은 자를 위하여 죽으셨도다"라고 했는데, "기약대로"라는 것은 무슨 뜻입니까? 하나님께서 이렇게 하신 것이 즉흥적으로 하신 것이 아니라 아주 오래 전부터 계획하셨다는 뜻입니다. 하나님은 오래전부터 계획하신 것이 하나 있는데, 그것은 그 반항적이고 엉망진창인 인간 중에서 나를 사랑하신다는 계획을 가지고 계셨다는 것입니다. 그래서 역사의 어느 시점에 하나님의 아들을 이 세상에 보내서서 나를 대신하여 죽게 하셨던 것입니다.

그래서 하나님께서 우리를 구원하신 것은 결코 우리가 경건해서가 아닙니다. 본문에도 분명히 "경건하지 않은 자를 위하여 죽으셨도다"라고 말씀하셨습니다. 하나님은 성품도 못돼 먹었고 반항적이고 더러운 욕쟁이이고 도덕적으로도 타락한 우리를 사랑하셨던 것입니다. 그래서 하나님의 하나밖에 없는 아들을 세상에 보내서서 죽게 하셨습니다.

우리가 그것을 이해할 수 있겠습니까? 우리는 죽어도 그 하나님의 사랑을 이해하지 못합니다. 단지 우리는 충격을 받을 뿐입니다. 그리고 우리는 의문을 가지게 됩니다. 하나님은 도대체 왜 나를 사랑하셨을까? 사람은 할 수 있으면 이 세상에서 조금이라도 가능성이 있는 사람을 도와주기를 좋아하는데 그것은 열매가 있고 보람이 있기 때문입니다. 그러나 하나님은 전혀 가능성이 없는 우리를 사랑하셨습니다.

하나님께서는 우리의 의사는 전혀 물어보시지도 않고 일방적으로 그리스도를 죽게 하셨습니다. 이것은 하나님이 우리를 믿으신 것입니다. 하나님은 우리가 아무리 악하고 무지하다 해도 하나님의 아들의 죽음을 보고서는 하나님의 사랑에 충격받으리라는 것을 믿으셨습니다. 그러나 이것은 하나님께 엄청난 모험이요 희생이셨습니다. 왜냐하면 하나님께서는 굳이 우리를 위하여 이렇게 하실 필요가 없으시기 때문입니다. 하나님께서는 노아 홍수 때처럼 있는 인간은 다 멸망시키셔도 우리 인간은 아무도 원망할 자가 없을 것입니다. 하나님은 우리 인간의 구원을 위하여 고민하실 필요도 없습니다. 우리는 하나님의 그런 사랑을 받을 대상이 되지 못합니다.

그런데 하나님께서는 우리 인간을 위하여 이런 엄청난 일을 하셨습니다. 그 이유가 어디에 있습니까? 우리를 무조건적으로 사랑하셨기 때문입니다. 하나님은 우리에게 기대하신 것이 아무것도 없습니다. 하나님은 그저 우리 존재 자체가 좋으셨던 것입니다. 우리가 더 공부를 잘해야 한다거나 우리가 더 똑똑해야 한다거나 우리가 더 잘생겨야 한다는 것이 전혀 없었습니다. 하나님은 무조건 우리를 사랑하셨던 것입니다.

2. 예수님의 죽으심

우리는 예수님께서 우리를 위하여 죽으셨다고 하니까 그것을 쉬운 일로 생각하기 쉽습니다. '아, 예수님은 하나님의 아들이니까 얼마든지 죽어주실 수 있는 거야. 예수님은 한번 죽으셔도 얼마든지 다시 살아날 수 있다고!' 하는 식으로 생각하기 쉽습니다. 그러나 이 세상에서 자기 인생이 아깝지 않은 사람은 아무도 없습니다. 예수님도 이 세상에서 행복해지고 싶지 않으신 것은 아니셨습니다.

5:7-8, "의인을 위하여 죽는 자가 쉽지 않고 선인을 위하여 용감히 죽는

자가 혹 있거니와 우리가 아직 죄인 되었을 때에 그리스도께서 우리를 위하여 죽으심으로 하나님께서 우리에 대한 자기의 사랑을 확증하셨느니라"

누구든지 이 세상에 한 번 태어난 이상 자기 인생이 아깝지 않은 사람은 아무도 없을 것입니다. 모든 사람은 멋있는 외모를 가지고 싶어 하고 성공하고 싶고 행복을 원하고 많은 사람의 인정을 받으면서 살고 싶을 것입니다. 그리고 일단 이 세상에 태어난 이상 유명한 이름을 남기고 싶고 높은 자리까지 올라가고 싶고 돈을 많이 벌고 싶을 것입니다. 그러나 이 세상에서 가장 복된 것은 부자가 되는 것도 아니고 장관이나 대통령이 되는 것도 아니고 바로 하나님의 사랑을 받는 것입니다.

사도 바울은 "의인을 위하여 죽는 자가 쉽지 않고 선인을 위하여 용감히 죽는 자가 혹 있다"고 했습니다.

여기서 "의인"이라는 것은 우리가 생각하는 '의인'과는 다릅니다. 우리는 보통 의인이라고 하면 남을 위해서 크게 희생하는 사람을 말합니다. 그러나 여기서의 의인은 남에게 해를 끼치지 않고 정직하게 사는 사람을 말합니다. 그러나 우리는 어떤 사람이 정직하고 착하다고 해서 '아, 내가 저 사람을 위하여 죽어주어야겠다'라고 생각하지는 않을 것입니다.

또 여기에 "선인"이라는 것은 남을 위하여 사랑을 많이 행한 사람을 말합니다. 이 '선인'은 바로 우리가 생각하는 '의인'인 것입니다. 어떤 사람이 너무나도 좋은 일을 많이 했을 때 사람들은 혹시 그를 위하여 죽으려고 할지 모르겠습니다. 옛날에는 종들이 은덕을 끼친 주인을 위하여 죽으려고 하는 일도 간혹 있었습니다. 그러나 주인이 종을 위하여 대신 죽어준다거나 혹은 훌륭한 사람이 길거리에 있는 걸인을 대신해서 죽어준다는 것은 있을 수 없는 일입니다. 그런데 하나님께서는 죄인인 우리를 위하여 그 존귀한 하나님의 아들을 대신 죽게 하셨습니다. 예수님께서 이 세상에서 우리를 구원하시기 위하여 죽지 아니하셨더라면 이 세상의 모든 일을 완성했을 것입니다. 그러나 예수님은 그 어느 것도 하시지 아니하시고 우리를 위하여 죽으셨습니다. 그 이유는 하나님이 우리를 사랑하셨기 때문입니다.

또 여기에 보면 "하나님께서 우리에 대한 자기의 사랑을 확증하셨느니라"고 했습니다. 여기서 "확증하셨다"는 것은 절대로 변경되거나 취소될 수 없도록 도장을 찍으셨다는 뜻입니다. 왜 하나님께서 우리를 이렇게 사랑하셨을까요? 우리는 그것을 죽어도 이해할 수 없을 것입니다. 하나님께서 왜 아무 가치 없는 나를 위해서 그렇게 애를 쓰시고 희생을 치르시고 그렇게 엄청난 사랑으로 사랑하셨는지 도무지 이해할 수 없습니다. 단지 우리가 알 수 있는 것은 그 사랑이 확정적이어서 취소될 수도 없고 변경될 수도 없다는 사실입니다.

우리를 향한 하나님의 사랑은 어떤 사랑입니까? 이것은 도저히 이해할 수 없는 사랑입니다. 너무나도 높은 곳에 계신 하나님께서 전혀 사랑할 가치가 없는 악한 죄인들을 향해 베푼 사랑입니다. 왕이 천민을 사랑한다고 해도 납득하기 어려울 텐데 하나님이 미친 인간을 사랑하신다면 말이 되겠습니까? 그것도 뇌사자가 아닌 멀쩡한 아들을 굳이 인간이 되게 하셔서 죽게 하신 것을 어떻게 믿을 수 있습니까? 우리를 향한 하나님의 사랑은 도저히 납득할 수가 없는 사랑입니다. 하나님이 이렇게 하신 이유가 무엇입니까? 우리가 하나님의 사랑을 믿고 의인이 되라는 것입니다. 즉 믿음으로 의롭다 함을 받으라는 것입니다.

하나님께서 이런 엄청난 사랑을 우리에게 퍼부으신 이유가 어디에 있을까요? 우리로부터 무슨 대가를 바라는 것이 아닙니다. 하나님께서는 우리의 공로를 처음부터 생각하지도 않으셨습니다. 하나님께서 우리에게 기대하신 것은 '오직 믿음'입니다. 이런 정도로 우리를 사랑하신 하나님이시라면 이제부터는 절대적으로 믿자는 것입니다. 우리에게 어떤 억울한 일이 닥치고 아무리 모든 것이 내가 생각하는 대로 되지 않고 오히려 환난과 풍파만 나에게 닥친다 하더라도 이제는 절대로 하나님을 의심하지 말고 무조건 믿고 감사하면서 살아가자는 것입니다. 하나님께서는 이것 하나 기대하시고 엄청난 사랑을 우리에게 퍼부으신 것입니다.

그래서 하나님의 사랑을 제대로 아는 자라면 그 앞에서 나의 공로나 나의 자랑 같은 것은 도저히 있을 수 없습니다. 오로지 하나님을 믿는 것입니다. 앞으로 나에게 어떤 어려움이 온다 하더라도 하나님을 믿고 사는 것입니다. 이제는 더 이상 자기 자신을 믿지 않는 것입니다.

3. 우리의 불안

우리는 사실 이 세상을 살면서 제대로 다른 사람의 관심이나 사랑을 받아 본 적이 없습니다. 그러다가 하나님께서 나를 사랑하셨다고 하니까 그저 얼떨결에 믿은 것입니다. 그러나 사람의 믿음이라는 것은 머리로 이해하는 것만으로는 되지 않습니다.

그러나 우리가 일단 예수를 믿고 난 후에 자기 자신을 보니끼 쉽게 잘 변하지 않습니다. 아무리 믿는다고 몸부림을 쳐보지만 얼마 가지 않아서 보면 정말 별로 변한 것도 없고 생각하는 것이나 말하는 것을 보면 정말 너무나도 악한 자기 자신의 모습을 발견하게 됩니다. 우리는 이런 자신의 모습을 보면서 정말 하나님께서 나를 사랑하실까 의심이 생기게 됩니다.

그뿐만 아니라 우리는 하나님의 사랑을 믿고 신앙생활을 하는데 실제로 나타나는 일은 하나님께서 나를 사랑하시지 않는 것 같이 환난이나 어려운 일만 생기는 것입니다.

그리고 감정적으로도 하나님이 덜 사랑하는 것처럼 느껴지게 됩니다. 옛날에는 '예수님'이라는 이름만 들어도 가슴이 떨리고 찬송가도 1절만 부르면 눈물이 쏟아졌는데, 시간이 흐르면서 마음은 더 메말라가고 옛날과 같은 감격은 더 이상 생기지 않고 아무리 찬송을 불러도 눈물은 나오지 않고 예배를 드려도 옛날 같은 황홀한 느낌은 들지 않는 것입니다. 다시 말해서 하나님이 자기를 사랑하지 않는 것처럼 느낄 때가 많이 있다는 것입니다.

본문에서 강조하는 것은 "지금 하나님은 우리를 예전보다 덜 사랑하시는가?"라는 질문에 대하여 '노!'라고 대답하면서 "예전보다 말할 수 없이 더 사랑하신다"고 대답을 하고 있는 것입니다.

우선 하나님께서는 변하지 않는 우리에 대하여 실망하시지 않을까요?

5:9, "그러면 이제 우리가 그의 피로 말미암아 의롭다 하심을 받았으니 더욱 그로 말미암아 진노하심에서 구원을 받을 것이니"

하나님께서 우리를 사랑하신 가장 중요한 이유는 우리가 잘 낫거나 똑똑해서가 아닙니다. 중요한 것은 우리에게 '아들의 피'가 있었기 때문입니다.

하나님께서는 원래 우리에게 기대를 걸지 않으셨습니다. 하나님을 가장 감격하게 한 것은 아들의 피였습니다. 우리가 의롭다 함을 받는 것은 우리의 능력이 아닌 예수님의 피 때문입니다. 그래서 우리가 아무리 늦게 변하고 아무리 우리가 변하지 않는 것 같아도 우리에게 예수님의 피를 믿는 믿음만 있으면 하나님은 '오케이'이십니다. 하나님은 우리를 예전보다 더 사랑하시는 것입니다.

거기에다가 우리가 잘 변하지 않고 있다는 것을 깨닫는 자체가 엄청나게 성장한 것입니다. 정말 변하지 않는 사람은 자기가 변하지 않는다는 것 자체를 모릅니다. 하나님께서는 우리가 아주 작지만 하나님 앞에서 진실하려고 애를 쓰고 변하려 애를 쓸 때 너무너무 기뻐하시고 좋아하시는 것입니다. 저는 청년 중에서 간혹 '목사님, 저는 너무 변하지 않는 것 같아요'라고 말하는 것을 듣습니다. 그런데 그것을 발견하는 자체가 가장 크게 변한 것이고 자신을 알기 시작한 것입니다. 우리 자신이 얼마나 변하기 어려우며 마음이 단단하고 강퍅한지 깨닫기 시작한 것 자체가 가장 큰 변화입니다.

그러면 하나님께서는 왜 사랑하는 우리에게 환난과 어려움을 주시는 것일까요? 우리는 하나님께서 하시는 것을 다 이해할 수는 없습니다. 우리가 분명히 믿는 것은 이 어려움이 우리를 하나님의 사랑에서 떼어놓지 못한다는 것입니다. 우리는 이런 불시험을 통해서 하나님의 사랑을 더 깨닫게 되고 하나님을 더 가까이하게 될 것입니다.

하나님께서는 이 세상의 불시험을 통해서 우리의 마음속에 하나님의 낙인을 찍으십니다. 처음에 이런 고난을 받으면 너무나도 뜨겁고 고통스러워서 펄펄 뛰지만 아물고 나면 영원히 예수님의 흔적이 우리에게 남게 되는 것입니다. 그래서 이런 표시가 있는 사람은 아무리 마귀가 빼앗아 가려고 해도 빼앗아갈 수 없습니다.

그리고 또 하나의 문제는 왜 시간이 갈수록 하나님의 사랑이 늘 느껴지느냐 하는 것입니다. 그것은 우리의 그릇이 더 커졌기 때문입니다. 처음 우리가 예수를 믿을 때는 우리의 마음의 그릇이 아주 작습니다. 그래서 처음에는 너무나도 빨리 감격하고 너무나도 쉽게 은혜의 충만함을 받습니다. 그러나 그릇이 커진 상태에서 옛날같이 신앙생활을 하니까 이제는 은혜가 너무 부족해서 늘 컬컬하고 답답해지는 것입니다. 이럴 때는 더 많은 은혜를 받아야 합니다. 더 많이 성경을 읽어야 하고 더 깊이 있는 말씀을 들으면 큰 그릇이 채워지게 되니까 더 능력 있는 신앙을 가지게 됩니다. 우리가 알아야 할 것은 하나님은 더 우리를 사랑하시는데 우리는 덜 사랑하는 것처럼 느낄 수 있는 것입니다. 이것은 우리의 신앙의 용량이 더 커진 것이며 옛날보다 더 은혜를 사모하고 더 하나님을 가까이하려고 노력해야 하는 것을 의미하는 것입니다.

26

주 안에서 즐거워함
롬 5:9-11

아이들이 다른 친구의

초청을 받아서 그 집에 가서 마음껏 놀게 되면 굉장히 기뻐할 것입니다. 더욱이 친구 생일 초청을 받아서 맛있는 것이 많이 있으면 그 집에서 노는 것이 너무 재미있을 것입니다. 또 친구 집에 수영장이 있거나 혹은 신기한 놀이터가 있으면 더 재미있어 할 것입니다. 어른들 간섭받지 않고 자기들끼리만 놀게 되면 더 흥미 있을 것입니다. 청년 남녀 중에서 본인들은 사랑하지만 부모의 반대가 심해서 마음대로 사귀지 못하는 경우가 있습니다. 그때 부모가 허락해서 결혼까지 승낙해 준다면 너무나도 행복할 것입니다.

    제 외가 쪽에 사촌 형이 있었습니다. 그분은 키도 크고 인물도 좋고 성품도 훌륭했습니다. 그분은 연대 신학과를 다니고 있었는데, 그때 저는 연세대가 우리나라에서 가장 좋은 대학인 줄 알았습니다. 그런데 이 형이 여자를 사귀었는데 그만 중한 병을 앓게 되었습니다. 결국 그 사촌 형은 한쪽 눈을 빼내어서 의안을 끼우고 폐 하나를 도려내었습니다. 이런 상태에서 연애를 하다 보니까 남자 부모는 남자 부모대로 여자 부모는 여자 부모대로 집안에서 반대가 심했습니다. 그래서 상대방의 집에 전화도 할 수 없었습니다. 그때 저는 초등학생이었는데, 그 집에 놀러가 있으니까 갑자기 누군가가 유리창에 조그만 돌을 던졌습니다. 그것은 바로 사촌 형이 사귀는 여자가 밖으로 나오라는 신호였던 것입니다. 그러면 형은 옷을 입고 나갔습니다. 그들의 사랑은 죽음으로도 막을 수 없었습니다. 결국 그 사촌 형은 그분과 결혼해서 영국으로 유학 갔는데 그 후로는 연락이 잘 안 되어서 어떻게 되었는지 알 수 없습니다. 이렇게 부모가 아무리 만나지 못하게 해도 두 사람이 작정하고 만나니까 반대할 수 없었습니다.

우리는 원래 하나님과 원수였습니다. 우리의 본성이 너무 비뚤어져 있었기 때문에 하나님은 도저히 우리를 사랑하실 수 없었고 하나님의 아들이 우리와 사귀는 것을 용납할 수 없었습니다. 그러나 하나님의 아들은 죽음을 무릅쓰고 우리를 사랑했습니다. 그 사랑이 하나님과 우리 사이에 있는 불신의 담을 허물었습니다. 그리고 하나님과 우리를 끈끈한 사랑으로 하나 되게 했습니다. 이제 우리는 하나님의 사랑을 의심할 필요가 없습니다. 왜냐하면 하나님께서는 우리가 하나님과 다른 것을 다 받아주셨고, 우리를 한 가족이 되게 하셨기 때문입니다.

1. 원수된 관계

어떤 사람이 서로 원수 관계에 있으면 불필요한 비용이 많이 듭니다. 예를 들어서 어느 두 집이 이웃해서 살고 있는데 서로 원수 사이가 되었다면, 바로 옆에 있어도 절대로 그 집에 놀러 가지 않을 것이고 음식도 같이 나누어 먹지 않을 것입니다. 그리고 서로 얼굴을 보기 싫으니까 담을 더 높이 만들 것입니다. 그러면 담을 만드는 비용이 들고 또 그 집 건너편으로 가려고 해도 담이 있어서 가지 못하고 먼 곳으로 돌아서 가야 할 것입니다. 그리고 심지어는 그 집 사람들이 다른 사람들에게 나에 대하여 욕을 하지 않을까 혹은 전화를 도청하지 않을까 의심하게 되고 혹시 자기 집에서 물건이 없어지면 가장 먼저 그 집 사람부터 의심을 하게 될 것입니다.

그런데 하나님과 원수 된 관계는 너무나도 심각합니다.

5:10상, "곧 우리가 원수 되었을 때에"

우리가 평소에는 하나님과 원수 된 것을 잘 느끼지 못합니다. 하나님은 우리에게 때를 따라 햇빛과 비도 주시고 아름다운 자연을 주시기 때문입니다. 그러나 우리 눈에 보이지 않는 벽이 하나님과 우리 사이에 처져 있습니다. 그래서 우리는 하나님의 용서를 받을 수 없고, 더 무서운 것은 하나님의 진노를 피하지 못한다는 것입니다.

사람이 다른 사람의 미움을 받으면 자꾸 실수하게 됩니다. 게다가 실수하지 않으려고 긴장하기 때문에 더 실수하게 되는 것입니다. 그래서 나중에는 말도 더듬게 되고 그릇도 한번 깨면 또 깨게 되고 어린이 같은 경우에는 긴장해서 화장실 가고 싶다는 소리를 하지 못해 옷에다 소변을 보고 더 야단을 맞게 되는 것입니다. 이럴 때 어른이 어린아이의 심리를 이해하고 괜찮다고 하면서 격려하면 그 아이의 나쁜 버릇은 고쳐지게 됩니다.

하나님의 아들은 원수 된 하나님과 우리가 화해할 방법을 알았습니다. 그것은 바로 자신의 피였습니다. 즉 자기가 죽을 정도로 인간을 사랑하면 하나님의 진노는 사랑으로 바뀔 수 있다는 것을 알았습니다. 그래서 예수님은 과감하게 이 세상에 인간이 되어 오셨습니다. 그런데 놀라운 것은 하나님이 그것을 반대하시지 않았다는 것입니다. 원래 하나님은 아들이 인간이 되어 이 세상에 오는 것을 격렬하게 반대하셔야 합니다. 그러나 하나님은 아들이 우리 인간을 사랑하는 것을 격렬하게 반대하시지 않았고, 오히려 아들에게 비밀 약속을 하나 하셨습니다. 그것은 하나님이 인간의 죄를 다 용서하시고 아들을 도로 살려주신다는 약속이었습니다.

5:9, "그러면 이제 우리가 그의 피로 말미암아 의롭다 하심을 받았으니 더욱 그로 말미암아 진노하심에서 구원을 받을 것이니"

드디어 하나님의 아들은 과감한 행동을 하셨습니다. 그것은 우리 인간을 사랑하셔서 사람이 되시고, 결국 피를 흘리시고 죽으신 것입니다. 그때 하나님은 누구든지 그 아들을 믿는 자는 의롭다 하셨습니다. 즉 하나님과 우리 사이의 모든 벽이 다 허물어진 것입니다. 옛날에는 하나님과 우리 사이에 하늘 꼭대기까지 막힌 담이 있었습니다. 그러나 예수님의 피로 그 담이 다 허물어져서 우리는 얼마든지 하나님의 마당 안이나 집 안에 들어갈 수 있게 된 것입니다. 우리는 하나님을 만날 수 있게 되었고 하나님과 이야기할 수 있게 되었고 하나님의 맛있는 음식을 먹을 수 있게 되었습니다.

여기에 보면 "더욱 더 그로 말미암아 진노하심에서 구원을 받을 것이니"라고 했습니다. 하나님의 진노하심이 무엇입니까? 바로 우리가 전염병에 걸리는 것이고 화산폭발이나 핵전쟁이고, 하나님과의 관계에서 하나님의 사랑을 알지 못하고 죄 용서를 받지 못하고 영생을 얻지 못하는 것입니다. 그런데 예수님의 피로 이 모든 담이 다 허물어졌습니다. 그리고 우리에게 더 이상 하나님은 진노하시지 않습니다. 오히려 하나님은 우리가 하나님의 아들을 믿는 것으로 충분히 만족하신다는 것입니다.

2. 하나님 아들의 살아나심

하나님께서 우리를 사랑하신 것은 우리가 하나님과 원수 되었을 때입니다. 하나님과 우리 사이에 죄의 철조망이 있을 때 이미 하나님은 우리를 사랑하셨습니다. 물론 철조망 때문에 하나님이 우리를 안아주시고 볼을 비벼주시고 죄 용서를 해주시고, 성령은 주실 수 없었지만 하나님은 성경을 주셨고 아들을 철조망 안으로 보내주셨습니다. 그래서 우리에게는 하나님의 진노가 없습니다.

그래서 우리가 아무리 하나님의 사랑을 믿지 못하고 도망치고 의심하고 또 죄에 빠지는 일이 있어도 하나님은 우리를 사랑하십니다. 그래서 하나님은 이미 우리를 진노에서 건져주셨습니다. 이제 우리에게 하나님의 심판은 없습니다. 물론 우리가 이 세상의 죄인들 사이에서 살다 보면 하나님의 심판이 올 때가 있습니다. 그때 우리가 부르짖으며 기도하면 하나님은 진노를 줄여주시든지 아니면 멈추어주실 것입니다.

여기서 결정적으로 중요한 것이 아들의 피입니다. 피가 없이는 죄 사함이 없습니다. 그러나 그 피는 죄가 하나도 없는 깨끗한 피여야 하는 것입니다.

예수님의 피에는 두 가지 비밀이 있습니다. 하나는 예수님의 피에는 죄가 한 방울도 없다는 사실입니다. 그래서 누구든지 이 피를 수혈 받으면 영생을 얻습니다. 또 하나의 비밀은, 예수님의 피는 죄가 하나도 없으므로 이 사람을 죽이면 사망이 죽는다는 것입니다. 이것이 굉장히 오래된 비밀입니다. 사망이라는 것은 죄인에게는 간수와 같고 사형집행인과 같습니다. 그래서 누구든지 죄가 한 방울만 있어도 죽음을 피할 수 없습니다. 그러나 죄가 전혀 없는 사람이 죽으면 사망은 삼키어져 버립니다. 즉 사망은 힘을 잃어버리는 것입니다. 그 대신에 예수님의 피는 예수 믿는 자로 하여금 모든 죄를 다 이기는 피를 가지게 합니다.

그래서 예수님이 죽으신 것만 해도 우리는 하나님과 화해하게 되는데, 예수님이 사망을 이기고 다시 살아났을 때 우리는 더욱 더 하나님과 화목하게 된 것입니다.

5:10, "곧 우리가 원수 되었을 때에 그의 아들의 죽으심으로 말미암아 하나님과 화목하게 되었은즉 화목하게 된 자로서는 더욱 그의 살아나심으로 말미암아 구원을 받을 것이니라"

원래 우리는 하나님을 조롱하고 하나님을 업신여기는 죄인이었습니다. 그런데 어느 날 하나님 아들의 죽음을 보고 마음에 큰 찔림이 있었습니다. 그래서 우리는 모두 하나님 앞에 나아가서 무릎을 꿇고 죄인이라고 고백했습니다. 하나님은 아들과 약속을 하셨기 때문에 우리 죄를 다 용서하셨습니다. 그러나 아들의 죽음은 슬픈 죽음이었습니다. 그런데 우리 뒤에 아들이 살아서 웃고 있는 것입니다. 이것은 바로 하나님의 가장 오래된 계명 때문이었는데, 그것은 죄 없는 자가 죽으면 사망이 깨어진다는 계명입니다. 예수님이 다시 살아나신 것을 보고 하나님은 기뻐서 어쩔 줄을 모릅니다. 우리도 좋아서 어쩔 줄 모릅니다. 우리는 예수님에게 달려가서 모두 예수님을 붙들고 덩실덩실 춤을 출 것입니다.

그래서 예수님이 죽으셨을 때도 하나님은 우리와 화해하셨는데 예수님이 다시 살아나셨을 때 하나님은 더욱 더 우리와 화해하시는 것입니다. 이제 하나님과 우리 사이에는 완전히 벽이 없어져 버렸습니다. 이제 우리에게 하나님의 진노는 없는 것입니다. 앞으로 무엇이 우리를 기다리고 있든지 하나님은 우리에게 가장 좋은 것을 주실 것입니다.

3. 하나님 안에서 즐거워함

우리가 하나님과 화목한다는 것은 하나님과 우리 사이를 가로막는 담이 다 허물어지는 것을 말합니다. 예를 들어서 어떤 두 집이 사이가 좋지 않아서 담을 쳐놓았는데, 부모가 화해하고 자녀들이 화해하면서 사이가 좋아지게 되면 가로막고 있던 담을 허물어버려서 한 집같이 왕래할 수 있게 되는 것입니다. 그러면 이 두 집은 사랑하는 이웃이 되어 걱정할 것이 별로 없을 것입니다.

오늘 우리에게 걱정거리가 많은 이유는 이렇게 믿을 수 있는 이웃이 없기 때문입니다. 오늘 우리는 모두 따로따로가 되었습니다. 그래서 무슨 어려운 일을 닥치면 나 혼자 해결해야 하고 고민도 혼자 하고 아이들도 혼자 어려움을 겪으니까 걱정을 많이 하고 불안하게 살아가게 되는 것입니다. 그러나 이제는 더 이상 우리도 어려움이나 미래를 걱정할 필요가 없게 되었습니다. 그 이유는 하나님과 우리가 화목하고 하나가 되었기 때문입니다.

5:11, "그뿐 아니라 이제 우리로 화목하게 하신 우리 주 예수 그리스도로 말미암아 하나님 안에서 또한 즐거워하느니라"

이제 우리는 하나님과 가장 가까운 이웃이 되고 친구가 되고 같은 식구가 되었습니다. 그래서 우리는 더 이상 혼자가 아닙니다. 우리는 무엇이든지 하나님과 함께하면 되는 것입니다. 어디를 갈 때도 하나님께 맡기고, 아이들 공부도 하나님께 맡기고, 먹는 것도 하나님께 맡기고, 적이 쳐들어올 때도 하나님과 함께 물리치면 되는 것입니다.

그런데 하나님의 아들이 너무나도 재미가 있는 분이십니다. 하나님의 아들은 천국의 모든 비밀을 다 아는 분이십니다. 그래서 우리가 하나님의 아들과 함께 하나님의 집에 들어갈 수 있습니다. 우리는 혼자 자격으로는 하나님의 집에 들어갈 수 없습니다. 왜냐하면 하나님의 무서운 천사들이 지키고 있기 때문입니다. 그런데 하나님의 아들이 우리에게 '애들아, 다 들어와!' 라고 하면 우리는 우르르 따라 들어가면 되는 것입니다.

하나님의 아들은 우리에게 천국의 비밀 방을 하나씩 다 구경시켜 줄 것입니다. 어떤 방에는 엄청난 지식이, 어떤 방에는 진주가, 어떤 방에는 보석이 들어있는 것입니다. 또 어떤 방에는 마귀와 싸워서 이길 수 있는 모든 무기가 들어있습니다. 우리는 그것들을 하나씩 보면서 즐거워하게 됩니다. 그리고 빠질 수 없는 것이 천국의 식사이고 또한 천국의 놀이기구들일 것입니다. 하나님의 아들은 우리에게 천국의 무기를 하나씩 다 가지라고 할 것입니다. 창이나 활도 가지고 대포나 핵무기도 가질 수 있습니다. 어떤 분은 사랑의 원자탄을 가졌던 분도 있었습니다.

하나님의 아들은 우리에게 모든 보석을 가져갈 수 있는 만큼 다 가져가라고 할 것입니다. 그런데 보석을 가져가려고 하다 보니까 우리 몸과 색깔이 똑같은 것입니다. 바로 우리 몸이 보석이 되어있는 것입니다. 하나님의 아들은 마음껏 지식을 가지라고 말할 것입니다. 우리는 평소에 깨닫지 못하던 하나님의 진리와 우리 몸의 비밀 그리고 우주의 비밀들을 다 알게 될 것입니다.

우리나라 어느 신학교에 토라를 많이 가지고 있는 학교가 있습니다. 토라는 모세오경을 말하는데, 손으로 필사한 것이기 때문에 그 분량이 아주 큽니다. 그리고 어떤 것은 토라 케이스 자체가 어마어마한 것도 있습니다. 옛날에는 유대인의 회당에 토라가 있었습니다. 그런데 유대인들도 세속화되면서 토라를 읽지 않게 되었습니다. 그러나 그것을 버릴 수 없어서 짐만 되어있었는데, 우리나라 학자가 그런 토라나 회당을 찾아다니면서 설득해서 기증을 받았습니다. 나중에 이분이 이스라엘에서 토라를 가지고 나올 때 이스라엘에서는 이 사람이

국보를 훔쳐가나 의심해서 철저하게 조사했다고 합니다. 그러나 그분은 토라를 기증받을 때 기증서를 다 받았다고 합니다. 결국 이스라엘에는 없는 토라가 한국에는 많이 있게 된 것입니다.

우리는 예수님이 죽으심으로 하나님과의 담이 다 허물어지게 되었습니다. 그런데 예수님은 살아나셔서 우리에게 돌아오셨습니다. 이제 우리는 예수님과 함께 하나님의 신비의 방들을 구경하고 선물을 받을 차례입니다. 그래서 우리는 하나님 앞에서 입을 다물 수 없이 기쁩니다. 그런데 우리는 아직 세상의 미련이 남아서 여전히 세상의 돈을 걱정하고 먹을 것을 걱정하고 미래 일을 걱정하고 있는 것입니다. 이것은 하나님을 모르는 자들이 하는 것입니다.

하나님과 화목한 자들은 하나님의 집으로 들어가서 그 안에 있는 가장 좋은 것을 구경하고 또 하나님과 함께 기뻐해야 하는 것입니다. 예수님이 우리에게 마지막으로 주시는 선물은 영생입니다. 우리는 영원히 사는 것입니다. 그러나 하나님과 원수 된 자들은 저 밑구멍 없는 지옥에서 영원히 타게 됩니다. 그때 그 엄청난 차이에 놀라게 될 것입니다. 이것은 오직 믿음으로 된 것입니다. 우리에게 가장 중요한 것은 하나님을 믿는 것입니다. 이제 모든 일에 하나님을 믿으시고 기뻐하시기 바랍니다.

27

한 사람으로 말미암아
롬 5:12-16

최근에 코로나19
전염병이 세계적으로 퍼지는 것을 보면, 인간의 죄 문제를 완전하게 설명할 수 있습니다. 몇 년 전 우리나라에 전에는 듣도 보도 못했던 '메르스'라는 전염병이 퍼졌습니다. 그때 그 병이 얼마나 무서운 병이었는지 그가 만나거나 지나간 곳에 있던 사람들은 다 병에 걸릴 수 있었습니다. 그 사람이 대형병원 응급실에 있었기 때문에 그곳에 있던 사람들은 모두 다 그 병에 걸렸습니다. 그 병은 오직 한 사람, 아랍을 방문했다가 돌아온 한 사람을 검역대에서 놓치는 바람에 많은 사람이 그 무서운 질병에 걸리게 되었고 많이 죽었습니다.

우리는 암이나 뇌졸중, 심장병, 우울증 같은 병이 무서운 질병이라고 생각했습니다. 그러나 그런 병보다 수백 배, 수천 배 무서운 병들이 따로 있었습니다. 그것은 바로 에볼라나 메르스나 사스나 코로나19 같이 면역성도 없고 백신도 별로 없는 바이러스성 병입니다.

그러나 이미 모든 인간은 이런 바이러스보다 더 무서운 질병에 걸려 버렸습니다. 그것이 바로 죄라는 바이러스 균입니다. 이 바이러스는 인간의 양심과 뇌와 영혼을 감염시켜서 죽게 만듭니다. 이번에 코로나 폐렴의 무서운 점은 무증상 감염 때문이라고 합니다. 즉 환자는 열도 나지 않고 기침도 하지 않는데 그와 접촉한 사람들이 병에 감염된다는 것입니다. 그래서 그 사람이 지나가거나 만난 모든 건물이나 장소를 폐쇄하고 격리합니다. 그 사람이 백화점을 갔으면 백화점 전체를 소독한 후 얼마간 폐쇄하는 것입니다. 그런데 환자 중에 자기에게 열이 나는 것을 알고는 항상 마스크를 끼고 있었기 때문에 같이 사는 식구도 한 사람도 감염이 되지 않았다고 합니다.

사람의 죄에도 잠복기라는 것이 있습니다. 그래서 많은 사람은 상당한 시간 아무런 병의 증세가 나타나지 않습니다. 그러나 결국 인간은 서서히 미쳐가게 되어있고 나중에는 모두 비참하게 죽게 되는 것입니다. 이 병도 한 사람이 죄를 막지 못해서 전체 인간에게 들어오게 되었습니다. 그리고 모든 인간이 다 감염되었습니다.

1. 한 사람이 죄를 가지고 옴

코로나바이러스는 박쥐를 먹은 사람이 바이러스를 사람들에게 퍼트리게 되었다고 합니다. 성경에서 하나님께서는 모세를 통하여 박쥐를 먹지 말라고 명령하셨습니다. 그러나 인간은 보양식이라고 하면 사족을 못 쓰고 평소에는 먹지 않는 박쥐까지 다 먹는 것입니다. 죄라는 바이러스는 뱀이 가지고 왔습니다. 사람들은 여자가 가까이했던 뱀 안에 죄의 바이러스가 들어있는 줄 알지 못했습니다. 뱀은 인간을 가까이하면서 말을 배웠던 것 같습니다. 뱀은 말을 통해서 이 죄의 바이러스를 인간에게 전염시키려고 했습니다. 그래서 뱀은 어느 날 여자에게 말을 했습니다. "하나님이 이 동산에 있는 모든 나무 열매를 먹지 말라고 하시더냐?" 여자는 순진하게 뱀에게 걸려들었습니다.

"아니, 하나님은 다 먹어도 된다고 하셨어. 그러나 동산 중앙에 있는 나무의 열매는 먹지도 말고 만지지도 말라고 하셨어."

그러나 하나님은 "만지지도 말라"는 말씀은 하시지 않았습니다. 그러나 여인은 자기 식으로 하나님의 말씀을 해석했습니다. 그러면서 무엇인가 하나님이 자기들에게 잘못하고 계시는 것 같은 느낌을 주었습니다. 그 말 속에는 동산 중앙에 있는 나무가 무엇이라고 하나님은 먹지도 말라고 하시느냐 하는 원망의 의미가 섞여 있었던 것입니다. 그러니까 뱀은 즉시 충동질을 했습니다. "너희가 그 열매를 먹어도 절대로 안 죽어. 단지 하나님은 너희가 하나님처럼 모든 것을 알게 될까 봐 두려워하신 거야."

그 말을 듣고 여자가 그 나무 열매를 보니까 너무 맛있어 보이고 멋있게 보이고 그것을 먹으면 진짜 똑똑해질 것 같은 생각이 들었습니다. 그래서 여자는 그 금지된 열매를 따 먹고 남편에게도 먹게 주었습니다. 그리고 인간에게는 죄라는 바이러스가 감염되게 되었습니다. 죄라는 것은 딱 한 사람이 하나님의 말씀에 순종하지 않은 것을 통해서 들어오게 되었습니다. 그러나 죄는 일단 사람의 몸 안에 들어오기만 하면 하나님께 대한 반항하는 본성을 심어놓고, 인간에게 죽음의 씨를 뿌려서 결국은 죽게 만드는 것입니다.

5:12, "그러므로 한 사람으로 말미암아 죄가 세상에 들어오고 죄로 말미암아 사망이 들어왔나니 이와 같이 모든 사람이 죄를 지었으므로 사망이 모든 사람에게 이르렀느니라"

아담 한 사람 때문에 인간 세계에는 죄라는 병이 들어오게 되었습니다. 그래서 모든 인간은 나면서부터 죄에 감염된 상태에서 태어납니다. 그렇지만 아담은 구백 살 넘게 살았습니다. 그는 구백 살 넘게 살면서 무엇을 했을까요? 아마 그는 낙원에서 쫓겨난 후 이 죄가 사람에게 들어왔다는 사실을 알리는 일을 했을 것입니다. 그 이유는 그의 아들 아벨이 형에게 죽임당하기 전에 하나님께 제사를 드릴 때 양의 첫 새끼로 드렸는데, 그것을 보면 아벨이 복음을 들었다는 것을 알 수 있기 때문입니다.

결국 사람은 모두 다 죽게 되어있습니다. 아직 젊은 분들은 자기가 죽는다는 것이 실감이 나지 않을 것입니다. 왜냐하면 죽는 것은 노인이나 죽는 것이지 아직 자기는 살 수 있는 시간이 50년이나 60년 남아 있기 때문입니다. 그러나 인간은 결국 다 늙게 되어있습니다. 지금 나이 드신 분 중에서 옛날에 젊지 않았던 분은 아무도 없습니다. 아마 그분들도 자기가 이렇게 늙으리라고 생각한 분은 없으실 것입니다. 그러나 죄라는 바이러스가 뿌린 씨앗 때문에 인간은 모두 늙어가고 죽음을 향하여 가고 있는 것입니다.

우리는 이 세상에서 좋은 대학을 나오고 좋은 직장을 다니고 높은 연봉을 받고 잘생긴 사람과 결혼하는 것을 최고라고 생각하지만, 죄의 바이러스는 이 모든 것을 다 부수어버립니다. 결국 모든 인간이 죽는 것은 단 한 명의 죄악을 막지 못했기 때문입니다. 즉 한 사람의 죄를 막을 수만 있었다면 인간은 한 사람도 죽지 않고 늙지 않을 수 있었던 것입니다.

우리는 여기서 예수님의 위대하심을 알 수 있습니다. 예수님은 죄의 바이러스를 치료한다는 것은 아주 어려운 일임을 아셨습니다. 그런데 예수님은 이 일에 스스로 자원을 하셨습니다. 예수님은 자신의 피를 흘리시고 죽으시고 자기 영혼을 지옥에 집어넣으심으로 죄를 치료하는 백신을 만드는 데 성공하신 것입니다. 그런데 그 과정은 엄청나게 고통스러운 것이었습니다.

그래서 모든 인간이 죽는 것은 운명이 아닙니다. 이것은 죄에 감염된 결과입니다. 인간이 포학해지고 음란해지고 늙어가는 것도 전부 죄에 감염된 결과입니다. 우리 인간은 이 세상에 살면서 죄만 잔뜩 짓습니다. 물론 좋은 일도 하지만 그것은 너무 적고, 오래 살면 오래 살수록 더 많이 죄를 짓습니다. 그리고 나중에는 전부 다 죽게 됩니다. 인간은 일찍 죽든지 늦게 죽든지 모두 다 죽게 됩니다. 그래서 젊어서 죽는 것도 유익한 것이 있습니다. 그러면 죄를 덜 짓고 또 그나마 덜 늙은 모습으로 죽기 때문입니다. 그러나 예수님은 십자가의 보혈로 죄와 죽음을 이기는 백신을 만드는 데 성공하셨습니다.

2. 율법은 죄에 대한 진단

일단 바이러스의 확산을 막으려고 하면 사람이 바이러스에 감염이 되었는지 안 되었는지 알아야 합니다. 병원에 가면 아무리 의사가 유능하고 실력이 있다 하더라도 차트나 검사기록이 없으면 병을 확진할 수 없습니다. 그래서 기본적으로 피검사를 하고 그것으로 안 되면 MRI나 CT까지 찍어서 이상이 없는지 확인하게 됩니다. 마찬가지로 율법이 있기 전에도 인간은 이미 죄에 오염된 상태에 있었습니다. 왜냐하면 인간은 살인하고 간음하고 전쟁도 하고 결국 모두 다 늙어서 죽었기 때문입니다.

그런데 인간에게 죄가 있다는 것을 확실히 알게 된 때는 모세의 율법이 주어진 후부터였습니다.

> 5:13, "죄가 율법 있기 전에도 세상에 있었으나 율법이 없었을 때에는 죄를 죄로 여기지 아니하였느니라"

예를 들어서 병균이 있으면 사람이 병원에 가든지 가지 않든지 고열이 나고 기침이 나고 결국 죽게 됩니다. 그런데 고열이 나는 사람을 병원에 데리고 가서 진찰을 받아보면 이 사람이 일반 감기 환자인지 아니면 바이러스에 감염된 환자인지 확실히 알 수 있어서 격리하든지 치료하게 되는 것입니다.

이 세상에는 죄를 지은 사람들을 격리합니다. 그래서 죄를 지은 사람들도 할 수만 있으면 절대로 감옥에 가려고 하지 않습니다. 왜냐하면 감옥에 가면 철장에 갇혀야 하고 자유가 없기 때문입니다. 특히 미국 영화를 보면 감옥 중에서도 악명이 높은 감옥은 엄청난 덩치를 가진 흑인들이 온몸에 문신을 하고는 새로 들어온 사람들을 강간하든지 아니면 때려서 죽이는 장면을 간혹 볼 수 있습니다. 그래서 죄를 지은 사람들도 경찰이나 FBI가 그런 감옥에 집어넣는다고 하면 벌벌 떨면서 자신의 죄를 술술 부는 것을 볼 수 있습니다. 즉 감옥이라고 해서 다 같은 감옥이 아닌 것입니다.

율법이 오기 전에는 이 세상은 거의 무법 전치였다고 볼 수 있습니다. 즉 힘이 있는 사람이 정의로운 것이고 폭력이 정당한 것이라고 생각했습니다. 음행은 누구든지 해도 되는 것이고 동성애도 하고 싶으면 할 수 있고 살인도 멋있는 것이라고 생각했습니다. 그런데 율법이 오고 난 후에 검사를 해보니까 인간 중에 의인은 한 사람도 없고 전부 다 죄인이며 미친 사람으로 나타난 것입니다.

이스라엘 백성이 가진 율법은 엄청난 가치를 가진 것이었습니다. 그러나 율법은 죄를 치료하지는 못했고, 죄를 검사하고 확진하는 장치였던 것입니다. 그러나 율법이 없었을 때는 인간은 우리를 모두 이유도 없이 미치고 죽는다고 생각했는데, 율법이 온 후에는 그것이 죄 때문이라는 것을 비로소 알게 된 것입니다.

마찬가지로 사람들이 아무 이유도 없이 열이 오르고 기침을 하고 피를 토하고 죽는다고 생각을 했는데 현미경으로 보니까 균이 보이고 바이러스가 보이는 것입니다. 그런데 인간들은 그 바이러스를 죽일 수 있는 약이 없었습니다.

그래서 사실 인간의 왕은 사람이 아니라 눈에 보이지 않는 죄라는 바이러스였습니다. 왜냐하면 그 왕을 조종하는 것은 죄였기 때문입니다. 그리고 모든 인간은 한 사람도 빠짐없이 죄에 감염이 된 병자였고 종이었습니다. 결국 죄에 따라서 살아가고 죄에 따라서 늙어가고 죄에 따라서 죽게 되었던 것입니다.

> 5:14, "그러나 아담으로부터 모세까지 아담의 범죄와 같은 죄를 짓지 아니한 자들까지도 사망이 왕 노릇 하였나니 아담은 오실 자의 모형이라"

유대인들은 율법만 가지고 있으면 얼마든지 의로워질 수 있다고 생각했습니다. 여기서 의롭다는 것은 죄에서 다 치료를 받는 것을 말합니다. 그러나 놀라운 것은 아담만 죄인이 아니었던 것입니다. 물론 죄는 아담이 지었지만 아담 같은 죄를 짓지 않은 사람도 모두 다 죽었기 때문입니다. 그 이유는 죄가 죽음의 바이러스였기 때문입니다.

그래서 일단 인간 세계에 죄가 한번 들어오고 난 후에는 죄가 왕이 되어버렸던 것입니다. 인간은 누구든지 부자든지 가난하든지 학식이 높든지 무식하든지 귀족이나 왕족이든지 노예든지 죽음을 벗어날 수 없습니다. 왜냐하면 사망이 왕이기 때문입니다. 모든 인간은 다 죽습니다. 그리고 한번 죽고 나면 절대로 죽음에서 다시 살아날 수 없습니다. 그래서 인간은 살았을 때는 죄와 정욕에 지배를 받고 늙어가면서 죽음에 빨려들게 되어있습니다. 그리고 인간은 한번 죽으면 어디로 가는지 모르는 곳으로 모두 끌려가고 마는 것입니다.

3. 예수 그리스도의 선물

우리 인간에게 하나님의 놀라운 일이 일어나게 되었습니다. 그것은 바로 아담이 한 것과 정반대되는 일이 우리 인간에게 일어나게 된 것입니다. 즉 아담 한 사람이 죄에 감염되어 모든 인간을 다 범죄하게 하고 죽게 만들었습니다. 그런데 하나님은 한 사람의 순종을 통하여 죄를 고칠 수 있는 피를 만드심으로 모든 인간을 값없이 다 살리시는 일을 하셨습니다. 만일 우리가 병에서 놓여난다면 진정으로 자유로울 수 있을 것입니다. 우리는 누구든지 만날 수 있고 병원에 격리되지 않아도 되고 병으로부터 고통받지 않아도 될 것입니다. 하나님은 우리 인간에게 전혀 돈을 받지 않고 이 엄청난 선물을 준비하여 주신 것입니다.

이것은 아담이 한 것과 정반대되는 일입니다. 하나님의 아들 예수 그리스도의 피로 말미암아 우리 인간을 영원히 살리는 백신을 하나님께서 만드셔서 우리에게 무료로 주신 것입니다.

5:15, "그러나 이 은사는 그 범죄와 같지 아니하니 곧 한 사람의 범죄를 인하여 많은 사람이 죽었은즉 더욱 하나님의 은혜와 또한 한 사람 예수 그리스도의 은혜로 말미암은 선물은 많은 사람에게 넘쳤느니라"

여기서 "은사"라는 것은 선물을 말합니다. 사람들이 범죄하게 된 것은 처음에는 어떤 욕심에 끌려들었기 때문입니다. 그리고 그다음부터는 무조건 죄가 들어오게 되었고, 인간은 정욕을 위하여 살게 되었습니다. 인간은 살려고 하면 정욕을 따라 살 수밖에 없기 때문입니다. 인간이 욕심을 부리지 않으면 이 세상에서 살 수도 없습니다.

그러나 하나님의 아들 예수님의 선물이 얼마나 강력하고 풍부한지 모릅니다. 누구든지 자기가 죄인인 줄 알고 하나님을 믿기를 원하는 자들은 전부 완전하게 죄를 치료하시고 영생을 주시는데, 부족함이 없을 정도로 풍족하게 주십니다.

5:16, "또 이 선물은 범죄한 한 사람으로 말미암은 것과 같지 아니하니 심판은 한 사람으로 말미암아 정죄에 이르렀으나 은사는 많은 범죄로 말미암아 의롭다 하심에 이름이니라"

죄와 하나님의 선물은 비슷하지만 정반대 방향입니다. 죄는 한 사람이 가지고 들어왔는데 모든 사람이 다 감염되어 죽었습니다. 그리고 이 죽음은 영원한 죽음이고 영원히 사망의 지배를 받는 것입니다. 그런데 하나님의 선물은 한 사람이 백신을 만들었습니다. 그런데 이 백신이 얼마나 강력한지, 하나님을 믿기를 원하는 자들은 누구든지 전부 의롭게 하는 것입니다. 즉 전부 죄에서 치료가 되는 것입니다. 그리고 그 사람 전부에게 영생의 축복을 주는 것입니다. 그들은 이 세상에 살 때 물론 욕심도 있지만 하나님의 도우심과 지키심으로 살고 결국 하나님의 말씀에 순종해서 삽니다. 그리고 그들은 전부 영생의 복을 받고 엄청난 하나님의 유업을 물려받습니다.

그런데 왜 하나님을 믿는 사람들도 죽어야 할까요? 그것은 죽는 것이 아니라 죄 때문에 변형된 우리 영혼과 육체를 성형수술 받는 시간입니다. 이것이 하나님이 주시는 최고의 선물입니다. 우리는 이 선물을 받아야 이 세상의 삶에서 성공한 것입니다. 우리는 더 이상 죄와 죽음의 부하가 되어서는 안 됩니다. 우리는 하나님의 은혜의 부하가 되어야 합니다. 우리는 무엇을 하든지 하나님이 거저 주시는 은혜로 살아야 합니다. 그래야 우리가 이 세상에는 눈으로 보지도 못하고 상상할 수도 없었던 영생의 복을 받게 됩니다. 우리는 아담이나 하와보다 더 멋있게 변할 것입니다. 우리는 에덴동산보다 말할 수 없이 거대한 하나님의 성에 들어가게 될 것입니다.

28

은혜의 왕노릇
롬 5:17-21

우리는 때때로

'왕초'라는 말을 할 때가 있습니다. 왕초는 어떤 집단에서 최고로 높고 강하다고 해서 다른 사람들이 그의 말에 무조건 복종하게 되는 사람을 일컫습니다. 예를 들어서 깡패 집단에 가면 왕초 두목이 있습니다. 왕초는 자기 졸개들을 기분이 나쁘면 마음대로 때리고 어떤 집단에서는 손가락을 칼로 자르게 합니다. 그래서 졸개들은 왕초에게 절대복종할 수밖에 없습니다. 왕초가 어디를 가든지 달려나가서 "형님, 이제 오십니까?" 하면서 90도로 인사해야 하는 것입니다. 그리고 그가 시키는 일이라면 무조건 시키는 대로 해야 합니다.

어떤 사람이 어떤 왕초의 부하로 들어가게 되면 왕초의 보호와 도움을 받기도 하지만, 반대로 자기 마음대로 왕초를 배신하고 자기 마음대로 살 수도 없게 됩니다. 왜냐하면 왕초가 자기를 배신한 부하를 절대로 그냥 두지 않기 때문입니다.

이것은 목회자에게도 해당이 됩니다. 어떤 젊은 목회자가 얼마나 젊은이에게 인기가 있었는지 그 교회에 청년들이 수만 명씩 몰려들고 책을 쓰면 베스트셀러 작가가 되었습니다. 그는 젊은 나이에 성공했고 더 부러운 것이 없었습니다. 그러나 그는 정욕을 이기지 못해서 결국 성적인 죄를 짓게 되고 사람에게 비방을 받고 결국 교회에서도 물러나게 되었습니다. 또 어떤 목회자는 참 잘 생겼는데 세상을 우습게 알고 자기 학력을 속이고 논문을 가짜로 썼습니다. 그것 때문에 욕을 엄청나게 먹고 이제는 가장 보기 싫어하는 얼굴이 되었습니다. 이것은 누구든지 무엇의 종이 되면 그렇게 되는 것입니다. 종이 되지 않으려고 하면 아들이 되어야 하고 죄를 이기는 힘이 있어야 합니다. 그 길은 오직 예수밖에 없습니다.

1. 최고로 강한 자

어떤 곳에서 깡패들이 왕 노릇을 하고 있었습니다. 그래서 자기들 마음에 들지 않으면 사람을 때리고 건물을 두들겨 부수고 행패를 부렸는데 경찰도 이들을 건드리지 못했습니다. 왜냐하면 경찰들도 다 그들의 돈을 받아먹었고 이 깡패 조직과 싸울 힘이 없었기 때문입니다. 그런데 여기에 아주 무술에 뛰어난 대가가 오게 되었습니다. 그는 깡패 조직의 두목을 뛰어난 무술로 엄청나게 두들겨 패서 완전히 무릎을 꿇게 했습니다. 그러니까 두목이 부하들에게 "너희들도 모두 다 무릎 안 꿇어?"라고 소리를 지르니까 모든 부하가 다 무기를 버리고 그의 앞에 무릎을 꿇고 복종하게 되었습니다. 이것이 바로 힘의 세계의 법칙입니다. 가장 센 사람만 두들겨 패서 복종시킬 수 있으면 다른 부하들은 자동적으로 다 복종하게 되는 것입니다.

예수님이 오시기 전까지 이 세상은 죄와 탐욕과 죽음이 지배하는 곳이었습니다. 그러나 예수님이 이 세상에 오셔서 마귀를 두들겨 패고 죄를 복종시키고 사망을 부수어버렸을 때, 하나님의 은혜가 지배하는 세상이 된 것입니다.

5:17, "한 사람의 범죄로 말미암아 사망이 그 한 사람을 통하여 왕 노릇 하였은즉 더욱 은혜와 의의 선물을 넘치게 받는 자들은 한 분 예수 그리스도를 통하여 생명 안에서 왕 노릇 하리로다"

이 세상에는 여러 종류의 왕초가 있는 것을 볼 수 있습니다.

첫 번째는 인간의 힘과 능력의 지배입니다. 이것은 사람 중에서 지식이 있는 자가 무식한 자를 지배하고, 돈을 많이 가진 자가 적게 가진 자를 지배하고, 권력이 있는 자가 권력이 없는 자를 지배하는 것을 말합니다. 이것이 사람에게는 가장 피부에 와 닿는 것이고 가장 절실한 것이기 때문에 사람들이 이것만큼 좋아하고 더 부러워하고 좋아하는 것은 없을 것입니다.

예를 들어서 대학에서는 지식을 가진 교수가 학생을 지배합니다. 강의실에서 교수는 학생들의 왕입니다. 학생들은 교수가 해 오라는 과제물을 해 와야 하고 교수가 내주는 문제로 시험을 쳐야 합니다. 그리고 교수가 출석을 부르면 그 자리에 있어야 합니다. 또 직장에서 직원들은 사장의 지배를 받습니다. 직원들은 사장이 시키는 일을 해야 하고 사장이 주는 직분의 일을 해야 합니다. 사장은 직원을 뽑는 일도 합니다. 그리고 사장은 직원이 무능하거나 혹은 시키는 일에 반항하면 잘라버립니다.

그러나 또 다른 왕 노릇이 있습니다. 그것은 사람의 눈에 보이지 않는 것이기 때문에 잘 알지 못하는데, 그것은 바로 죄와 탐욕과 사망의 왕 노릇입니다. 사람의 마음속에는 선한 마음도 있지만 악하고 탐욕스러운 마음이 월등하게 강합니다. 결국 이것이 사람의 삶과 인생을 지배하는 것입니다. 사람은 공부나 장사나 또는 정치로 성공하고 싶어 하는 욕망이 있으면 그 욕망을 위해서 모든 힘을 다하게 되고 어떤 때는 그 욕망을 위하여 양심을 팔기도 하고 거짓말을 하기도 하고 서슴지 않고 악을 행하기도 합니다. 그러다보면 성공하기도 하고 유명해지기도 합니다.

그러나 그렇다고 해서 그가 진정으로 행복한 것은 아닙니다. 왜냐하면 자기 욕망을 이루었다고 해서 진정으로 만족한 것은 아니기 때문입니다. 혹 정치적으로는 성공했지만 다른 욕망을 이기지 못해서 성적으로 범죄하기도 하고 돈으로 타락하기도 하는 것입니다. 그리고 그 결과는 사망입니다. 그의 인생은 죽어가고 있고 결국은 죽음으로 모든 것은 없어지게 됩니다. 그리고 그의 영혼은 죽음의 신에 이끌려서 끝없는 나락으로 떨어지고 마는 것입니다.

그렇지만 인간에게 욕망이나 탐욕이 없으면 살 마음이 없어지게 됩니다. 사람은 탐욕이 있어야지 삶의 의욕을 가지게 되지 아무런 삶의 목표가 없으면 살고 싶은 의욕이 생기지 않습니다.

그런데 하나님은 참된 의의 세계를 아셨습니다. 그것은 인간이 자기가 옳다고 생각하는 것은 마음껏 할 수 있고, 옳은 일을 마음껏 할 수 있는 자유를 가지는 것입니다. 이것이 바로 하나님의 은혜가 지배하는 것입니다. 그러나 인간은 자기 힘으로는 이 은혜의 세계에 들어올 수 없습니다. 왜냐하면 인간은 일단 자기 마음이 비뚤어져 있기 때문입니다. 그뿐만 아니라 온 세계가 비뚤어져 있습니다. 죄의 지배 아래 있는 인간은 하나님의 뜻을 행할 수 없는 것입니다.

그런데 이것을 예수님은 십자가로 바르게 해주셨습니다. 예수님은 십자가를 가지고 우리의 비뚤어져 있는 마음을 바르게 펴주셨습니다. 그리고 우리 안에 하나님의 은혜를 쏟아 부어주셔서 가득 채워주셨습니다. 이제 우리에게는 왕초가 없는 것 같습니다. 왜냐하면 그 누구도 우리에게 이렇게 해라 저렇게 해라 하는 사람이 없기 때문입니다. 오직 우리는 스스로 생각을 합니다. 과연 어떻게 하는 것이 옳으며 어떻게 하는 것이 진정으로 가치가 있는 것인지 생각해서 그것을 위해서 때로는 자기 직장이나 돈이나 명예도 버리고 그 일을 합니다. 사람들은 그 사람을 보고 미쳤다고 하기도 하고 정신이상이라고 하기도 하지만 그에게는 진정한 만족이 있고 인생을 사는 목적이 있는 것입니다. 그래서 이제는 내가 하나님의 은혜 안에서 왕 노릇을 하게 됩니다. 왜냐하면 내가 좋아하는 것 즉 내가 옳다고 생각하는 것을 할 수 있기 때문입니다.

2. 새로운 대표

예를 들어서 대학교 간 야구시합이나 축구시합을 할 때 모든 학생이 다 뛰는 것이 아니라 가장 운동을 잘하는 사람이 대표선수가 되어서 뛰는데, 그들이 이기면 그 학교가 이기는 것이고 그들이 지면 그 학교가 지는 것입니다.

그래서 하나님은 인류 중에서 가장 뛰어난 사람을 인류의 대표로 세우셨습니다. 그가 바로 아담이었습니다. 아담은 총명했고 뛰어났습니다. 그러나 아담이 아무리 훌륭하고 뛰어나도 마음속에서 일어나는 욕망을 이기지 못했습니다. 아담은 죄에 져서 패배자가 되었고, 그 후의 모든 인간도 죄의 패배자가 되었습니다. 인간은 죄만 보면 힘을 쓰지 못하게 되었습니다. 그리고 탐욕의 노예가 되게 되었습니다. 인간은 결국 다 죽게 되었습니다. 왜냐하면 목숨을 건 순종에서 패배했기 때문입니다. 인간이 다시 자유를 얻는 비결은 죄와 재대결해서 이기는 수밖에 없습니다. 즉 이번에도 목숨을 건 대결을 해야 하는 것입니다. 그러나 인간 중에서 그 어느 누구도 죄와 재대결해서 이길 수 있는 사람은 없었습니다.

그런데 한 분이 자원하셨습니다. 이분은 바로 하나님의 아들이셨습니다. 이분은 정말 강하시고 전쟁에 능하신 분이셨습니다. 그런데 이분은 인간의 유니폼을 입으셔야 했고 성인이 될 때까지 기다리셔야 했습니다. 왜냐하면 인간의 대표가 되려고 하면 나이가 서른이 넘어야 했기 때문입니다. 예수님은 드디어 죄와 경기를 하시게 되었습니다. 마귀는 인간의 힘과 자신의 힘을 합쳐서 예수님을 두들겨 부수었습니다. 경기는 처음부터 압도적으로 마귀에게 유리했습니다. 결국 마귀는 예수님을 십자가에 못 박고 승리한 것 같았습니다.

그러나 예수님은 마귀를 이기는 것만이 목적이 아니었습니다. 예수님은 완전하게 하나님의 말씀에 죽음으로 순종하셨습니다. 예수님에게는 죄가 없었습니다. 예수님에게는 세상에서 성공하려고 하는 탐욕이 전혀 없었습니다. 예수님은 마귀에게 자기 영혼을 판 적이 없었습니다. 그때 하나님의 말씀이 성취되기 시작했습니다. 그것은 여인의 후손이 뱀의 머리를 깰 것이라는 말씀이었습니다(창 3:15). 예수님은 죽음에서 살아나셔서 마귀의 머리를 철장으로 깨버리셨습니다. 예수님은 죄를 마치 질그릇을 부수듯이 깨버리셨습니다. 그리고 사망을 깨버리셨습니다. 그래서 사망은 믿지 않는 자들에게만 왕 노릇하게 되었습니다.

> 5:19, "한 사람이 순종하지 아니함으로 많은 사람이 죄인 된 것 같이 한 사람이 순종하심으로 많은 사람이 의인이 되리라"

단 한 사람의 대표 아담이 하나님의 말씀에 불순종했으므로 우리 모든 인간은 죄인이 되었습니다. 그래서 인간은 탐욕에 갇히고 죄를 강요받아도 양심대로 행동하지 못했습니다. 그러나 또 한 사람의 대표가 나타났습니다. 이분은 자기 목숨을 걸고 하나님께 순종했습니다. 그분이 죽기까지 순종했을 때 하나님의 말씀을 믿는 자들은 모두 자유를 얻게 되었습니다. 우리는 모두 죄와 상관이 없게 되었습니다.

우리에게는 탐욕이 있습니다. 물론 세상적인 탐욕도 있습니다. 그런데 이런 탐욕이 오래가지 않습니다. 그러나 우리에게는 오히려 의로운 탐욕이 생깁니다. 우리는 이런 일을 더 하고 싶습니다. 우리 교회 한 집사님이 전도용으로 마스크를 만 개 이상 가지고 왔습니다. 그래서 전도용으로 쓰고 남은 것이 있었는데 이번에 코로나19 상황에 잘 사용할 수 있었습니다. 이런 것이 바로 하나님의 일인 것입니다.

우리에게는 죽음이 없습니다. 물론 우리도 인간이기 때문에 다른 사람과 똑같이 늙어서 죽습니다. 그러나 우리 속사람은 청년이고 청소년이고 젊은이입니다. 나이 드신 분도 젊은이와 같은 감수성과 감정을 가질 것입니다. 그리고 우리는 죽으면서 잠시 마취되어 영생의 성형수술을 받습니다. 그리고 우리 영혼은 천국에서 주님과 함께 말할 수 없는 영광을 누리다가 잠에서 깨어나게 됩니다. 지금 우리는 하나님 앞에 의인입니다. 우리는 하나님 앞에 당당히 설 수 있습니다. 자녀가 자기 부모 앞에서 당당히 이야기할 수 있듯이 우리도 하나님 앞에서 당당하게 이야기할 수 있습니다.

3. 죄가 넘치는 곳

여기서 우리는 가장 이해하기 어려운 한 말씀을 대하게 됩니다. 그것은 바로 죄가 넘치면 은혜가 더 넘친다는 말씀입니다. 그래서 사람들은 이 말씀을 보고 은혜가 더 넘치게 하기 위해서 더 죄를 짓자는 말을 하기도 합니다.

저희가 어렸을 때 선배들은 우리는 어떻게 하든지 천국에 가게 되니까 너무 빨리 회개해서 세상 재미 놓치지 말고 실컷 죄짓고 살다가 죽기 바로 5분 전에 회개해서 구원받는 것이 가장 좋다는 어이없는 말을 하기도 했습니다. 그런 말을 들으면 아주 그럴 듯하다는 생각이 들었습니다. 빨리 믿어도 죄 용서받고 늦게 믿어도 죄 용서받는다면 굳이 빨리 죄 용서받을 필요가 있을까요? 실컷 자기 하고 싶은 대로 살다가 나중에 죽기 바로 전에 회개해도 구원은 받는 것이 아닐까요?

5:20, "율법이 들어온 것은 범죄를 더하게 하려 함이라 그러나 죄가 더한 곳에 은혜가 더욱 넘쳤나니"

유대인들은 자기들이 율법을 가지고 있는 것 자체를 대단히 자랑스럽게 생각하고 있었습니다. 그들은 마치 자기들이 율법을 가지고 있는 자체가 하나님 앞에서 무슨 마패나 되는 것처럼, 천국에 자동으로 들어갈 자격을 얻는 것처럼 생각했던 것입니다. 사실 유대인들이 가지고 있는 율법은 그 무엇으로도 살 수 없는 어마어마한 보물이었습니다. 그런데 그들은 그 율법의 용도를 알지 못했습니다. 그 용도는 인간의 죄를 보게 하는 현미경과 같은 것이었습니다. 즉 평소 사람의 눈에 보이지 않던 인간의 죄들이 율법을 통해서 보면 전부 다 보였던 것입니다.

그래서 여기 "율법이 들어온 것은 범죄를 더하게 하려 함이라"는 말은 율법 때문에 인간이 죄를 더 많이 짓게 되었다는 뜻이 아닙니다. 인간이 율법을 통해서 자기 자신이나 다른 사람들을 보니까 전에는 보이지 않던 죄가 엄청나게 보이게 된 것입니다. 그래서 예전에는 슬쩍슬쩍 양심을 속이고 넘어갔던 것들이 죄가 되어 도대체 넘어갈 수 없게 되었던 것입니다.

그런데 하나님은 율법만 주고 끝내시는 하나님이 아니십니다. 하나님은 율법으로 죄를 더 많이 보고 많이 회개하고 하나님의 은혜를 찾는 자들에게 하나님의 은혜를 많이 부어주시는 것입니다. 하나님은 은혜로 연고 바르듯이 발라주시는 것이 아니라 마치 양동이로 물을 부어주듯이 은혜를 부어주시는 것입니다. 그러면 우리는 더 이상 죄의 고통은 느끼지 못하고 하나님 은혜의 시원함만 느끼게 되는 것입니다.

5:21, "이는 죄가 사망 안에서 왕 노릇 한 것 같이 은혜도 또한 의로 말미암아 왕 노릇 하여 우리 주 예수 그리스도로 말미암아 영생에 이르게 하려 함이라"

예수님이 오시기 전에는 죄가 우리 안에서 왕초 노릇을 했습니다. 그래서 우리는 죄에 지게 되고 정욕과 탐욕에 져서 죄만 보면 꼼짝하지 못하고 죄의 부하 노릇만 하였습니다. 죄는 이 세상의 성공을 가지고 우리를 조정했습니다. 그러나 예수님이 죄와 재대결해서 이기셨습니다. 그래서 이제 우리는 이겼습니다. 우리는 죄와 탐욕의 종이 아니고 죽음의 종도 아닙니다. 우리는 이겼습니다. 우리는 내가 하고 싶은 좋은 일을 얼마든지 할 수 있고 하나님의 뜻을 얼마든지 이루어드릴 수 있습니다. 이제는 우리가 왕인 것입니다. 나에게 강요하는 사람이 아무도 없기 때문입니다.

그리고 우리는 영생에 이르게 됩니다. 우리는 예수님처럼 변하게 됩니다. 우리는 무덤 문을 열고 완전히 새로운 모습으로 다시 잠에서 깨어나게 됩니다. 그때 죄의 종들은 저 엄청나게 깊은 지옥에 빠져서 썩은 몸을 가지고 고통받을 것입니다. 그들의 몸은 유황불에 태우고 또 태워도 없어지지 않을 것입니다. 그들의 몸에는 구더기들이 우글거릴 것입니다. 마귀는 그들의 머리를 발로 밟고 다니면서 욕을 하고 때릴 것입니다.

오늘 우리는 하나님의 은혜에 잠겨 있습니다. 우리는 마치 따뜻한 목욕탕 물에 잠겨 있듯이 하나님의 은혜에 빠져 있습니다. 우리는 여기서 하나님의 은혜를 마시고 하나님의 은혜의 바다에서 헤엄을 치고 더 가치 있는 인생을 향하여 나아갈 수 있기를 바랍니다.

29

인공호흡기를 낀 사람들
롬 6:1-5

병원의 중환자실에 가면

인공호흡기를 코에 달고 숨을 쉬면서 침대에 누워있는 환자들이 있습니다. 이들은 자신의 힘으로는 호흡이 안 되기 때문에 기계로 숨을 불어 넣는 것입니다. 또 물속에 잠수하는 잠수부들도 항상 등에 있는 산소통에 호스를 연결해서 숨을 쉬면서 일을 합니다. 만일 그 호스가 막힌다든지 잘리게 되면 그 잠수부는 생명을 잃게 될 것입니다. 이와 같이 사람들은 공기와는 떼려야 뗄 수 없는 존재입니다. 아기는 태어났을 때부터 숨을 쉽니다. 그 첫 번째로 숨 쉬는 소리가 우는 소리입니다. 만일 아기가 태어났는데 울지 않으면 큰일이 난 것입니다.

남녀가 서로 좋아하지만 결혼하지 않으면 아직 서로에 대하여 책임이 없습니다. 그래서 서로가 싫어지면 '이제 우리 그만 만나!' 라고 하면서 헤어지고 마는 것입니다. 그러나 결혼한 부부에게는 법적인 책임이 있기 때문에 이혼하려고 하면 쉽지 않습니다. 우리나라 어떤 재벌은 이혼하려고 하는데 부인 쪽에서 남편에게 일조 원을 요구했습니다. 서양에서는 이혼하면 남편은 자기가 가진 것의 거의 전부를 부인에게 주어야 한다고 합니다.

　우리 인간은 모두 심장병 환자와 같습니다. 그래서 우리는 숨을 제대로 쉬지 못합니다. 숨을 제대로 쉬지 못할 뿐 아니라 죄의 호스에 연결되어서 늘 죄를 마시면서 살아갑니다. 즉 술을 마시든지 음행을 하든지 도박을 하든지 남을 미워하고 의심하든지 하면서 죄와 함께 살아가는 것입니다.

　그런데 우리 인간에게 엄청난 사건이 일어나게 되었습니다. 그것은 바로 하나님께서 죄의 인공호흡 대신에 하나님 아들의 심장을 이식시켜 주신 것입니다. 예수님은 하나님의 아들이셔서 심장이 필요 없으셨습니다. 그러나 예수님은 우리를 위하여 인간이 되셔서 심장을 가지셨습니다. 뇌도 가지시고 호르몬도 나오는 완전한 인간의 몸이 되셨습니다. 그러나 그의 피와 뇌와 호르몬에는 죄가 조금도 없었습니다.

　사도 바울 당시에 사람들은 바울의 복음을 듣고 이상하다고 생각했습니다. 그것은 누구든지 예수를 믿기만 하면 과거에 어떤 죄를 지었든지 다 용서받고 새 사람이 되고 구원을 받는다는 것이었습니다. 사람이 어떻게 나이가 들었는데 새 사람이 될 수 있습니까? 사람이 죄를 지었으면 죄인이지 어떻게 아무 공로도 없이 죄가 용서될 수 있습니까? 그래서 그들 중에는 바울이 하는 말이 옳다면 기왕 천국 갈 테니까 죽기 전에 실컷 죄나 짓다가 죽기 전에 회개하고 천국 가사고 말하는 사람들이 많이 있었습니다.

1. 바울 복음의 오해

　누구든지 바울의 복음을 들으면 오해하게 됩니다. 그 이유는 바울의 복음이 사람들이 지금까지 생각하던 모든 윤리나 도덕이나 율법과 상치되는 것이기 때문입니다. 그래서 사도 바울의 복음을 들으면 이것은 율법을 배신하고 쉽게 하나님의 백성이 되는 법을 가르치는 엉터리 이론이라고 오해했습니다. 우선 사도 바울은 누구든지 예수를 믿으면, 그가 창녀든지 도둑이든지 깡패든지 가난한 사람이든지 아무 차별 없이 모든 죄를 사함받아 의롭다 함을 받고 성령을 받는다고 가르쳤습니다. 그리고 거기서 한 걸음 더 나아가서 누구든지 예수를 믿으면 죽어도 다시 살아나서 부활하게 되고 영생을 얻게 된다고 가르쳤던 것입니다.

사람들은 이것을 도저히 이해할 수 없었습니다. 이 세상에는 같은 사람이라 하더라도 엄연한 차이가 있습니다. 부자가 있는가 하면 가난한 자가 있고, 지식인이 있는가 하면 무식한 자가 있고, 죄인이 있는가 하면 도덕적으로 의로운 사람도 있는 것입니다. 그런데 어떻게 예수를 믿기만 하면 이런 차이가 다 없어지고 변하여 새 사람이 될 수 있습니까?

또 사도 바울은 누구든지 예수를 믿기만 하면 죽어도 부활하고 영생을 얻는다고 했는데, 지금도 사람들은 죽어가고 있고 죽으면 아무도 살지 못하는 것이 확실합니다. 또 예수를 믿으면 병이 안 걸린다든지 아니면 기적적으로 병이 낫는다든지 해야 하는데, 예수 믿는 사람도 암에 걸려서 죽기도 하고 나이가 들면 다 죽는 것입니다. 그런데 부활하고 영생을 얻는다는 것은 도무지 말이 안 되는 주장입니다.

그래서 사도 바울의 설교를 들은 사람 중에는 예수 믿고 모든 죄 용서를 받는다면 아예 죄를 많이 지어버리고 나중에 가서 한꺼번에 죄 용서 받자는 사람도 있었습니다. 또 기왕 예수 믿고 구원 얻을 것 같으면 굳이 일찍 예수 믿지 말고 세상 재미 실컷 보다가 할 수 있는 한 죽기 바로 전에 예수 믿는 것이 좋다고 말하는 사람들도 많이 있었습니다. 또 사도 바울이 죄가 더한 곳에는 은혜도 더 한다고 했으니까 죄를 더 많이 짓자고 말하는 사람까지 있었습니다.

6:1, "그런즉 우리가 무슨 말을 하리요 은혜를 더하게 하려고 죄에 거하겠느냐"

여기서 사도 바울은 우리에게 '예수를 믿는다' 는 것이 무엇인지 제대로 이해하지 못해서 이런 오해를 하게 된다고 주장하고 있습니다. 예수 믿는다는 것은 예수를 친구로 삼는다는 뜻이 아닙니다. 만약 우리가 예수를 친구로 삼는다면 예수를 만나서 선한 이야기를 듣고 좋은 영향을 받는다고 말할 것입니다. 그리고 만일 예수가 마음에 들지 않으면 '우리 이제 만나지 말자!' 라고 하면서 헤어질 수도 있을 것입니다. 그러나 예수 믿는 것은 예수를 친구로 삼는 것이 아니라 예수와 연합하여 하나가 된다는 것입니다.

우리는 잘 모르지만 우리 모든 인간은 심장병을 앓고 있습니다. 그래서 우리는 숨을 제대로 쉴 수 없습니다. 그것이 무엇인가 하면 기도라는 것을 할 수 없다는 것입니다. 우리에게 있어서 기도하는 것은 숨 쉬는 것입니다. 그러나 우리가 예수 믿기 전에는 심장병이 병들어서 숨을 제대로 쉴 수 없었습니다. 우리는 기도할 줄 몰랐습니다. 우리는 겨우 인공호흡기에 의존해서 살았는데, 그것은 바로 이 세상의 음식이고 오염된 공기이며 물이고, 이 세상의 지식이나 성공입니다. 거기서 심한 사람은 인공호흡기를 통해서 술을 마시기도 하고 마약과 도박도 하고 거짓말도 하면서 살았습니다. 그러나 우리는 죽어가고 있습니다. 우리가 완전히 죽어서 영안실에 들어가 있는 것은 아닌데 눈은 떠 있지만 우리는 일어설 수 없었습니다.

예수님은 이런 우리를 불쌍히 여기셨습니다. 그래서 예수님은 이 세상에 오셔서 인간이 되셔서 심장을 가지시고 성인이 될 때까지 기다리셨습니다. 왜냐하면 성인이 되셔야 많은 사람을 살리실 수 있기 때문입니다. 그 대신 예수님은 많은 사람에게 하나님의 말씀을 가르치시고 하늘나라에 대하여 말씀하시고 병자들을 많이 고치셨습니다.

그리고 제자들에게 자신의 죽음에 대하여 말씀하셨습니다. 예수님은 십자가 위에서 죽으심으로 자신의 심장을 우리에게 주셨습니다. 예수님은 우리에게 달려 있던 세상의 인공호흡기를 잘라버리시고 그의 튼튼한 심장을 우리에게 달아주셨습니다. 이 수술을 하려고 하면 예수님도 죽어야 하지만 우리도 한번 죽어야 합니다. 즉 우리도 가슴을 열고 가슴을 찢어서 이미 돌처럼 굳어 있는 심장을 떼야 합니다.

예수님은 이 일을 사흘 동안에 하셨습니다. 예수님께서 자신의 심장을 꺼내고 하나님 앞에서 의롭다 인정을 받으시고 우리에게 새 심장을 달아주시는 데 사흘이 걸리셨습니다. 그리고 예수님은 사흘 만에 살아나셨습니다. 우리는 겉으로 보기에는 옛날과 같아 보입니다. 그러나 우리의 심장은 달라졌습니다. 우리는 모두 예수님의 심장을 달게 된 것입니다. 그리고 예수님의 뇌가 생기게 되었고 하나님의 호르몬이 나오게 되었습니다.

사도 바울은 무슨 말을 합니까? 우리는 이미 죄에 대하여 죽었다고 선언하고 있습니다. 즉 우리가 죄의 인공호흡기를 잘라버리게 되었을 때 우리는 죄에 대하여 죽고 세상에 대하여 죽었다는 것입니다.

6:2, "그럴 수 없느니라 죄에 대하여 죽은 우리가 어찌 그 가운데 더 살리오."

하나님 아들의 심장을 이식받은 우리가 어떻게 죄의 인공호흡기를 달고 살 수 있겠습니까? 우리가 어떻게 죄의 공기를 마시면서 살 수 있겠습니까? 이것은 불가능한 것입니다.

2. 죄에 대하여 죽은 우리

　우리가 보통 '죽는다'고 할 때는 목숨을 잃는 것을 의미합니다. 그래서 교통사고가 나서 몇 사람이 죽었다고 할 때 그것은 목숨이 끊어졌다는 뜻입니다. 그러나 간혹 사람과의 관계에서 '죽었다'고 하는 말을 사용할 때가 있습니다. 자기 친구가 자기를 배신했다는 말을 듣고 "그 놈은 이제 죽었어."라고 말할 때가 있습니다. 또 어떤 아버지에게 아들이 있는데 너무나도 말을 듣지 않고 나쁜 짓만 하고 아무리 부탁해도 끝내 아버지의 말을 듣지 않을 때 "이제 나에게는 아들이 죽었다"는 말을 하기도 하는 것입니다.

　이스라엘 백성은 이것을 너무나도 생생하게 경험했습니다. 이스라엘 백성은 애굽에서 바로의 노예로 있을 때 그들은 바로의 종이었습니다. 그들은 벽돌을 구워서 성만 쌓았던 것이 아니라 각 가정에 가서 청소와 빨래, 농사일과 집안일도 다 해주는 종이었던 것입니다. 그래서 바로의 애굽과 이스라엘 백성은 떼려야 뗄 수 없었습니다. 그리고 이스라엘 백성은 애굽인들이 주는 양식을 먹었습니다.

　그러나 하나님은 이스라엘 백성의 기도를 들으시고 그들을 위하여 역사하기 시작하셨습니다. 하나님은 모세에게 하나님의 음성을 듣게 하시고 모세를 바로에게로 보내서 이스라엘 백성이 하나님을 섬기도록 내보내 달라고 요구하게 하셨습니다. 그러나 바로는 정말 끈질기고 완악한 사람이었습니다. 그는 무려 열 가지 재앙을 당하고서야 이스라엘 백성을 애굽에서 내보내었습니다. 이스라엘 백성을 애굽의 바로의 손에서 떼어내는데 단칼에 되었던 것이 아닙니다. 무려 열 번이나 칼을 내려치고 바로와 애굽의 모든 장자가 다 죽었을 때야 비로소 그들을 내보내었습니다. 그리고 바로가 이스라엘 백성과 진짜 분리된 것은 홍해에서 바로와 애굽의 모든 군대가 다 바다에 빠져 죽었을 때였습니다. 그때 이스라엘 백성은 하나님의 심장을 달게 되었고,

하나님을 찬양하게 되었고, 하나님의 말씀에 순종하게 되었습니다.

바로 이러한 과정이 우리에게도 일어나게 됩니다. 우리가 마귀와 세상의 손에서 끊어지는 것은 단칼에 되지 않습니다. 수 없는 하나님의 말씀을 듣고도 우리는 예수님의 심장을 달려고 하지 않고 세상의 인공호흡기에 만족하는 것입니다. 그러다가 우리 인생에 어쩔 수 없는 막다른 골목에 갇히게 되었을 때야 비로소 우리는 두 손 두 발 다 들고 하나님께 항복하는데, 그것이 바로 예수님을 믿는 것입니다.

3. 예수와 합하여 세례를 받다

우리가 세례를 받는다는 것은 예수를 믿는다는 표시로 머리에 물을 붓는 의식을 말합니다. 이것은 내가 죄인이라는 표시이고, 하나님을 믿는다는 표시입니다. 그러나 이것은 어디까지나 세례 요한의 세례이고 예수님의 세례는 아닙니다. 예수님의 세례는 그야말로 예수님과 같이 수술받는 것을 의미합니다. 즉 수술대 위에 내가 누워 있고 내 옆에는 예수님이 누워 계십니다. 의사는 먼저 예수님의 가슴을 칼로 찢어서 심장을 꺼냅니다. 그리고 의사는 내 가슴을 찢어서 내 심장도 꺼냅니다. 그리고 의사는 조심스럽게 내 심장에 있던 곳에 예수님의 심장을 넣어서 꿰맵니다. 그리고 의사는 내 썩은 심장을 예수님의 심장이 있던 자리에 넣어서 실로 꿰맵니다. 이때 예수님도 잠깐 죽으시고 나도 잠깐 죽습니다. 그러다가 심장에 피가 통하면서 나는 숨을 쉬게 됩니다. 그리고 예수님도 숨을 쉬게 됩니다. 이렇게 우리의 이 수술은 물세례가 아니라 피 세례이고 죽음을 통과하는 세례인 것입니다. 이것은 절대로 가벼운 것이 아니라 죽느냐 사느냐를 결정하는 세례입니다.

6:3, "무릇 그리스도 예수와 합하여 세례를 받은 우리는 그의 죽으심과 합하여 세례를 받은 줄을 알지 못하느냐"

예수님의 십자가는 우리의 심장을 예수님의 심장으로 바꾸는 수술대였습니다. 예수님이 십자가에 달리셨을 때 우리도 그 옆에서 죽어 있었습니다. 예수님이 십자가에 못 박히셨을 때 우리도 수술대 위에 누워 있었던 것입니다. 우리는 이미 세상의 인공호흡기를 떼내고 숨은 멎어 있었습니다. 우리는 예수님의 죽으심과 하나가 되어있었습니다. 우리는 예수님과 같이 세상에 대하여 죽었습니다. 우리는 마귀에 대하여 죽었습니다.

6:4, "그러므로 우리가 그의 죽으심과 합하여 세례를 받음으로 그와 함께 장사되었나니 이는 아버지의 영광으로 말미암아 그리스도를 죽은 자 가운데서 살리심과 같이 우리로 또한 새 생명 가운데서 행하게 하려 함이라"

예수님은 십자가 위에서 죽으셨습니다. 우리도 십자가 위에서 죽었습니다. 그러나 우리는 예수님과 서로 심장을 바꾼 상태에서 죽었고, 서로 손을 잡은 상태에서 죽었습니다.

우리는 예수님과 심장을 바꾸었고 서로 손을 잡고 장사 지낸 바 되었습니다. 사람이 같은 무덤에 묻히는 것은 부부 사이에만 합니다. 부부 사이라 하더라도 평소에 사이가 좋지 않았던 이들은 할 수 있는 대로 먼데 묻어두는 것 같습니다. 친구들도 같은 무덤에 장사지내지 않고 부모와 자식도 같은 무덤에 장사지내지 않습니다.

그러나 예수 믿는 사람들은 예수님과 같은 무덤에 장사 지낸 바 되었습니다. 그리고 먼저 예수님의 심장이 뛰기 시작했고 우리의 심장도 뛰었습니다. 예수님과 우리의 잡은 손이 서로 따뜻해지게 되었습니다. 우리의 뇌에는 예수님의 뇌파가 뛰고 있고 우리에게는 예수님의 성령의 호르몬이 나오고 있습니다. 우리는 예수님을 배신할 수 없습니다. 물론 때때로 우리가 옛날 세상의 인공호흡기를 달고 싶고 예수님으로부터 떨어지고 싶어도 이것은 불가능합니다. 왜냐하면 우리는 죽었고 이미 예수님의 심장을 달고 있기 때문입니다.

6:5, "만일 우리가 그의 죽으심과 같은 모양으로 연합한 자가 되었으면 또한 그의 부활과 같은 모양으로 연합한 자도 되리라"

예수님의 죽으심은 그것으로 끝이 아니었습니다. 예수님은 다시 살아나셨고 영원한 하나님이 되셨습니다. 그러면 우리도 모두 다 부활하고 영원한 하나님의 영광에 참여하는 자가 되는 것입니다.

우리가 이 세상에 사람으로 태어나는 것은 너무나도 귀한 일입니다. 그러나 이것도 오염되었습니다. 우리가 어렸을 때는 모두 대단한 일을 할 것 같지만 늙으면 별로 할 것이 없습니다. 그러나 우리의 대단한 일은 예수님의 수술과 부활입니다. 그러나 인간은 모두 세상의 인공호흡기만 끼고 잘 났다고 자랑하고 있습니다. 인간은 왜 이렇게 모두 미련하게 되었을까요? 이것은 바로 죄로 오염된 공기를 마셨기 때문입니다. 우리는 성령을 마시고 성령의 호르몬으로 아름다운 세상을 훨훨 날 수 있게 되시기 바랍니다.

30

새로운 신분
롬 6:6-11

학생 중에서

가장 기분이 좋을 때는 자기가 원하던 명문 대학에 입학했을 때일 것입니다. 그때 그 학생은 입학금을 냄과 동시에 그 대학 학생이라는 새로운 신분을 얻게 됩니다. 그는 더 이상 고등학교 교복을 입지 않아도 되고, 담임선생님의 야단을 맞지 않아도 되고, 도서관에서 마음대로 책을 빌려 공부할 수도 있습니다. 어떤 한국 학생은 나이가 꽤 들어서 미국에 유학 갔는데 가장 부러웠던 것이 학생이 교수에게 마음껏 질문하고 반박도 하고 자기주장을 하는 것이었다고 했습니다. 그리고 대학생이 되면 이성을 자유롭게 사귈 수 있고 데이트도 할 수 있습니다. 그래서 옛날에는 대학 시절이 최고 전성기였습니다.

그러나 또 반대로 신분이 변하는 것이 있습니다. 그것은 누구든지 죄를 지으면 죄인의 신분으로 변하는 것입니다. 도스토옙스키가 쓴 《죄와 벌》을 보면, 어떤 대학생이 전당포를 운영해서 다른 사람의 이윤을 갈취하는 할머니를 보고 물건을 맡기러 간 것처럼 위장해서 그 전당포 할머니를 살해해버립니다. 그는 범인이 아닌 체하다가 결국 양심의 가책을 이기지 못하고 자수해서 죄수가 됩니다. 죄수가 되면 모든 자유가 박탈됩니다. 즉 죄수복을 입어야 하고 감옥에 갇혀야 하고 머리도 죄수 머리를 해야 합니다. 옛날 러시아에서는 죄수의 머리를 반만 빡빡 깎았다고 합니다. 이것은 전체를 빡빡 깎는 것보다 더 보기 싫습니다. 그리고 시베리아 같은 데로 가서 강제 노역을 해야 합니다. 그런데 형기가 끝나면 감옥에서 나오게 됩니다.

고대 로마에는 노예에 관한 법이 있었는데, 만일 노예 한 사람이 주인을 죽이면 무조건 그 집 노예는 다 죽이는 법입니다. 반대로 노예 중에서 주인에게 충성된 자는 주인에게 돈을 받거나 아니면 거저 노예에서 해방시켜 주는 제도도 있었습니다.

그런데 하나님 앞에서 또 다른 법이 있습니다. 이것은 법 중에서 최고의 법입니다. 바로 하나님의 아들이 죽을 때, 무릎을 꿇고 자기가 죄인이라고 고백하는 자는 전부 다 죽었다고 인정하는 것입니다. 그러나 하나님의 아들이 죽을 때, 서서 구경만 한 사람은 죄가 그대로 있다는 것입니다. 그리고 이 하나님의 법의 가장 중요한 점은 누구든지 죄가 하나도 없는 사람이 죽으면 사망의 권세가 깨진다는 것입니다. 반대로 죄가 조금이라도 있는 사람은 절대로 영원히 사망의 권세에서 풀려나지 못합니다. 이것이 최고의 법입니다.

또 죽은 자는 심판하지 못하는 법이 있습니다. 옛날에는 죽은 자도 심판해야 한다고 해서 무덤에서 시체를 파내어서 칼로 머리를 치거나 밧줄로 목을 매달았지만 지금은 그런 법이 없습니다.

사도 바울은 사람에게 누구든지 예수를 믿으면 나이나 신분이나 남녀 구별 없이 죄 없이 함을 받는다고 했습니다. 여기에는 아무런 공로도 필요 없고 오직 예수를 믿는 믿음만 있으면 되는 것입니다. 그리고 아무리 죄를 많이 지은 사람이라도 예수를 믿기만 하면 하나님이 다 용서해주신다고 했습니다. 이 말을 듣고 사람들은 말도 안 되는 소리라고 했습니다. 죄인이면 죄인이고 의인이면 의인인 것이지 어떻게 죄인이 의인이 될 수 있느냐고 반박했습니다. 그리고 죄를 아무리 많이 지어도 더 큰 은혜를 주셔서 의인이 된다면 죄를 많이 지을수록 더 좋은 것이 아니냐고 조롱하며 반박했습니다. 즉 사도 바울의 이런 가르침은 사람들로 하여금 죄를 더 짓도록 충동질한다는 것입니다.

1. 예수 믿는 것이 무엇인가?

옛날 중국에서는 왕이 죽으면 그 왕에게 충성했던 신하들도 모두 무덤에 들어가고 왕비와 첩들도 무덤에 들어가고 종이나 노예들도 모두 무덤에 들어가는 '순장(殉葬)'이라는 제도가 있었습니다. 그 사람들은 무덤 안에 들어가도 당분간은 살아있지만 결국은 양식이나 물이 떨어져서 죽게 됩니다. 그런데 왕이 죽었다고 해서 그 유능한 신하들을 다 무덤에 넣어서 죽이니까 나라가 망하게 되었습니다. 그래서 한 나라쯤 와서는 왕이 죽었다고 해서 신하를 같이 죽는 것을 금지했다고 합니다. 나라를 다스릴 인재들이 왕과 같이 다 죽어버리기 때문입니다.

이것이 하나님에게도 통하는 법칙이 있습니다. 그것은 바로 하나님의 아들이 죽을 때, 그의 죽음을 무릎 꿇고 바라보면서 이것은 내가 죽는 것이라고 믿는 사람은 실제로 죽지 않아도 하나님은 그가 죽은 것으로 인정하신다는 것입니다. 하나님의 아들의 피는 한 방울만 해도 이 세상 어떤 생명이나 권력이나 보석보다 귀하기 때문입니다. 그래서 예수님이 죽으실 때 예수 믿는 사람들은 그때 살았던 사람이나 지금 살아있는 사람이나 모두 법적으로 다 죽은 것입니다. 반대로 하나님의 아들이 죽는 것을 보고서도 감히 무릎을 꿇지 않고 고개를 쳐들고 서서 조롱하고 구경한 사람들은 다 살아있는 것입니다.

> 6:6, "우리가 알거니와 우리의 옛 사람이 예수와 함께 십자가에 못 박힌 것은 죄의 몸이 죽어 다시는 우리가 죄에게 종 노릇 하지 아니하려 함이니"

그래서 우리는 예수 믿고 난 후 세상 것을 다 버리게 됩니다. 이것이 바로 무덤 안에 들어가는 것입니다. 돈이 많아서 돈을 의지하고 살았으면 돈을 버리는 것입니다. 공부를 많이 해서 학벌이나 지식을 의지해서 살았으면 그것을 다 버리고 바보가 되는 것입니다. 권력을 가졌으면 권력을 포기하는 것입니다. 그래서 사람들은 그를 바보라고 생각합니다. 왜냐하면 이 세상 사람들은 자기가 가지고 있는 것으로 얼마든지 더 큰소리칠 수 있고 얼마든지 더 유능하게 될 수 있는데 그것들을 전혀 사용하지 않고 바보 같이 되어버리기 때문입니다.

하나님께서 그렇게 하시는 이유는 우리 몸이 죄에게 종노릇 하지 않게 하기 위해서입니다. 이것을 보면 우리 육체가 얼마나 죽기 힘들고 잘난 체하고 자기 잘난 맛으로 사는지 잘 알 수 있습니다. 그래서 하나님께서는 예수님의 죽음을 믿는 자들을 실제로 광야에 넣으시거나 혹은 인생 밑바닥에 떨어트려서 아무것도 자랑하지 못하게 만드십니다.

그런데 죄의 종노릇이라는 것은 무엇입니까? 욕심이나 정욕이 마음속에서 한번 일어나면 이것이 너무 끈질기게 물고 늘어져서 결국 나를 쓰러뜨리고야 하는 것입니다. 즉 나는 죄짓는 것이 싫습니다. 나는 술 마시고 노름하고 비싼 옷을 사는 것이 싫습니다. 그러나 마음속에서는 계속 그런 생각이 드는 것입니다. 술을 마셔야 사람 구실을 한다, 노름을 하면 쉽게 시간이 가고 돈을 딸 수도 있다, 또 비싼 옷은 너무나도 너에게 어울린다고 하면서 귀에 대놓고 속삭이고 생각이 떠오르는데, 나중에는 결국 굴복하고야 마는 것입니다.

2. 예수님의 살아나심

예수님은 십자가 위에서 완전히 죽으셨습니다. 그의 고개는 떨어지고 맥박은 끊어지고 숨은 멈추었습니다. 피와 물은 다 쏟아져버렸습니다. 그래서 사람들은 예수님을 돌무덤에 장사 지냈습니다. 그런데 우리는 죽었다고 하지만 아직 돌무덤 안에 살아있습니다. 그래서 어디 조그만 구멍이라고 있으면 그 무덤에서 빠져나오려고 이리저리 구멍을 찾습니다. 그러나 돌무덤 안에는 우리가 빠져나갈 수 있는 구멍이 전혀 없습니다. 그때 무덤 안은 산소가 모자라서 점점 숨 쉴 수 없고 이제는 죽는구나 하는 생각이 들게 됩니다. 그리고 실제로 우리는 정신을 잃게 됩니다. 우리는 이 세상에서 살아날 가능성이 전혀 없는 것입니다.

그런데 그동안 예수님은 하나님 앞에서 완전한 의인으로 인정되셨습니다. 그는 이 세상에 태어나서 한 번도 죄를 지으신 적이 없고 나쁜 생각을 가지신 적이 없고 십자가에 죽으신 것도 전혀 죄 없이 죽으신 것이었습니다. 이때 하나님께서는 '예수는 사망을 이겼음', '부활할 자격이 있음' 이라고 인정하시게 되는 것입니다. 이때 예수님은 죽음에서 일어나시면서 또 우리도 일으키십니다.

6:7, "이는 죽은 자가 죄에서 벗어나 의롭다 하심을 얻었음이라"

예수님은 죄가 전혀 없으신 데도 불구하고 마귀가 교만해서 예수님을 처참하게 죽였기 때문에 사망은 예수님을 이길 수 없었습니다. 그래서 예수님은 죽음에서 일어나셔서 사망을 깨시고 마귀의 머리를 깨셨습니다. 그리고 예수님의 생명을 우리에게 넣어주셨습니다. 천사들은 무덤을 막고 있던 돌문을 굴러버렸습니다. 이때 우리는 새로운 숨을 쉬게 됩니다. 우리는 천국의 공기를 숨 쉬게 됩니다. 우리는 예수님과 함께 다시 살아났습니다. 이제 우리는 고기를 잡으러 갈 수도 있고 장사를 할 수도 있고 농사를 지을 수도 있고 세상 공부를 많이 할 수도 있습니다.

그러나 우리가 한번 죽었다가 살아나면서 깨닫게 되는 것은 이런 것이 다 별것이 아니라는 것입니다. 우리에게 중요한 것은 우리가 이 세상에서 아무리 좋은 것을 가지고 큰소리치고 잘난 채 해봐야 그것은 시체의 썩은 냄새밖에 안 나는 것입니다. 이 세상에 가장 귀한 것은 예수님의 생명이 내 속에 들어와서 새로운 숨을 쉬는 것입니다. 이제 더 이상 하나님과는 원수가 아니고 예수님이 주시는 사랑이 내 속에 넘쳐나게 됩니다. 우리는 더 이상 죄의 종이 아닙니다. 죄는 옛날과 같은 방식으로 우리를 넘어뜨리려고 하지만 옛날같이 그렇게 절대적으로 군림하지 못합니다. 우리가 한번 결단하면 죄는 물러갑니다. 물론 또 와서 우리를 넘어뜨릴 때가 있지만 옛날같이 재미가 없는 것입니다.

그런데 우리 마음에는 예수님과 함께 다시 살 것이라는 확신이 듭니다. 왜냐하면 예수님의 생명이 내 속에 자꾸 생기기 때문입니다. 그래서 누구든지 그리스도와 함께 죽은 자는 그리스도와 함께 살게 됩니다. 예수님이 죽으셨기 때문에 우리도 한번은 죽습니다. 그러나 이 것은 다시 살기 위해서 죽는 것입니다.

6:9, "이는 그리스도께서 죽은 자 가운데서 살아나셨으매 다시 죽지 아니하시고 사망이 다시 그를 주장하지 못할 줄을 앎이로라"

만약 예수님이 십자가 위에서 죽으시고 다시 살아나신 후에 늙어서 죽으셨다면 이것은 우리 보통 사람의 죽음과 다를 것이 없을 것입니다. 예수님의 부활은 하나님의 체험밖에 되지 않을 것입니다. 그러나 예수님은 한번 부활하시고 난 후에 다시는 죽지 아니하셨습니다.

예수님은 그 몸을 가지고 하나님의 보좌 우편에 가지고 올라가셨습니다. 그래서 예수님은 하나님 우편에서 우리와 똑같은 살과 피를 가지시고 지금도 거기에 살아계신 것입니다. 예수님은 다시 그 몸으로 이 세상에 우리를 데리러 오시기만 하면 되는 것입니다.

그래서 예수님이 하늘에 올라가실 때 천사는 예수님이 올라가신 모습 그대로 다시 오실 것이라고 전했습니다.

3. 인생을 사는 자세

우리는 이 세상에서 예수 믿기 전이나 예수 믿은 후나 거의 비슷한 상태에서 살아가게 됩니다. 가난한 분은 여전히 가난하기도 하고 병든 분은 여전히 병들어 있을 수도 있습니다. 그러나 우리의 속은 엄청나게 변했습니다.

> 6:10, "그가 죽으심은 죄에 대하여 단번에 죽으심이요 그가 살아 계심은 하나님께 대하여 살아 계심이니"

예수님께서 십자가 위에서 죽으신 것은 모든 믿는 자들의 죄를 단번에 갚으신 것이었습니다. 그리고 예수님의 살아세심은 우리 모든 믿는 자를 대표해서 단번에 살아계시는 것입니다.

어떤 병에 걸린 사람이 자기가 다시 병이 나을 줄 어떻게 알 수 있습니까? 자기와 똑같은 병에 걸렸는데 치료된 친구를 보면 나도 저렇게 나을 수 있겠구나 하는 것을 알 수 있는 것입니다. 요즘 사람들은 거의 구십 세나 백 세까지 살다가 돌아가십니다. 우리도 무슨 큰일이 없으면 그 정도 살 수 있다는 것은 살아계신 분들을 보면 짐작할 수 있는 것입니다. 요즘 우리나라에 구십 세는 수두룩합니다. 일본에 한

번 가보니까 정말 꼬부랑 할머니가 작은 트럭을 운전해서 세우는 것을 보았고, 95세 노인이 커피 바리스타를 하고 있었습니다. 그런데 지금 예수님은 이천 년 이상을 살아계십니다.

어떤 영화를 보면 남자가 너무나도 멋있게 생기고 칼싸움도 잘하니까 여자분이 나이가 어떻게 되는지 물었습니다. 그랬더니 그 분은 자기가 350살이라고 대답했습니다. 물론 영화지만 그 사람은 젊은이였습니다.

만약 우리가 죽지 않는다면 우리는 이 세상에 사는 목적이 단순히 돈을 버는 것이나 공부하는 데 있으면 안 됩니다. 우리가 이 세상에 사는 것은 꽃바구니를 만드는 것입니다. 보통 꽃바구니가 아니라 보석으로 된 꽃바구니를 만드는 것입니다.

우리 교회에 어떤 집사님은 비누로 만든 꽃바구니를 만드는데, 완전한 꽃바구니를 만듭니다. 장미꽃이 진짜 장미보다 더 장미꽃처럼 보입니다. 그 장미에는 잎사귀도 있고 가시도 있고 또 다른 꽃들도 있습니다. 만일 우리가 보석으로 그런 꽃바구니를 만든다면 그 가치는 어마어마할 것입니다. 그 꽃바구니는 우리 자신의 인격일 수 있고 교회나 주일학교일 수 있고 내가 하고 있는 일일 수도 있습니다.

6:11, "이와 같이 너희도 너희 자신을 죄에 대하여는 죽은 자요 그리스도 예수 안에서 하나님께 대하여는 살아 있는 자로 여길지어다"

우리는 죄에 대하여 죽었기 때문에 죄가 우리를 부르거나 충동질할 때 반응을 하면 안 됩니다. 우리는 가만히 있어서 죽은 체해야 합니다.

우리가 어렸을 때 산에 갔다가 곰을 만나면 죽은 체하면 곰이 그냥 지나간다는 말을 들었습니다. 그래서 그렇게 하려고 했는데 곰을 한 번도 만나지 못했습니다. 그런데 나중에 보니까 그것이 사실이 아니라고 합니다. 곰은 산 것이나 죽은 것이나 다 잡아먹기 때문에 곰을 만나면 빨리 도망치는 것이 최선이라고 합니다. 그러나 죄에 대해서는 일절 반응을 하지 않는 것이 최고라고 합니다. 친구들이 술 마시러 가자고 하면 안 간다고 하면 되고, 나쁜 짓을 하자고 하면 하기 싫다고 하면 됩니다.

그런데 문제는 우리 안에 죄의 호기심이 있어서 '그래?'라고 하면서 갈등을 일으킨다는 것입니다. 죄에 대한 호기심으로 우리는 망하게 될 때가 많습니다. 그러나 사람에게 호기심이 없을 수는 없습니다. 그러면 아무 의욕이 없어서 축 처지게 됩니다. 그래서 좋은 호기심을 찾아야 합니다. 성경에 대한 호기심, 좋은 문학에 대한 호기심, 헨델의 〈메시야〉에 대한 호기심이라든지 좋은 호기심을 살려야 하고, 하나님의 음성을 듣는 법을 자꾸 계발해야 합니다.

그래서 하나님에 대해서는 항상 리시버를 켜 놓아야 합니다. 하나님이 아무리 작은 소리로 말씀하셔도 알아들을 수 있는 청각을 계발해야 합니다. 그래서 나의 욕심이나 야망으로 움직이는 것이 아니라 하나님의 뜻으로 움직이는 성도들이 다 되시기 바랍니다. 그러면 열매가 있습니다. 내가 생각하지 못했던 하나님의 선한 축복이 나타나게 될 것입니다.

31

의의 무기
롬 6:12-16

요즘 전 세계

군대에서는 엄청난 위력을 가진 신무기들이 개발되고 있습니다. 미군에서 가장 무서운 전투기는 '죽음의 백조'로 알려진 폭격기인데 그 폭격기에 실을 수 있는 폭탄의 양은 엄청나다고 합니다. 병사들이 사용하는 소총도 옛날에는 M16이라고 굉장히 무서운 것이었는데, 요즘은 더 가벼워지고 더 많은 총알을 쏠 수 있는 총으로 바뀌고 있는 것을 볼 수 있습니다. 요즘 북한이 개발한 미사일을 보니까 지상에 낮게 날아가면서 꼬불꼬불 움직이면서 목표물을 찾아가는데, 레이더에 걸리지도 않아서 위력적이라고 합니다.

그러나 좋은 무기들도 얼마든지 개발되고 있습니다. 대개 좋은 무기라고 하면 병원의 치료장비를 말합니다. 요즘은 병원에서 수술할 때도 작은 구멍만 뚫어서 기구를 넣어 수술하니까 고통도 적고 효율적이라고 합니다. 그런데 무기 중에서 최고의 무기는 역시 사람이라고 생각합니다. 아랍의 테러집단에서는 사람을 무기로 개발해서 몸에 폭탄을 감고 건물 안에서 폭파시키든지 아니면 자동차를 몰고 사람들을 죽이면서 달리든지 하는 못된 일을 하고 있습니다.

　마틴 루터는 원래 법률가를 희망했다고 합니다. 그래서 법률을 공부하기 위하여 대학에 입학까지 했는데, 그는 지옥에 가는 것이 너무나도 무서웠습니다. 그는 언제 예수님이 재림하셔서 그 입의 칼로 자기를 심판하실까 하는 것이 두려웠고 거기서 구원을 받고 싶었습니다. 그래서 마틴 루터는 '어떻게 하면 내가 죄를 짓지 않고 천국에 들어갈 수 있을까?' 생각해보았습니다. 그리고 그는 그방법은 수도사가 되어서 기도하고 금식하고 금욕적으로 사는 것이라고 생각했습니다. 그래서 그는 어느 날 갑자기 자기 앞에 벼락이 떨어졌을 때 '성 안나여! 신부가 되겠나이다!' 라고 맹세했다고 합니다. 그는 아버지를 속이고 법대를 중퇴하고 가장 엄격한 수도원에 들어갔습니다. 그리고는 자신의 결심대로 금식하고 철야기도를 해서 몸이 너무 마르고 잠이 부족해서 자기 방에서 기절하기도 했습니다.

　마틴 루터는 너무 자기 죄가 많아서 자기 위에 있는 주님 신부님에게 고해성사를 많이 했는데, 그 신부님은 루터에게 "자네가 자신을 용서하지 않는 것이 문제라네."라고 대답했다고 합니다. 그는 수도원 대표로 걸어서 로마로 가서 빌라도의 계단을 무릎 꿇고 기어올랐지만 죄 용서받음의 확신이 없었습니다. 그가 너무 스스로를 괴롭히니까 수도원에서는 신학교에서 학생들을 가르치면 정신적인 고통이 덜할까 해서 그를 비텐베르크 신학교에 교수로 보냈습니다. 그는 신학교에서 신학생들에게 시편과 로마서를 강해하면서 자기 마음에 그리스도의 은혜가 흘러들어오는 것을 느끼게 되었습니다. 그래서 그는 죄 용서라는 것은 고민하고 자신을 괴롭힌다고 해서 얻게 되는 것이 아니라 하나님의 말씀으로 은혜가 흘러들어와야 얻는 것이라는 것을 알게 되었습니다.

　그래서 어느 날 그는 비텐베르크 성당 문에 기존 가톨릭교회에 95개의 항의하는 질문을 적은 종이를 붙이게 됩니다. 그리고 그 후에는 세계가 변했는데 종교개혁이 일어나게 되었던 것입니다. 마틴 루터는 결혼하지 않으려고 했습니다. 왜냐하면 그는 로마 가톨릭에서 파문되어있어서 언제 죽을지 몰랐기 때문입니다. 그러나 로마는 그를 죽이려고 해도 죽일 수 없었고, 후에 자신의 복음을 듣고 어느 수도원에서 도망친 수녀 중 한 사람과 결혼하게 됩니다.

여기서 우리가 알 수 있는 것은 어떤 사람이 좋은 일을 하느냐 나쁜 일을 하느냐 하는 데 있어서 순간적인 의지나 직업도 중요하지만 더 중요한 것은 그 사람 안에 의로운 피가 흘러야 한다는 사실입니다. 그것은 바로 은혜라는 새 피입니다. 은혜라는 새 피가 흘러 들어가지 않으면 사람은 자기 자신을 용서하지 못해서 자살하거나 자포자기하는 인생을 살게 되는 것입니다.

1. 죄가 지배하는 우리 육신

우리가 알아야 할 가장 중요한 사실은 우리의 몸은 얼마 가지 못해서 죽을 몸이라는 것입니다. 물론 우리가 어린아이고 청소년이고 청년이라면 많은 시간이 있을 것 같지만 실제로 살고 보면 인생은 너무나도 빨리 흘러가 버립니다. 그래서 사람은 자기가 원하든 원하지 않던 어느 순간 늙게 되어있고, 그리고 한번 산 인생은 돌이킬 수 없습니다.

그런데 늙고 난 후에 자신의 인생을 돌이켜보면 아무것도 알맹이가 없는 공허한 인생이라는 것을 알게 됩니다. 그 이유는 모두 조폭같이 자기 멋대로 인생을 살았기 때문입니다. 그중에는 성공한 사람도 있고 실패한 사람도 있습니다. 유명했던 사람도 있고 평범하게 살았던 사람도 있습니다. 그러나 모든 사람이 자신의 인생을 돌이켜 보면 무엇인가 공허한 인생이었다는 것을 알게 됩니다. 그 이유가 무엇일까요? 우리는 죄의 지배를 받는 인생을 살았기 때문입니다. 그 죄가 돈일 수도 있고 야망일 수도 있고 명예일 수도 있습니다. 그를 기쁘게 한 것은 술이었고 마음속에는 끊임없는 육체의 정욕이 지배하고 있었던 것입니다.

6:12, "그러므로 너희는 죄가 너희 죽을 몸을 지배하지 못하게 하여 몸의 사욕에 순종하지 말고"

여기서 '죄'라는 것은 하나님과 잘못된 관계를 말합니다. 하나님은 우리 인간을 만드셨는데 문제는 너무 잘 만드셨다는 것입니다. 그리고 하나님은 우리 인간에게 자유의지까지 주셨습니다. 우리 인간은 너무 잘 만들어진 천사 같은 로봇이 아니라 너무 잘 만들어진 인간이었던 것입니다. 그래서 인간은 하나님에게 복종하지 않고 자기 의지를 따라서 살기로 했습니다. 물론 그렇게 하도록 충동질한 것은 마귀였습니다. 인간이 자기 의지에 따라서 마음대로 살려고 했을 때 인간은 자기도 모르는 사이에 죄의 지배를 받게 되었습니다. 사람의 머리에는 자기가 최고라는 생각이 들어오고 모든 것을 자기 마음대로 하고 싶은 고집이 생겼습니다.

그리고 인간이 자기 하고 싶은 대로 다 했을 때 만족감이 있었습니다. 사기가 사고 싶어 하는 옷을 샀을 때 만족했고 자기가 싫어하는 사람을 때리고 욕했을 때 기분이 좋았고 술을 마시고 헛소리를 하면 기분이 좋았습니다. 그런데 그 만족감이 오래가지 않고 얼마 가지 않아 마음이 허전하고 기분이 나빴습니다. 그래서 인간이 마음대로 죄를 지었을 때는 죄가 주는 짜릿한 만족감도 있지만 또 불안하거나 불쾌한 마음도 있었던 것입니다.

그리고 문제는 시간은 자꾸 가면서 인간은 나이가 들어가고 늙어간다는 것입니다. 왜냐하면 이 육신은 어차피 죽을 몸이기 때문입니다. 사람들은 다른 사람들도 다 그런 식으로 살기 때문에 괜찮다고 생각합니다. 그러나 어느 날 중풍이나 치매가 오고 어느 날 암에 걸리면서 너무 몸이 아프다가 결국 죽고 마는 것입니다. 그의 시체는 썩고 그의 영혼은 죄인의 딱지를 붙이고 끝없는 어두운 불 가운데로 떨어지게 됩니다.

그런데 우리 인간에게 절호의 기회가 오게 되었습니다. 그것은 바로 하나님의 아들이 죄에서부터 우리를 건져내기 위하여 오신 것입니다. 이것은 공부보다 중요하고 부자가 되는 것보다 중요하고 권력자가 되는 것보다 훨씬 중요합니다. 하나님의 아들은 십자가의 피로 죄의 머리를 날려버렸습니다. 그래서 죄가 우리를 지배하지 못하게 하셨습니다. 물론 우리의 생각에는 죄의 생각이 있고 우리의 몸도 죄에 길들여져 있습니다.

그런데 우리 몸과 마음에 하나님의 은혜가 흘러들어오게 됩니다. 그래서 우리의 생각이 점점 더 가치 있는 것을 생각하게 되는데 우리 몸이 말을 듣지 않습니다. 왜냐하면 우리 몸을 반대되는 쪽으로 움직이려고 하면 폭발적인 에너지가 필요하기 때문입니다. 그런데 우리 가슴에 폭발이 일어납니다. 그것은 바로 말씀의 부흥입니다. 하나님의 말씀이 우리 가슴이 쌓이면서 우리 마음이 뜨거워지기 시작하는데 어느 순간 불이 붙는 것입니다. 그때부터 우리 입은 욕을 하지 않고 우리 인생이 다른 사람을 행복하게 하고 하나님께서 원하시는 쪽으로 조금씩 움직이기 시작합니다. 물론 우리 예수 믿는 사람들의 몸도 늙습니다. 그러나 마음만은 늙지 않습니다.

2. 몸이라는 무기

한때 청소년이 좋아하던 무협소설 중에 《의천도룡기》라는 무협지가 있습니다. 거기에 나오는 칼은 아주 무식하게 생긴 네모나고 두꺼운 칼인데 그 칼로 자르지 못하는 칼이 없습니다. 그 칼을 가지고 휘두르면 모든 칼이 다 잘리게 됩니다. 그래서 무술을 잘하는 사람들은 모두 그 칼을 가지려고 눈에 불을 켜고 덤비게 되는 것입니다.

이와 마찬가지로 어떤 사람이 부모로부터 물려받은 보검이 있다면 아마 그것을 가지고 아무 데나 쓰지 않을 것입니다. 잘 보관하고 잘 닦아서 좋은 일에 쓰려고 할 것입니다.

이 세상에서 우리가 하나님으로부터 받은 엄청난 보물이 있습니다. 그것은 바로 우리의 몸입니다. 그런데 우리가 이 몸의 가치를 몰라서 용문신이나 새기고 다른 사람을 때리고 물건이나 돈을 빼앗고 술이나 마시고 담배나 피우고 도박이나 하고 동성애나 하고 욕이나 한다면 보물을 완전히 버리는 것이 될 것입니다.

6:13, "또한 너희 지체를 불의의 무기로 죄에게 내주지 말고 오직 너희 자신을 죽은 자 가운데서 다시 살아난 자 같이 하나님께 드리며 너희 지체를 의의 무기로 하나님께 드리라"

의사들은 자신의 칼을 가지고 환자를 수술하는 데 사용합니다. 절대로 그 칼로 남을 찌르거나 돈을 뺏는 데 사용하지 않을 것입니다. 또 붓글씨를 아주 잘 쓰는 분은 자기 붓을 정말 소중하게 사용할 것입니다. 얼마 전에 우리나라에서 추사 김정희의 글씨 전시회가 열렸는데, 정말 그의 글씨는 다채롭고 너무나도 멋있었습니다. 그림을 잘 그리는 사람은 자신의 붓과 물감을 가지고 가장 아름다운 그림을 그리려고 할 것입니다. 사람들은 그 사람이 그린 그림을 보면 입에서 저절로 감탄사가 나올 것입니다.

르누아르는 자기는 절대로 어두운 색은 쓰지 않는다고 했습니다. 그래서 그는 그림을 그릴 때도 주로 오전에 햇빛이 좋을 때 그림을 그렸다고 합니다. 왜냐하면 사람들이 자기 그림을 통해서라도 기쁨을 누려야 한다고 생각했기 때문입니다. 그러나 뭉크의 작품 중에 〈절규〉라는 작품을 보면 정말 사람이 무엇인가를 보고 놀라서 소리를 지르는 감정을 느낄 수 있습니다.

하나님이 우리에게 물려주신 최고의 무기는 우리의 육체입니다. 만일 우리가 조상으로부터 굉장한 보물 검을 받았는데 그것을 가지고 남의 돈이나 뺏고 아무것이나 칼질한다면 그는 그 칼을 망치는 것입니다. 그래서 사도 바울은 우리 몸을 가지고 불의의 무기로 죄에게 내주지 말라고 했습니다. 죄가 아무리 그 칼을 내어 달라고 해도 그것을 주면 안 되는 것입니다. 우리는 마귀에게 다른 것은 뺏길 수 있습니다. 돈을 뺏길 수 있고 자리를 뺏길 수도 있습니다. 그러나 이 보물은 뺏길 수 없는 것입니다. 그래서 우리는 마귀가 아무리 우리에게 육신을 달라고 해도 주면 안 됩니다.

우리는 육신을 닦아서 보물로 만들어야 합니다. 그렇게 하려면 육신 안에 하나님의 말씀을 넣어서 엔진이 가동되어야 합니다. 그것이 바로 부흥입니다. 그리고 이것을 자꾸 하나님의 뜻에 맞게 쓰는 훈련을 해야 합니다. 그래서 의의 무기가 되어서 하나님께서 나를 쓰시도록 해야 하고, 좋은 곳에 쓰시도록 힘써야 합니다. 사실 우리가 아무리 의롭게 살아도 늙으면 다 기억이 나지 않습니다. 그러나 하나님의 말씀이 들어와서 부흥이 일어나는 것은 행복하게 기억이 납니다. 그래서 인생 전체가 후회되지 않습니다.

3. 율법과 은혜

이 세상에는 두 가지 법이 있습니다. 하나는 '율법'이고, 다른 하나는 '은혜' 입니다. 율법이라는 것은 처벌을 면하게 하는 법입니다. 예를 들어서 어떤 사람이 교통법을 잘 지켰다고 해서 상을 받지는 못합니다. 단지 벌금을 내지 않을 뿐입니다. 그러나 교통법규를 어겼다가 걸리면 벌금을 내야 하고 심하면 구속이 되기도 합니다.

그런데 우리가 예수를 믿으면 은혜가 우리 안에 들어오게 됩니다. 은혜가 우리 안에 들어오면 우리는 법을 지키는 이상의 행동을 하게 됩니다. 예를 들어서 운전하고 가다가 다른 사람이 다쳐서 있거나 위험한 처지에 있으면 나와는 상관이 없지만 그 사람을 도와주게 됩니다. 이것은 사실 법적으로는 내가 꼭 해야 하는 것은 아니지만 내 안에 있는 은혜가 그 사람을 도와주게 되는 것입니다.

얼마 전에 우리나라에서 불법 체류자 한 사람이 어떤 집에 불이 난 것을 보고 뛰어 들어가서 그 안에 있던 사람을 구해냈다고 합니다. 이 사람은 다른 사람을 구해냄으로 자기가 불법 체류자인 사실이 드러나게 되고 우리나라에서 추방될 수도 있습니다. 그러나 그는 법을 떠나서 좋은 일을 했습니다. 그리고 칭찬을 받았습니다.

반면에 어떤 사람은 자신이 걸린 코로나로 인해 수많은 사람을 감염시켰습니다. 그리고도 그는 엄청난 병원비를 한 푼도 내시 잃었습니다. 그는 손해 본 것이 없습니다. 물론 그도 병에 걸려서 고통받았을 것입니다. 그러나 그는 많은 돈이 들 수 있는 치료비를 내지 않아도 되었습니다. 그것은 법적으로 그렇게 되어있기 때문입니다. 그러나 우리나라 모든 사람은 그를 아주 싫어할 것입니다. 왜냐하면 그는 나쁜 종교만 믿은 것이 아니라 많은 사람을 고통받거나 죽게 했고 자기는 돈을 하나도 내지 않았기 때문입니다. 그는 법적으로는 책임이 없는지 몰라도 너무 많은 사람에게 나쁜 것을 주었던 것입니다.

성경은 우리가 법 아래 있는 것이 아니라 은혜 아래 있다고 했습니다.

6:14, "죄가 너희를 주장하지 못하리니 이는 너희가 법 아래에 있지 아니하고 은혜 아래에 있음이라"

이제 더 이상 죄는 우리를 지배하지 못합니다. 그래서 죄가 우리에게 명령하지 못합니다. 단지 우리 몸이 죄에 길들어 있어서 자꾸 죄를 짓고 싶은 충동을 느낄 뿐입니다. 그런데 우리가 죄의 달콤한 소리에 속아서 죄를 지어보면 기분이 엄청나게 나쁩니다. 왜냐하면 더 이상 죄는 우리에게 맞지 않기 때문입니다. 죄를 짓고 나면 너무나도 후회가 되고 자신의 가치가 추락하는 것을 느끼게 됩니다. 그러나 회개하면 우리의 가치는 회복이 됩니다.

우리는 법 아래 있지 않지만 율법을 지켜야 합니다. 우리는 교통법규도 지켜야 하고 학교의 법도 지켜야 합니다. 운전하면서 불법 유턴을 해서는 안 되고 시험 칠 때 커닝도 해서는 안 됩니다. 우리는 남에게 무례해서는 안 됩니다. 사랑은 "무례히 행하지 아니하며"(고전 13:5)라고 했습니다. 남의 나쁜 것을 생각해서도 안 됩니다. 불의를 기뻐하지 않기 때문입니다.

그 대신 우리는 율법 이상의 일을 해야 합니다. 즉 사고당한 자가 있으면 나와 상관이 없어도 도와야 하고, 고통당하는 사람이 있으면 도와야 합니다. 이렇게 하면 그 사람이 고마워할 것입니다. 굶주리는 아이가 있으면 돈을 주는 것입니다. 아픈 사람은 병원에 데리고 가는 것입니다. 그때 우리는 우리 육신을 보물로 사용하는 것입니다. 다른 사람을 행복하게 하는 것이 우리가 해야 할 아름다운 역할입니다.

32

의로운 삶의 결과
롬 6:17-23

우리나라에 코로나가 막 퍼지려고 할 때 이것을 퍼트린 사람들이 있었습니다. 이 사람들은 자기들이 질병을 퍼트리려고 한 것은 아니었습니다. 단지 그들은 신천지라고 하는 잘못된 종교를 믿었을 뿐입니다. 또 어떤 청년들은 이태원 클럽에 가서 마음껏 춤을 추었을 뿐입니다. 그러나 이런 잘못된 신앙과 잘못된 정욕은 우리나라에 무서운 질병이 퍼지게 해서 그들과 상관이 없는 많은 사람이 그 병에 걸리게 되었고 또 병으로 죽게 되었습니다. 그리고 나라의 경제는 마비되고 학교나 공장까지 다 중단하게 되었습니다. 이 사람들은 비록 자기들이 그런 불행한 사태를 원하지 않았다고 하지만 우리나라에 어마어마한 피해를 준 사람들이 되고만 것입니다.

우리는 이 세상에 태어나서 많은 사람을 만나고 또 여러 가지 일을 하면서 살아가게 됩니다. 그러나 우리의 영원한 운명을 나누는 것은 우리가 얼마나 친하며 같은 학교는 다녔느냐 혹은 같은 일을 했느냐 하는 것이 아닙니다. 우리에게 중요한 것은 우리 속에 무엇이 있으며,

우리가 누구에게 속했느냐 하는 것입니다. 우리가 그리스도에게 속했으면 우리는 살게 됩니다. 우리의 마지막은 영생이고 영광입니다. 그러나 만일 우리가 이 세상에 속했으면 우리의 마지막은 죽음이고 비참함입니다.

1. 교훈의 본

해병대에 입대하려고 하면 먼저 시험을 쳐서 합격해야 하고, 그다음에는 선서를 하고 그 혹독한 훈련을 받아야 합니다. 그래서 팔각 모자를 쓰고 빨간 명찰을 달아야 해병대가 될 수 있는 것입니다. 해병대는 해병대 같은 행동을 합니다. 왜냐하면 그들은 해병대이기 때문입니다. 옛날에 우리나라에 공산당들이 많이 있었습니다. 이 사람들이 공산당이 되려고 하면 서약을 하고 이름을 올리고 공산당 교육을 받아야 했습니다. 이것은 이번에 물의를 일으킨 신천지도 마찬가지입니다. 신천지 모임에 가서 자기 이름과 인적 사항을 적어내면 그 사람은 자기는 아무리 아니라고 부인해도 그 사람은 신천지가 되어있는 것입니다.

그런데 사람 중에는 이 세상에서 하나님의 백성이 되는 사람들이 있습니다. 우리가 어떻게 이 세상에서 하나님의 백성이 될 수 있을까요? 그것은 우리에게 전해 준 복음을 듣고 하나님의 아들 예수를 믿으면 되는 것입니다.

> 6:17-18, "하나님께 감사하리로다 너희가 본래 죄의 종이더니 너희에게 전하여 준 바 교훈의 본을 마음으로 순종하여 죄로부터 해방되어 의에게 종이 되었느니라"

하나님은 이 세상에 절대적으로 의로운 사상이 오게 하셨습니다. 그것은 바로 하나님을 믿는 사상입니다. 이것이 복음이고, 본문에는 "너희에게 전하여 준 바 교훈의 본"이라고 말씀하고 있습니다. "교훈"은 '이것을 믿으라' 혹은 '이렇게 살아야 하나님이 기뻐하신다는 가르침'을 말합니다. 복음이 가장 먼저 우리에게 가르쳐주는 것은 '하나님이 우리를 사랑하신다'는 사실입니다. 하나님은 강압적인 방법으로도 얼마든지 우리를 예수 믿게 할 수 있습니다. 그러나 하나님은 절대로 그런 방법을 사용하시지 않습니다.

하나님은 우리를 사랑하십니다. 하나님이 우리를 사랑하시는 증거가 무엇입니까? 우리에게 햇빛과 비를 주시며, 밤하늘에 아름다운 별을 주시고, 우리의 모양을 아름답게 하시고, 우리에게 지혜를 주시며, 건강을 주시고, 물질적인 복도 주신 것입니다. 단지 우리가 그것을 깨닫지 못하고 내가 잘나고 똑똑해서 공부를 잘하고 돈을 잘 번 줄로 생각하는 것입니다.

그런데 하나님의 아들이 직접 이 세상에 오셔서 우리에게 하나님이 우리를 사랑하신다는 소식을 전해주셨고, 우리 죄를 대신해서 십자가에 죽으셨습니다. 그런데 놀라운 것은 이것이 우리에게 믿어진다는 사실입니다. 그러면서 우리가 죄의 종에서 해방되어서 의의 종으로 변하게 된 것입니다.

여기서 "죄의 종"이라는 것은 '정욕의 종, 분노의 종, 그리고 야망과 욕심의 종'을 말합니다. 우리는 이 세상 사는 동안 한평생 야망을 위해서 그리고 욕심과 정욕을 위해서 그리고 분노의 복수를 위해서 살아갑니다. 우리가 그렇게 살아갈 수밖에 없는 것은 대장이 있기 때문입니다. 즉 마귀가 죄의 종들의 대장인 것입니다. 그런데 우리가 복음을 듣고 하나님의 말씀을 믿을 때 예수님은 종의 대장인 마귀의 얼굴에 강펀치를 퍼부어서 우리를 해방시켜주시는 것입니다. 그래서 우리는 의의 종 됩니다.

여기서 "의"라는 것은 하나님 앞에 당당히 설 수 있는 자격을 말합니다. 우리는 하나님 앞에서 우리의 주장이나 생각을 말할 자격이 없었지만 마음속에 의롭게 살고 싶은 욕망이 생기기 시작합니다. 그것이 바로 사랑의 마음입니다. 우리는 마치 부모가 자녀를 사랑하듯이 다른 사람들을 이해하고 행복하게 하려고 하는 마음이 생기게 됩니다. 우리는 이 세상 모든 사람이 행복하기 위해서 태어났다는 것을 알게 됩니다. 물론 이 세상에는 나쁜 짓을 하면서 행복한 사람도 있고 악한 일을 하면서 사랑을 받는 사람도 있지만 그것은 진정한 사랑이나 행복이 아닙니다. 술에 취해서 다른 사람을 때리면서 행복한 것은 행복한 것이 아니고, 도박을 해서 살림을 다 잃어버리면서 기분 좋은 것은 진정한 행복이 아닙니다. 그러나 우리 힘으로는 이것을 바꿀 수 없습니다. 교훈의 본을 듣고 예수를 믿을 때 예수님은 사탄의 얼굴에 강편치를 퍼부음으로 우리는 그 사슬에서 풀려나게 되는 것입니다.

2. 연약한 우리 육신의 의지

헤르만 헤세가 쓴 《데미안》이라는 소설을 보면, 어떤 남자아이가 저금통에 돈을 모으고 있었는데 새로 이사한 곳의 깡패가 이 아이를 불러서 집에 있는 돈을 가져오라고 합니다. 그래서 그 아이는 어쩔 수 없어서 저금통을 깨서 돈을 갖다 바칩니다. 그런데 이 깡패의 요구는 점점 더 많아지는데, 나중에는 누나를 불러오라고 합니다. 그래서 누나는 도저히 데리고 갈 수 없어서 혼자 나가서 터지려고 하는데 같은 반에 있는 새로 전학 온 데미안이라는 학생이 이 깡패들을 혼을 내주어서 다시는 이 작은 아이를 건드리지 못하게 합니다. 그런데 놀라운 것은 이 데미안이 청소년들에게 엄청나게 인기가 있었다는 사실입니다.

지금은 고인이 된 여성 문인 전혜린 씨는 경기여고를 나왔는데 반 친구가 자기에게 데미안이 있으면 빌려 달라고 하면서 다음 주 월요일이 돌려주겠다고 했다는 것입니다. 그래서 자기가 색연필로 밑줄까지 친 그 책을 빌려주었는데, 그는 월요일에 그 책을 돌려받지 못했습니다. 그래서 그 친구가 책을 돌려주는 것을 잊어버렸는가 보다 생각했는데, 나중에 보니까 그 친구가 책을 돌려주기 전에 병으로 죽어버린 것이었습니다. 그런데 그 친구가 그 책을 가슴에 품고 있어서 가족이 그 책을 아이와 같이 묻어버렸다는 것이었습니다. 사람들은 모두 너무나도 약하기 때문에 데미안같이 강한 친구나 차라투스트라 같은 초인을 기대합니다. 사람들이 웃기는 것은 실제로 이런 분이 계신데 그분은 부정하면서 자기 상상으로 만든 데미안이나 차라투스트라 같이 실존하지 않는 존재는 믿으려고 한다는 것입니다.

6:19상, "너희 육신이 연약하므로 내가 사람의 예대로 말하노니 전에 너희가 너희 지체를 부정과 불법에 내주어 불법에 이른 것 같이"

옛날에 우리는 아주 약한 의지와 힘을 가지고 있었습니다. 그래서 마귀가 우리에게 "네 몸을 내놔!"라고 하면서 "화를 내고 욕심을 부리고, 이기적으로 살아야 해!"라고 하면 꼼짝하지 못하고 그렇게 할 수밖에 없었던 것입니다. 우리는 마귀의 충동질 앞에서 '노!'리고 말을 하지 못했던 것입니다. 그래서 우리가 화를 내고 정욕을 위해서 살고 음란하게 살았을 때 그 결과는 불법이었던 것입니다. 어떤 학생은 부모의 돈을 몰래 빼내어서 게임을 하고, 어떤 사람은 월급을 가지고 도박을 하고, 어떤 사람은 자신의 우월한 지위를 이용해서 여자들을 건드리곤 했다면 그 결과는 이 세상에서도 파멸하고 하나님 앞에서는 영원한 불법인 것입니다.

그런데 예수님은 우리의 의지나 힘이 연약한 것을 아십니다. 그래서 예수님은 마귀를 한방에 때려눕히신 후에 우리에게 우리 몸을 내놓으라고 하시고 돈을 맡기고 시간을 맡기고 모든 것을 맡기라고 하십니다. 왜냐하면 우리 힘으로는 의로운 일을 할 수 없기 때문입니다. 그래서 우리가 예수님께 돈을 맡길 때 복음을 위하여 쓰시고, 우리의 혈기를 맡길 때 좋은 일에 열심을 내게 하시고, 우리의 시간을 맡길 때 좋은 일을 하게 하시는 것입니다.

그래서 우리는 예수님이 내놓으라고 할 때 내놓아야 합니다. 우리는 이것을 교회에서 훈련을 받습니다. 교회에서 훈련을 받지 않고 의로운 일을 하는 것은 어렵습니다. 교회에서 찬송을 부르면서 입을 하나님의 영광을 위해서 쓰고, 교회에서 헌금하면서 돈을 하나님을 위해서 쓰게 됩니다. 청년들은 교회에서 성경학교나 수련회 봉사를 하면서 자신의 인생을 하나님을 위해서 쓰는 준비를 하게 되는 것입니다. 이런 훈련을 통해서 우리는 죄에 대하여는 '노!'를 하게 되고, 하나님의 요구에 대하여는 얼마든지 드리게 되는 것입니다. 나중에는 자신의 정욕도 포기하고 야망도 포기하고 욕심이나 명예욕도 포기하게 되는 것입니다.

3. 우리 인생의 열매

미국에서는 과일 품평회 같은 것을 한다고 합니다. 그때 보면 호박이 정말 얼마나 큰지 사람보다 더 큰 호박이 있습니다. 우리나라에서도 슈퍼 수박인데 맛은 꿀맛같이 좋은 것이 있습니다. 배도 아주 유명한 명품이 있고, 엄청나게 맛있는 사과가 맺히는 곳도 있습니다.

학자들도 유명한 논문을 써서 세계적인 논문지에 실리기도 하고 인용되기도 합니다. 봄이 되면 두릅나물이라고 해서 고추장에 찍어 먹기만 해도 맛있는 것이 있는데, 그것과 비슷하게 생긴 것 중에 옻나무도 있습니다. 전에 어떤 분은 옻나무 싹을 두릅인 줄 알고 고추장에 맛있게 찍어 먹었습니다. 그리고 난 후에 속은 불이 붙는 것 같았고 온몸이 벌겋게 되고 피부도 우툴두툴하게 되었는데 아마 그분은 평생 그것을 잊지 못할 것입니다.

우리가 하나님의 말씀을 듣고 믿기 전에는 의가 무엇인지 몰랐습니다.

6:20, "너희가 죄의 종이 되었을 때에는 의에 대하여 자유로웠느니라"

죄의 종들은 의에 대하여 아무런 의무를 느끼지 않았습니다. 그래서 그들의 인생은 정말 자유로웠습니다. 그들은 얼마든지 술도 마실 수 있고 노름도 피울 수 있고 음란한 생활을 할 수도 있었습니다. 그야말로 자유로운 생활입니다. 우리도 세상 사람들의 자유로운 모습을 보면 부러울 때가 있습니다. 나도 술도 마시고 담배도 피우고 오픈카를 타고 달리고 내 멋대로 한번 살았으면 좋겠다는 생각이 들 때가 있습니다. 그러나 그것은 결코 자유로운 것이 아니고 미쳐서 발광하는 것입니다.

이 세상에서 무엇인가 대단한 것을 하려고 하면 이 모든 욕망을 모아서 하나로 분출시켜야 합니다. 야구 선수들은 공을 맞히어야 하고 축구 선수들은 골인을 시켜야 합니다. 배구 선수들은 스파이크를 때리거나 패스해야 하는데 세터가 백 패스하는 것을 보면 정말 예술인 것을 볼 수 있습니다.

그러나 사람들이 욕심과 야망과 정욕을 따라서 산 결과는 파멸입니다. 사람이 아무리 도박을 잘한다 하더라도 나중에는 돈을 다 잃게 되어있습니다. 가정을 버리고 다른 사람과 정욕적으로 산 사람의 결과는 죽음입니다. 동성애의 결과도 에이즈에 걸리든지 아니면 자기끼리 시기해서 죽이는 경우도 있습니다. 그리스도인이 죄를 짓지 못하는 것은 그 결과를 잘 알기 때문입니다. 죄의 맛이라는 것이 지금 당장은 달콤할지 몰라도 나중에는 결국 파멸일 뿐입니다.

우리나라 미국은 미투의 결과를 많이 보고 있습니다. 그렇게 성공했고 유명한 사람이 되었지만 그의 정욕적인 삶이 드러나게 되었을 때 그의 명예나 성공은 하루아침에 사라지고 마는 것입니다. 어떤 사람은 자살하기도 하고 어떤 사람은 숨어서 살기도 합니다.

6:21, "너희가 그 때에 무슨 열매를 얻었느냐 이제는 너희가 그 일을 부끄러워하나니 이는 그 마지막이 사망임이라"

결국 사람이 인생을 다 살았을 때 그에게는 열매가 남게 됩니다. 세상의 정욕과 명예를 따라간 사람은 한때의 즐거움이나 명성이 열매로 남지만 결국 남는 것은 늙은 노인의 냄새밖에 없는 것입니다. 우리는 한때 우리가 그런 삶을 살았던 것을 부끄러워합니다. 왜냐하면 그것은 하나님의 백성으로서는 말하기도 부끄러운 일이기 때문입니다. 예를 들어서 어떤 목사님이 옛날에 자기가 술을 마시고 주정을 하고 밤을 새워서 노름한 이야기를 설교 시간에 할 수 있을까요? 아마 부끄러워서 할 수 없을 것입니다. 그런데 문제는 그 마지막이 사망이라는 것입니다. 즉 그런 사람은 죽어서 끝나는 것입니다. 왜냐하면 그렇게 죄를 지은 삯을 내야 하기 때문입니다.

6:22, "그러나 이제는 너희가 죄로부터 해방되고 하나님께 종이 되어 거룩함에 이르는 열매를 맺었으니 그 마지막은 영생이라"

우리가 하나님의 말씀에 순종해서 살 때 우리 인생에 부흥이 일어나게 됩니다. 부흥이라는 것은 식물에 비유하면 봄바람과 같고 수분과 같습니다. 그래서 마치 아론의 싹 난 지팡이같이 처음에는 싹이 나지만 얼마 후에 꽃이 피고 마침내 열매가 맺히게 되는 것입니다. 살구 열매는 지금도 할머니들이 좋아하는 것 같습니다. 또 옛날 여자아이들은 살구씨를 가지고 살구 받기 놀이도 했습니다. 우리의 마지막 열매는 우리 육신이 다시 사는 것입니다. 즉 우리가 영원히 썩지 않는 몸을 받는 것입니다.

6:23, "죄의 삯은 사망이요 하나님의 은사는 그리스도 예수 우리 주 안에 있는 영생이니라"

사람들은 죄짓는 것이 공짜인 줄 아는데, 죄는 값이 있습니다. 그것은 자기 자신의 영원한 사망이라는 것입니다. 그런데 하나님의 선물은 예수 그리스도 우리 주 안에 있는 영생입니다. 우리 모든 인간은 하나님께 빚을 지고 있습니다. 바로 사망의 빚이 있는 것입니다. 우리는 모두 죽음으로 하나님께 빚을 갚아야 합니다.

그러나 우리 믿는 자에게는 하나님의 상급이 있는데, 그것은 바로 영생입니다. 우리가 영원히 사는 것입니다. 우리가 다시 한번 젊어지고 다시 한번 살 수 있다면 얼마나 좋을까요? 이것이 바로 하나님의 상급입니다. 그리고 전 우주를 우리의 재산으로 나누어주실 것입니다.

33

새로운 관계
롬 7:1-6

유대인들은 자신들이

율법을 가지고 있는 것에 대하여 무한한 자부심이 있었습니다. 유대인들이 가지고 있는 율법은 그 무엇과도 바꿀 수 없는 하나님의 말씀이었습니다. 그런데 문제는 유대인들이 이 율법을 가지고 있다는 것만으로는 행복하지 않다는 것이었습니다. 오히려 율법을 갖고 있는 유대인들이 사는 것은 다른 이방인들과 크게 다를 것이 없었던 것입니다.

유대인들이 예수님과 그의 제자들을 보고 놀랐던 것은 그들의 믿음에는 능력이 나타난다는 사실이었습니다. 사도 베드로와 요한이 한 번도 일어나 걸어본 적이 없는 장애인을 향해서 "은과 금은 내게 없거니와 내게 있는 이것을 네게 주노니 나사렛 예수 그리스도의 이름으로 일어나 걸으라"(행 3:6)고 하니까 일어나는 기적이 일어난 것입니다. 유대인들은 율법을 가지고는 있었지만 이것을 쓸 줄 몰랐습니다. 그리고 마음속에는 늘 죄의식이 있었습니다. 그들은 늘 죄인이었고 행복한 것을 몰랐습니다. 유대인들은 하나님의 능력을 가져오는 것을 몰랐습니다.

사도 바울이 전하는 복음의 놀라운 것은 복음에는 하나님의 능력이 있다는 사실이었습니다. 이것은 오늘 우리에게도 마찬가지입니다. 우리가 믿기는 믿지만 하나님의 능력을 믿지 못하는 경우가 많습니다. 그러니까 예수 믿는 사람들은 세상 사람들보다 더 무거운 짐을 지고 살아야 하는 것입니다. 즉 우리는 세상 사람들이 하는 고민은 다 해야 하고 거기에다가 하나님까지 믿고 죄까지 짓지 말아야 하니까 이중적으로 삶이 힘든 것입니다.

사도 바울은 율법은 엄청나게 가치 있는 것은 사실이지만 상당히 까다로운 주인이라고 말하고 있습니다. 율법으로 행복의 열매를 맺을 수 없다는 것입니다. 율법은 하나님께서 우리 자신을 돌아보는 거울로 주신 것입니다. 그래서 하나님은 우리를 치료하시고 책임지시고 행복하게 하시는 엄청난 새 주인을 주셨는데, 바로 이분이 예수 그리스도이십니다.

1. 율법이 가지는 한계

사람이 지식을 가지고 있는 것과 없는 것 사이에는 엄청난 차이가 있습니다. 옛날 시골에서 농사를 지을 때는 공부라는 것을 할 필요가 없었습니다. 그저 농사짓는 것이나 알고 힘이나 발휘하면 된다고 생각했습니다. 숫자는 돈이나 헤아리면 되는 것이고, 글자는 자기 이름 정도만 쓸 수 있으면 충분하다고 생각했습니다. 그러나 정식으로 공부한 사람은 신문도 줄줄 읽고 책도 읽고 아는 것이 엄청나게 많은 것입니다.

그래서 요즘은 할머니들도 중학교나 고등학교 공부도 하고 어떤 분은 학교도 졸업하시는데, 공부하는 것이 참 재미있다고 하십니다.

옛날에는 글을 아는 사람은 문명인이지만 글을 모르는 사람은 야만인이라고 했습니다. 이것은 법도 마찬가지입니다. 무슨 모임에서 법을 아는 사람과 법을 모르는 사람은 천지 차이가 있습니다. 법을 모르는 사람은 아무리 자기 생각을 이야기해도 그 회의에서는 웃음거리밖에 되지 않기 때문입니다.

그런데 사도 바울은 법에는 한계가 있다고 주장하고 있습니다. 그것은 바로 이 법을 안다는 것이 사람을 똑똑하게 하고 법망을 피하게 하는 것에는 도움이 되겠지만, 실제로 아름답게 살지는 못한다는 것입니다.

7:1, "형제들아 내가 법 아는 자들에게 말하노니 너희는 그 법이 사람이 살 동안만 그를 주관하는 줄 알지 못하느냐"

이 당시에 법을 아는 사람들이 있었습니다. 일단 법을 아는 사람들은 법을 어기는 짓은 잘 하지 않습니다. 그리고 무엇인가 잘못되어도 나름대로 법망을 이리저리 피해서 처벌을 받지 않을 수 있었습니다. 그러나 법을 모르는 사람들은 어떤 행동을 하더라도 법을 몰랐기 때문에 처벌을 받을 수밖에 없습니다. 그러니까 법을 모르는 사람들은 벌금을 내야 하고, 어떤 때는 가서 처벌을 받아야 하고, 잘못하면 감옥에 들어가야 했던 것입니다.

여기서 사도 바울은 법을 알고 지식을 안다는 것이 그 사람을 똑똑하게 하고 손해를 보지 않게 하고 말을 잘할 수 있게 하는 것은 사실이지만, 그렇다고 해서 그 사람이 정말 착한 사람이 되는 것은 아니라고 말하고 있습니다. 즉 우리가 정말 착하고 의로운 사람이 되려고 하면 법만 가지고는 안 된다는 것입니다. 오히려 법을 많이 알고 있는 것이 그 사람이 착한 사람이 되는데 방해가 된다는 것입니다.

아마 미국에서 법을 가장 잘 아는 부류는 판사나 검사나 변호사일 것입니다. 미국에는 변호사가 얼마나 힘이 있는지 어떤 사람이 죄를 짓고 경찰에서 조사받고 있어도 어떤 때는 변호사가 와서 증거가 불충분하다고 하면서 조사받는 사람을 데리고 가는 경우도 많이 있다고 합니다. 단지 돈이 없어서 변호사가 없는 사람만 계속 구치소에 갇혀서 조사받아야 합니다.

얼마 전 미국에서 어떤 흑인이 여자를 강간하고 죽였다고 해서 무기징역을 받고 십 년 동안 감옥에 갇혀 있었습니다. 그것은 그가 진범이 아닌데 어떤 목격자가 그 사람이 범인인 것 같다고 증언했기 때문이었습니다. 그 사람은 계속 법원에 재심을 신청했는데 나중에 법이 바뀌어서 DNA 검사 결과를 증거로 채택할 수 있게 되었습니다. 그래서 옛날에 죽은 사람의 옷에 있는 피나 머리털 같은 것으로 DNA 검사를 해보니까 그 사람은 범인이 아니었습니다. 그래서 그 사람은 감옥에서 풀려나게 되었습니다. 기자들이 그 사람에게 감옥에서 억울하게 10년을 갇혀 있었는데 어떻게 생각하느냐고 물으니까 그 사람은 늦었지만 그래도 자유를 얻어서 기쁘다고 대답했습니다.

사도 바울은 율법이나 하나님의 말씀을 아는 것 자체만으로는 능력이 나타나는 것이 아니라고 했습니다. 그는 율법을 안 뒤에 율법에 대하여 죽어야 하고, 새 법에 의하여 태어나야 능력이 나타나는 것이라고 주장하고 있습니다. 이것이 바로 완전한 구원인데 이것을 주관하시는 분은 오직 한 분 예수 그리스도밖에 없다고 했습니다.

여기에서 "형제들아"는 믿는 자들에게 하는 말입니다. 또 "법 아는 자들에게 말하노니"라는 것은 주로 유식한 사람들에게 이것을 말한다는 뜻인데, 사실은 유식한 자들만이 아니라 모든 사람을 다 포함해서 하는 말입니다. 상식적으로 말해서 법이라고 하는 것은 산 자에게만 해당이 되는 것이지 죽은 사람에게는 적용이 안 된다는 것입니다. 그래서 교도소에서도 죽은 사람은 그 안에 가두지 않고 꺼내서 땅에 묻어버립니다. 또 경찰도 살인범을 추격하다가 살인범이 총에 맞아 죽든지 물에 빠져 죽었으면 더 이상 추격하지 않고 사건을 종결해버립니다. 죽은 자에게는 법이 적용되지 않기 때문입니다.

2. 부부 관계에 대한 적용

부부 관계라는 것은 사랑으로 맺어져 있으면 이 세상의 다른 어떤 것보다 큰 축복입니다. 이 세상에 한평생 사랑할 수 있고 의지할 수 있는 사람을 만나는 것보다 더 큰 축복이 어디에 있습니까? 그러나 만일 부부가 서로 사랑하지 않고 미워하고 싫어한다면 그것보다 더 큰 고통은 없을 것입니다.

사도 바울은 복음에 대하여 부부 관계로 설명하고 있습니다. 즉 율법을 굉장히 아내를 괴롭히고 못살게 구는 남편으로 비유하고 있습니다. 이 남편이 얼마나 아내를 괴롭히고 못살게 굴었던지 그 아내는 매일 죽고 싶은 생각만 하고 있었던 것입니다. 그런데 어느 날 그렇게 자기를 괴롭히던 남편이 병이나 사고로 죽어버렸습니다. 그러면 아내는 더 이상 남편에게 시달림을 받지 않아도 됩니다. 이런 못된 남편이 죽었을 때 그 여인에게 기분이 어떠시냐고 물으면 어떤 분은 '시원섭섭하다'고 하기도 하고, 어떤 분은 '슬프지도 않고 기쁘지도 않다'고 하든지, 아니면 '차라리 속이 시원하다'고 대답하는 사람도 있을 것입니다.

7:2, "남편 있는 여인이 그 남편 생전에는 법으로 그에게 매인 바 되나 만일 그 남편이 죽으면 남편의 법에서 벗어나느니라"

옛날에는 부부 관계에서 가장 중요하게 생각했던 것은 음행이었던 것 같습니다. 그래서 남편이 있는 여자가 다른 남자와 관계하면 음녀라고 해서 남편이 매로 때리든지 아니면 법적으로 처벌을 했던 것 같습니다. 그러나 요즘은 불륜이라는 것이 공공연하게 이루어질 때가 많고, 또 부부 관계에서 많이 문제가 되는 것이 이혼으로 인한 재산분배나 자녀 양육권 같은 것이고, 남편이 폭력을 행사할 때는 법원에서 접근 금지령을 내릴 때가 있습니다. 그런데 만일 남편이 교통사고나 병으로 죽어버리면 아내는 남편에 대한 법적인 의무가 아무것도 없게 됩니다.

그럼에도 불구하고 우리나라에서는 여성들의 재혼 문제가 쉽지 않은 형편입니다. 가장 어려운 문제가 자녀들 때문에 여성이 고생을 감수하는 경우가 많습니다. 그러나 남편이나 아내가 죽지 않아도 법적으로 이혼만 되면 다시 재혼해서 의붓아버지 의붓어머니가 생기게 됩니다. 그래서 사도 바울은 여기서 이혼 문제를 다루고 있는 것이 아니라 남편이 사망한 경우에 여성이 다른 남자와 관계하는 것에 대해서만 말씀하고 있습니다.

그런데 이 당시 유대 사회나 로마에서는 일단 남편이 죽으면 부인이 다른 사람과 재혼하는 것은 전혀 문제가 되지 않았던 것 같습니다.

> 7:3, "그러므로 만일 그 남편 생전에 다른 남자에게 가면 음녀라 그러나 만일 남편이 죽으면 그 법에서 자유롭게 되나니 다른 남자에게 갈지라도 음녀가 되지 아니하느니라"

어떤 여인이 남편에게 굉장히 구박을 받으면서도 남편이 살아 있는 동안 같이 살았습니다. 그러다가 만일 남편이 죽으면 그 여인은 얼마든지 새로운 인생을 찾아서 새 출발 할 수 있는 것입니다. 그러나 요즘은 남편이 성질이 나빠서 부인을 자주 때린다면 그 여인은 살 수 없을 것입니다. 남편이 아내를 때린다는 것은 그 자아상을 파괴하는 것이고 정신적으로 죽이는 것이기 때문에 절대로 용납해서는 안 되는 것입니다.

그래서 이 비유에서는 아주 나쁜 남편이 있었는데 매일 아내를 구박하고 때리고 발로 차고 못살게 굴다가 법적으로 완전히 헤어진다면, 그 여인은 고통스럽기는 하지만 더 이상 남편에게 그런 구박이나 고통을 당할 필요가 없는 것입니다. 그러다가 정말 자기를 이해해주고 자기를 깊이 사랑해주는 남자를 만나서 결혼하게 된다면 그는 새로운 인생을 시작할 수 있게 될 것입니다.

그런데 여기서 사도 바울은 율법과 복음과의 관계를 설명하려고 하는 것입니다. 율법은 겉으로 보기에는 아주 세련된 남자였습니다. 깔끔하고 흠이 없는 남자였지만 실제로 살아보니까 사사건건 물고 늘어지고 채찍질하고 정죄해서 사람을 살지 못하게 만드는 것입니다. 율법이 우리를 그렇게 괴롭히는 것은 양심을 가지고 괴롭히는 것입니다. 우리 인간은 늘 마음에 죄를 짓거나 생각할 때가 많습니다. 그때마다 율법이라는 이 남편이 정죄하고 때리고 잔소리를 하고 못살게 구는 것입니다. 그래서 어떤 때는 죄의식 때문에 음식도 제대로 먹지 못하고 잠도 제대로 자지 못해서 몸이 말라 죽을 정도입니다. 또 어떤 때는 우울증이 오기도 하고 살고 싶은 마음이 없을 때도 있는 것입니다. 그런데 우리 인간은 율법에서 도망칠 수 없습니다. 왜냐하면 어디를 도망쳐도 양심은 있기 때문입니다.

그런데 어느 날 갑자기 율법이 죽어버렸습니다. 그 이유는 하나님으로부터 너무 강한 빛이 쏟아졌기 때문입니다. 그 빛이 바로 예수 그리스도입니다.

3. 우리를 죽음에서 살리신 예수

소설 《레미제라블》을 보면 장발장이 변하여 새사람이 되었음에도 불구하고 끝까지 그를 잡으려고 쫓아오는 형사가 있습니다. 그는 바로 자베르 경감입니다. 그래서 장발장은 시장도 되고 좋은 일을 하다가도 자베르 경감 때문에 도망을 다녀야 합니다. 그런데 어느 날 그 경감은 자기가 장발장을 추격하는 것이 옳지 않다는 것을 알고는 스스로 총을 쏘아 죽어버립니다. 그때야 장발장은 더 이상 경찰에게 쫓기지 않아도 되었습니다.

마찬가지로 율법은 이 세상에 더 있을 수 없는 멋진 신사였고 어떤 도덕도 가까이할 수 없는 법이었습니다. 그러나 우리 인간이 이 율법과 같이 살기에는 너무 완벽했고 너무 까다로웠습니다. 그렇다고 해서 인간은 이 율법을 피하여 도망칠 데도 없었습니다. 율법이 우리 안에 있는 양심을 추격했기 때문입니다. 그런데 하나님의 아들이 우리를 사랑하셔서 자신이 처벌을 당하심으로 율법을 부수었습니다.

> 7:4, "그러므로 내 형제들아 너희도 그리스도의 몸으로 말미암아 율법에 대하여 죽임을 당하였으니 이는 다른 이 곧 죽은 자 가운데서 살아나신 이에게 가서 우리가 하나님을 위하여 열매를 맺게 하려 함이라"

우리가 양심의 고통과 율법의 정죄에서 벗어날 수 있는 길은 없었습니다. 율법은 우리를 영원히 정죄하고 저주하기 때문입니다. 그러나 하나님의 아들이 몸을 입고 오심으로 이야기가 완전히 달라지게 되었습니다. 율법은 예수님도 죄인이라고 생각해서 채찍질하고 가시관을 씌우고 십자가에 못 박아 죽였습니다. 그러나 그는 죄가 없으셨습니다. 율법은 너무 큰 실수를 한 것입니다.

예수님은 죽음에서 살아나셔서 율법을 망치로 쳐서 부수어버렸습니다. 그때 우리는 거의 다 죽어가고 있었습니다. 우리는 이 세상에서 소망이 없었고 은혜가 없어서 목말라 죽게 되었습니다. 그러나 예수님이 그 잘난 율법을 부수었을 때, 우리에게 하나님의 생수가 쏟아지게 되었습니다. 이제 사막은 옥토로 변하게 되었고, 아무리 노력해도 맺히지 않던 열매가 맺히기 시작했습니다.

놀라운 것은 율법에 대하여 죽으니까 율법에 대하여 살길이 생기게 되었다는 것입니다. 우리가 열매 없는 무기력한 삶을 사는 이유는 자꾸 살려고 하기 때문입니다. 우리가 자신의 욕망에 대하여 죽어버리면 예수님이 우리를 살리셔서 열매를 맺게 하십니다. 이것이 우리가 열매 맺는 비결입니다.

7:5-6, "우리가 육신에 있을 때에는 율법으로 말미암는 죄의 정욕이 우리 지체 중에 역사하여 우리로 사망을 위하여 열매를 맺게 하였더니 이제는 우리가 얽매였던 것에 대하여 죽었으므로 율법에서 벗어났으니 이러므로 우리가 영의 새로운 것으로 섬길 것이요 율법 조문의 묵은 것으로 아니할지니라"

"우리가 육신에 있을 때"라는 것은 예수님을 모르고 내 힘으로 완전하게 살려고 할 때를 말합니다. 그때는 우리가 아무리 노력해도 죄의 정욕이 우리 안에 있어서, 율법이란 남편이 우리를 때리고 짓밟고 거의 우리를 죽여 놓았습니다. 그러다가 어느 날 우리가 예수님을 알고 우리 힘으로 살 생각을 버리고 율법에게 "나를 죽여라" 하고 정욕에 대해서도 자꾸 죽으려고 하니까 율법도 물러가고 정욕도 물러가고 하나님의 영이 임하면서 열매가 맺히는데, 새로운 인생이 시작되고 꽃이 피고 열매가 맺히는 것입니다.

그래서 우리는 율법의 조문 하나하나를 외우고 모든 법대로 하려고 할 것이 아니라 영의 새로운 것으로, 즉 하나님이 주시는 감동에 따라서 행할 때 아름다운 열매가 맺히게 되는 것입니다. 그래서 예수님은 죽고자 하는 자는 살고 살고자 하는 자는 죽을 것이라고 말씀하셨습니다.

34

죄의 심리학
롬 7:7-17

사람이 원래

선하냐 악하냐 하는 것은 오랜 논쟁거리였습니다. 여기에서 대표적인 이론을 남긴 사람이 독일의 철학자 임마누엘 칸트입니다. 칸트는 인간의 마음에는 도덕률이 있다고 했습니다. 《정의란 무엇인가?》라는 책으로 베스트셀러 작가가 된 하버드 대학의 마이클 샌들은 자기도 칸트의 이론을 따라간다고 했습니다. 즉 인간의 마음속에는 도덕성과 양심이 있다는 것입니다. 인간의 본성에 대한 획기적인 공헌을 한 사람이 프로이트인데, 그는 인간의 마음속에는 잠재의식이 있어서 어렸을 때 억제된 성욕 때문에 사회적으로 부적응하거나 정신적 이상이 생기게 된다고 주장했습니다. 물론 지금 이 프로이트 이론은 옛날 이론이 되었습니다. 그러나 그가 발견한 놀라운 것은 인간에게는 잠재의식이라는 것이 있다는 사실입니다.

아마 대부분 《지킬 박사와 하이드》라는 소설을 읽었을 것입니다. 지킬 박사는 아주 많이 존경받고 인자한 분이지만 그가 하이드로 변하게 되면 완전히 외모도 달라지고 잔인한 살인자로 변하는 것입니다. 그래서 어떤 사람들은 모든 사람의 마음속에는 지킬과 하이드가 다 들어있다고 말하기도 합니다.

과연 우리는 선한 사람일까요, 악한 사람일까요? 우리는 분명히 선할 때도 있고 악할 때도 있습니다. 그러나 우리는 악할 때보다 선할 때가 훨씬 많습니다. 그런데 성경은 우리를 악한 자라고 선언하고 있습니다. 그래서 어떤 예수 믿지 않는 사람에게 전도하면 자기는 지옥에 갈 정도로 악하지는 않다고 대답하는 소리를 간혹 들을 때가 있습니다.

그런데 여기서 사도 바울의 탁월한 인간 심리학이 나옵니다. 인간은 겉으로 보기에는 선한 것 같지만 잠재의식 속에 악으로 가득 차 있다는 것입니다.

1. 인간 본성 속에 있는 죄의 욕망

사람들은 겉으로 보면 아주 이기적이거나 나쁜 사람을 제외하고는 다 선하고 착한 것 같습니다. 그러나 모든 사람은 겉으로 보는 모습 외에 또 다른 모습을 가지고 있습니다. 그것이 바로 그 사람의 본성이고 잠재의식입니다.

사도 바울은 율법을 예를 들어서 설명합니다. 율법에는 "살인하지 말라, 간음하지 말라, 도둑질하지 말라, 남의 것을 탐내지 말라"는 등의 계명이 있습니다. 이 계명들은 너무나도 옳고 당연하여 사람은 살인해서는 안 되고 간음해서는 안 되고 남의 물건을 탐내어서는 안 됩니다. 그러나 사람은 자극을 받았을 때는 생각이 달라지게 됩니다.

7:7, "그런즉 우리가 무슨 말을 하리요 율법이 죄냐 그럴 수 없느니라 율법으로 말미암지 않고는 내가 죄를 알지 못하였으니 곧 율법이 탐내지

말라 하지 아니하였더라면 내가 탐심을 알지 못하였으리라"

　사람들은 다른 사람을 죽이면 안 된다는 것을 압니다. 다른 사람을 죽인 자는 경찰에 잡혀가게 되고 사형을 당하든지 아니면 무기징역을 당하게 될 것입니다. 그런데 만일 내가 어떤 사람을 아주 미워하게 되었을 때 그 사람이 죽었으면 좋겠다는 생각을 자꾸 하게 됩니다. 그 사람으로부터 맞았거나 인격적인 모욕을 당했거나 하면 이것이 더 심해지게 됩니다. 그래서 그 사람이 차를 타고 가다가 차가 뒤집혀서 죽는 것이나 혹은 차가 강으로 뛰어들어서 죽는 것을 상상하게 됩니다. 그리고 그 사람과 비슷한 사람이나 혹은 머리 스타일만 비슷해도 기분이 나빠지고 나중에는 그 사람과 같은 하늘 아래 있다는 사실이 견딜 수 없게 됩니다. 그러다가 인격적인 모욕이 심해지고 구타가 심해지면 어느 순간 자기도 모르게 칼을 들고 덤벼들거나 혹은 돌을 들어서 죽이려고 하게 되는 것입니다.

　예수님은 "음욕을 품고 여자를 보는 자마다 마음에 이미 간음하였느니라"(마 5:28)고 말씀하셨습니다. 그러나 사람들은 눈으로 보는 것은 죄가 아니라고 생각합니다. 그래서 날씬하게 생긴 여성이 지나가면 눈이 따라가면서 나중에 상상으로 죄를 많이 짓게 됩니다. 물론 마음으로 죄를 짓는 것과 실제로 죄짓는 것은 많이 다릅니다. 그러나 하나님 앞에서는 마음으로 죄를 짓는 것도 행동으로 죄를 짓는 것과 똑같이 죄입니다.

　사도 바울은 탐심을 예를 들어서 설명합니다. 어떤 의미에서 사람의 탐심은 발전하는 데 도움이 될 수도 있습니다. 즉 누군가가 공부를 잘하는데 내가 저 아이를 이겨야 한다는 마음이 더 공부를 잘하게 할 수도 있고, 운동선수들이 최고로 잘하는 팀을 꼭 이겨야 하겠다는 마음으로 연습하다 보면 우승으로 이끌 수도 있을 것입니다.

　그러나 사도 바울은 탐심이 죄인 줄 몰랐다는 것입니다. 그래서 십계명 중에서 가장 사람에게 이해되지 않는 계명이 열 번째 계명입니다. 즉 이웃의 아내나 남종이나 여종이나 소나 나귀나 탐내지 말라는 말씀입니다. 사람은 마음으로 탐을 내는 것 정도는 죄가 아니라고 생각하기 때문입니다.

이때 사도 바울은 자기 마음 안에 엄청난 세력을 가진 짐승이 있다는 사실을 알게 되었습니다. 사람은 겉으로 나타난 생각만이 그 사람의 마음이 아니고 그 내면에 반드시 자기 욕망대로 하고야마는 짐승 같은 자아가 있다는 것입니다.

전에 어떤 로스쿨을 우수한 성적으로 다니던 여학생이 있었습니다. 이 학생은 어느 날 자기가 일등을 해야 변호사 시험에 합격할 것이라는 생각이 들었습니다. 처음에는 말도 안 되는 생각이라고 생각하고 넘어갔는데 자꾸 그 생각이 집요하게 그 여학생의 마음속을 지배하기 시작했습니다. 결국 그 학생은 학기말 시험지를 빼돌리기 위하여 밤에 교수실에 몰래 들어가서 캐비닛 안에 숨어 있다가 잡히게 되었습니다.

7:8, "그러나 죄가 기회를 타서 계명으로 말미암아 내 속에서 온갖 탐심을 이루었나니 이는 율법이 없으면 죄가 죽은 것임이라"

여기에 "죄가 기회를 타서"라고 했습니다. 우리는 해도 되는 일에는 죄가 기회를 타지 않습니다. 문제는 내가 해서는 안 되고 할 수 없는 일에 대하여 죄가 기회를 틈탄다는 것입니다. 그래서 사람들은 사랑해서는 안 되는 사람을 사랑해서 아주 가슴 아파합니다. 그래서 결국 베르테르는 이미 결혼한 친구의 부인을 사랑해서 자살하게 됩니다. 그래서 "율법이 없으면 죄가 죽은 것임이라"고 했습니다. 즉 '하지 말라'고 하지 않으면 그런 충동이 생기지도 않는다는 것입니다. 단지 '하지 말라'고 하는 것을 '할 수 없기 때문에' 마음속에 미친

듯이 하고 싶어 하는 것입니다.

아마 인간은 이 재미로 사는지도 모르겠습니다. 모든 사람이 겉으로 보기에는 얌전하고 착하고 선한 것 같지만 잠재의식 속에는 남을 죽이고 간음하고 물건을 빼앗아야 직성이 풀리는 짐승 같은 자아가 있는 것입니다. 그런데 우리는 이것을 모르고 있다가 하나님의 말씀을 듣는 순간 내 안에 악한 짐승 같은 자아가 있다는 사실을 알게 됩니다.

7:9, "전에 율법을 깨닫지 못했을 때에는 내가 살았더니 계명이 이르매 죄는 살아나고 나는 죽었도다"

율법은 '하지 말라'는 마음입니다. 우리가 학생 때 '미성년자 관람불가' 영화가 있는데, 미성년자는 보면 안 된다는 그 글자를 보는 순간 마음속에 얼마나 호기심이 생기는지 보고 싶어 미칠 지경이 됩니다. 요즘은 텔레비전에 '18금', '19금' 이런 식으로 되어있습니다. 그러면 그런 것이 너무나도 보고 싶은 것입니다. 하나님은 왜 우리 마음에 죄의 호기심을 주셨을까요? 그래서 이 호기심 때문에 보고 싶어 미쳐하다가 다른 사람이 아무도 없는 기회가 주어지면 보고야 마는 것입니다. 그리고는 마귀가 양심을 두들겨 패니까 축 늘어져서 죽어 버리는 것입니다.

7:11, "죄가 기회를 타서 계명으로 말미암아 나를 속이고 그것으로 나를 죽였는지라"

전에 어떤 목사님이 《아무도 보는 사람이 없을 때 당신은 누구입니까?》라는 책을 썼기에 읽어보았습니다. 그 책의 내용은 이런 내용과 상관이 없었습니다. 그러나 제목은 참 생각을 하게 합니다. 아무도

보는 사람이 없을 때 나는 어떤 사람입니까? '악당입니까, 음란한 것을 마구 보는 사람입니까?'

사람의 욕망은 자극을 한번 받으면 얼마나 집요하게 물고 늘어지는지 물리칠 수 없습니다. 그래서 우리는 언제나 욕망대로 하고 난 후에는 후회하게 되는 것입니다.

2. 죄 아래 팔린 나 자신

우리는 우리 안에 두 가지 자아가 있다는 것을 알게 됩니다. 하나는 하나님의 말씀대로 살려고 하는 자아와 다른 하나는 욕망에 따라 살고 싶은 자아입니다. 그런데 우리 안에 있는 욕망은 언제나 그럴듯한 핑곗거리를 만들어서 우리를 설득시키는데 천재입니다. 그래서 우리는 언제나 욕망에 속게 되어있습니다. 그래서 '죄는 우리를 언제나 속이는 것' 입니다.

그런데 왜 우리가 "하지 말라, 하지 말라"고 하는 하나님의 말씀을 들어야 합니까? 그것은 죄에 의해서 녹초가 된 나 자신을 보게 하기 위해서입니다.

> 7:13, "그런즉 선한 것이 내게 사망이 되었느냐 그럴 수 없느니라 오직 죄가 죄로 드러나기 위하여 선한 그것으로 말미암아 나를 죽게 만들었으니 이는 계명으로 말미암아 죄로 심히 죄 되게 하려 함이라"

우리가 하나님의 말씀을 듣기 전에는 욕망이 너무 설득력이 강해서 이것이 옳은 줄 압니다. 그리고 욕망을 채우면서 사는 나 자신이 정당한 줄 압니다. 그러나 하나님의 말씀을 들으면 마음속에 엑스레이가 비치면서 죄가 심히 죄인 것을 알게 되는 것입니다. 즉 나는 생각부터가 썩어 있는 것을 알게 되는 것입니다.

우리는 복음이 우리를 죄로부터 자유롭게 한다는 말을 듣지만 사실은 죄가 무엇인지도 모르는 것입니다. 그런데 우리가 하나님의 말씀을 가지고 실제로 세상을 한번 살아보면 하나님의 말씀은 순종하기 싫고 죄만 따라가는 우리 자신의 모습을 발견하게 됩니다. 그때 우리는 나 자신이 죄 아래 팔렸다는 것을 알게 됩니다.

7:14, "우리가 율법은 신령한 줄 알거니와 나는 육신에 속하여 죄 아래에 팔렸도다"

옛날에 주인이 마차를 끌고 가면 노예들은 마차 아래쪽에 철장 안에 갇혀서 주인이 가는 대로 끌려갔습니다. 노예들은 모두 웃통을 벗고 목에 쇠사슬을 감고 목욕도 하지 못한 더러운 상태에서 팔려갔던 것입니다. 그래서 우리가 하나님의 말씀을 듣지 않으면 우리가 어떤 상태에 있는지도 알지 못합니다. 사람들은 세상에서 성공한 줄 알았는데 알고 보니까 살인자요 간음자요 거짓말한 자로 감옥에 가게 되는 것입니다. 우리가 이것을 알지 못하면 예수님을 제대로 믿지 못합니다. 그냥 기독교라는 종교 안에서 내 마음대로 모든 것을 하면 된다고 생각하는데 실제로는 죄의 노예인 것입니다.

3. 정신분열증

사람이 보통 자기 안에 두 가지 자아가 싸우면 정신분열증 증세가 나타났다고 합니다. 사실 모든 인간은 정신분열증 환자입니다. 단지 하나님의 말씀을 듣지 않은 자는 문제될 것이 없습니다. 왜냐하면 평소에는 그냥 세상 법대로 살다가 욕망에 미쳐서 날뛰면 죄를 짓는 수밖에 없기 때문입니다. 그래서 적어도 세상 사람들은 정신분열증에 덜 걸릴 수 있습니다. 그러나 하나님의 백성들은 죄가 죄인 줄 알기 때문에 양심과 죄와 싸우게 됩니다. 우리 안에 있는 자아가 또 다른 자아와 싸우게 되는 것입니다. 이것이 바로 정신분열증입니다.

7:15-17, "내가 행하는 것을 내가 알지 못하노니 곧 내가 원하는 것은 행하지 아니하고 도리어 미워하는 것을 행함이라 만일 내가 원하지 아니하는 그것을 행하면 내가 이로써 율법이 선한 것을 시인하노니 이제는 그것을 행하는 자가 내가 아니요 내 속에 거하는 죄니라"

우리 믿는 자들은 하나님의 말씀을 듣고 선한 일을 하려고 합니다. 그러나 우리 안에 있는 죄의 엄청난 세력이 우리와 싸워서 못하게 합니다. 즉 내가 헌금을 많이 하려고 하면 잠시 후 헌금을 해서는 안 되는 수많은 이유가 생각나면서 헌금을 줄여버리게 되는 것입니다. 또 마음속으로 다른 사람을 도우려고 했다가 잠시 시간이 지나면서 내가 이런 식으로 저 사람을 도우면 저 사람이 내가 자기를 좋아하는 줄로 오해하거나 혹은 자꾸 도와줄 것을 기대하거나 아니면 내가 다른 사람들에게 이용당할 수 있다는 생각이 들면서 포기해버리게 되는 것입니다. 그런데 우리가 육신의 주장대로 따라했을 때 우리 마음은 기쁘지 않습니다. '그래, 나는 믿는다고 하지만 별 수 없는 사람이야'라는 생각이 들게 되는 것입니다.

또 우리가 악한 충동이 생기게 되었을 때 우리 양심은 '그런 것을 보거나 그런 일을 해서는 안 된다'고 하지만 우리 안에 있는 죄의 욕망은 우리를 설득하기 시작합니다. 지금 집에는 아무도 없으며 그런 것을 본다고 해서 직접 죄를 짓는 것은 아니라고 말하는 것입니다. 그리고 우리가 다른 사람에게 화가 났을 때 우리 양심은 '화를 내어서는 안 된다'고 하지만 우리 안에 있는 죄는 '지금 화를 내지 않으면 상대방이 나를 우습게 보기 때문에 계속 저런 식으로 나올 것이라'고 말을 하면서 분노를 폭발시켜버리는 것입니다. 그래서 우리는 원하는 선은 행하지 않고 원하지 않는 악만 행하게 되는 것입니다. 그리고 우리는 성령 충만하지 못하고 기쁨이 없어지면서 침체에 빠지게 되는 것입니다.

그런데 우리는 죄에 처음에는 자꾸 끌려가다가 하나님의 말씀을 들으면서 힘이 생기면서 죄의 요구를 조금씩 거절하게 됩니다. 그런데 우리가 결정적으로 죄를 따라가지 못하는 이유는 죄가 아무리 우리를 유혹하고 넘어지게 하려고 해도 우리는 그 비참한 결과를 알기 때문입니다. 즉 "죄의 삯은 사망"이라고 했습니다. 우리가 육체의 정욕을 따라갔을 때 결국 우리는 존귀와 영광과 축복을 다 잃어버리게 된다는 것을 알게 됩니다. 결국 사랑해서는 안 되는 사람을 사랑했을 때 그 당시에는 환상적이고 너무나도 행복하지만 얼마 가지 않아서 사람들의 욕을 얻어먹게 되고 모든 것을 다 잃어버리고 사람들의 발에 밟히게 되는 것입니다.

우리 주위에 보면 성공한 사람들의 인생이 대형사고로 마치는 것을 많이 보게 됩니다. 그래서 우리에게는 새로운 운전수가 필요합니다. 우리에게는 주님이 너무나도 필요한 것입니다. 그래서 우리는 모두 예수님께 내 인생을 다 맡겨버립니다. 물론 예수님께 내 인생을 맡겨서 망했다고 후회할 때도 있는데 알고 보니까 그것이 축복의 지름길이었습니다. 주님은 우리를 정확하게 축복의 문 앞으로 데리고 가시고 그 안에까지 데리고 가서서 마음대로 하나님의 보물을 가지게 하십니다. 이제 주님을 신뢰하고 술주정 운전은 하지 마시기 바랍니다.

35

절망에 빠진 사람
롬 7:18-25

사람이나 짐승이나

자기가 감당할 수 없는 무거운 짐에 깔리면 거기서 빠져나올 수 없게 되고 시간이 지날수록 살 가능성은 없어지게 됩니다. 그때는 절망하게 됩니다. 예를 들어서 어떤 사람이 산사태가 나서 무거운 돌에 깔리거나 공장에서 사고가 나서 기계에 깔리거나 혹은 교통사고가 나서 덤프트럭 같은 것에 깔리게 되면 죽는구나 생각하게 될 것입니다. 그런데 그런 절망 가운데서 살아나는 기적이 있습니다. 우리 교회 집사님 한 분이 공장에서 지게차를 운전하다가 지게차가 구르는 바람에 그 아래 깔려서 뼈가 부러지고 중상을 입었는데도 지금은 완치되어서 교회 봉사를 잘하고 계십니다. 그리고 다른 젊은 집사님은 공장에서 두꺼운 합판이 가슴에 떨어져서 갈비뼈가 부러지고 폐도 다치는 중상을 입었는데 빨리 완치가 되어서 회복되셨습니다. 그들은 절망하지 않았습니다.

그러나 대부분 사람은 여러 가지 이유로 절망합니다. 그 절망이 지금 엄청나게 일어나고 있는 자살 숫자로 나타나고 있습니다. 어떤 학생은 학교 폭력으로, 어떤 기업가는 부도 때문에 자살하기도 합니다. 어떤 사람은 암에 걸렸는데 수술해도 낫지 않으니까 절망해서 죽을 날만 기다리기도 합니다. 청년 중에서는 절망해서 게임에 빠지기도 하고 어떤 여성은 남자가 배반해서 투신하기도 합니다. 그래서 서울의 어느 한강 다리에는 사람들이 너무 자살을 많이 하니까 '뛰어내리기 전에 한 번만 더 생각하자' 라는 글을 붙여 놓았다고 합니다.

그런데 우리 인간은 원래부터 절망하도록 만들어져 있습니다. 왜냐하면 우리가 생각하는 것은 완전한 것인데 우리의 몸은 절대로 완전하게 되지 않기 때문입니다. 그래서 우리가 신앙을 가지게 되는 계기도 절망 때문이라고 말할 수 있습니다.

이 세상에는 사람이 마음먹은 대로 되지 않는 것들이 너무나도 많이 있습니다. 예를 들어서 사람이 술에 만취하면 아무리 똑바로 걸어가려고 해도 비틀거리면서 가게 되고, 아무리 발음을 정확하게 하려고 해도 발음이 새면서 술 취한 소리를 하든지 아니면 주정을 부리게 되는 것입니다.

사도 바울은 인간의 이중성에 대하여 언급하면서, 인간은 하나님에 대해서는 완전 중풍병 환자와 같다고 말하고 있습니다. 성경에 무엇이 적혀 있고 무엇이 옳고 어떻게 살아야 하는지 다 알고 있지만 몸이 진혀 말을 듣지 않는다는 것입니다. 거기에 비해서 죄짓는 것에 대해서는 전혀 중풍병자가 아니라는 것입니다. 사람은 죄짓는 데 있어서는 마치 선수같이 빠르고 신속하게 죄를 짓는 것입니다.

우리가 청소년 때에는 어떻게 하면 완전한 사람이 될 수 있을까 고민합니다. 거짓말도 하지 않고 정욕도 품지 않고 욕도 하지 않고 화도 내지 않으면 깨끗한 사람이 될 수 있을까 해서 밤새도록 기도하기도 하고 성경도 열심히 읽고 노력도 많이 합니다. 그러나 얼마 지나지 않아서 그것에 지쳐버리고는 엉망으로 살아버리게 됩니다. 즉 죄를 참고 참다가 그 죄가 폭발해버리는 것입니다. 그래서 나중에는 자포자기 상태에 빠져서 교회에도 안 나가고 심한 경우에는 안티 크리스천이 되어버리는 것입니다.

1. 마음속에 있는 시궁창

사람이 큰 수술을 받으면 칼로 도려낸 곳에 호스를 달아서 피를 빼내어서 주머니에 모으는 것을 볼 수 있습니다. 전에 어떤 사람이 강도의 칼에 찔렸는데 다행히 갈비뼈 밑을 찔러서 장기는 손상을 입지 않았습니다. 그래서 가보았더니 칼에 찔린 곳에 구멍을 내어서 죽은 피를 호스로 빼내고 있었습니다. 사람이 몸 안에 상처를 입으면 죽은 피가 나오게 되는데 그것을 호스로 빼내지 않으면 그것이 곪게 되고 나중에는 그것 때문에 죽을 수도 있습니다.

마찬가지로 사람이 사는 집이나 도시에서는 반드시 시궁창 물이 흐르게 되어있습니다. 그 시궁창을 보면 시커먼 썩은 물이 흘러내려가는 것을 볼 수 있습니다. 만일 아이들이 그런 더러운 물에 빠졌는데 빨리 씻지 않으면 그 시궁창 물에 독이 있어서 아이들의 다리에 종기 같은 것이 생기게 될 것입니다. 이와 마찬가지로 사람의 마음속에는 시궁창이 있어서 거기서 온종일 시커먼 물이 솟구쳐 나옵니다. 그것이 바로 사람의 마음에서 나오는 더러운 욕망이고 죄인 것입니다.

> 7:18, "내 속 곧 내 육신에 선한 것이 거하지 아니하는 줄을 아노니 원함은 내게 있으나 선을 행하는 것은 없노라"

인간의 몸은 외모로 볼 때 멀쩡하기 때문에 얼마든지 좋은 일을 하려고 하면 할 수 있습니다. 그런데 인간의 몸을 조종하는 마음속에 언제나 시커먼 시궁창 물이 나와서 마음을 나쁘게 만들어버리기 때문에 아무리 좋은 몸을 가지고 있고 좋은 머리를 가지고 있다 해도 아무 소용이 없는 것입니다.

그래서 불교에서는 이 더러운 마음의 생각을 깨끗하게 하려고 마음을 가라앉히는 방법을 사용합니다. 그래서 도시를 떠나서 절에서 불경을 외우고 바람 소리를 들으면서 사람들을 만나지 않고 혼자 아무 생각도 하지 않고 있으면 마음의 찌꺼기들이 가라앉으면서 깨끗해지게 되는 것입니다. 그런데 문제는 이렇게 하면 단지 마음의 찌꺼기들을 가라앉히는 것에 불과하기 때문에 누군가가 작대기 같은 것으로 휘저어버리면 흙탕물이 도로 생기게 되는 것입니다. 흙탕물은 아무리 파이프로 보내어봐야 흙탕물이기 때문에 식수로 사용할 수 없습니다. 그래서 더러운 물을 가정에 보내지 않으려고 하면 더러운 물이 나오는 구멍을 막아서 따로 하수구를 만들고 새로 깨끗한 물을 공급해야 하는 것입니다.

예수님이 하신 일이 바로 이것입니다. 우리 안에서부터 흘러나오는 시커먼 물은 예수님의 십자가로 막아서 예수님에게로 흐르게 하시고 하나님으로부터 오는 깨끗한 물이 우리 안에 들어오게 만드신 것입니다. 그래서 우리는 수도원에 가지 않고 절에 가지 않아도 교회에서 얼마든지 예배드리면서 마음을 깨끗하게 할 수 있는 것입니다. 우리 인간은 겉으로 보기에는 선해도 속에 시궁창이 있기 때문에 항상 썩은 물이 올라오게 되어있습니다. 그런데 우리 마음에 깨끗한 성령의 생수를 넣으면 마음 전체가 깨끗하게 되고 새 마음으로 변하게 됩니다. 마음이 깨끗하면 우리의 손발은 선한 일을 위해서 얼마든지 사용될 수 있습니다.

저는 이것을 한번 본 적이 있습니다. 우리나라에 아주 엄청난 태풍이 오는 바람에 산에 있는 더러운 찌꺼기들이 전부 다 떠내려왔습니다. 우리 가까운 곳에 댐이 하나 있는데 댐 전체가 누렇게 변했습니다. 저는 그것을 보면서 저 누런 물은 가정에 식수로 보낼 수 없으니까 저 더러운 물을 다 빼내고 새 물을 받아야 하겠구나 생각했습니다. 그런데 댐 물 전체를 다 빼는 것은 쉬운 일이 아니기 때문에 댐 물은 계속 그런 상태로 있었습니다. 그러다가 한번 아주 큰 비가 내린 적이 있습니다. 그러자 그 댐에는 깨끗한 물이 많이 들어오게 되었습니다. 며칠 후에 제가 그 댐에 가보니까 놀랍게도 그 누런 물은 전부 다 사라져버리고 깨끗한 새물로 변해 있었습니다. 아마도 새 물이 들어가면서 미세한 흙이 다 가라앉든지 떠내려간 것 같았습니다. 그 후에 그 댐 물은 항상 깨끗했습니다.

우리 인간의 마음은 이타적이지만 우리 육신은 이기적입니다. 그래서 내가 마음속으로는 남을 위해서 희생하고 싶지만 육신은 금방 '왜 내가 나와 상관없는 사람들을 위하여 희생해야 하고 왜 내가 아까운 시간과 물질을 허비해야 해?' 하면서 못하게 막는 것입니다. 그러나 우리 마음에 예수님의 피가 한 방울만 들어가고 성령의 생수가 들어가면, 다른 사람을 돕고 행복하게 하는 것이 그렇게 기쁠 수 없습니다. 그래서 우리는 우리 마음에 새로운 깨끗한 물이 필요합니다.

여기 "내 육신에 선한 것이 거하지 아니하는 줄을 아노니"라는 말은 우리 인간이 항상 악하다는 뜻이 아닙니다. 인간은 일시적으로는 얼마든지 선할 수 있고 마음이 깨끗할 수도 있습니다. 그러나 이것이 오래 지속되지 않는다는 것입니다. 더러운 물이 고이면 한번 폭발하고 또 잠시 있다가 더러운 물이 또 고이면 폭발하면서 살아가는 것입니다. 그래서 인간이 하는 선은 종족보존의 선에 불과한 것입니다. 부모가 아이에게 잘해주고 사회 구성원으로 사회를 위해서 잘해주는 것에 불과하지 하나님 앞에 선한 것은 할 수 없는 것입니다. 사람은 한결같이 선할 수는 없는 것입니다.

2. 내 속에 거하는 죄

술을 엄청나게 많이 마시면 그 사람에게 '사람이 술을 마시는가 아니면 술이 술을 마시는가' 하는 말을 하는 것을 자주 들을 수 있습니다. 이것은 우리 인간의 몸이 얼마나 정밀하게 만들어졌는지 알 수 있게 합니다. 사람이 처음에 술을 마실 때는 분명히 사람이 술을 마십니다. 그 사람은 분명한 의식을 가지고 있고 술도 적당하게 마시려고 생각하고 술을 마시는 것입니다. 그러나 술을 마시면 마실수록 그 안에 술을 통제하는 기능이 마비되게 됩니다. 그리고 위도 마비가 됩니다. 위는 음식물이 적당량 이상 들어오면 거부해야 하고 더 이상 먹기 싫어져야 하는데, 술은 마시면 마실수록 통제력도 마비시키고 위도 마비시키기 때문에 무한정으로 술을 마시게 되는 것입니다. 이때는 이미 이 사람의 의지와는 상관없이 술이 술을 마시는 것입니다. 만약 이렇게 술에 길든 사람이 술을 끊으면 엄청난 고통이 오게 되는데 금단 증세가 나타나게 되는 것입니다. 이 금단 증세를 이기려고 하면 한 번 죽을 각오를 해야 합니다.

7:20, "만일 내가 원하지 아니하는 그것을 하면 이를 행하는 자는 내가 아니요 내 속에 거하는 죄니라"

사람이 처음에 죄를 지을 때는 분명히 자기가 하는 행동이 죄이고 그런 행동을 하면 안 된다는 것을 압니다. 그러나 사람이 죄를 한 번 짓고 두 번 짓고 반복하게 되면 더 이상 죄를 짓는데 고민하지 않게 됩니다. 즉 죄짓는 것이 아주 자연스러워지고 만일 죄를 짓지 않으면 마음이 불안해지고 기분이 나빠지고 결국 죄를 지어야지만 불안 증세가 없어지게 되는 것입니다. 이것이 바로 이 사람 속에 있는 죄가 그 사람을 지배하고 있는 것입니다. 그래서 사람은 아주 정밀하게 만들어져 있기 때문에 한번 행동한다고 해서 끝나는 것이 아니라 죄의 종이 되어서 죄가 죄를 불러오게 되는 것입니다. 사람들은 왜 계속적으로 죄를 짓는지 이유를 알지 못합니다. 죄를 짓는 것은 나쁜 것이고 죄를 짓지 말아야 하는데 왜 사람들은 자꾸 죄를 짓게 될까요? 그것은 인간의 몸이 이미 죄에 적응되어서 죄를 원하고 있기 때문입니다.

7:21, "그러므로 내가 한 법을 깨달았노니 곧 선을 행하기 원하는 나에게 악이 함께 있는 것이로다"

인간은 말이나 생각으로는 선한 것을 이야기합니다. 그러나 실제 행동은 말이나 생각과 달리 지금까지 자기가 살아온 행동을 하게 되는 것입니다. 그래서 인간은 그냥 지식이 없거나 혹은 순간적으로 잘못 판단해서 죄를 짓는 것이 아니라 오랫동안 그의 마음속에 죄의 고속도로가 만들어져서 자동적으로 죄를 짓게 되는 것입니다. 그러므로 사람이 죄를 짓지 않으려고 하면 마음으로 결심만 한다고 해서 되지 않고 자기 자신의 몸을 새로운 법에 적응시켜야 합니다.

예를 들어서 바울은 예수 믿기 전에 마음으로 하나님을 엄청 사랑했고 율법을 많이 공부했습니다. 그러나 그는 실제로 예수 믿는 사람들에 대해서 엄청난 혐오감을 가졌고 심지어 예수 믿는 사람을 때리고 감옥에 가두고 인격적으로 모욕을 주었던 것입니다. 그런데 이 두 가지는 전혀 다른 법이었습니다. 하나는 마음의 법이고, 다른 하나는 죄의 법이었습니다.

그래서 우리가 우리 자신으로부터 죄의 법을 끊어내려고 하면 예수를 믿어야 합니다. 예수를 믿지 않고 죄의 법에서 벗어날 수는 없습니다. 그리고 몸을 새로운 질서에 적응시켜야 합니다. 무슨 일이 있어도 죽을 각오를 하고 죄를 끊어버려야 합니다. 그러면 죄가 끊어질 뿐 아니라 싫어지게 됩니다.

오늘날은 광기의 시대입니다. 사람들이 자기 자신에 대한 절제력을 잃어버렸기 때문에 누가 언제 무슨 짓을 할지 모르는 시대가 된 것입니다. 어떤 사람은 화가 난다고 자기 차를 몰고 카페로 쳐들어와서 사람들을 죽게 하기도 하고 선배나 선생님과 술을 마셨다가 인생을 망치게 되기도 합니다. 또 사람이 다른 사람에게 자꾸 짜증을 부리고 잔소리를 하다 보면 결국 다른 사람은 스트레스로 죽어가게 됩니다.

3. 절망하는 사람

사도 바울은 예수 믿기 전에 선을 행하려고 엄청나게 노력을 했던 것 같습니다. 그러나 그는 늘 악한 친구들에게 걸려서 악의 포로가 되고 말았던 것입니다.

> 7:22-23, "내 속사람으로는 하나님의 법을 즐거워하되 내 지체 속에서 한 다른 법이 내 마음의 법과 싸워 내 지체 속에 있는 죄의 법으로 나를 사로잡는 것을 보는도다"

청년 바울은 하나님의 말씀대로 살려고 엄청나게 노력했는데 결국은 분노를 이기지 못해서 다른 사람을 정죄하고 판단하고 싸우기만 했던 것입니다. "지체 속에 있는 죄의 법"이 바로 우리 잠재의식 속에 있는 죄의 본성인 것입니다. 이것은 반항하게 만들고 고집부리게 만들고 생떼를 부리게 만들어서 결국 자기가 하고 싶은 대로 다 해야 직성이 풀리는 것입니다. 그러면 사람이 자기 하고 싶은 대로 다 하면 기분이 좋아지느냐 하면 그렇지도 않습니다. 기분은 여전히 나빠지고 더 심술궂어지게 됩니다.

바울은 어느 순간 자기 자신의 몸은 죽은 중풍병자라는 사실을 깨닫게 되었습니다.

7:24, "오호라 나는 곤고한 사람이로다 이 사망의 몸에서 누가 나를 건져내랴"

여기 "곤고한 사람"이라는 것은 큰 어려움에 빠져서 고통받는 사람이라는 뜻입니다. 이 사람의 몸은 "사망의 몸"이었습니다. 이 사람은 의식이 있고 말도 할 수 있습니다. 그러나 전신이 마비되어서 손도 움직일 수 없고 발도 움직이지 않고 아무것도 할 수 없습니다. 오직 입만 살아 있고 정신만 살아 있는데 너무나도 신경질적인 것입니다. 왜냐하면 몸이 죽어있기 때문입니다. 이때 간병인이 필요한데 간병인이라고 해서 내 모든 것을 대신 다 해줄 수는 없습니다.

이 사람은 절망에 빠져 있습니다. 왜냐하면 하나님의 말씀에 대하여 몸이 죽어 있기 때문입니다. 그런데 예수님을 믿고 난 후 기적이 일어났습니다. 즉 주먹을 쥐었다 폈다 하니까 이것이 되는 것입니다. 그리고 발도 움직여보니까 발이 움직여지는 것입니다. 그래서 무엇인가 붙잡고 일어서보니까 일어날 수 있습니다. 그는 비틀거리면서 몇 걸음 걸어갈 수 있습니다. 그 이유가 무엇입니까? 예수님이 십자가 위에서 두 손과 두 발에 못이 박혀서 꼼짝 못하고 죽으심으로 내 몸의 마비된 것을 고쳐주셨기 때문입니다.

우리는 이제 재활 훈련을 해야 합니다. 기도하는 훈련도 하고 찬송하는 훈련도 하고 성질을 부리지 않고 복종하는 훈련도 해야 합니다. 이 훈련이 안 되면 아무리 믿어도 소용이 없습니다.

7:25상, "우리 주 예수 그리스도로 말미암아 하나님께 감사하리로다"

예수님은 우리를 죄의 지배로부터 해방해 주셨습니다. 우리는 얼마든지 죄를 짓지 않을 수 있습니다. 예수님을 형님으로 모시면 사탄을 이길 수 있습니다. 예수님으로 말미암아 하나님께 감사하시기 바랍니다.

36

위대한 인생
롬 8:1-4

옛날 로마 시대에는

로마 시민에 적용하는 법과 일반 노예에게 적용하는 법이 달랐습니다. 로마 시민은 무조건 체포되지도 않았고 십자가 처형도 받지 않았습니다. 그러나 노예들은 만일 도망갔다가 잡히면 손이나 발이 잘려야 했고, 아무 이유도 없이 채찍에 맞았으며, 만일 노예 한 사람이 주인을 죽이면 그 집에 있는 모든 노예를 십자가에 못 박아 죽이는 무서운 법이었습니다.

가끔 텔레비전이나 영화를 보면 좀비가 나오는 영화가 있습니다. 우리는 저런 영화를 도대체 왜 만들까 하는 생각이 드는데, 요즘은 좀 이해가 됩니다. 왜냐하면 코로나 메르스 같은 병에 걸린 사람 중에서 길거리에서 픽픽 쓰러지는 사람도 있고 병균을 가진 채로 돌아다니는 사람들도 많이 있기 때문입니다.

그런데 이 코로나 좀비나 청소년 교도소는 죄에 대한 너무나도 훌륭한 예가 될 수 있습니다. 우리 인간은 죄에 감염되어서 자기도 모르는 사이에 죄의 법에 사로잡혀서 좀비처럼 살아가고 있습니다. 우리 인간은 모두 코로나 환자처럼 격리가 되어야 합니다. 만일 이들이 격리되지 않고 돌아다니면 다른 모든 사람을 오염시킬 것입니다. 그러다가 몸에 감고 있는 폭탄이 터지면 자기나 다른 사람들을 다 죽게 만드는 것입니다.

그런데 가장 중요한 것은 온 천지를 지으신 하나님이 계시다는 것입니다. 하나님이 안 계시다면 벌써 이 세상은 좀비 세상이 되어서 서로 다 죽이고 죽었을 것입니다. 온 세상을 만드신 하나님께서 정말 벌레보다 못한 우리 인간에게 관심을 가지시고 새 생명을 주시기를 원하셨습니다. 하나님의 눈으로 보시기에 우리 인간은 구더기보다 못하고 바퀴벌레보다 보잘것없는 인생입니다. 그러나 하나님은 우리에게 관심을 가지시고 우리에게 새 생명 주시기를 원하셨습니다. 그래서 하나님은 우리 인간의 죄를 치료할 수 있는 치료약을 만드시기로 작정하셨습니다. 이것은 굉장히 어렵고 비참한 것이었습니다. 그러나 만일 인간이 이 치료약을 맞기만 하면 죄인에서 새 인간으로 치료될 수 있습니다.

기독교인과 성경이 인간이 죄에 빠져 있다고 했을 때 사람들은 거짓말이라고 했습니다. 그래서 기독교인들을 고문하고 죽였습니다. 그러나 인간이 죄에 오염된 것은 사실이었습니다. 왜냐하면 모든 인간은 죽기 때문입니다. 지금까지 죽지 않은 인간은 아무도 없습니다. 죄는 이 만큼 무서운 것입니다.

그러나 이제 로마서 8장에서 우리는 너무나도 위대한 선언을 보게 됩니다. 그것은 드디어 하나님께서 죄를 치료하는 치료제를 개발하시는 데 성공한 것입니다. 그래서 누구든지 이 약을 주사 맞는 자는 완전히 새로운 인생을 살게 되는 것입니다.

1. 가장 위대한 선언

이 세상에는 위대한 선언이 몇 번 있었습니다. 그중에서 가장 중요한 것이 아브라함 링컨의 노예 해방 선언입니다. 그의 선언으로 흑인은 노예의 쇠사슬을 벗게 되었습니다. 물론 노예들이 쇠사슬을 벗게 된 것은 선언만으로 된 것은 아니고 전쟁으로 이겼기 때문입니다. 그러나 얼마 전에 한 미국 경찰이 한 흑인을 8분간 발로 목을 눌러서 죽이는 바람에 폭동이 일어나기도 했습니다. 이것을 보면 흑인이 노예에서 벗어나는 것이 얼마나 어려운 일이었는지 알 수 있습니다.

그리고 또 한 번은 이차대전에서 독일이 패망했다는 선언입니다. 그것을 상징하는 사진이 있는데, 한 수병이 옆에 지나가던 간호 장교를 끌어안고 키스하는 장면입니다. 얼마나 기쁘고 행복했으면 알지도 못하는 지나가는 여성을 끌어안고 키스를 했겠습니까?

그리고 또 한번은 대한민국이 일본의 지배에서 해방되었다는 선언입니다. 그때 감옥에 갇혔던 독립 운동가들과 기독교 지도자들이 다 풀려나왔고 중국이나 만주에 있던 한국인은 전부 다 고국으로 돌아올 수 있게 되었습니다. 그 대신 일본 군인들과 일본 사람들은 가지고 있던 무기를 다 놓고 고개를 숙이고 일본으로 돌아가야 했습니다.

8:1, "그러므로 이제 그리스도 예수 안에 있는 자에게는 결코 정죄함이 없나니"

예수님께서 십자가 위에 못 박혔을 때 하나님은 이 세상에서 가장 위대한 선언을 하셨습니다. 그것은 "누구든지 그리스도 안에 있는 자에게는 결코 정죄함이 없다"는 선언이었습니다.

사실은 이 말씀은 가장 위대한 선언이기도 하지만 쉽게 이해할 수 있는 말도 아닙니다. 여기에 보면 "그리스도 안에 있는 자"라는 말이 있고 "결코 정죄함이 없다"는 말이 나옵니다.

"그리스도 예수 안에 있는 자"라는 말에는 어마어마한 내용이 들어있습니다. 온 우주를 만드신 하나님께 아들이 한 분 계셨습니다. 물론 이분은 우리가 생각하는 그런 아들은 아니었습니다. 그러나 하나님을 꼭 닮았으며 하나님과 같은 신이신 아들이었습니다. 이분이 벌레보다 못한 우리 인간을 위하여 인간이 되기로 하신 것입니다. 이것은 우리 인간이 바퀴벌레나 구더기가 되는 것보다 더 비참한 것입니다.

그러나 하나님과 아들은 우리에게 죄를 치료하는 약을 만들기 위해서 인간이 되셨습니다. 예수님은 인간이 되심으로 피를 가지셨습니다. 왜냐하면 죄가 하나도 없는 피가 인간의 죄를 치료할 수 있기 때문입니다. 예수님은 이 세상에서 인간으로 사시면서 하나님의 율법을 다 지키셨습니다. 그리고 예수님은 그 입으로 하나님의 말씀을 전하시고 그 말씀에 따라서 십자가 위에서 피를 흘리고 죽으셨습니다. 왜냐하면 죄의 삯은 사망이기 때문입니다. 예수님은 피를 흘리심으로 우리의 죗값을 다 갚으셨고 예수님의 피는 그때부터 죄를 이기고 치료하는 피가 되었습니다.

여기서 "그리스도 예수 안에 있는 자"는 바로 이 사실을 믿는 자를 말합니다. 그러나 이것은 단지 이런 사실을 이해하는 사람을 말하는 것이 아닙니다. 자기 자신과 이 세상의 죄가 있는 것을 알고 예수 그리스도 안으로 피한 자를 말하는 것입니다. 즉 이 세상에서 자기가 가지고 있는 짐을 싸서 만세 반석이신 예수님 안으로 이사한 사람을 말하는 것입니다. 그래서 우리 예수 믿는 사람들은 이 세상에 그대로 살고 있어서는 안 되고 예수님 안으로 이사해야 합니다.

그러면 도대체 우리는 어디로 이사해야 합니까? 교회 안으로 이사해야 합니까? 아니면 산에 있는 굴속으로 이사해야 합니까? 물론 우리는 이 세상에 살아야 합니다. 그러나 중요한 것이 무게의 중심입니다. 우리 무게의 중심이 그리스도 안에 있느냐 아니면 이 세상에 있느냐 하는 것입니다. 우리는 예수님 쪽에 무게의 중심을 두어야 합니다. 우리는 예수님 반석 안에서 이 세상으로 출퇴근을 해야 합니다. 우리는 결코 이 세상이나 세상에 있는 것들을 사랑하면 안 됩니다. 단지 우리는 이 세상에 있는 것들을 사용할 뿐입니다. 그러면 전쟁이 일어나도 안전합니다.

그런데 그런 자에게는 "정죄함이 없다"고 했습니다. 정죄한다는 것은 고소가 되어서 형을 사는 것을 말합니다. 즉 절도죄로 고소되고 성추행범으로 고소되고 폭행이나 살인죄로 고소되어서 감옥에 갇혀 있는 것을 말합니다.

그러면 도대체 누가 우리를 고소합니까? 사탄이 합니다. 사탄이 우리 양심을 고소해서 양심을 쇠사슬로 꽁꽁 묶어두는 것입니다. 그래서 이 세상에 있는 사람들은 모두 양심이 수갑을 차고 있습니다. 그리고 모두 사탄의 줄에 묶여서 지옥으로 끌려가게 됩니다. 그러나 예수 믿는 자는 모든 쇠사슬이 끊어져 버렸습니다. 예수님이 십자가로 마귀의 쇠사슬을 끊어버린 것입니다. 그래서 우리의 양심은 그 속박에서 벗어났습니다. 우리는 영원히 정죄 받지 않습니다.

어느 날 마귀가 우리에게 와서 "나는 옛날 네가 이러이러한 죄를 지은 것을 알고 있다"고 고소할 때 우리는 "나도 알고 있다. 그러나 하나님의 아들 예수님이 내 모든 죄 값을 다 갚으셨다"고 말하게 되는 것입니다. 이제 우리는 마귀의 노예가 아니고 더 이상 죄수가 아닙니다. 그런데 우리는 죄수보다 더 맥없이 살아가고 있습니다. 그 이유는 복음을 들은 지 오래되어서 또다시 세상에 발이 빠졌기 때문입니다. 그러나 우리에게는 정죄함이 없습니다. 우리는 무엇이든지 할 수 있습니다. 이것보다 더 놀라운 일이 어디에 있습니까? 나이를 떠나서 노예에서 벗어나서 자유인이 되었다는 것은 놀라운 일입니다.

2. 두 가지 법

8:2, "이는 그리스도 예수 안에 있는 생명의 성령의 법이 죄와 사망의 법에서 너를 해방하였음이라"

원래 이 세상에는 한 가지 법만 있었습니다. 그것은 바로 "죄와 사망의 법"입니다. 즉 인간은 누구든지 다 죄가 있고 죄가 있는 이상 죽음을 향해서 가야 합니다. 물론 죽음을 향해서 가는 중에 훌륭한 일을 하는 사람도 있고, 영웅적인 일을 하는 사람도 있을 것입니다. 그러나 그것은 모두 죄수들 안에 있는 영웅이고 좋은 일인 것입니다. 사람들은 자기를 행복하게 하고 즐겁게 한 사람을 위해서 열광합니다. 그래서 가수들이 유명해지고 돈을 많이 벌고 스포츠 스타들이 어마어마한 인기를 누립니다. 그러나 그것은 모두 죄와 사망의 법 안에서 이루어지는 일입니다. 왜냐하면 모든 사람은 다 죄인이고 결국은 죽기 때문입니다. 결국 모든 인간은 태어나서 죽음을 행하여 가는 행렬과 같습니다. 이 세상에서 아무리 높은 곳까지 올라가도 그것은 바벨탑이고 결국은 무너지게 되어있습니다. 아무리 착하게 살아도 마귀는 그것을 인정해주지 않습니다. 벌레가 착해 봐야 얼마나 착하며 구더기가 착해 봐야 얼마나 착하겠습니까?

그런데 이 세상에 완전히 새로운 인송이 생기게 되었습니다. 그들은 바로 그리스도 안에 있는 자들입니다. 이들은 예수님의 피로 완전한 죄 씻음을 받은 자들입니다. 이 사람들에게는 교도소 안의 법이 적용될 수 없습니다. 이들에게는 교도소 밖의 법이 적용되게 되는데, 그것은 바로 "그리스도 예수 안에 있는 생명의 성령의 법"입니다. 우선 이들은 철저하게 그리스도 예수 안에 있습니다. 이 사람들은 소속이 이 세상이 아니고 그리스도 안인 것입니다. 그리고 이 사람들은 사망을 향하여 가지 않습니다. 이들은 살았고 영원한 생명을 향하고 가고 있습니다. 이들을 지배하는 것은 성령의 은혜입니다. 이 사람들은 성령의 은혜로 살아갑니다.

예수 믿는 자들은 다른 사람들보다 힘이 없고 지혜가 부족하고 여전히 앞으로 나아갈 길을 알지 못하고 죄의 유혹에도 빠집니다. 그러나 성령께서 그들의 보호자 역할을 하십니다. 그래서 넘어지려고 하면 붙잡아주시고, 가야 할 길을 모르면 길을 인도해주시고, 죄에 빠지려고 하면 막아주시는 것입니다. 그들이 아무리 부족하고 실수해도 다시 감옥에 집어넣지 않습니다. 오히려 그 부족한 것을 성령님께서 다 보충해서 백점이 되게 하십니다. 그래서 우리는 어른이 아니라 어린아이가 됩니다. 우리는 모두 성령의 어린아이인 것입니다. 그래서 예수님은 누구든지 어린아이같이 되지 아니하면 하나님 나라에 갈 수 없다고 말씀하셨습니다. 그리고 어린아이를 실족하게 하지 말라고 하셨습니다(마 18:3-6).

우리에게는 보호자가 있습니다. 예수님은 우리를 죄에서 해방시키셨고 성령님께서 우리 인생을 이끌어 가십니다. 그래서 우리는 성령의 바람을 타고 서핑을 하며, 성령의 파도를 타고 즐기는 것입니다. 우리는 더 이상 죄를 짓지 않는 삶이 아니라 성령의 바람을 타야 하는 것입니다. 그런데 성령의 바람이 자꾸 죽어가고 있습니다. 그 이유는 우리가 세상의 바람을 타려고 하기 때문입니다. 세상의 바람은 우리를 죽이려고 하는 광풍입니다. 예수님께서 제자들과 배를 타고 갈릴리 호수를 건너가고 있을 때 광풍이 불어서 배를 뒤집어엎으려고 했습니다(마 8:24). 네로는 광풍이었습니다. 유대 로마 전쟁도 광풍이었습니다. 우리는 성령의 바람이 불게 해야 바른길로 갈 수 있습니다.

3. 율법의 요구

축구를 하는 선수에게는 '룰(rule)'이 있습니다. 그것은 공을 손으로 잡으면 안 되고 발로 차거나 머리로 받아서 상대방의 골대 안에 넣어야 한다는 것입니다. 그런데 유럽의 유명한 축구팀이 경기하는 것을 보면 그 스피드나 힘이나 기술이 완전히 예술인 것을 볼 수 있습니다. 그 팀에 속한 선수들은 그 훈련을 많이 했기 때문에 경기에서 두각을 나타내고 어떤 때는 최고의 선수가 되는 것입니다. 그러나 그런 선수들도 룰을 어기면 옐로카드를 받게 되고 어떤 때는 레드카드를 받아서 퇴장당하게 됩니다. 마찬가지로 모든 스포츠에는 룰이 다 있고 선수들은 이것을 지켜야 합니다.

이와 마찬가지로 인간은 이 세상에 살면서 살아야 하는 룰이 있습니다. 그런데 하나님은 인간에게 그 룰을 가르쳐주시지 않았습니다. 왜냐하면 인간은 머리가 좋아서 자기가 알아서 그 룰을 찾아야 했기 때문입니다. 그래서 인간은 그림을 어떻게 그리는지도 모르면서 붓을 가진 아이와 같고, 피아노를 어떻게 치는지도 모르면서 피아노 앞에 앉아 있거나, 축구하는 방법을 알지 못하면서 공을 가지고 그라운드에 서 있는 선수와 같았던 것입니다.

> 8:3-4, "율법이 육신으로 말미암아 연약하여 할 수 없는 그것을 하나님은 하시나니 곧 죄로 말미암아 자기 아들을 죄 있는 육신의 모양으로 보내어 육신에 죄를 정하사 육신을 따르지 않고 그 영을 따라 행하는 우리에게 율법의 요구가 이루어지게 하려 하심이니라"

여기 "육신"이라는 말은 태어난 그대로의 인간을 말합니다. 인간은 눈에 보이는 것이 공부고 시험에 합격하는 것이고 돈을 잘 버는 것이고 높은 감투를 쓰는 것이기 때문에 세상의 룰은 잘 알아도 하나님의 룰을 알지 못합니다. 그래서 우리 인간은 세상에서 아무리 성공하고 훌륭해도 하나님의 법에는 빵점이고 탈락일 수밖에 없습니다.

하나님이 우리 인간에게 주신 룰은 두 가지입니다. 하나는 하나님께 영광을 돌리는 것이고, 다른 하나는 하나님이 주시는 힘으로 사는 것입니다. 따라서 이 세상에 있는 것들은 모두 재료이지 본질이 아닙니다. 우리 인간은 하나님 앞에서 모두 배우와 같습니다. 배우라고 하면 그 연기력과 카리스마로 사람들의 마음을 녹이고 감동해서 울게 해야 합니다. 배우라고 하면 표정 연기는 기본이고 온몸으로 액션이나 사랑과 분노의 표현을 능수능란하게 해야 시청자나 관객의 사랑을 받게 됩니다.

우리는 하나님의 배우이고 우리가 외워야 할 대사는 성경책입니다. 어떤 사람은 논어를 텍스트로 해서 인기를 끌고, 어떤 사람은 셰익스피어의 비극으로 인기를 끌고, 어떤 사람은 플라톤이나 마키아벨리를 텍스트로 해서 인기를 끄는데, 우리의 텍스트는 성경입니다. 우리가 주연 배우가 되려고 하면 성경을 완전히 내 것으로 만들어서 내 생활로 배어 나와야 합니다. 그러나 인간은 절대로 그럴 수 없습니다. 단지 모든 것을 끝까지 많이 가지고 있는 것으로 만족하려고 합니다. 즉 죽을 때까지 돈과 권력을 가지고 죽을 때까지 한자리 차지하는 것으로 만족하려고 합니다. 그러나 우리는 하나님의 말씀을 가지고 이 세상을 사는 훈련을 해야 합니다. 표정 연기도 중요하고 온몸으로 연기를 해야 합니다. 그래서 우리는 육신을 따라 행하지 않고 영을 따라 행하는 사람들입니다. 즉 성령이 인도하는 대로 따라 하면 하나님의 말씀대로 살게 되고 하나님의 뜻이 이루어지게 됩니다.

예수님은 "너희는 먼저 그의 나라와 그의 의를 구하라 그리하면 이 모든 것을 너희에게 더하시리라"(마 6:33)고 하셨습니다. 남을 자기 육신같이 사랑하는 것이 율법의 요구입니다. 남편이 아내를 랑하고 우리가 원수를 사랑하고 일본 사람을 사랑하고 북한을 사랑하고 흑인을 사랑하는 것은 율법의 요구입니다. 우리는 새로운 인종이며 새로운 룰이 적용되는 사람입니다. 세상의 기준으로 자신을 재지 마시고 세상의 가치관으로 침체되지 마시기 바랍니다. 하나님의 영으로 새로운 기준을 만들고 새로운 룰을 만드는 성도들이 다 되시기 바랍니다.

37

새로운 인류
롬 8:5-13

우리는 보통 때는

상관이 없지만 어떤 큰 어려움을 당하게 되면 내가 기도하는 것으로는 하나님께 안 통할 것 같으니까 평소에 기도를 많이 하고 좀 더 영적인 사람을 찾아가서 기도를 부탁할 때가 가끔 있습니다. 그때 우리는 평소에 기도를 많이 한 사람을 '신령한 사람'이라고 하거나 '영이 깨끗한 사람'이라고 말하기도 합니다. 이것은 마치 글을 읽을 줄 모르는 할머니가 외국에 간 자식에게서 편지가 오면 그것을 읽을 줄 몰라서 동네에서 글을 읽을 줄 아는 사람을 찾아가서 대신 읽어달라고 부탁하는 것과 같습니다. 사람의 귀는 참 예민한 것 같습니다. 그래서 사람이 나이가 들면 귀가 잘 들리지 않기 때문에 큰소리를 질러야 다른 사람의 말이 귀에 들리게 됩니다.

우리가 예수를 믿기 전에는 하나님의 음성이 전혀 들리지 않습니다. 이것은 난청이 아니라 완전 청각장애인 것입니다. 우리는 하나님으로부터 오는 음성은 전혀 들을 수 없습니다. 그 대신에 우리의 주파수는 마귀에게 맞추어져 있어서 마귀가 하는 소리나 우리 육신이 요구하는 소리는 잘 들리게 됩니다. 그러다가 우리가 예수를 믿고 난 후에는 성령께서 우리의 뇌를 치료해주셔서 하나님의 음성이 들리기 시작합니다. 그래서 성령을 받은 사람은 방언을 하거나 기도를 많이 하는 사람이 아니라 하나님의 음성을 듣는 사람입니다.

여기서 하나님의 음성을 듣는다는 것은 하는 모든 일을 하나님과의 관계에서 생각하는 것을 말합니다. 옛날에는 어떤 일을 할 때 이 일을 하면 얼마나 돈을 많이 벌고 또 다른 사람들이 나를 얼마나 알아주고 인정해줄까 하는 것만 생각했습니다. 그러나 영의 사람이 되면 모든 것을 하나님과의 관점에서 생각합니다. 물론 모든 것을 하나님의 뜻대로 하는 것은 아니지만 그래도 모든 일을 하나님과의 관계에서 생각하게 되는 것입니다.

1. 새로운 인류의 등장

육신의 필요에 따라서 산다는 것은 본능에 속하는 것입니다. 그래서 갓난아기들은 배가 고프면 엄마가 젖이나 우유를 줄 때까지 악을 쓰면서 웁니다. 왜냐하면 그대로 있으면 배가 고파서 죽기 때문입니다. 이것은 어른이 되어서도 마찬가지입니다. 배가 고픈데 먹을 것이 준비되어있지 않으면 화가 나게 되고, 잠을 자야 하는데 잠을 자지 못하게 하면 몹시 화가 납니다. 또 다른 사람에게 맞거나 무시를 당하면 화가 나게 되고 몸이 아프면 기분이 좋지 않게 됩니다.

그래서 우리 몸 안에서는 우리가 생존하고 더 편해지기 위해서 끊임없이 육신의 소리가 들립니다. 마귀는 우리에게 어떤 만만한 사람을 보면 욕을 퍼붓고 때리라고 속삭입니다. 그리고 힘센 사람이 약한 사람을 때리면 모르는 체하고 구경만 하라고 합니다. 육체가 이런 소리를 하는 이유는 내 자신이 고통을 받지 않고 조금이라도 편하게 살기 위함입니다.

그런데 이 세상에서 완전히 새로운 인류가 태어났습니다. 이들은 모두 똑같은 인간인데 그들의 내면에 다른 소리가 들립니다. 그것은 바로 '성령의 소리' 입니다. 그래서 이들에게는 어떤 일이 생기면 육체의 생각도 들지만 하나님의 음성이 들리게 됩니다. 또 네가 참으라고 하든지 희생을 감수하고서라도 남을 도와주라든지 하는 생각이 들게 되는 것입니다.

8:5-6, "육신을 따르는 자는 육신의 일을, 영을 따르는 자는 영의 일을 생각하나니 육신의 생각은 사망이요 영의 생각은 생명과 평안이니라"

이 세상에 태어난 그대로의 사람은 육신의 사람이고, 육신의 본능에 따라서 행하게 됩니다. 물론 이들도 자기 동생이 다른 사람에게 매맞는 것을 보면 뛰어들어서 동생을 위해서 싸운다든지 혹은 자기가 속한 회사나 편이 이기기 위해서 열심히 노력하기도 합니다. 그 이유는 이 사람들의 마음속에 그런 본능이 있기 때문입니다.

그런데 이 세상에 완전히 다른 종류의 사람이 태어나게 되었습니다. 이들은 뇌가 새로 만들어져서 성령이 하시는 음성을 듣게 됩니다. 그래서 다른 사람과 싸우려고 할 때도 "남이 오른뺨을 때리면 왼뺨을 돌려대고 속옷을 달라고 하면 겉옷까지 주라"는 말씀이 들리는 것입니다. 물론 우리는 그 말씀대로 할 때도 있지만 못할 때도 있습니다. 예를 들어서 어느 곳에 취직자리가 생겼습니다. 그런데 그 자리는 돈은 예전보다 많이 주지만 거짓말해야 하고 주일을 지킬 수 없습니다. 육신의 생각에 따르면 당연히 이 직장을 가져야 할 것 같은데 마음속에는 '네가 하나님의 음성을 듣지 못하면 너는 더 엄청난 손해를 보게 될 것이다' 라는 소리가 들리게 되는 것입니다.

하나님의 백성에게 놀라운 점은 어떤 환상적인 체험이나 놀라운 기도 생활을 하는 것은 아니지만 옛날과는 다른 음성이 들리기 시작한다는 것입니다. 그래서 처음에는 우리 안에서 육신의 생각과 영의 생각이 싸우게 됩니다. 그래서 처음에는 육신의 생각이 이겨서 나를 인간적인 생각으로 끌고 가서 싸우기도 하고 술도 마시기도 하고 돈을 위해서 살기도 합니다. 그러나 그렇게 해 보니까 별로 재미가 없다는 것을 알게 됩니다. 그때 깨닫게 되는 것은 육신의 생각을 잘못 따라가다가는 엄청나게 잘못된 길로 빠질 수 있다는 것입니다. 그때 정신이 번쩍 들게 됩니다.

"육신의 생각은 사망이요 영의 생각은 생명과 평안"이라고 했습니다. 우리가 실제로 이 세상을 살다 보면 육신의 생각대로 하는 것이 안전하게 사는 길이요 다른 사람들과 친해지는 길이고 남들이 나를 우습게 여기지 못하는 길인 것 같습니다. 반대로 우리가 영의 일을 따라가다 보면 다른 사람들에게 바보같이 보이기도 하고 돈을 손해 보기도 하고 다른 사람에 비해서 어리숙하게 보이게 되기도 합니다. 남이 한쪽 뺨을 때리는데 다른 쪽 뺨을 돌려대면 다른 사람들이 얼마나 나를 바보같이 생각하겠습니까? 물론 짧은 기간을 통해서 보면 육신의 생각이 이득을 보는 것이 사실이고 영의 생각을 따르는 것이 바보같이 보이는 것이 사실입니다. 그러나 길게 생각해보면 다른 결과가 나타나게 됩니다.

하나님의 음성을 듣는 사람들은 당장은 재미가 없고 손해를 보는 삶을 사는 것 같지만 두려워할 것이 없습니다. 그리고 하나님께서 그를 생명의 길로 인도하셔서 사고를 면하게 하시고 죽지 않는 길로 가게 하십니다. 그리고 무슨 복잡한 문제가 생겼을 때도 하나님에게 다 맡겨버리니까 하나님께서 해결해주시는 것입니다. 그래서 평안입니다.

이 세상에 태어난 그대로의 인간에게 가장 무서운 사실은 자신은 똑똑하고 현명하다고 생각하면서 살고 있지만 사실은 하나님과 원수

된 삶을 살고 있다는 사실입니다.

8:7, "육신의 생각은 하나님과 원수가 되나니 이는 하나님의 법에 굴복하지 아니할 뿐 아니라 할 수도 없음이라"

하나님께서 우리 인간에게 가장 기뻐하고 좋아하시는 것은 하나님의 법에 굴복하는 것입니다. 자기 안에 주장과 계획과 생각이 있지만 어떻게 해서든지 자기 자신을 설득해서 하나님의 말씀에 자신을 복종시켜버리는 것입니다. 그런데 하나님의 음성을 듣지 못하는 사람은 하나님 말씀의 가치를 모릅니다. 그 사람은 물론 성경이 좋은 책이긴 하지만 하나의 고전에 불과하다고 생각하고 하나의 고전에 불과한 성경대로 살아야 할 이유가 하나도 없는 것입니다. 그래서 육신의 생각을 따르는 자는 하나님과 원수가 됩니다. 왜냐하면 하나님의 말씀을 모를 뿐 아니라 알아야 할 이유가 없기 때문입니다.

그런데 이렇게 자기 육신의 생각을 따라 계속 사는 사람의 마음에 찾아오는 것은 허무입니다. 그 사람은 도저히 이 세상을 살아야 할 이유를 찾을 수 없습니다. 특히 이런 사람은 눈이 온다든지 혼자 있다든지 하면 고독한 중에 무엇인가 자기가 특별한 것 같다는 기분이 들어서 좋아합니다. 어떤 의미에서 이 세상에서 가장 폼을 잡고 살며 고독을 즐기는 사람인지 모릅니다. 이런 사람의 마음을 갉아먹는 것이 바로 허무입니다. 그러나 당장은 괴로울지 몰라도 육신의 욕구와 싸워서 육신을 하나님의 말씀에 굴복시킨 사람에게는 빛이 있고 기쁨이 있습니다. 그리고 하나님이 주시는 희망이 있습니다. 그래서 우울하지 않은 것입니다.

2. 하나님의 영이 있는 사람

사람은 여러 가지로 분류할 수 있습니다. 요즘은 컴퓨터를 할 수 있는 사람과 컴퓨터를 할 수 없는 사람으로 나눌 수 있을 것입니다. 컴퓨터를 못하는 사람은 컴맹입니다. 컴퓨터를 잘하는 사람은 핸드폰이나 작은 컴퓨터를 가지고 못하는 것이 없습니다. 정보를 찾아내기도 하고 예약을 하기도 하고 돈을 보내기도 하고 다른 사람들과 채팅을 하기도 합니다. 그러나 나이가 든 사람들은 문자를 보내도 그것을 읽을 줄 몰라서 약속장소에 안 나오는 사람들이 많이 있습니다.

비행기를 타보면 일등석과 이코노미석 사이에는 엄청난 차이가 있습니다. 자리 넓이도 틀리고 마시는 주스 종류도 다르고 특히 일등석은 라면까지 끓여준다고 합니다. 고등학교도 집에 돈이 있느냐 없느냐에 따라서 일반고와 자사고, 특목고 같은 곳으로 나뉘기도 합니다. 그런데 결국 명문대 합격하는 것을 보면 특수고 출신들이 월등하게 많은 것을 볼 수 있습니다. 직장에도 정사원이 있는가 하면 임시직도 있습니다.

그런데 하나님 앞에서는 이런 인간적인 구별은 하나도 소용이 없고, 오직 하나의 구별만 있습니다. 그것은 그 속에 하나님의 영이 있느냐와 하나님의 영이 없느냐의 구별뿐입니다. 이것을 보면 우리가 하나님의 음성을 들을 수 있느냐 없느냐 하는 것이 얼마나 중요한지 알 수 있습니다. 즉 하나님과의 관계를 생각하는 사람은 영이 있는 사람이고, 자기만 생각하는 사람은 하나님의 영이 없는 사람입니다.

8:9, "만일 너희 속에 하나님의 영이 거하시면 너희가 육신에 있지 아니하고 영에 있나니 누구든지 그리스도의 영이 없으면 그리스도의 사람이 아니라"

우리는 먼저 그리스도가 어떤 분인지 알 필요가 있습니다. 우선 우리는 어마어마하게 광대한 우주 속에 살고 있습니다. 이 우주가 얼마나 크고 넓은지 우리 인간은 상상도 할 수 없습니다. 이 엄청난 우주와 피조물들은 모두 다 하나님이 만드셨습니다. 그리스도는 그 하나님의 아들이십니다. 그 하나님의 아들이 우리와 하나님을 연결시키기 위하여 인간이 되셨습니다. 우리는 우주를 만드신 하나님의 아들이 인간이 되셨다는 그 사실 자체에 전율을 느껴야 합니다.

우리가 도대체 무엇입니까? 우리는 하나님 앞에서 아주 작은 먼지 티끌보다 작고 구더기보다 더 볼품없고 벌레보다 더 징그러운 존재입니다. 그러나 우주의 보물 중의 보물이신 하나님의 아들이 우리와 하나님을 연결하기 위하여 인간으로 이 세상에 오셨습니다. 그것만 해도 엄청난 사실인데 하나님의 아들은 우리가 죽을 것을 대신해서 죽으셨습니다. 그래서 누구든지 예수를 믿기만 하면 그 안에 하나님의 영을 주셔서 하나님과 연결되게 하시고 그리스도 안에 있게 하셨습니다. 우리는 이 세상에 있지만 또한 그리스도 안에 있는 사람들입니다. 우리가 그리스도 안에 있으면 어떤 일이 우리에게 일어나게 됩니까?

8:10, "또 그리스도께서 너희 안에 계시면 몸은 죄로 말미암아 죽은 것이나 영은 의로 말미암아 살아 있는 것이니라"

우리의 몸에는 이미 죽음의 법칙이 들어와 있습니다. 그래서 우리는 아무리 노력해도 자라다가 성장이 멈추고 난 후에는 늙게 되고 결국에는 죽게 됩니다. 그러나 우리의 영은 그리스도로 인하여 살아 있습니다. 그래서 우리 몸은 죽어도 옷만 갈아입는 것밖에 되지 않습니다. 우리는 이 육신 그리고 이 뼈 그리고 이 내장을 갈아입어야 합니다. 그러나 우리의 영은 살아 있습니다. 우리의 영은 잠시도 죽지 않습니다. 그런데 놀라운 것은 우리 안에 계신 성령이 우리 죽은 육신도 다시 살리신다는 것입니다.

8:11하, "너희 안에 거하시는 그의 영으로 말미암아 너희 죽을 몸도 살리시리라"

우리가 먼저 생각해야 할 것은 우리 안에 그리스도가 계시다는 사실입니다. 우리 안에는 온 우주를 만드신 하나님의 아들이 살아계십니다. 우리의 심장과 뇌와 피와 내장과 피부와 모든 것은 전부 다 하나님의 아들 예수님의 것으로 바뀌었기 때문입니다. 그런데 그중 가장 중요한 것은 우리의 생각이 변한 것입니다. 우리의 생각이 변하면 우리의 감정도 변하게 됩니다. 우리의 감정이 변하면 이미 부흥이 일어나고 있는 것입니다. 그리고 우리의 손과 혀와 눈빛과 표정과 발이 가는 곳과 눈이 보는 것과 생각하는 것이 다 하나님과 연결되는 것입니다.

우리 안에 그리스도가 살아계십니다. 그래서 우리는 창조하는 삶을 살게 되고 기적과 영광이 있는 삶을 살게 됩니다. 물론 우리의 육신은 죽을 것입니다. 그러나 성령은 우리 육신을 완전하게 새 육신으로 살리십니다. 그때 이 사실을 믿지 않았던 사람들이 얼마나 후회하겠습니까? 그때 자기 정욕대로 그리고 이 세상이 전부인 것처럼 살았던 사람들이 얼마나 후회하겠습니까? 그들이 저 우주 밑바닥에서 썩은 육신을 가지고 유황불 가운데서 새 육신을 입은 사람들이 날아다니고 있는 모습을 쳐다볼 것입니다. 그들이 자신의 친구이고 가족이었던 것입니다.

3. 육신에 지면 안 돼

물론 우리 안에는 육신의 생각이 있습니다. 우리는 예수 믿었다고 해서 하루아침에 천사로 변하는 것이 아닙니다. 우리는 육신의 생각을 그대로 가지고 본능대로 살고 세상 사람들처럼 살려고 하는 의지가 강하게 남아 있습니다. 그런데 우리 안에 하나님의 말씀이 생각나고 하나님의 음성이 들리는 것입니다. 그러면 우리는 도대체 어떤 욕구를 따라서 살아야 할까요?

8:12, "그러므로 형제들아 우리가 빚진 자로되 육신에게 져서 육신대로 살 것이 아니니라"

먼저, 우리는 "빚진 자"라고 했습니다. 이 세상에서 빚진 자만큼 부담스러운 사람은 없을 것입니다. 빚진 자는 빚을 다 갚을 때까지는 계속 빚쟁이들에게 시달리게 됩니다. 그런데 우리는 하나님으로부터 사랑에 빚을 진 자들입니다. 하나님은 우리에게 일방적으로 사랑을 부어주셨습니다. 물론 우리는 그 빚을 다 갚을 수 없습니다.

그러나 육신의 욕망과 싸울 의무는 있는 것입니다. 우리는 육신이나 자기 생각이 하고 싶은 대로 살지 말아야 할 의무가 있습니다. 왜냐하면 하나님이 우리를 사랑하시기 때문입니다. 우리가 육신대로 살면 반드시 죽을 것입니다. 하나님께서는 우리 육신을 쳐서 죽게 하셔서라도 욕망대로 살지 못하게 하십니다. 그래서 하나님은 때때로 하나님의 백성도 육신을 치셔서 죽게 하실 때가 있습니다. 그 이유는 더 이상 육신의 욕망대로 살지 못하게 하기 위함입니다.

그런데 영으로써 몸의 행실을 죽이면 산다고 했습니다. 자꾸 우리 욕망을 죽이면 하나님이 우리에게 생명을 주십니다. 물론 이것은 금욕적으로 살라는 뜻이 아닙니다. 욕망은 우리 마음 안에 있습니다. 우리가 이것을 죽이고 하나님이 원하시는 삶을 살 때 하나님은 우리에게 살길을 열어주실 것입니다.

38

아들 됨
롬 8:14-25

요즘 우리나라

젊은이들은 수저 이야기를 많이 합니다. 어떤 사람은 '금수저'여서 부모 찬스로 좋은 대학 들어가고 유학도 갔다 와서 부모 직장의 좋은 자리를 꿰차는가 하면, 어떤 사람은 '흙수저'라서 힘들게 아르바이트해야 하고 취직도 안 되어서 한 사람 누우면 꽉 차는 고시방에서 살아야 한다고 불평합니다. 이것은 요즘 젊은이의 좌절감을 나타내는 말이라고 생각합니다.

 사도 바울로부터 로마서를 받은 로마의 교인들은 거의 모두가 노예이든지 아니면 가난한 부녀자들이었습니다. 이 사람들이야말로 이 세상에서 아무것도 가진 것이 없는 사람들이었고 가장 불쌍하고 비참한 사람들이었습니다. 그러나 이들은 어느 날 예루살렘에 갔다 온 유대인들로부터 복음을 듣게 되었습니다. 그것은 바로 하나님의 아들 예수 그리스도가 십자가에 못 박혀 죽었다가 다시 살아나셨다는 소식이었습니다. 이 노예나 부인들은 카타콤이라는 지하 광장에서 하나님의 말씀을 들었는데 그렇게 행복할 수 없었습니다. 예수님은 가난한 자가 복이 있다고 말씀하셨습니다. 또 누구든지 예수의 보혈을 믿으면 모든 죄를 다 씻음받는다고 하셨습니다. 그리고 더 놀라운 것은 누구든지 성령의 인도하심을 받으면 하나님의 아들이 된다고 하셨습니다.

1. 하나님의 아들

우리나라에서 가장 존경받는 인물은 아마도 세종대왕일 것입니다. 세종대왕은 왕자이긴 했지만 장자가 아니었습니다. 세종 위에는 양녕대군이라든지 다른 형들이 있었습니다. 그러나 형들이 보기에는 세종이 가장 총명하고 영특하다고 생각했고, 양녕대군은 술이나 마시고 글을 쓰면서 떠돌이 생활을 하고, 다른 형은 머리를 깎고 절에 들어가서 중이 되어버립니다. 결국 세종은 왕이 되어서 한글을 만들고 신하들에게 측우기를 개발하게 하고 북방을 개척하는 등 많은 업적을 남기게 됩니다. 이런 왕자라면 정말 멋있는 왕자라고 할 수 있을 것입니다. 이 세상에는 부모를 잘 만나서 크게 성공하는 사람도 있을 것입니다. 그러나 더 중요한 것은 그런 바탕 위에서 자기가 더 노력해서 좋은 일을 하는 것입니다.

아마 누군가가 이 세상에서 신의 아들이 된다면 그는 엄청난 능력을 갖게 될 것입니다. 신의 아들이라고 하면 죽이려고 해도 죽일 수 없고 직접 복을 주거나 저주를 내리는 자라고 생각할 것입니다. 그러나 성경은 분명히 이 세상에 하나님의 아들이 하나씩 둘씩 만들어지고 있다고 말씀하고 있습니다. 그 사람들은 특별한 사람들이 아닙니다. 이 신의 아들들은 얼굴에서 빛이 나오는 것도 아니고 기적을 행할 수 있는 것도 아니고 얼굴이 아름답다든지 몸매가 예쁜 사람도 아닙니다. 하여튼 성경은 분명히 이 세상에 하나님의 아들들이 생기고 있다고 분명히 말씀하고 있습니다.

8:14, "무릇 하나님의 영으로 인도함을 받는 사람은 곧 하나님의 아들이라"

예수 믿는 사람에게는 무엇인가 예전과는 다른 것이 나타나게 되는데, 그것은 자신의 모든 삶을 하나님과의 관계에서 생각하기 시작한다는 것입니다. 예전에는 이 일을 하면 돈을 얼마나 받고 내가 얼마나 유명해질지를 생각했다면, 이제는 이 일을 하면 얼마나 하나님이 기뻐하시고 내 신앙에 얼마나 유익이 되며 하나님께 얼마나 영광이 되는가를 생각하게 된다는 것입니다. 물론 우리는 늘 하나님의 뜻대로 사는 것은 아닙니다. 때때로 우리는 육신의 요구에 굴복해서 육신적으로 살 때도 많이 있습니다. 그러나 우리 안에 하나님의 말씀이 점점 강해지면서 우리 생각을 설득하고 육신의 생각을 눌러서 하며, 하나님의 뜻에 맞는 행동을 할 때가 있습니다. 이것이 바로 하나님의 영으로 인도하심을 받는 것입니다.

이런 사람을 성경은 '영에 속한 사람' 혹은 '신령한 사람'이라고 하다가 이제는 드디어 '하나님의 아들'이라고 말씀하고 있는 것입니다. 우리는 하나님의 아들로 입양된 것입니다. 하나님의 아들로 입양되면 우리에게는 어떤 변화가 오게 될까요? 처음에는 시먹서먹하기도 하고 정말 이분이 나의 아버지일까 하는 의구심이 생기기도 하고 어떤 때는 옛 생활로 돌아가고 싶은 생각이 날 때도 있을 것입니다. 그런데 우리는 예수 믿지 않던 옛날로 돌아갈 수는 없습니다. 그 이유는 이미 우리 안에 하나님의 영이신 성령이 들어와 버리셨기 때문입니다.

성령은 하나님의 영이시고 그리스도의 영이십니다. 우리 인간의 영은 그 사람의 육체에서 빠져나오지 못합니다. 영이 육체에서 빠져

나오는 순간 죽기 때문입니다. 그러나 하나님의 영은 하나님과 그리스도로부터 항상 나옵니다. 성령은 하나님의 생각이고 감정이고 능력이고 축복입니다. 그래서 성령이 우리 안에 들어오시면 이미 우리는 변하게 됩니다. 우리 안에는 하나님의 영이 있기 때문에 하나님의 생각이 있고, 하나님의 감정이 있으며, 하나님의 능력이 있습니다. 이것은 세상의 권력이나 지식이나 힘과는 완전히 다른 것입니다.

우리에게는 새로운 아버지가 생겼습니다. 그분은 바로 온 천지를 창조하신 하나님이십니다. 온 우주를 창조하시고 온 세상을 창조하신 하나님이 우리 아버지라면, 우리가 아버지에게 가면 엄청난 것을 구경할 수 있을 것입니다. 천사도 볼 수 있고 우주도 볼 수 있고 수많은 별도 볼 수 있고 천국에 흐르는 수정수도 볼 수 있고 모든 병을 치료할 수 있는 나뭇잎도 따 먹을 수 있을 것입니다. 우리가 이 세상에서 가지는 정체성은 '하나님의 아들' 입니다. 만약 우리의 신분이 하나님의 아들이라면 우리는 무엇보다 하나님의 아들이라는 자부심을 가져야 할 것입니다. 다른 사람들은 다 진짜 아버지가 없습니다. 그들에게는 육신의 부모가 있을 뿐입니다. 그러나 그들의 영혼의 부모가 없습니다.

우리는 아버지가 있습니다. 하나님이 우리 아버지이십니다. 하나님은 우리에게 일용할 양식을 위하여 기도하라고 하셨습니다. 왜냐하면 다른 것은 필요가 없기 때문입니다. 하나님은 우리의 습성을 잘 알고 계십니다. 우리가 어떻게 행동할 것도 알고 계시고 우리의 부르짖는 소리를 다 듣고 계십니다. 우리는 어떤 형편이나 어떤 처지에 있어도 하나님의 아들입니다. 하나님께서 이 세상에 보내신 비밀특사입니다.

8:15, "너희는 다시 무서워하는 종의 영을 받지 아니하고 양자의 영을 받았으므로 우리가 아빠 아버지라고 부르짖느니라"

여기서 "종의 영"이나 "양자의 영"은 '정신'이라고 생각하면 좋을 것입니다. 종은 종의 정신을 가지고 있습니다. 그래서 자존감이라는 것은 없어야 하고 자신을 인간이라고 생각하면 살아남을 수 없습니다. 종은 생각이 없어야 하고 무조건 주인을 두려워해야 합니다. 주인이 말도 안 되는 일을 시켜도 무조건 해야 살아남는 것입니다. 그래서 종은 자기 스스로의 의지로는 아무것도 할 수 없습니다. 즉 가축과 같은 처지입니다.

그러나 예수 믿는 사람들은 '양자의 영'을 받았습니다. 전에는 세상의 정신을 가지고 있었는데, 이제는 '내가 하나님의 아들로 입양되어서 하나님이 내 아버지가 되셨구나'라는 생각이 있는 것입니다. 그런데 아버지가 우리에게 너무 잘 해주시기 때문에 아버지에게 아버지를 부르는 것이 너무 기쁜 일이 되는 것입니다. 그래서 아버지를 부를 때 "아빠 아버지!"라고 부르게 되는데, 너무 반갑고 기쁘기 때문입니다. 미국 사람들은 'b'가 두 개 붙어 나오면 'ㅃ'로 발음을 하지 않고, 'ㅂ'로 발음합니다. 그래서 미국식으로는 '아바'인 것입니다. 그러나 우리나라 히브리인들은 '아빠'라고 부릅니다. 하나님을 '아빠'라고 부를 수 있다면 아버지의 마음은 다 녹게 되어있습니다.

하나님은 우리의 요구를 다 들어주십니다. 그리고 가장 좋은 선물을 우리에게 주십니다. 그것은 바로 최고로 멋진 인생이고 체험입니다.

2. 성령의 증언

우리가 하나님의 아들인 것을 어떻게 알 수 있을까요? 그것을 우리는 잘 알지 못합니다. 왜냐하면 하나님은 우리가 들을 수 있도록 "너는 내 아들이라"고 말씀을 잘하시지 않기 때문입니다. 하나님은 예수님에게는 이 말씀을 하셨습니다. "너는 내 아들이라 오늘 내가 너를 낳았다"(히 1:5)라고 하셨습니다. 그러나 그것보다 더 엄청난 증거가 있습니다. 그것은 성령이 증언하시는 것입니다.

8:16, "성령이 친히 우리의 영과 더불어 우리가 하나님의 자녀인 것을 증언하시나니"

성령은 우리가 하나님의 자녀인 것을 증언하십니다. 어떻게 증언하십니까? 우리 안에 성령이 부어지기 시작하는 것입니다. 그릇에 기름이나 물을 자꾸 부으면 나중에 넘치게 됩니다. 이와 마찬가지로 우리 안에 성령이 자꾸 부어지게 되면 성령이 넘치게 됩니다. 우리는 자신이 감당할 수 없을 정도로 너무 큰 기쁨이나 슬픔이 오면 울게 됩니다. 어떤 때는 소리를 지르기도 하고 웃기도 합니다. 어떤 때는 감정이 너무 심하면 기절을 해버리는 경우도 있고 방언을 하기도 합니다.

하나님은 어떤 때는 우리를 너무 사랑하셔서 밤에 혼자 기도하거나 설교를 듣거나 묵상하는 가운데 성령을 부어주십니다. 그러면 너무 기뻐서 마음이 고요해지기도 하고 울기도 하고 웃기도 하고 소리를 지르기도 하는데 그렇게 행복할 수 없는 것입니다. 이것은 하나님이 우리에게 한 번씩 주시는 귀한 선물입니다.

결혼한 부부에게도 서로 만나서 너무나도 행복했던 순간이 있을 것입니다. 그것 때문에 그들은 서로 잊지 못하고 한평생 사랑하게 되는 것입니다. 하나님께서 우리에게 주시는 체험을 성령의 부으심이라고 합니다. 이것은 늘 있는 것도 아니지만 딱 한 번만 있는 것도 아닙니다. 이런 체험을 하면 우리 마음과 생각 안에 있는 모든 찌꺼기가 다 빠지면서 엄청난 새 힘이 생기게 됩니다.

그뿐만 아니라 성령께서는 이 세상에서 우리에게 필요한 것을 다 채워주심으로 우리가 하나님의 자녀인 것을 증언해주십니다. 어떤 때는 돈도 주시고 어떤 때는 집도 주시고 어떤 때는 명예를 주시기도 합니다. 그런데 하나님의 아들들에게 가장 놀라운 것은 하나님의 말씀을 잘 이해하고 해석하는 것입니다. 하나님의 말씀을 자유자재로 해석합니다. 이것은 천사들도 놀라는 것입니다.

> 8:17, "자녀이면 또한 상속자 곧 하나님의 상속자요 그리스도와 함께 한 상속자니 우리가 그와 함께 영광을 받기 위하여 고난도 함께 받아야 할 것이니라"

우리는 하나님의 상속자입니다. 우리는 무엇을 상속하게 됩니까? 하나님의 나라와 영생을 상속하게 됩니다. 우리는 아직 하나님의 나라가 얼마나 어마어마한지 잘 모릅니다. 우리가 물려받게 될 땅과 집과 보물이 어느 정도 되는지도 알지 못합니다. 그 이유는 우리가 너무 어리기 때문입니다. 우리는 모두 하나님의 어린아이이기 때문에 무엇을 상속받을지 모릅니다.

예수님은 "내 아버지 집에 거할 곳이 많도다"(요 14:2)라고 하셨습니다. 우리는 천사들과 악한 자들을 심판한다고 하셨습니다. 우리는 아직 이 세상에서 우리가 장차 누릴 영광을 보지 못합니다. 우리는 하나님의 번쩍번쩍 빛나는 영광의 상속자인데, 아직 우리는 그것을 보지 못하는 것입니다. 그 대신 우리는 이 세상에서 끝까지 고난을 받아야 합니다. 왜냐하면 우리는 끝까지 믿음을 지키면서 살아남아야 하기 때문입니다. 다른 사람들이 주를 부인하라고 하고 다른 사람들이 우리를 실패자라고 해도 우리는 끝까지 견디어내야 합니다.

3. 모든 피조물의 주인공

사람들은 자기가 잘났다고 생각하면서 최고로 높아지려고 높은 자리를 향하여 달려갑니다. 하나님은 하나님을 모르는 사람들도 이 세상에서 많은 행복을 누리게 하십니다. 왜냐하면 그들에게는 영생이 없으므로 이 세상에서라도 부귀영화를 누려볼 필요가 있기 때문입니다. 하나님은 하나님의 자녀가 되지 못한 자들에게도 비참하게 하시지는 않습니다. 하나님은 그들에게도 햇빛과 비를 주시고 건강을 주시고 부귀와 영화를 누리게 하시고 어떤 사람에게는 장수의 복까지도 누리게 하십니다. 그러나 그들은 하나님의 자녀의 복은 누리지 못합니다.

우리 주위에는 많은 짐승이나 새나 곤충이나 식물이나 바위나 구름이나 산이나 별이나 달이 있습니다. 우리 주위에 있는 자연들의 치명적인 결함이 있어도 말을 하지 못하는 것입니다. 그래서 사람들은 멧돼지들을 함부로 사냥합니다. 조류독감이 퍼지거나 구제역이 퍼지면 수백, 수천만의 닭이나 오리 또는 돼지나 소들이 죽임당해서 땅에 파묻힙니다. 우리는 유대인 육백만 명이 가스실에서 죽은 것에 대하여 분노합니다. 그런데 인간은 병에 걸리지 않은 가축이나 닭이나 오리도 같이 죽여 버립니다. 요즘은 소로 밭이나 논을 가는 사람들이 거의 없지만 옛날에는 소들이 이런 농사일을 다 했습니다. 그런데 성경은 이것이 정상적인 상태가 아니라고 말씀하고 있습니다.

피조물들은 오직 한 때를 기다리면서 참고 있는 것입니다. 그것은 바로 하나님의 아들들이 나타나는 때입니다.

8:19, "피조물이 고대하는 바는 하나님의 아들들이 나타나는 것이니"

모든 피조물은 하나님의 아들들이 빛나는 옷을 입고 나타나는 것을 기다리고 있습니다. 왜냐하면 이것이 우주 최대의 쇼이기 때문입니다. 하나님의 아들 곧 그리스도께서 나타나실 때 우리도 모두 변화될 것입니다. 그리고 모든 생명체도 변해서 말을 하게 되고 움직이게 될 것입니다. 소나 닭도 말을 할 것이고 말도 달리면서 말을 할 것입니다. 개구리도 더 분명한 소리로 합창을 할 것입니다.

> 8:20, "피조물이 허무한 데 굴복하는 것은 자기 뜻이 아니요 오직 굴복하게 하시는 이로 말미암음이라"

피조물은 말도 하지 못하고 오직 식용이나 애완동물로 사용되고 있습니다. 동물은 말을 하지 못하는 것이 치명적입니다. 그러나 자기끼리는 의사소통을 하는 것 같습니다. 고릴라가 가슴을 친다든지 벌이 춤을 춘다든지 새들이 노래한다든지 개들이 짖는다든지 하는 행동은 다 뜻이 있는 것입니다. 그러나 대부분 가축은 육식으로 사용되고 있습니다. 뱀도 사람들이 잡아먹습니다. 박쥐도 잡아먹는 바람에 바이러스가 퍼져서 인간이 혼나고 있습니다.

이렇게 피조물도 모두 탄식하면서 하나님이 참으라고 하실 때까지 참고 있는 것입니다. 그러면서도 짐승은 언제 우리가 이 답답한 지경에서 풀려나서 하나님의 아들들과 함께 영광의 잔치에 참여할 수 있을까 고대하고 있는 것입니다. 하나님 아들의 잔치에는 모든 짐승이 모두 멋있게 초대될 것입니다.

그러나 중요한 것은 우리의 소망은 눈에 보이는 것이 아니라는 것입니다. 이 세상에 있는 것은 우리의 소망이 아닙니다. 우리의 소망은 이 육체의 성공이나 자랑이 아닙니다. 우리의 소망은 보이지 않는 것인데, 갑자기 나타날 것입니다. 우리는 눈에 보이는 것을 붙들고 살아야 합니까? 아니면 눈에 보이지 않는 소망을 기대하며 살아야 합니까? 눈에 보이지 않는 소망은 틀림없이 있습니다. 우리는 그 소망을 기대하며 살아야 할 것입니다.

39

황금 사슬
롬 8:24-30

사슬이라는 것은

고리를 연결해서 줄이 끊어지지 않게 하는 것입니다. 사슬 중에는 개 목걸이 줄이 있는데, 옛날에는 개들을 움직이기는 하되 멀리 가지 못하도록 쇠사슬로 매어놓았습니다. 또 죄수들을 매는 쇠사슬도 있습니다. 죄수들을 쇠사슬로 연결해 놓으면 도망가지 못하고 모두 하나로 움직여야 합니다. 그런데 황금 사슬이 있습니다. 이 황금 사슬은 금으로 사슬을 만들어서 목에 차든지 손에 끼든지 합니다. 그리고 인간 사슬도 있습니다. 사람들이 길게 서서 손을 서로 맞잡으면 인간 사슬이 되는 것입니다. 이것은 우리 모든 인간은 동등하며 하나라는 것을 나타내기 위하여 서로 손을 잡아서 사슬을 만드는 것입니다. 상당히 위력이 있는 데몬스트레이션입니다.

그런데 쇠사슬이 사람을 묶어 놓는 나쁜 역할만 하는 것은 아닙니다. 쇠사슬이 아주 유익하게 사용될 때가 많습니다. 예를 들어서 절벽이나 골짜기에 버스나 사람이 떨어져 있을 때 쇠사슬로 연결해서 당기면 줄이 끊어지지 않는 이상 끌어올릴 수 있을 것입니다.

만약 우리에게 천국까지 올라갈 수 있는 쇠사슬이 있으면 너무나도 좋을 것입니다. 하늘에서 내려온 쇠사슬이 있어서 우리가 그것을 붙잡고 있기만 하면 저절로 하늘로 올라가서 놀라운 천국에 가게 된다면 그것보다 더 좋은 것은 없을 것입니다. 그런데 성경에는 실제로 그런 쇠사슬이 있다고 말씀하고 있습니다. 신학자들은 그것을 하나님의 황금 사슬이라고 말하기도 합니다.

1. 눈에 보이지 않는 소망

사람이 어렸을 때는 장래희망이 참 많습니다. 앞으로 자기가 크면 교수나 의사나 군인이나 사업가가 되겠다는 포부를 가집니다. 그러나 나이가 들게 되면 장래희망이라는 것을 가지기가 참 어렵습니다. 왜냐하면 이미 교수가 되어서 은퇴를 했고, 이미 사업을 해서 나름대로 성공을 했고, 의사가 되어서 이제는 은퇴해야 할 때가 되었으므로 더 이상 희망을 가질 수 없기 때문입니다. 사람이 나이가 많이 들어서 앞으로 자신에 대하여 기대할 수 있는 것이 무엇이 있겠습니까? 이제는 기다리고 있는 것이라고 해봐야 더 늙어가는 것이고 나중에는 결국 죽는 것밖에 더 있겠습니까?

사람이 나이가 들어서는 장래의 희망을 가시기가 참 어렵습니다. 이 세상에는 새로운 것이 없기 때문입니다. 어렸을 때는 모든 것을 경험해보지 않았으므로 배우고 싶은 것도 많고 하고 싶은 것도 많지만 나이가 들면 모든 것이 다 그렇고 그렇기 때문에 새로운 것이 거의 없는 것입니다. 그리고 힘도 없어지고 의욕도 없어지고, 무엇보다 앞으로 살 수 있는 시간이 얼마 남지 않았다는 것입니다.

그런데 본문에서 사도 바울은 우리 눈에 보이지 않는 다른 소망이 있다고 했습니다. 오히려 눈에 보이는 소망은 참된 소망이 아니라고 했습니다. 사람의 눈에 보이지 않는 소망이 있다면 도대체 그것은 무엇이겠습니까? 어떤 사람은 에베레스트를 등반하는 것을 소망으로 생각하고, 어떤 사람은 회사를 하나 더 차리는 것을 소망으로 생각하고, 어떤 사람은 더 비싼 차를 사는 것을 소망으로 생각하고 살아가는데, 사도 바울은 눈에 보이는 것은 진정한 소망이 아니라고 강조하고 있는 것입니다.

8:24, "우리가 소망으로 구원을 얻었으매 보이는 소망이 소망이 아니니 보는 것을 누가 바라리요"

사람이 나이가 들면 새로운 것이 없고 남아 있는 시간이 얼마 없기 때문에 소망을 가지기가 어렵습니다. 결국 변화라고 하는 것은 사람의 정신을 빼놓게 만드는 것이라는 것을 알게 되는 것입니다.

우리는 이 세상에서 어떤 소망을 가질 수 있을 것입니다. 그런데 사도 바울은 우리가 보는 것은 소망이 아니라고 했습니다. 진정한 소망은 눈에 보이지 않는 것이라고 했습니다. 우리 눈에 보이지 않는 소망이라면 어떤 것이 있을까요? 그것은 우리가 알고 있는 세계 외에 또 다른 세계가 있는 것입니다.

그런데 성경에 보면 어떤 인간도 모르는 또 다른 세계가 있는 것을 볼 수 있습니다. 그것은 바로 하늘에 있는 어떤 세계입니다.

예수님께서 요한에게 세례를 받으시고 물에서 올라오실 때 하늘이 열리면서 성령이 비둘기같이 예수님께 임하셨다고 했습니다(마 3:16). 여기에 보면 하늘이 열렸다고 했습니다. 즉 우리가 지금 살고 있는 세상은 하늘이 있지만 닫혀 있는 하늘입니다. 그런데 하늘 저 뒤에 또 다른 세계가 있다는 것입니다. 옛날 야곱은 들판에서 돌을 베개 삼아 잠을 자다가 하늘이 열리고 사닥다리가 땅에서 하늘 꼭대기까지 닿았는데, 그 위에 천사가 오르락내리락하는 광경을 보았습니다(창

28:12). 예수님은 죽으셨다가 부활하신 후에 하늘로 올라가셨는데, 하늘이 열리면서 예수님은 다른 세계로 들어가셨습니다.

그런데 그 놀라운 새로운 세계가 이 세상에 내려오고 있습니다. 그것이 바로 성령이 오시는 것입니다. 성령은 마치 하늘에서 이 세상에 닿은 쇠사슬과 같습니다. 그래서 사도 바울은 이 세상에서 소망을 가지는 것은 다 썩을 것밖에 되지 못하고, 우리는 눈에 보이지 않는 소망을 가져야 한다고 했습니다. 이 세상에 있는 모든 것이 썩는 이유는 우리 자신이 늙어가고 죽어서 썩기 때문입니다. 그리고 이 세상에 영원한 것은 없습니다. 이 세상에서 영원히 변하지 않는 것이 있다면 보석일 것입니다.

그런데 사도 바울은 보석 같은 나라가 있다고 했습니다. 그것은 지금은 우리 눈에 보이지 않는 나라라고 했습니다. 그런데 우리가 과연 눈에도 보이지 않는 나라를 소망하면서 살아갈 수 있을까요? 이것은 참 힘든 이야기입니다. 우리가 어떻게 눈에 보이지도 않는 것을 소망할 수 있을까요? 그러나 성경은 가장 귀한 것은 눈에 보이지 않는 것이라고 말씀하고 있습니다.

8:25, "만일 우리가 보지 못하는 것을 바라면 참음으로 기다릴지니라"

우리가 눈에 보이지도 않는 것을 소망하려고 한다면 포기하기가 너무 쉬울 것입니다. 누가 좋은 시계나 보석이나 명품가방을 사준다거나 또는 외국 여행을 시켜준다든지 유학을 시켜준다든지 하면 얼마든지 기대할 수 있지만, 무엇인지도 모르고 눈에 보이지도 않는 것을 준다고 하면 기대하기가 참 어려울 것입니다. 그러나 사도 바울은 참음으로 기다리라고 권면하고 있습니다.

그러면 우리는 어떻게 하면 눈에 보이지 않는 것을 눈에 보이는 것처럼 기대할 수가 있을까요? 히브리서에서는 "믿음은 바라는 것들의 실상이요 보이지 않는 것들의 증거"(히 11:1)라고 했습니다. 이것은 우리가 하나님을 자꾸 가까이하면 점점 더 분명해질 수 있다는 것입니다. 그렇다고 우리가 이 세상에 있는 것들을 전부 가치 없다고 생각하고 포기하라는 말은 아닙니다. 단지 이 세상의 좋은 것들은 천국의 좋은 것들의 그림자인 것입니다.

그림자를 사랑하면 어떻게 될까요? 실체를 잡지 못할 것입니다. 그림자는 어디까지나 실체가 있다는 증거에 불과하지 그림자는 그림자일 뿐입니다. 그림자는 영원히 잡을 수 없고 실체가 아닙니다. 그러나 그림자가 잠시 우리에게 즐거움을 줄 수는 있습니다. 여기서 "참음으로 기다리라"는 말은 이 세상에 있는 것을 다 가지려고 욕심을 내지 말라는 뜻입니다. 왜냐하면 이 세상의 좋은 것을 가진 사람은 다른 세계를 갈 수 없기 때문입니다.

2. 성령의 도우심

하나님께서는 우리가 이 세상의 썩어가는 것에서 벗어나서 보석 같은 세계로 갈 수 있도록 하늘에서 쇠사슬을 내려보내셨습니다. 그분이 바로 성령 하나님이십니다. 성령님은 우리를 돕기 위하여 하늘에서 내려오셨는데 이분 자체가 보배 중의 보배일 뿐 아니라 삼위 하나님의 한 분이십니다. 그래서 하나님 말씀의 인도함을 받는 사람은 그 안에 하나님이 계신 사람입니다.

우리가 어렸을 때 영양을 보충하기에 중요한 음식 중 하나가 달걀인데, 달걀에서 가장 중요한 것은 노른자위입니다. 노른자위는 그 안에 생명이 있어서 나중에 자라서 병아리가 됩니다. 그러나 흰자위는 영양분만 있지 그 안에는 생명이 없습니다. 만일 어떤 사람이 달걀을 깼는데 그 안에 노른자위가 없고 흰자위만 있다면 죽은 달걀입니다.

욥은 달걀 흰자위는 만지기도 싫어한다고 했습니다(욥 6:6).

마찬가지로 이 세상에 사는 사람들은 그 안에 생명이 없습니다. 우리의 멋진 육체나 공부 잘하는 머리와 뛰어난 음악이나 그림 솜씨는 모두 흰자위에 불과한 것입니다. 우리가 하나님의 말씀을 듣고 성령님이 우리 안에 오실 때 우리에게는 생명이 있는 것입니다. 그래서 이 세상에서는 예수님이 오신 이후로 그 안에 하나님이 없는 사람과 하나님이 있는 사람으로 나누어지게 됩니다. 그 영혼 속에 하나님이 없는 사람은 당연히 하나님을 생각하지 않습니다. 하나님을 생각하지 못하는 것입니다. 그는 사실상 죽은 생명입니다. 그러나 그 영혼 속에 하나님이 있는 사람은 그 줄이 하나님께 연결되어있는 생명의 사람입니다.

우리가 먼저 알아야 할 것은 우리가 예수를 믿는다고 하지만 사실은 아주 어린 아이 상태라는 것입니다. 그래서 우리 스스로의 힘으로 할 수 있는 것이 아무것도 없습니다.

> 8:26, "이와 같이 성령도 우리의 연약함을 도우시나니 우리는 마땅히 기도할 바를 알지 못하나 오직 성령이 말할 수 없는 탄식으로 우리를 위하여 친히 간구하시느니라"

우리는 우리 힘으로 아무것도 결정하지도 못하고 일을 해내지도 못합니다. 그러나 성령께서 하나에서 열까지 우리의 일을 도와주시는데, 신발 신는 것부터 시작해서 손잡고 걷는 것이나 말하는 것이나 행동하는 것 전부를 다 도와주십니다.

그런데 특히 우리는 기도할 줄을 모릅니다. 우리는 하나님께 어떤 기도를 해야 할지 모릅니다. 그래서 우리의 기도는 횡설수설할 때가 많습니다. 우리가 엉터리 기도를 자꾸 하기 때문에 성령님은 탄식하시면서 "하나님, 사실 이 아이에게 필요한 것은 그것이 아니라 이

것입니다."라고 하면서 바른 기도를 대신해 주시는 것입니다. 우리는 하나님께 다른 사람에게 맞은 것을 복수해 달라고 하기도 하고, 눈에 보이는 좋은 것은 무리해서라도 갖게 해 달라고 합니다. 그러나 성령께서는 우리가 하나님의 말씀을 깨닫게 하시고 성숙하게 해 달라고 기도하시는 것입니다.

> 8:27, "마음을 살피시는 이가 성령의 생각을 아시나니 이는 성령이 하나님의 뜻대로 성도를 위하여 간구하심이니라"

하나님은 우리의 마음을 보시고 무엇이 부족한지 아십니다. 우리 영혼에 말씀이 없고 우울증이 있고 침체에 빠져 있으며 유혹을 따라가고 있고 영양실조인 상태를 잘 아시는 것입니다. 성부 하나님은 성령님과 의논하셔서 우리의 부족한 것을 채워주십니다. 때때로 우리가 아무리 기도를 해도 응답이 안 되는 때가 있는데, 그 이유는 그것이 우리에게 독이 되기 때문입니다. 그런데 나중에 보면 다 유익이 되는 것입니다.

> 8:28, "우리가 알거니와 하나님을 사랑하는 자 곧 그의 뜻대로 부르심을 입은 자들에게는 모든 것이 합력하여 선을 이루느니라"

우리는 하나님을 사랑하는 자입니다. 우리는 어떻게 보이지도 않는 하나님을 사랑할 수 있겠습니까? 그것은 하나님이 먼저 우리를 사랑하셨고 사랑을 알게 하셨기 때문입니다. 이런 사람에게는 고난이 오지만 나중에는 모든 것이 합력해서 유익이 됩니다. 우리는 성질이 급해서 모든 것이 당장 내 뜻대로 되지 않으면 침체하거나 화를 내거나 절망을 합니다. 성령님은 우리의 보디가드 역할을 하십니다. 그렇지 않으면 나중에 엄청난 스캔들로 큰 망신을 당하거나 무리를 해서 돌연사를 하거나 자살을 하기도 하는 것입니다. 그러나 하나님의 사랑을 믿는 자는 언제나 모든 것이 합력해서 유익이 됩니다.

3. 하나님의 황금 사슬

우리가 높은 절벽 아래에 떨어져 있거나 혹은 깊은 함정에 빠지게 되었을 때 누군가가 끊어지지 않는 쇠사슬을 내려보내서 우리를 묶어서 올려주면 살 수 있을 것입니다.

성령님은 하나님이 보내신 황금 쇠사슬입니다. 그래서 우리는 이 세상에서 하늘로 끌어올리실 뿐 아니라 올라가면서 아름답게 변화되게 됩니다.

8:29, "하나님이 미리 아신 자들을 또한 그 아들의 형상을 본받게 하기 위하여 미리 정하셨으니 이는 그로 많은 형제 중에서 맏아들이 되게 하려 하심이니라"

이 세상에서 가장 아름다운 사람이라고 하면 영화배우나 멋진 가수나 탤런트를 이야기할 것입니다. 그러나 이 세상에서 가장 아름다운 분은 하나님의 아들이십니다. 예수님은 원래 친시보다 더 아름다운 분이십니다. 하나님은 우리 모두를 하나님 아들의 모습을 닮도록 하실 계획을 가지고 계십니다. 그런데 하나님께서는 우리를 미리 아셨습니다. 하나님의 머릿속에는 21세기에 우리가 한국에서 사는 것이 다 그려져 있었던 것입니다.

그리고 하나님은 우리를 예정하셨습니다. 물론 하나님은 모든 사람을 다 구원하실 수 있지만 확실히 구원하시기 위하여 우리를 예정하시고 선택하셨습니다. 우리 인간은 하나님에게 붙잡히는 것을 너무 싫어하기 때문에 하나님은 누구누구를 잡아서 구원한다는 것을 정해 놓으시는 것입니다. 그래서 하나님은 우리의 인생을 코너로 몰아 가십니다. 그때 우리는 일도 안 풀리고 모든 일이 실패하기도 하고 결국 예수 믿는 것 외에는 길이 없게 됩니다. 그런데 알고 보니까 그것은 하나님께서 우리를 택하셔서 신앙의 길로 몰아오신 것입니다.

하나님은 우리를 의롭다 하시고 영화롭게 하신다고 했습니다. 그런데 그 중간에 거룩하게 하시는 것이 생략되어있는데 사실 의롭게 하시는 것 안에 포함되어있는 것입니다. 우리는 하나님의 황금 사슬을 타고 올라가는 동안에 변화하게 됩니다. 의롭게 되고 거룩하게 되고 죽으면서 영화롭게 되는 것입니다.

8:30, "또 미리 정하신 그들을 또한 부르시고 부르신 그들을 또한 의롭다 하시고 의롭다 하신 그들을 또한 영화롭게 하셨느니라"

하나님은 미리 예정하신 자들을 부르십니다. 여기서 부르신다는 것은 예수를 믿게 하는 것입니다. 우리는 하나님의 말씀을 듣는 것을 부르심 받는다고 합니다. 그런데 말씀을 들어도 귀로만 듣고 다 흘리는 사람이 있는가 하면 화살같이 가슴에 박히는 사람이 있습니다. 이 사람이 바로 효과적으로 부르심을 받은 사람입니다. 누구든지 예수 믿는 자는 의롭다고 하십니다.

그리고 여기에 빠진 것이 있는데 그것은 한평생에 걸쳐서 거룩하게 하시는 것입니다. 그래서 거짓말도 안 하고 음란한 것도 버리고 죄 짓는 생활도 하지 않습니다. 그리고 우리는 천국에서 영화롭게 하시는 것입니다. 그때 우리는 아무도 가본 적이 없는 새 우주를 가보게 될 것입니다. 그때 우리는 온몸이 보석같이 빛나게 될 것입니다. 우리는 하나님으로부터 엄청난 상급을 유산으로 받게 될 것입니다. 그것이 우리의 소망입니다.

40

아무도 고발할 수 없다
롬 8:31-38

우리에게 가장

기분 나쁜 일이 있다면 다른 사람에게 고발당해서 경찰서나 검찰에 들락거리면서 조사받아야 하는 일일 것입니다. 아마도 그보다 더 기분 나쁜 일이 있다면 다른 많은 사람이 보는 앞에서 수갑을 차고 경찰서로 끌려갈 때일 것입니다. 그래서 미국에서는 경찰이 범인을 데려갈 때도 자녀들이 보는 앞에서는 수갑을 채우지 않는다고 합니다. 그러나 다른 경우에 미국 경찰은 범죄자를 봐주는 것이 일절 없습니다.

그런데 검찰이 아무리 죄를 지은 사람을 고발하려고 해도 할 수 없는 경우가 있습니다. 그것은 바로 피고인이 죽었을 때입니다. 그러면 검사가 아무리 감옥에 가두려고 해도 가둘 수 없습니다. 그리고 또 법정 시효가 지나버리면 고발할 수 없습니다. 예를 들어서 어떤 사람이 사기죄를 지었는데 법정 시효가 지나버렸다면 아무리 고발하려고 해도 할 수 없는 것입니다. 옛날에는 살인죄도 법정 시효가 있어서 그 시간이 지나면 고발할 수 없었습니다.

우리는 이 세상에서 힘이 하나도 없습니다. 그래서 누군가가 우리에게 억울한 누명을 씌우고 고발을 하면 검찰에 출두해서 조사를 받아야 합니다. 그리고 무엇인가 잘못이 되면 벌금을 내거나 감옥이나 구치소에 들어가야 합니다. 우리는 이 세상에서 정말 아무 힘이 없습니다. 그러나 시야를 좀 넓혀보면 이 세상의 판사나 검사나 고소인만 있는 것이 아닙니다. 이 세상은 세 번 재판하지만 실제로는 네 번 재판을 합니다. 그 한번은 바로 하나님이 대재판장이 되셔서 우리의 죄를 심판하시는 것입니다. 우리는 하나님 앞에서는 무죄입니다. 그래서 우리는 이 세상에서 아무리 사람들이 모함하고 계략을 꾸미고 거짓말을 만들어도 하나님 앞에서는 절대적으로 무죄입니다.

1. 하나님의 사랑

우리가 예수를 믿는 이유는, 하나님이 분명히 계시고 하나님이 우리를 사랑하신다는 것을 믿게 되었기 때문입니다. 우리가 예수 믿기 전에는 하나님의 사랑을 알지 못했습니다. 그래서 하나님이 계신다 해도 무서운 눈으로 우리를 쳐다보시며, 우리의 모든 죄를 다 들추어내서 지옥에 던지시는 아주 무서운 분으로 생각했습니다. 번개가 치고 천둥소리가 나면 하나님이 심판하러 오시는 줄 알고 무서워서 벌벌 떨었습니다. 그래서 우리는 할 수 있는 한 하나님을 멀리하고 하나님을 믿지 않으려고 했습니다.

그런데 어느 날 우리가 병들고 망하고 큰 고통 가운데 빠졌을 때 어느 누구의 말도 위로가 되지 않는데, 하나님의 말씀이 위로가 되었던 것입니다. 그러면서 이상하게 하나님이 나를 사랑하시는 것이 믿어지게 됩니다. 왜냐하면 하나님의 말씀을 들어보면 하나님이 나의 모든 것을 다 알고 계시는 것이 믿어지기 때문입니다. 그리고 내 인생이 이렇게 된 것은 내 잘못도 있지만 하나님이 나를 사랑하셔서 코너로 몰아오신 것을 알게 되기 때문입니다.

그런데 이해가 안 되는 것은 하나님은 틀림없이 나를 사랑하시는데 이 세상 사람들은 나를 미워하고 이 세상의 환란과 고통은 끝나지 않는다는 것입니다.

> 8:31, "그런즉 이 일에 대하여 우리가 무슨 말 하리요 만일 하나님이 우리를 위하시면 누가 우리를 대적하리요"

"그런즉 이 일에 대하여"라는 것은 우리에게는 모두 황금 사슬이 있어서 이 황금 사슬을 타고 하나님께로 올라간다는 사실입니다. 우리는 모두 하나님의 사랑을 입은 자들이기 때문에 이 세상의 모든 것이 합력하여 선을 이룬다는 것입니다. 즉 우리가 이 세상에서 이 고생 저 고생 다 하는데 나중에 보니까 그것이 모두 요긴하게 사용된다는 것입니다.

우리는 병에 걸리기도 하고 가난하게 되기도 하고 다른 사람들에게 구박받기도 하지만 결국 이 모든 것이 합력하여 도움이 된다는 것입니다. 그래서 우리의 인생은 모자이크와 같습니다. 우리가 당장은 무엇을 하고 있고 어디를 가고 있는지 모르지만 나중에 보면 모든 것이 다 필요했던 것을 알게 됩니다. 그런데 하나님이 우리 편이시기 때문에 아무도 우리를 대적할 사람이 없다고 강조하고 있습니다.

"하나님이 우리를 위하시면"이라는 것은 '하나님이 내 편이시고 하나님이 내 삶을 지금까지 이끌어오셨다면' 이라는 뜻입니다. 그러면 누가 우리를 대적하겠느냐고 했습니다. 사실 우리는 하나님이 내 삶을 이끌어오시는 줄 몰랐고 많은 사람의 반대와 욕을 먹은 것이 사실입니다. 우리의 인생은 우리가 가려고 하는 쪽으로 가지 않고 정반대되는 망하는 쪽으로 밀려 왔던 것입니다. 우리는 그런 과정에서 가족의 비난도 받았고 친척이나 친구들이나 이웃의 욕도 많이 얻어먹었습니다.

사람 중에는 나를 우습게 알고 나를 아예 잡아먹으려고 덤벼드는 자들도 많이 있었을 것입니다. 우리에게 이해가 되지 않는 것은 왜 내 인생은 제대로 풀리지 않고 이런 식으로 밀려왔을까 하는 것입니다.

그런데 어느 날 하나님의 말씀을 듣고 생각하는 가운데, 내 인생이 이렇게 된 것은 내가 원해서 된 것이 아니라 하나님이 내 인생을 이렇게 몰아오셨다는 것을 알게 해주신 것입니다. 하나님이 "네 인생은 네가 책임질 필요가 하나도 없다. 네가 그렇게 된 것은 내가 그렇게 몰아왔기 때문이다."라고 말씀하시는 것입니다. 하나님이 나를 붙잡아 쓰시려고 그렇게 하신 것입니다. 그것에 대하여 아무도 뭐라고 대적할 사람이 없고 나 자신도 내 인생에 대하여 후회할 필요가 없게 되는 것입니다. 모든 것은 하나님이 하신 것입니다.

하나님은 우리를 위하여 아들을 아끼지 아니하시고 내주신 분이십니다.

8:32, "자기 아들을 아끼지 아니하시고 우리 모든 사람을 위하여 내주신 이가 어찌 그 아들과 함께 모든 것을 우리에게 주시지 아니하겠느냐"

하나님은 하나님의 독생자, 우주에서 하나밖에 없는 하나님의 아들을 아끼지 아니하시고 우리를 위하여 내주셨습니다. 그런데 하나님은 우리를 위하여 무엇을 아끼시겠습니까? 만약 어떤 사람이 다른 사람을 사랑해서 아들까지 아끼지 않고 내주었다면 금이나 은이나 돈이나 재물이나 명예 같은 것은 더 아끼지 않고 내줄 것입니다.

그런데 실제로 우리는 이 세상에서 반대되는 모습을 많이 겪습니다. 하나님은 아들을 아끼지 않고 전부 다 주셨다고 말씀하시지만 실제로 우리에게 돈에 대하여 인색하시고 세상의 명예도 안 주시고 오히려 가난하고 비참하게 하시는 것입니다. 논리적으로 생각해보면 하나님은 우리를 위하여 아무것도 아끼시지 않을 것 같은데 실제로는 엄청 아끼시는 것 같다는 생각이 드는 것입니다.

그 이유가 무엇일까요? 이 세상의 것들이 진짜가 아니기 때문입니다. 만약 이 세상에 있는 것이 진짜라면 하나님은 세상에 있는 것을 우리에게 다 주셨을 것입니다. 그러나 이 세상에 있는 것들은 많이 가지면 많이 가질수록 우리에게 손해가 되기 때문에 안 주시는 것입니다. 그 대신에 "심령이 가난한 자는 복이 있나니 천국이 그들의 것임이요"(마 5:3)라고 말씀하시는 것입니다. 우리가 조금만 참으면 정말 아무것도 아끼지 않고 전부 다 주시는 하나님을 경험하게 될 것입니다. 하나님은 이 세상에 있는 것을 다 주시는 것은 진정한 사랑이 아니라고 생각하시는 것입니다.

2. 아무도 고발할 자가 없다

아마 우리는 이 세상에 살면서 죄를 한 번도 짓지 않은 사람은 없을 것입니다. 비록 우리가 사람들은 보지 못해서 고발당하지 않아서 그렇지 남의 책을 돌려주지 않거나 혹은 학생이라면 커닝을 하거나 또는 남의 물건을 슬쩍 하거나 혹은 남을 죽이고 싶을 정도로 미워하거나 혹은 마음으로 간음하는 일이 많았을 것입니다. 옛날에 시골에 살던 사람들은 밭에서 참외나 수박이나 배 같은 것을 서리하기도 했을 것입니다.

그런데 이 세상에서는 걸리지만 않으면 고발당하지 않습니다. 그러나 하나님은 모든 인간의 마음과 행실을 다 아시기 때문에 책에 전부 다 기록이 되어있는 것입니다. 조금이라도 죄가 있는 사람은 하나님의 축복을 받을 수 없습니다. 더욱이 우리 모든 인간의 마음에는 더러운 죄의 바이러스가 있는데, 이것은 지옥에서 수억 년을 유황불로 태워야 하는 것입니다.

그런데 놀라운 것은 누구든지 예수 믿는 사람들은 고발당하지 않는다는 것입니다. 왜냐하면 하나님께서 그들을 무죄라고 인정하셨기 때문입니다.

> 8:33, "누가 능히 하나님께서 택하신 자들을 고발하리요 의롭다 하신 이는 하나님이시니"

우리 예수 믿는 사람들은 최종 하나님의 법정에서 무죄입니다. 이 세상에서 도덕군자로 살아오고 존경받던 자들도 하나님 앞에 가보니까 도둑질을 했고 거짓말을 했고 사기꾼인데, 세상에서 지지리도 못 살고 무시당하던 하나님의 백성은 전부 다 깨끗한 것입니다. 그 이유가 무엇일까요? 예수 그리스도의 보혈 때문입니다.

> 8:34, "누가 정죄하리요 죽으실 뿐 아니라 다시 살아나신 이는 그리스도 예수시니 그는 하나님 우편에 계신 자요 우리를 위하여 간구하시는 자시니라"

일단 예수 믿는 자는 고발당하지 않습니다. 그 이유는 그들이 죽었기 때문입니다. 예수 믿는 자들은 모두 예수 믿으면서 죽어버렸습니다. 그래서 죽은 사람은 심판을 받지 않습니다. 그리고 그들을 찾을 수 없습니다. 그들은 모두 변화되어 새사람이 되었기 때문입니다. 얼굴 표정도 다르고 말하는 것도 다르고 술도 안 마시고 욕도 안하기 때문에 도저히 옛날 사람이 아닌 것입니다.

그리고 공소시효가 끝나버렸습니다. 예수님이 죽었다가 살아나심으로 예수 믿는 사람들의 모든 고발은 중지가 되었습니다. 왜냐하면 예수님이 무죄판결을 받으셔서 죽은 자 가운데서 살아나셨을 뿐 아니라 하나님 우편에 계시고 우리를 위하여 기도하시기 때문입니다. 그 대신 그동안 마귀는 모든 거짓말과 그가 행한 악한 짓으로 말미암아 우리를 고발할 권한을 박탈당해버렸습니다. 그래서 우리를 더 이상 고발할 권리가 없는 것입니다. 오히려 우리가 마귀와 모든 믿지 않는 자를 심판하게 됩니다.

우리 예수 믿는 사람들도 인간이기 때문에 늙든지 사고를 당하면 죽습니다. 그러나 죽음은 우리를 가두어두지 못합니다. 왜냐하면 예수님이 사망을 이기셨기 때문입니다. 우리는 당당하게 무덤에서 나오게 되는 것입니다.

8:37, "그러나 이 모든 일에 우리를 사랑하시는 이로 말미암아 우리가 넉넉히 이기느니라"

우리는 마귀를 가까스로 이기고 죽음을 겨우 이기는 것이 아니라 넉넉히 이기게 됩니다. 여기서 "넉넉히 이긴다"는 말이 영어성경에는 '정복자로 이긴다' 라고 되어있습니다. 우리는 죽음에서 개선장군으로 나오게 되는 것입니다. 우리는 이 세상에서 사망을 이길 수 없는 것처럼 보입니다. 우리는 이 세상에서 법을 모르기 때문에 누군가가 고발하면 굉장히 겁을 먹게 됩니다. 그러나 우리는 개선장군으로 이기게 되는 것입니다. 왜냐하면 주님이 마귀와 죽음과 죄를 이기셨기 때문입니다.

3. 끊을 수 없는 사랑의 줄

어느 곳에 지진이 일어나서 많은 사람이 건물더미에 깔리게 되었을 때 구조대는 희미하게 사람의 소리가 들리는 곳 안으로 카메라가 달린 로봇을 집어넣습니다. 그러면 로봇은 구석구석을 찾아서 살아

있는 사람을 찾아냅니다. 그러고 나면 구조대는 여러 가지 장비를 사용해서 건물에 깔린 사람이 죽기 전에 그를 구출해내는 것입니다.

우리는 이 세상에 살면서 사망의 웅덩이에 빠질 때도 있고, 절벽에서 떨어질 때도 있고, 아무도 모르는 구덩이에 빠져서 죽어갈 때도 있습니다. 그런데 요즘은 아주 간편한 것이 있는데, 그것은 카메라가 달린 드론입니다. 드론이 깊은 웅덩이까지 내려가서 거기에 사람이 있는 것을 발견하면 끊어지지 않는 튼튼한 줄이나 구조대가 내려가서 사람을 구조해내게 됩니다.

8:35-36, "누가 우리를 그리스도의 사랑에서 끊으리요 환난이나 곤고나 박해나 기근이나 적신이나 위험이나 칼이랴 기록된 바 우리가 종일 주를 위하여 죽임을 당하게 되며 도살 당할 양 같이 여김을 받았나이다 함과 같으니라"

우리는 어떤 위험한 곳에 있어도 예수님의 사랑의 황금 사슬에 연결되어있어서 끊어지지 않습니다. 때로는 예수 믿는 사람들에게 환난이 올 때도 있고 고통과 박해가 올 때도 있습니다. 먹을 것이 없을 때도 있고 입을 옷이 없어서 추위에 떨어야 할 때도 있습니다. 어떤 때는 칼로 목 베임을 당할 위험에 처할 때도 있습니다. 그러나 하나님의 허락 없이는 어느 누구도 우리를 죽이지 못합니다. 그리고 우리가 아무리 깊은 웅덩이에 빠져 있어도 주님의 음성이 들립니다. "너는 거기에 혼자 있는 것이 아니다. 내가 함께 있으니까 걱정하지 말라."고 하시는 것입니다.

우리는 때때로 이 세상에서 도살당할 양처럼 도살장에 있을 때도 있습니다. 도살당하는 양은 순서가 없습니다. 도살꾼의 손에 잡히면 죽는 것입니다. 그러나 주님은 우리가 그 손에 잡히지 않도록 지켜주십니다. 우리는 이 세상에서 아무런 힘이 없습니다. 그러나 주님은 능력이 아주 많으십니다. 주님의 손에 한 번 걸리면 박살이 나게 됩니다. 왜 우리는 도살장에 끌려가게 됩니까? 복음 때문에 끌려가게 되는 것입니다.

사도행전에 보면 예수님의 제자들이 감옥에 붙들려갔지만 천사가 다 풀어놓았습니다. 베드로는 내일이면 죽는데도 천사가 베드로의 쇠사슬을 풀어서 감옥에서 나가게 했습니다. 그 대신 헤롯 아그립바는 벌레가 창자를 먹어서 온갖 악취와 고통 중에 죽었습니다(행 12:23). 기독교인들을 원형 경기장에서 구경거리로 죽였던 네로는 단검으로 자신의 목을 찔러 자살하고 맙니다. 기독교인들을 많이 죽이고 사도 요한을 밧모섬에 유배 보내었던 도미티아누스도 칼에 찔려서 죽게 됩니다.

8:38-39, "내가 확신하노니 사망이나 생명이나 천사들이나 권세자들이나 현재 일이나 장래 일이나 능력이나 높음이나 깊음이나 다른 어떤 피조물이라도 우리를 우리 주 그리스도 예수 안에 있는 하나님의 사랑에서 끊을 수 없으리라"

이 세상에서 살아 있는 것이 큰 고통이고 불안할 때가 있습니다. 그래서 죽는 순간 우리는 모든 것이 끝나는 것 같습니다. 나쁜 천사들은 우리를 유혹하고 의심하게 합니다. 권세자들은 우리를 윽박지릅니다. 현재 일도 걱정이 될 때가 많습니다. 감옥에 갇혀 있거나 먹을 것이 없거나 길을 잃어버렸을 수도 있습니다. 장래 일은 우리를 더 불안하게 합니다. 그러나 하나님의 사랑의 사슬은 끊어지지 않습니다. 이 세상에 보이는 것이 전부가 아닙니다. 이것은 우리가 지나가는 정거장에 불과합니다. 결국 하나님 앞에서 우리 모두 개선장군으로 서게 될 것입니다.

41

믿음의 신비
롬 9:1-13

이 세상에 새로운

한 생명이 탄생하는 것을 보면 너무나도 신비로운 생각이 듭니다. 산모가 진통하다가 아기가 나오게 되면 아기는 양수나 피를 뒤집어쓰고 있습니다. 그러나 태어난 아기는 발길질을 하면서 웁니다. 그러나 아기를 깨끗하게 씻겨놓으면 아기는 얼른 엄마 젖을 찾아서 물고는 젖을 빨기 시작합니다. 젖을 배부르게 먹고 난 뒤에는 엄마 품이나 포대기에 싸여서 새근새근 잠을 잡니다. 이 아이는 이 세상에 없다가 새로 생긴 생명입니다. 이런 신비로운 새 생명을 죽이거나 버리는 것은 참 무서운 죄라는 생각이 들게 됩니다.

식물이 싹이 터서 자라는 것을 보면 매우 신비롭습니다. 처음에는 별 것 아닌 것 같은 씨앗인데 이것을 땅에 심으면 비가 오고 난 후에 싹이 터서 자라게 되고 나중에 줄기가 자라게 됩니다. 그리고 꽃이 피고 열매가 맺히는데 그 안에 또 새로운 씨가 생기게 되는 것입니다.

그런데 우리에게는 또 다른 신비의 세계가 있습니다. 그것은 바로 믿음의 세계입니다. 우리는 이 세상에 태어나지만 하나님을 모릅니다. 그런데 놀라운 것은 하나님을 믿고 기도하고 말씀을 먹고 사는 사람이 있는가 하면, 어떤 사람은 같은 형제인데도 불구하고 하나님을 믿지도 않고 기도도 하지 않고 하나님의 말씀을 듣지 않는 사람이 있는 것입니다.

만약 이 세상에 사는 사람들이 모두 다 하나님을 믿는다면 사람들끼리 서로 미워할 필요도 없고 싸울 필요도 없을 것입니다. 그런데 이상하게도 어떤 사람은 복음을 듣고 예수를 믿어 변화되어 새로운 삶을 사는 사람이 있는가 하면, 아직 많은 사람은 아무리 복음을 들어도 믿어지지 않는다고 하면서 오히려 예수 믿는 사람들을 향해 미쳤다고 하고 하나님을 절대로 믿지 않고 자기 생각대로 살다가 죽는 것입니다.

우리 예수 믿는 사람들이 가장 원하는 것이 있다면 최소한도로 자기 식구나 일가친척이 다 예수 믿는 일일 것입니다. 우리나라에 그런 일이 실제로 있었습니다. 어떤 여자분이 예수를 믿게 되었는데 자기가 사는 섬의 일가친척들을 모두 전도해서 그 섬에는 90퍼센트 이상의 사람이 예수를 믿었다고 합니다.

한번은 전라도 어느 시골 교회에서 집회를 했는데 교회 종탑이 너무나도 못생긴 돌로 세워져 있었습니다. 그래서 목사님에게 왜 이 종탑을 이렇게 못생긴 돌로 세웠는지 물어보았더니 원래 이 돌은 성황당 돌이었다는 것입니다. 그런데 동네 사람들이 전부 다 예수를 믿게 되니까 그 성황당 돌을 교회에 옮겨서 교회의 종탑을 만들었다는 것입니다. 정말 기적적인 일이었습니다.

우리는 사도 바울이라고 하면 가장 위대한 전도자요 신학자로 생각합니다. 이렇게 위대한 전도자가 있다면 사도 바울의 모든 친척이나 유대인들은 모두 예수를 다 믿었을 것 같습니다. 그러나 사도 바울의 친척이나 가족 중에는 끝까지 예수를 믿지 않는 사람들이 있었습니다. 그리고 바울의 민족인 유대인 중에서는 절대로 예수를 믿지 않고 오히려 사도 바울을 죽이려는 사람들이 많이 있었습니다. 이것이 사도 바울의 가장 큰 고민이었고 의문점이었습니다. 왜 이방인들은 그렇게 기쁘게 받아들이는 복음을 하나님을 잘 믿는다고 하는 우리 민족이나 우리 친척들은 예수를 믿지 않고 끝까지 거부하는 것일까 하는 것입니다.

1. 사도 바울의 고민

사도 바울은 온갖 고통을 다 받아가면서 이방인들에게 복음을 전했고 그가 가는 곳곳마다 폭발적인 부흥이 일어났습니다. 그러나 사도 바울의 친척들은 절대로 예수를 믿지 않는 사람들이 많이 있었고, 유대인들 사이에는 같은 복음을 전해도 부흥이 일어나기는커녕 오히려 폭동이 일어나면서 사도 바울을 죽이려고까지 했습니다. 그래서 사도 바울은 '왜 이방인들은 예수 믿고 축복받고 구원을 얻는데 왜 우리 민족은 하나님을 믿는다고 하면서 정작 예수는 안 믿고 멸망의 길을 가는가?' 하는 것이 그의 큰 고민이었습니다.

9:1-2, "내가 그리스도 안에서 참말을 하고 거짓말을 아니하노라 나에게 큰 근심이 있는 것과 마음에 그치지 않는 고통이 있는 것을 내 양심이 성령 안에서 나와 더불어 증언하노니"

유대인들 중에는 사도 바울을 오해하는 사람들이 많이 있었습니다. 그것은 그가 어떤 계기로 이상한 가르침을 받게 되었으며 그 결과 유대인들에게는 그 엉터리 가르침이 먹혀들지 않으니까 무식한 이방인들에게 전도해서 인기를 끌고 지지 세력을 만들려고 한다는 오해였습니다. 그래서 유대인들은 사도 바울이야말로 자기들이 모세로부터 배워온 전통 율법을 거부하는 자이고, 그는 이방인들에게 아주 이상한 엉터리 율법을 가르쳐서 금전적인 수익을 얻거나 지지 세력을 얻으려고 하는 아주 좋지 못한 이단자라고 생각했던 것입니다. 유대인들은 메시야가 꼭 오셔서 유대 나라를 세우실 것이고 온 세상을 심판하고 다스릴 것이라고 믿고 있는데 사도 바울은 십자가에 못 박혀 이미 죽어버린 예수가 메시야라고 하니까 말도 안 되는 소리를 하고 있다고 생각한 것입니다.

우리가 인간적으로 생각해보면 유대인들의 주장은 타당한 것 같습니다. 만일 진짜 예수가 죽었다가 다시 살아나셨으면 지금 우리에게 보여달라는 것입니다. 그리고 천국이 이 세상에 왔으면 눈으로 볼 수 있도록 보여달라는 것입니다. 그러나 예수님도 보여줄 수 없고 천국도 보여줄 수 없으니까 그들은 사도 바울이 가르치는 것은 엉터리라는 주장이었습니다.

그것에 대하여 사도 바울은 "내가 그리스도 안에서 참말을 하고 거짓말을 아니하노라"라고 말하고 있습니다. 그리고 "내 양심이 성령 안에서 증언하고 있는 것"이라고 강조하고 있습니다. 그것이 무엇입니까? 자기도 예수님을 믿기 전에는 그들과 똑같은 생각을 하고 있었다는 것입니다. 자기도 예수 믿는 자들은 다 미친 광신자들이고 이방인들이라고 생각해서 그들을 박해하고 감옥에 가두어서 예수를 부인하도록 강요했다는 것입니다.

그런데 사도 바울에게 무엇인가 달라졌습니다. 그는 십자가에 못 박혀 죽었던 예수를 눈으로 보게 되었던 것입니다. 그리고 그분은 바울의 이름을 알고 계셨습니다. "사울아 사울아 네가 어찌하여 나를 박해하느냐?"(행 9:4). 그때 사울이 "주여 누구십니까?"라고 물었을 때 "나는 네가 박해하는 예수라"는 대답을 들었던 것입니다. 그리고 그 예수님은 사울에게 지금까지 그가 한 번도 들어본 적이 없었던 하나님의 계시를 말씀해주셨습니다. 이 세상에 신비 중의 신비는 예수님이었던 것입니다. 예수님은 지금 눈으로 볼 수 있게 보여줄 수는 없습니다. 믿음이라는 것은 삼각함수같이 증명할 수 없습니다. 그러나 예수님은 살아계시고 보물 중의 보물이고 영생의 구주이신 것입니다.

사도 바울은 자기 일가친척 그리고 자기 민족이 예수를 믿지 않는 것이 가장 답답하다고 했습니다.

9:3, "나의 형제 곧 골육의 친척을 위하여 내 자신이 저주를 받아 그리스도에게서 끊어질지라도 원하는 바로라"

세상의 어느 누가 다른 사람을 대신해서 지옥에 갈 수 있을까요? 아버지와 어머니가 예수를 안 믿으시는데 아들이나 딸이 대신해서 지옥에 가고 부모님은 천국에 갈 수 있을까요? 그것은 불가능합니다. 요즘 자식이 부모님을 위해서 간 일부를 제공하고 콩팥 하나를 떼어서 드리는 경우는 있지만 그러나 천국은 어느 누구도 대신해서 갈 수 없습니다. 그러나 사도 바울은 자기 심정은 그렇다고 했습니다.

모세도 이와 비슷한 이야기를 했습니다. 이스라엘 백성들이 금송아지를 섬기고 있을 때 하나님이 이스라엘 백성들 다 죽이고 모세를 통해서 새 출발하겠다고 말씀하셨습니다. 그때 모세는 자기 이름을 생명책에서 지워주시고 이스라엘 백성들을 살려달라고 간청했습니다(출 32:32). 이것은 그야말로 목숨 걸고 하나님께 매달리는 행동입니다.

그러나 사람의 구원은 우리가 원한다고 해서 되지 않습니다. 이것은 하나님께서 창세 전에 택정하셔야 합니다. 왜냐하면 우리 인간은 타락한 후에 원래부터 하나님을 싫어하므로 하나님께서 누군가를 지정해서 수십 년 동안 몰아와서 붙잡아야 겨우 예수를 믿기 때문입니다. 그런데 누군가를 위하여 지속적으로 기도하는 사람은 택한 사람일 가능성이 많습니다.

2. 이스라엘의 엄청난 재산

사실 유대인들은 로마가 지배하는 세상에서 유일하게 유일신을 믿는 민족이었습니다. 그래서 유대인들은 로마인이나 그리스인들이나 다른 민족으로부터 멸시와 천대를 많이 받았습니다. 그러나 그것은 이방인들이 무식해서 그런 것이었습니다. 사실 유대인들은 어마어마한 재산을 상속받은 민족이었습니다.

> 9:4-5, "그들은 이스라엘 사람이라 그들에게는 양자 됨과 영광과 언약들과 율법을 세우신 것과 예배와 약속들이 있고 조상들도 그들의 것이요 육신으로 하면 그리스도가 그들에게서 나셨으니 그는 만물 위에 계셔서 세세에 찬양을 받으실 하나님이시니라 아멘"

이스라엘 사람들은 다른 어느 민족도 상상할 수 없는 축복을 받은 사람들이었습니다. 그들에게는 하나님 양자의 약속이 있었습니다. 이것은 하나님을 아버지라고 부르면서 기도하면 하나님께서 그들의 기도를 들으신다는 것입니다. 하나님의 양자는 하나님과 가장 가까운 사람입니다. 그들은 하나님께 '아버지'라고 하면서 가까이에서 모든 말씀을 다 들을 수 있습니다. 그들에게는 '영광'이 있었습니다. 이 영광은 하나님의 임재를 말합니다. 하나님이 그들의 모임 가운데 임하시는 것입니다. 하나님이 임하시면 모든 이스라엘도 영광스러워지게 됩니다.

또 '언약들'이 있었습니다. 이것은 바로 하나님의 축복의 약속이 유전되는 것을 말합니다. 그리고 '율법'이 있었습니다. 이것은 바로 하나님의 말씀을 말합니다. 하나님 말씀의 가치는 이 세상의 보물들과 비교할 수 없습니다. 그들에게는 '예배'가 있었습니다. 이것은 그들이 하나님께 영광을 돌려드리는 최고의 축복입니다.

믿음의 조상들은 다 이스라엘 조상들이었습니다. 그들의 믿음의 본이나 믿음은 전부 축복의 상속권을 말하는 것입니다. 그러나 최고의 축복은 예수 그리스도가 이스라엘 사람으로 오신 것이었습니다. 예수 그리스도는 온 우주의 신비를 풀 수 있는 열쇠입니다. 이스라엘 백성들에게는 축복의 열쇠가 너무 가까이 있었습니다. 그들은 손을 뻗기만 하면 천국의 열쇠를 가지고 천국 문을 열 수 있었습니다.

그런데 사람들은 이상하게도 가까이 있는 것은 그 가치를 모릅니다. 사람들은 별 것 아니라도 남이 가지고 있거나 먼데 있는 것은 엄청나게 가치가 있는 줄 알지만 자기가 가지고 있는 것은 별로 가치가 있는 줄 알지 못합니다. 그래서 이스라엘 사람들은 다른 것은 다 가지고 있었지만 예수 그리스도를 가지려 하지 않았습니다. 그러나 예수 그리스도를 가지지 않으면 다른 것은 아무리 가치가 있어도 소용이 없는 것이었습니다.

사도 바울이나 우리나 제일 먼저 우리 민족이 복음화되고 땅끝까지 복음을 전해서 온 민족이 예수를 믿으면 얼마나 좋겠습니까? 그러나 가족을 예수 믿게 하는 것이 가장 어렵습니다. 그다음에는 같은 민족입니다. 왜냐하면 별 것이 없다고 생각하기 때문입니다.

우리에게 천국의 열쇠는 아주 가까이 있습니다. 예수님이 열쇠입니다. 그리고 성경이 열쇠입니다. 그러나 우리는 어떤 의식이나 감투 같은 것을 좋아하지 예수님은 별로 좋아하지 않는 것입니다.

여기서 사도 바울은 무서운 결론을 내립니다. 그것은 아브라함의 자손이 모두 아브라함의 자손이 아니라는 것입니다.

9:6-7, "그러나 하나님의 말씀이 폐하여진 것 같지 않도다 이스라엘에게서 난 그들이 다 이스라엘이 아니요 또한 아브라함의 씨가 다 그의 자녀가 아니라 오직 이삭으로부터 난 자라야 네 씨라 불리리라 하셨으니"

아브라함은 그렇게 자녀를 원했습니다. 아브라함은 재산도 많았을 뿐 아니라 하나님의 축복을 가진 자였기 때문입니다. 아브라함은 기다리고 기다리다 못해서 사라의 여종을 통해서 아들을 얻었습니다. 아브라함은 이스마엘이라는 아들을 너무 좋아했습니다. 그러나 하나님은 종이 낳은 아들은 아들이 아니라고 하시면서 이스마엘을 내보내게 하셨습니다. 하나님은 오직 아브라함이 말씀으로 백 세에 낳은 아들 이삭만 후손으로 인정하셨습니다. 이것이 바로 하나님의 말씀의 기적입니다.

이와 마찬가지로 오늘도 오직 말씀이 죽은 우리 영을 치료해서 새 영이 되게 합니다. 그리고 하나님을 믿게 하는 것입니다. 그래서 우리는 무조건 하나님의 말씀을 전하고 봐야 합니다. 결국 씨를 뿌리다 보면 수분과 열이 맞으면서 부흥이 일어나게 되는 것입니다.

3. 하나님의 예정

우리에게 가장 이해되지 않는 것은 하나님이 믿는 자를 예정하셨다는 것입니다. 만약 하나님이 모든 사람을 다 구원하시거나 모두 다 지옥에 보내면 우리는 불평이 없을 것입니다. 왜냐하면 그것이 공평하기 때문입니다. 문제는 하나님이 구원받는 자를 예정하셨다는 것입니다. 만약 하나님이 구원받을 자를 예정하셨다면 어떤 사람은 믿기 싫어도 억지로 믿게 될 것이고 어떤 사람은 아무리 믿으려고 해도 믿어지지 않을 것 아닙니까? 그래서 많은 사람이 자기는 믿으려고 해도 하나님이 믿어지지 않는다고 합니다. 그러나 예정이라고 하는 것은 그런 뜻이 아닙니다.

예를 들어서 야생동물들이 병에 걸리고 상처를 입어서 살이 썩어 가고 있을 때 사람들이 고쳐주려고 다가가면 모두 도망가고 치료를 받으려고 하지 않을 것입니다. 그래서 동물학자나 관리인들은 그 동물 중에 한 무리를 선택해서 치료할 계획을 가지게 됩니다. 치료할 날짜가 되면 모두 총출동해서 그물이나 헬기나 지프차를 동원해서 그 동물을 몰아가기 시작합니다. 동물들은 자기를 잡아서 죽이려는 줄 알고 도망을 치지만 결국 그물에 걸리게 되거나 좁은 우리에 갇히게 됩니다. 그러면 마취 총으로 쏘아서 기절시킨 후 썩은 살을 베어내고 상처 입은 부분을 치료해주는 것입니다. 마찬가지로 하나님께서 사람들에게 알아서 예수 믿으라고 하면 단 한 명도 예수를 믿지 않을 것입니다. 그래서 사람들은 예수를 믿지 않는 것이 정상입니다. 그런데 하나님은 그중에서 어떤 사람들을 미리 택하시고 예정하셔서 예수를 믿을 수밖에 없도록 몰아오신 것입니다.

그래서 이삭의 자식이라 하더라도 하나님은 리브가의 뱃속에 든 쌍둥이 중에서 야곱은 택하시고 에서는 포기하셨다고 하셨습니다. 왜냐하면 둘 다 택하기에는 너무나도 이 둘의 기질의 강했기 때문입니다. 그래서 하나님은 야곱이나 에서가 어머니 뱃속에 있을 때 이미 야곱은 택하시고 에서는 포기하셨던 것입니다. 우리가 예수 믿고 신앙생활을 잘하는 것은 하나님의 계획이 성공하신 것입니다. 다른 사람들은 예수를 믿지 않아서 자유롭고 좋다고 하지만 그 땅은 오염되어 있고 장차 모두 다 죽게 될 것입니다.

하나님은 우리가 태어나기도 전에 먼저 우리를 택하셨다고 하셨습니다. 심지어 하나님은 세상이 만들어지기도 전에 우리를 택하셨다고 하셨습니다. 그래서 우리는 하나님을 찬양해야 합니다. 그리고 우리 마음대로 살지 못했던 것은 하나님께서 그렇게 몰아오신 것이라는 사실을 깨달아야 합니다. 우리가 예수 믿는 것이 하나님의 신비 중의 신비입니다. 우리는 하늘의 열쇠를 가지고 천국 문을 열어서 또 새로운 신비를 보시기 바랍니다.

42

창조자의 권리
롬 9:14-33

어린이들은
미술 시간이 되면 점토를 꺼내어서 그것으로 사람의 얼굴을 만들기도 하고 개나 오리나 짐승의 모양을 만들기도 합니다. 사실 조각하는 사람에게 점토만큼 중요한 것은 없습니다. 왜냐하면 아무리 위대한 조각가도 점토를 가지고 모형을 만드는 데서 시작하기 때문입니다. 점토를 가지고 도자기 병을 만들기도 합니다. 작품을 만드는 사람은 재료를 가지고 무엇을 만들 것인지 결정할 수 있고 마음에 들지 않으면 얼마든지 부술 수도 있습니다.

그런데 사람은 아무리 부모라 해도 자기가 아이를 아들을 낳을 것인가 딸을 낳을 것인가를 결정할 수 없습니다. 그리고 아무리 부모가 노력한다고 해도 자녀의 미래까지는 결정할 수 없습니다. 자녀의 미래는 오직 자신의 노력과 부모의 뒷받침 그리고 알 수 없는 요인에 의해서 결정이 됩니다.

그러나 우리 인간의 미래를 만드는 분이 있습니다. 그분은 바로 창조자 하나님이십니다. 하나님은 사람의 기질도 만드시고 우리의 외모도 만드시고 우리의 인생의 방향도 정하십니다. 그래서 이 세상에 태어나서 가장 위대한 일은 오래 사는 것도, 부자가 되는 것도, 유명해지는 것도 아니고 진정한 하나님을 만나는 일입니다.

하나님에게도 두 흙덩이가 있었습니다. 하나는 이스라엘이라는 흙덩이였습니다. 그런데 이스라엘 백성은 겉으로는 하나님을 아주 잘 믿는 것처럼 행동했는데, 실제로는 아주 이기적인 사람들이었습니다. 거기에 비해서 아들도 아닌 자들이 있었는데, 이들은 사실 버려진 흙덩이였습니다. 이들은 이방인이었는데 우상 숭배나 하고 제멋대로 사는 사람들이었습니다. 그런데 이들이 어떻게 하나님 말씀의 맛을 한 번 보고 난 후에는 하나님의 말씀에 미쳐서 하나님의 말씀을 사랑하고 하나님을 더 가까이하려고 하고 모든 옛날의 방탕한 삶을 버렸습니다.

그래서 하나님은 하나님 나라의 축복을 누구에게 물려줄 것이냐 하는 것을 고민하셨습니다. 그리고 여기서 하나님은 엄청난 결심을 하셨습니다. 그것은 수천 년 동안 하나님을 겉으로 잘 믿어오던 이스라엘 자손을 버리시고 그동안 하나님도 모르고 제멋대로 방탕하게 살아오던 이방인을 택하셔서 하나님의 말씀과 하나님의 은혜를 물려받게 하신 것입니다.

1. 이해할 수 없는 기독교

사람들이 기독교에 대하여 가장 이해할 수 없는 것이 몇 가지 있습니다. 그것은 만약 정말 천국이 있고 지옥이 있다면, 하나님이 그것을 미리 사람에게 보여주시고 그러고 난 후 누구든지 꼭 예수를 믿어야 천국에 간다고 하든지 그렇지 않고 자기 욕심대로 살면 영원히 지옥에 떨어지게 된다든지 하는 것을 말씀하시지 않느냐 하는 것입니다. 하나님께서 천국과 지옥을 보여주셨는데도 사람들이 자기 고집대로 예수를 믿지 않고 악한 짓을 하고 다른 사람을 죽이고 해쳐서 지옥에 가면 불만이 없을 것입니다. 그리고 사람들은 이미 눈으로 보았기 때문에 천국을 사모해서 천국에 가려고 모든 어려움을 다 견뎌내려고 할 것입니다.

그러나 하나님은 인간에게 천국과 지옥에 대하여 아무것도 보여주신 것이 없습니다. 더욱이 기독교는 세계적으로 유명했던 사람을 믿는 종교가 아닙니다. 오직 십자가에 못 박혀 죽은 사람을 믿는 종교입니다. 사람들은 어떻게 십자가에 못 박혀 죽은 사람을 믿어야 천국에 간다고 말을 하느냐 하는 것입니다.

또 하나님은 인간을 구원하시거나 버리려고 하시면 공평한 기회를 주셔야 한다는 것입니다. 즉 하나님이 모든 사람에게 다 복음을 듣게 하신다든지 아니면 그 사람이 살았던 선행을 보고 판단하시면 좋을 텐데, 하나님은 오직 예수를 믿어야 구원을 얻는다고 하시는 것입니다.

또 이 당시 기독교인들이 가장 헷갈리는 문제가 있었습니다. 그것은 바로 예수님이 하나님의 아들이시고 율법대로 이 세상에 오셨다면, 이미 수천 년 동안 하나님을 믿어왔던 유대인들이 전부 다 예수님을 믿고 이방인들을 전도해야 맞는 것이 아니냐 하는 것입니다. 사실 유대인들조차 믿지 않는 예수님을 누가 믿겠느냐는 것입니다. 그래서 이 당시 기독교인 중에는 예수를 믿고 난 후에도 무엇인가 부족하다고 생각해서 할례받고 율법을 지키려는 사람들이 많이 있었습니다. 이것은 참 어려운 문제였습니다. 즉 유대인들이 믿지 않는 하나님의 아들을 어떻게 이방인들이 믿을 수 있느냐 하는 것입니다.

9:14, "그런즉 우리가 무슨 말을 하리요 하나님께 불의가 있느냐 그럴 수 없느니라"

사도 바울이 여기서 강조하고 있는 것은, 하나님께서 아브라함의 자손을 예수 믿지 않게 버리시고 아브라함의 자손이 아닌 이방인을 예수 믿게 해서 구원한다고 해서 하나님이 불의하시다고 말할 수 있느냐는 것입니다. 우리 생각에는 하나님은 인간을 심판하시기 전에 천국과 지옥을 한 번이라도 보여주시고 예수를 믿어야 구원받는다고 하셔야 옳다는 것입니다. 그리고 정말 예수님이 성경 말씀대로 하나님의 아들이시라면 구약성경을 가장 잘 아는 유대인들이 먼저 예수를 믿어야 옳다는 것입니다. 그런데 실제로 보면 유대인은 거의 예수를 믿지 않고 바울에게 전도 받은 이방인이 예수를 더 잘 믿고 있는 것은 이해가 되지 않는다는 것입니다.

그것에 대하여 인간이 하나님께 이런 요구를 하는 것은 너무나도 무례한 일이고, 하나님을 하나님으로 인정하지 않는 것이라고 강조하고 있습니다. 하나님은 창조자이시기 때문에 이런 것을 알리든지 안 알리시든지 자유였던 것입니다. 즉 유대인이 먼저 믿든지 믿지 않든지 전부 하나님의 마음에 달렸던 것입니다.

예를 들어서 어떤 사람이 등산하다가 힘이 들어서 작대기를 하나 구해서 짚고 올라갔습니다. 그런데 그 작대기는 손을 자꾸 찌르고 잘 도움이 되지 않아서 그것을 버리고 더 손에 맞는 작대기를 찾아서 짚고 산에 올라갔다고 합니다. 그때 먼저 버림을 받았던 작대기가 이 주인에게 왜 말도 없이 나를 버리고 다른 작대기를 쓰느냐고 항의할 수 있느냐 하는 것입니다. 작대기는 그럴 자격이 없습니다.

9:15, "모세에게 이르시되 내가 긍휼히 여길 자를 긍휼히 여기고 불쌍히 여길 자를 불쌍히 여기리라 하셨으니"

하나님은 우리 인간의 구원에 있어서 자신이 창조자라는 것을 분명히 하셨습니다. 그래서 하나님은 불쌍히 여길 자를 불쌍히 여기시고 버릴 자는 마음대로 버리시는 것입니다. 왜냐하면 하나님은 창조자이시기 때문입니다.

하나님은 우리 모든 인간을 구원하실 의무가 없습니다. 또 하나님은 모든 인간에게 구원에 대하여 다 설명할 필요가 없습니다. 하나님은 구원하고 싶은 사람은 구원하시고 버리고 싶은 사람은 버리면 그만인 것입니다. 하나님은 이 세상에서 인간의 인격이나 자존심을 너무 존중해주셨습니다. 그래서 우리 인간은 어느 정도 교만해지게 되었는가 하면 하나님이 모든 것을 우리 인간의 허락을 받고 우리가 동의해야 무엇을 할 수 있다고 생각한 것입니다. 이것은 아주 교만한 작대기와 같은 생각입니다.

하나님은 우리 인간을 통해서 찬양받기를 원하시고 그들이 감사하기를 원하십니다. 그것도 강요되지 않은 상태에서 자기 스스로 깨닫고 하나님께 영광 돌리게 되기를 원하시는 것입니다. 하나님은 그런 자를 구원하시는 것입니다.

9:16, "그런즉 원하는 자로 말미암음도 아니요 달음박질하는 자로 말미암음도 아니요 오직 긍휼히 여기시는 하나님으로 말미암음이니라"

사람이 자기가 너무 구원을 원했기 때문에 구원받았다면 구원받은 것을 당연하게 생각할 것입니다. 달음박질한다는 것은 엄청나게 노력하는 것을 말합니다. 자기가 노력을 많이 했기 때문에 구원받았다면 그것을 당연하게 생각할 것입니다. 그러나 하나님은 오직 하나님이 우리를 불쌍히 여기셔서 구원하시기를 바라시는 것입니다. 그래서 하나님은 오직 구원을 통해서 하나님이 찬양받으시기를 원하시는 것입니다. 그래서 하나님은 유대인들에 대한 의무가 없습니다. 하나님은 모든 인간을 다 구원할 의무도 없으신 것입니다. 구원은 오직 하나님의 마음에 달린 것입니다.

2. 끝까지 믿지 않는 사람들

이 세상에 고집이 센 사람들이 많이 있습니다. 그래서 이런 사람들은 예수를 한번 안 믿는다고 하면 끝까지 믿지 않습니다. 이런 사람들은 너무나도 고집이 세서 아내가 믿자고 해도 안 믿고 자식이나 친구들이 믿자고 해도 끝까지 믿지 않습니다. 그런데 반대로 어떤 사람은 절대로 믿지 않을 것 같이 고집 센 사람인데 이상하게 어떤 계기로 신앙을 가지게 된 후에는 완전히 딴 사람으로 변화되어서 너무 열심히 믿는 사람이 있습니다.

그런데 대개 끝까지 믿지 않는 사람 중에는 공부를 많이 해서 자기 나름대로의 논리가 분명하거나 세상의 높은 자리에 있어서 굳이 다른 것을 믿어야 할 필요가 없는 사람들이 많이 있습니다.

아마 이 세상 사람 중에서 가장 고집 센 사람이 있다면 애굽의 바로일 것입니다. 바로는 하나님의 종 모세로부터 이스라엘 백성들을 보내지 않으면 하나님께서 재앙을 내리실 것이라는 경고를 들었습니다. 물론 처음에는 바로도 하나님을 모르기 때문에 하나님의 말씀을 듣지 않을 수 있습니다. 처음에 모세는 지팡이가 뱀이 되는 기적을 통하여 보여주었습니다. 그러나 그것은 애굽의 마술사들도 할 수 있는 것이기 때문에 마술이라고 생각했던 것 같습니다. 그런데 그다음 날 나일강이 피가 되었습니다. 바로는 아주 완고했기 때문에 모세의 말을 듣지 않았습니다. 그다음 날은 개구리, 그다음 날은 파리의 재앙이었습니다. 바로는 한 번쯤은 하나님 앞에서 고집을 버릴 수 있었을 텐데 그 후로 무려 열 가지 재앙이 내릴 때까지 절대로 고집을 버리지 않았습니다. 그래서 하나님의 재앙이 무려 열 가지까지 내리게 된 것은 바로처럼 고집이 센 사람이 아니면 불가능했을 것입니다. 결국 하나님은 바로의 그 고집 때문에 더 영광을 받으셨던 것입니다.

9:17-18, "성경이 바로에게 이르시되 내가 이 일을 위하여 너를 세웠으니 곧 너로 말미암아 내 능력을 보이고 내 이름이 온 땅에 전파되게 하려 함이라 하셨으니 그런즉 하나님께서 하고자 하시는 자를 긍휼히 여기시고 하고자 하시는 자를 완악하게 하시느니라"

하나님께서는 이 엄청난 재앙을 위해서 바로를 특별히 선택하셨습니다. 그래서 바로의 고래 힘줄 같은 고집을 통해서 하나님의 재앙을 다 보여주시고 결국은 그들을 홍해에 집어넣어서 폐기해버리셨습니다. 그래서 우리가 끝까지 고집을 부리지 않고 중간쯤에 항복하는 것이 얼마나 복인지 모릅니다.

남편도 아내에게 져주고 자녀들도 고집 좀 부리다가 부모 말씀에 순종하고 정치인도 고집을 부리다가 한발 물러서는 것이 큰 복입니다. 왜냐하면 그런 식으로 자신을 낮추는 자는 하나님이 간섭하시고 낮추는 것이기 때문입니다. 그리고 그런 사람들은 틀림없이 하나님의 복을 받게 되어있습니다. 그래서 사람이 하나님을 이기려고 해서는 안 되는 것입니다.

9:20, "이 사람아 네가 누구이기에 감히 하나님께 반문하느냐 지음을 받은 물건이 지은 자에게 어찌 나를 이같이 만들었느냐 말하겠느냐"

우리는 때때로 하나님께 '왜 나를 이런 식으로 만드셨나요?'라고 불평할 때가 많습니다. 그러나 '왜 저를 여자로 만드셨고, 왜 저를 장애인으로 만드셨고, 왜 나를 이렇게 못생기게 만드셨나요?'라고 따지면 안 되는 것입니다. 우리는 모두 하나님의 작품이기 때문입니다.

3. 존귀한 그릇

토기장이는 똑같은 진흙으로 그릇을 만들 수 있습니다. 예를 들어서 도자기 주전자나 찻잔을 만들 수도 있고, 그냥 흔한 밥그릇이나 국그릇을 만들 수도 있습니다. 토기장이는 진흙 한 덩이로 하나는 귀히 쓸 그릇을, 다른 하나로는 천히 쓸 그릇을 만들 수 있습니다. 마찬가지로 하나님은 사람들을 만드실 때 어떤 사람은 하나님의 말씀에 순종하는 존귀한 사람으로, 반대로 어떤 사람은 자기 정욕과 야망대로 달려가서 망하는 사람으로 만드실 수 있습니다.

9:22-23, "만일 하나님이 그의 진노를 보이시고 그의 능력을 알게 하고자 하사 멸하기로 준비된 진노의 그릇을 오래 참으심으로 관용하시고 또한 영광 받기로 예비하신 바 긍휼의 그릇에 대하여 그 영광의 풍성함을 알게 하고자 하셨을지라도 무슨 말을 하리요"

여기서 우리가 알 수 있는 것은 하나님께서 사람을 만드실 때도 계획을 가지고 있다는 것입니다. 그래서 어떤 그릇은 천한 그릇으로 만드시는데, 이 세상에서 자기 야망과 고집대로 하고 싶은 대로 다 하면서 사는 그릇이 천한 그릇입니다. 그런 사람은 주관이 아주 강하고 똑똑하고 지식이 있고 권력도 있고 성공해서 절대로 자기가 바뀌어야 할 이유가 없는 사람입니다. 이런 사람이 존귀한 사람인 것 같지만 실제로는 천한 그릇입니다. 우리는 이런 사람과 비교할 필요가 없습니다. 그러나 반대로 하나님이 자신의 모든 비밀과 축복을 보이기로 작정한 사람들은 여기에 치이고 저기에 치이고 자랑할 것도 없어서 오직 하나님의 말씀만 순종하는 사람들을 말합니다.

그래서 원래 이스라엘 백성은 하나님이 자신의 백성으로 택하셨습니다. 그러나 그들은 고집이 너무 세고 자존심이 너무 강해서 자기가 이해되지 않는 것은 절대로 순종하지 않았습니다. 그들은 하나님이 아무리 은혜를 주셔도 당연한 것으로 생각했습니다. 하나님은 이스라엘 백성을 버리기로 작정하셨습니다. 그들은 감사와 순종을 잊어버렸기 때문입니다. 그 대신 하나님은 원래 하나님의 백성이 아닌 자들을 '내 백성'이라고 부르셨습니다. 그리고 하나님은 그 이방인들을 '살아계신 하나님의 아들'이라고 부르셨습니다.

결국 이와 같이 이방인은 율법을 몰라도 감사함으로 축복을 받았습니다. 그러나 율법을 잘 아는 이스라엘 자손들은 고집 때문에 망했습니다. 예수님을 믿고 순종하는 자는 절대로 부끄러움을 당하지 않습니다. 그러나 하나님과 사사건건 싸우려고 하고 자기 고집대로 해야 직성이 풀리는 자는 나중에 예수님의 바위에 부딪혀서 박살 나게 되고 가장 천한 인생을 살게 될 것입니다.

9:33, "기록된 바 보라 내가 걸림돌과 거치는 바위를 시온에 두노니 그를 믿는 자는 부끄러움을 당하지 아니하리라 함과 같으니라"

자신의 고집을 꺾고 이해되지 않는 하나님의 말씀에 순종하는 자는 부끄러움을 당하지 않습니다. 그러나 끝까지 고집을 부리는 자는 바위에 부딪혀서 박살 나게 됩니다. 우리는 하나님 앞에서 피조물입니다. 우리는 하나님과 맞먹으려고 하면 안 됩니다. 우리는 하나님 앞에서 한없이 비천한 자들입니다. 하나님이 나를 만드신 것을 감사하고 하나님 앞에 언제나 복종해서 존귀하게 사용되는 그릇이 다 되시기 바랍니다.

43

인간의 열심
롬 10:1-11

만일 우리가

이 몸으로 천국에 갈 수 있다면 그 얼마나 놀라운 경험이 되겠습니까? 천국에는 우리가 한 번도 보지 못한 빛들이 있고 아름다운 사람들이 있고 온 세상이 전부 다 보석으로 되어있고 꽃들이 있고 맛있는 열매가 있고 천사들이 있고 거기에 있는 사람들은 오직 사랑만 있고 친절하며 모두 늙지도 않고 병들지도 않고 죽지도 않는다면 아마 거기서 이 세상에 돌아오고 싶은 사람은 아무도 없을 것입니다.

만약 우리 앞에 천국에 들어가는 길이 확실히 있다면 사람들은 모두 직장이나 공부나 돈 버는 것을 다 그만두고 혼자서라도 몰래 천국의 문으로 들어가려고 할 것입니다. 그런데 놀라운 것은 진짜 이 세상에서 천국으로 들어가는 문이 있다는 것입니다. 그런데 사람들은 아무리 천국 가는 문이 있다고 소리를 쳐도 믿으려고 하지 않습니다. 잠언에 보면 길 사거리에서 지혜를 가진 사람이 소리를 치면서 이 영원한 세계에 들어가는 길로 사람들을 초청하는데 사람들은 그 말을 믿지 않고 오히려 자기를 망하게 하는 술을 마시고 음란한 여인들의 유혹을 따라간다고 경고하고 있습니다(잠 1:20-33).

그러나 이 세상에 영원한 천국에 들어가는 문이 있습니다. 그런데 거기에는 함정이 있습니다. 그 하나의 함정은 우리가 이 세상의 돈이나 이 세상의 명예에 너무나도 집착하는 것입니다. 사실 우리가 이 세상을 보면 좋은 것이 너무나도 많이 있습니다. 그런데 우리가 이 세상에서 누리는 것들은 전부 생명을 연장하는 데 불과합니다. 우리가 이 세상에 사는 것은 잠시 여행하는 것에 불과합니다. 우리는 늙어갈 것이며 결국은 죽을 것입니다. 우리가 이 세상을 위해서 한 것들은 천국에 들어가는데 오히려 함정이 되기 쉽습니다.

또 다른 하나는 천국이 있는 것을 믿기는 하지만 천국에 들어가기 위해서 많은 노력을 한다는 것입니다. 그들은 하나님 앞에서 인정을 받기 위해서 많은 공로를 쌓습니다. 우리가 이 세상에서 좋은 일을 많이 하는 것은 좋지만, 그것이 천국에 들어가기 위한 공로로 쌓을 때는 함정에 빠지는 것이 되어서 천국에 들어가지 못하게 됩니다. 우리가 천국에 들어갈 방법은 세상에 대한 미련을 떨쳐버리는 것입니다. 그리고 예수님이 하신 것을 믿고 가만히 있는 것입니다. 그러나 이 두 가지 함정은 너무나도 매력적이어서 사람들은 복음을 듣지만 결국 함정에 빠져서 천국에 들어가지 못하는 것입니다.

1. 천국에 가까웠던 사람들

우리가 사는 이 세상은 영원히 살 수 있는 세상이 아닙니다. 우리는 이 세상에서 살 수 있는 만큼 살다가 한 사람도 빼놓지 않고 모두 지옥에 떨어져 멸망하게 되어있습니다. 그래서 우리 인간에게 가장 행복한 순간은 이 세상에 살면서 마음껏 자기 하고 싶은 대로 하면서 사는 것밖에 없습니다.

그런데 하나님께서는 인간을 사랑하셔서 이 세상을 탈출할 수 있는 구멍을 만드는 데 성공하셨습니다. 바로 그 구멍을 뚫으신 분이 하나님의 아들 예수님이십니다. 예수님은 일단 인간의 몸을 입고 하나님의 생명과 천국에 갈 자격증을 가지고 이 세상에 오는 데 성공하셨습니다. 그런데 천국에 올라가는 길을 뚫는 것이 너무 어려웠습니다. 예수님은 고통당하시고 손과 발에 못을 박히시고 피를 다 쏟아서 죽으신 후에 지옥에 가서서 사탄을 이기시고 천국에 가서서 하나님께 합격 판정을 얻으셨습니다. 그리고 예수님이 부활하신 후 천국과 이 세상은 연결되게 되었습니다.

우리는 이 세상을 딱 한 번 살다가 죽기 때문에 우리 앞에 살았던 사람들이 성공한 것이나 실패했던 것으로 많은 교훈을 얻어야 합니다. 그렇지 않으면 똑같은 실수를 반복할 수밖에 없을 것입니다. 그런데 우리 앞에 살았던 사람 중에서 성공보다는 실패했던 사람에게서 더 많은 것을 배우게 됩니다.

이 세상에서 하나님의 사랑을 많이 받았던 민족 중에는 이스라엘 민족이 있습니다. 물론 이 세상에는 하나님의 축복을 많이 받아서 거대한 나라가 되고 엄청난 금은보화를 보았던 나라들이 있었습니다. 그런데 하나님께서는 이스라엘 백성에게 천국에 갈 수 있는 길을 지키게 하셨습니다. 그래서 이스라엘 백성은 하나님을 알았고 천사들을 보았으며 하나님의 기적도 많이 체험했습니다. 이 세상에서 천국 문에 가장 가까운 민족이 있다면 그들은 바로 이스라엘 백성이었습니다. 만약 이스라엘 백성이 마음만 바로 먹었더라면 백 퍼센트 천국에 들어갈 수 있었을 것입니다. 그러나 사실은 그렇지 못했습니다. 이스라엘 백성은 거의 대개 천국에 들어가는 데 실패했습니다.

10:1-2, "형제들아 내 마음에 원하는 바와 하나님께 구하는 바는 이스라엘을 위함이니 곧 그들로 구원을 받게 함이라 내가 증언하노니 그들

이 하나님께 열심이 있으나 올바른 지식을 따른 것이 아니니라"

사도 바울은 이스라엘 백성의 운명을 생각하면 너무나도 가슴이 아프다고 했습니다. 왜냐하면 그들은 하나님을 잘 알았고 천국에 가장 가까웠으며 천국에 가기 위하여 열심도 대단했기 때문입니다. 그러나 이스라엘 백성은 거의 천국의 원수가 되었습니다. 그리고 사도 바울이 이 로마서를 쓴 지 얼마 되지 않아서 로마와 전쟁을 해서 멸망하고 말았습니다.

사도 바울은 아직도 이스라엘 백성에게는 얼마든지 구원의 길이 열려 있다고 말하고 있습니다. 그러나 이스라엘 백성은 천국 문으로 들어가지 않고 오히려 함정에 빠지고 말았습니다. 이스라엘 백성이 빠졌던 함정은 두 가지였습니다. 그 하나는 그들이 이 세상을 너무 좋아했다는 것입니다. 우리가 보기에도 이 세상은 천국이 더 이상 필요가 없을 정도로 좋다는 것입니다. 이제 그들에게 필요한 것은 빨리 죽지 않고 오래 이 세상에서 사는 것입니다. 그래서 크리스천 중에서도 복음을 오해해서 예수를 믿으면 이미 구원을 얻어놓았으므로 이제는 이 세상에서 선교하고 구제나 하면서 세상에서 더 성공하면 된다고 생각하는 이들이 많이 있습니다.

이스라엘 백성이 원하는 것은 이 세상에서 독립하는 것이었습니다. 그들에게는 다른 천국이 필요하지 않았습니다. 그래서 그들은 이 세상을 더 살기 좋은 곳으로 만들려고 했습니다. 물론 하나님의 백성이 이 세상에 하나님의 복이 임하고 더 좋은 세상으로 만들 책임은 있지만 결코 이 세상은 천국이 아닙니다. 여기서 이스라엘 백성은 걸렸습니다. 이 세상은 멸망할 세상이고 죄는 없어지지 않습니다. 물론 크리스천이 세상의 죄와 싸우고 약자를 보호하고 돕는 것은 잘하는 것이지만 세상을 천국으로 만들려고 하면 천국에 들어가지 못합니다. 하나님은 이 세상의 모든 것을 버려야 한다고 하셨습니다.

그리고 이스라엘 백성이 빠졌던 두 번째 함정은 그들이 자신들의 선행으로 천국에 들어가려고 했다는 것입니다. 즉 그들은 열심이 많기는 했지만 바른 지식을 따른 열심이 아니었던 것입니다.

10:3, "하나님의 의를 모르고 자기 의를 세우려고 힘써 하나님의 의에 복종하지 아니하였느니라"

하나님께서는 이스라엘 백성에게 율법을 주셨습니다. 물론 이 율법 안에는 천국의 생명이 있었습니다. 그러나 그 생명은 죄에 빠지지 않고 생명을 유지하는 장치였습니다. 예를 들어서 어떤 사람이 사고가 나서 숨을 쉬지 못하게 되었을 때 인공호흡기를 사용해서 생명을 유지시킵니다.

그런데 이스라엘 백성은 너무나도 이 인공호흡기를 의지해서 하나님이 주시는 생명을 믿지 않았습니다. 그들은 인공호흡기를 떼고 예수님을 믿음으로 새로운 호흡을 하는 것을 믿지 않았습니다. 그래서 이스라엘 백성은 기도도 많이 했습니다. 금식도 하고 십일조도 내고 예배도 빠지지 않았습니다. 그러나 그들은 하나님 앞에서 자기 자랑이 없어야 하고 오직 예수 그리스도의 십자가를 믿는 믿음만 있어야 한다는 것을 믿지 않았습니다. 유대인들은 이 세상에서 기도도 많이 하고 죄는 하나도 짓지 않고 종교 생활을 많이 한 사람이 천국에 들어간다고 믿었던 것입니다.

그러나 천국은 좁은 문으로 들어가는 것이어서 자랑이 없어야 하고 오직 하나 예수님의 십자가 보혈만 믿어야만 했습니다. 그래서 자기를 나타내기 위해서 너무 열심을 내거나 이 세상에서 하나님을 위해서 일을 많이 하는 것은 좋은 것이 아니었습니다. 이것은 자기 자랑이었고 천국 입구에서 걸리는 것이었습니다.

예수님이 만들어놓으신 입구 외에는 천국에 들어갈 길이 없습니다. 우리는 이 세상에서 하나님의 자녀로 사는 것이지 구원받기 위하여 열심을 내는 것이 아니었습니다. 그래서 예수님이 오신 후에는 율법이라는 인공호흡기는 떼야만 했습니다. 그러나 이스라엘 백성은 죽으면 죽었지 그 호흡기를 떼지 않았습니다. 그래서 그들은 오히려 하나님이 만드신 구원의 길에 복종하지 않았습니다.

2. 구원의 깊이와 높이

사람들은 모두 이 세상에서 행복하게 살다가 죽지 않고 천국으로 들어가면 가장 좋겠다고 생각합니다. 그래서 우리는 할 수 있으면 오래 살려고 하고 이 세상에서 많은 것을 누리는 것이 복 받은 것이라고 생각합니다.

그러나 우리는 두 가지를 기억해야 합니다. 그 하나는 우리가 이 세상에 사는 것은 어디까지나 생명의 연장에 불과하다는 사실입니다. 우리가 이 세상에서 소유하는 것은 전부 연극할 때 소품에 불과합니다.

우리가 이 세상에 살면서 가장 중요한 것은 자기 자신을 찾아야 하는 것입니다. 연극 중의 자신이 아니라 진짜 자기를 찾아야 합니다. 그것은 바로 그리스도를 만남으로 찾을 수 있습니다. 그리스도가 죽어주신 그 사람이 바로 나 자신이기 때문입니다. 나는 예수님이 죽으신 그 앞에 서 있는 죄인입니다.

10:4, "그리스도는 모든 믿는 자에게 의를 이루기 위하여 율법의 마침이 되시니라"

이 세상은 드라마입니다. 그래서 이 세상에서는 자신을 찾을 수 없습니다. 그리고 율법은 우리의 인공호흡입니다. 이것은 생명을 연장시켜주는 것이지 스스로 숨 쉬는 것이 아닙니다. 그런데 예수님이 오심으로 인간은 진짜 천국의 숨을 쉴 수 있게 되었습니다. 그것은 바로 자기 스스로 생각하는 것이고 기도하는 것이고 하나님을 찾아가는 것입니다.

예수님이 오심으로 인공호흡기는 필요 없게 되었습니다. 예수님 앞에서 세상의 모든 윤리나 도덕은 거짓인 것이 드러나게 된 것입니다. 예수님이 오심으로 인간의 모든 노력은 끝이 났습니다. 왜냐하면 그는 최고의 의사이기 때문입니다.

그리고 두 번째로 우리가 구원받는 것은 이 세상에 있다가 살짝 천국에 들어가는 것이 아니라는 것입니다. 우리가 구원받는 것은 저 지옥 밑바닥에서 천국으로 구원받는 것입니다.

그 사람이 구원받는데 필요한 것은 오직 예수님을 믿고 그 목을 붙드는 것이었습니다. 우리는 예수님을 하늘에서 내려오라고 할 수도 없고 그 깊은 구덩이에 내려가라고 할 수도 없습니다. 왜냐하면 우리에게는 그런 자격이 없기 때문입니다.

10:6-7, "믿음으로 말미암는 의는 이같이 말하되 네 마음에 누가 하늘에 올라가겠느냐 하지 말라 하니 올라가겠느냐 함은 그리스도를 모셔 내리려는 것이요 혹은 누가 무저갱에 내려가겠느냐 하지 말라 하니 내려가겠느냐 함은 그리스도를 죽은 자 가운데서 모셔 올리려는 것이라"

이 말씀은 우리가 이해하기 쉬운 것이 아닙니다. 그러나 중요한 것은 우리의 구원은 무저갱에서 하늘로 올라간다는 것입니다. 이때 우리는 예수님에게 내려오라느니 올라가라느니 할 수 없습니다. 또 우리는 예수님에게 이 사람을 구원하라거나 저 사람을 구원하라거나 할 수도 없습니다. 이 일을 할 수 있는 분은 오직 예수님 한 분밖에 없고, 우리는 예수님의 손에 붙들려서 올라가는 수밖에 없는 것입니다.

3. 하나님의 열심

하나님께서는 우리가 구원을 받을 수 있도록 아주 열심을 내셨습니다. 예를 들어서 어떤 환자가 교통사고가 나서 길에서 피를 흘리면서 쓰러져 있을 때 구급대원은 현장으로 달려가서 응급처치를 한 후에 병원 응급실로 옮깁니다. 그러면 병원에서는 그 환자를 수혈하면서 엑스레이를 찍고 수술해서 그 사람을 살려놓을 것입니다.

마찬가지로 하나님은 구원의 길을 뚫어놓으신 후에 많은 하나님의 종을 사용하셔서 이 사실을 알게 하셨습니다. 그래서 구원의 길은 우리에게서 멀리 있지 않습니다. 즉 우리가 가지고 있는 성경 말씀 바로 이것이 구원의 길이고 천국에 들어가는 티켓인 것입니다.

> 10:8, "그러면 무엇을 말하느냐 말씀이 네게 가까워 네 입에 있으며 네 마음에 있다 하였으니 곧 우리가 전파하는 믿음의 말씀이라"

하나님께서는 이스라엘 백성에게 수많은 종을 보내서 하나님의 말씀을 가르치셨습니다. 그래서 웬만한 하나님의 말씀은 유대인들이 다 암송하고 있었습니다. 그런데 놀라운 것은 유대인들이 하나님의 말씀을 그렇게 잘 외우면서도 그 뜻을 몰랐고 그 내용을 믿지 않았다는 점입니다. 이것은 마치 비유를 들면 환자가 중요한 약을 받아서 입 안에 넣고 삼키지를 않는 것과 같습니다. 이 환자는 의사를 신뢰하지 않았습니다. 그래서 약을 받았지만 전부 쓰레기통에 버렸거나 입안에 넣기를 했지만 삼키지는 않고 뱉었던 것입니다.

우리는 어렸을 때부터 주기도를 외웁니다. 그런데 막상 그 뜻을 모른다는 것입니다. 일용할 양식을 달라는 말을 믿지도 않고 나에게 죄지은 자를 용서하지도 않고 '대개'는 먹는 대게로 생각하는 것입니다. 우리에게 구원의 길은 바로 우리 손 옆에 있습니다. 그것은 바로 성경 말씀입니다. 그러나 그 성경 말씀이 보배이고 생명이라는 것을 믿지 않습니다. 성경 말씀은 우리가 이 세상에서 성공하는 데 별 도움이 되지 않는 것입니다. 이렇게 성경 말씀을 늘 들으면서도 그것을 믿지 못하는 것입니다. 그래서 우리는 구원의 길을 자기 손에 잡고 있으면서도 구원을 받지 못하는 사람이 되는 것입니다.

10:9, "네가 만일 네 입으로 예수를 주로 시인하며 또 하나님께서 그를 죽은 자 가운데서 살리신 것을 네 마음에 믿으면 구원을 받으리라"

우리는 예수님이 하나님의 아들이시며 나를 구원하기 위해서 오신 것을 믿어야 합니다. 하나님이 그를 죽은 자 가운데서 살리신 것을 믿어야 합니다. 그는 지옥까지 가서서 살아오셨습니다. 그는 피투성이가 되어서 죽으셨다가 다시 살아나셨습니다. 예수님만이 구원자이십니다.

10:10, "사람이 마음으로 믿어 의에 이르고 입으로 시인하여 구원에 이르느니라"

우리는 마음에 예수님을 모셔야 합니다. 나의 자랑은 오직 예수님을 믿는 것입니다. 그리고 입으로 예수님에게 도움이 필요하다고 이야기해야 하고, 내 힘으로 아무것도 할 수 없다고 고백해야 합니다. 그때 예수님은 나를 업으시고 천국까지 데려가시는 것입니다.

44

하나님의 비밀
롬 10:16-11:12

정부에서나 군대에서

다루는 아주 중요한 내용은 비밀로 처리해서 일반인은 그 내용이나 서류를 보지 못하게 합니다. 어떤 내용은 공개가 되면 분쟁이나 전쟁이 일어날 수도 있기 때문에 'TOP SECRET'이라는 도장을 찍어서 아주 특별한 사람 외에는 그 서류를 열람할 수 없게 하고 있습니다. 군대에 있던 사람 중에는 이런 비밀 내용을 취급한 사람들이 있습니다. 그러면 제대할 때 어디에 가서라도 절대로 이 내용을 누설하지 않기로 각서를 쓰고 세내하게 됩니다. 그런데 스파이들은 할 수 있는 대로 다른 나라의 고급 비밀을 빼내어서 자기 나라의 정보기관에 그 내용을 넘기려고 합니다. 왜냐하면 그래야 비밀 계획을 막을 수 있고 또 반대되는 공작을 할 수 있기 때문입니다.

그런데 하나님에게도 일급비밀이 있었습니다. 그것은 언젠가는 하나님의 아들이 인간이 되어서 이 세상에 오신다는 것이었습니다. 그리고 그는 죄인을 대신해서 죽으시고 사흘 만에 다시 살아나신다는 것이었습니다. 그리고 그 비밀의 아주 중요한 내용은 이스라엘 백성이 아닌 이방인도 예수를 믿으면 구원을 얻는다는 것이었습니다. 그리고 이스라엘 백성은 오히려 예수를 믿지 않아서 많이 버림을 당한다는 것이었습니다.

이 일급비밀을 알고 터트린 사람이 바로 사도 바울이었습니다. 베드로나 사도들도 이 일급비밀에 대해서 알기는 알았습니다. 그러나 예수님의 처음 열두 제자는 사도 바울 같이 담대하게 이 비밀을 터트리지 못했습니다.

1. 이스라엘 자손의 배신

사도 바울이나 이방인 신자에게 가장 이해되지 않았던 것은 왜 그렇게 성경을 잘 알고 오래 하나님을 믿어왔던 이스라엘 자손이 예수를 하나님의 아들로 믿지 않을까 하는 것이었습니다. 그들은 오히려 예수님을 십자가에 못 박아 죽였고 예수 믿는 사람들을 심하게 배척하기도 했습니다. 사도 바울 자신도 처음에는 이 비밀을 몰라서 예수 믿는 사람들을 잡아서 옥에 가두기도 하고 예수를 부인하도록 채찍질도 하곤 했습니다.

그런데 이것이 하나님의 비밀 계획 중의 하나였던 것입니다. 하나님께서는 예수님이 오기 전까지는 유대인을 특별 대우한 것이 사실이었습니다. 그것은 하나님의 말씀이 오염되는 것을 막기 위해서였습니다. 그러나 예수님이 오신 이후에는 유대인이라고 해서 특별대우를 하시지 않고 모든 사람을 똑같이 대하셨습니다. 즉 누구든지 하나님을 찾는 자가 하나님을 만나며, 누구든지 하나님의 뜻을 묻는 자가 하나님의 응답을 받게 된다는 것입니다. 이스라엘 백성이 아무리 하나님을 잘 알아도 하나님을 찾지 않으면 그들은 하나님을 만나지 못하며, 그들이 아무리 하나님의 말씀을 잘 알아도 하나님의 뜻을 물어보지 않으면 응답을 받지 못한다는 것이었습니다.

그래서 초대교회 당시에 이스라엘 자손들은 거의 예수를 믿지 않 았습니다.

10:16, "그러나 그들이 다 복음을 순종하지 아니하였도다 이사야가 이르되 주여 우리가 전한 것을 누가 믿었나이까 하였으니"

이사야는 당시 예루살렘에서 목이 터져라 하나님의 말씀을 외쳤습니다. 그러나 이사야가 전하고 다른 선지자들이 전했던 복음을 이스라엘 자손들은 아무도 믿지 않았습니다. 믿음은 들음에서 난다고 했는데, 이스라엘 백성은 아예 하나님의 말씀을 듣지 않으니까 믿음 자체가 생기지 않았습니다. 그래서 이상한 이스라엘 백성이 많이 생겼습니다. 그것은 바로 믿음이 없는 이스라엘 백성이었습니다. 이것이 바로 이스라엘 백성들의 변종이었습니다.

10:17, "그러므로 믿음은 들음에서 나며 들음은 그리스도의 말씀으로 말미암았느니라"

누구든지 그리스도의 말씀을 듣기만 하면 믿음이 생기게 되어있습니다. 그런데 이스라엘 자손들은 수도 없이 하나님의 말씀을 들어왔다고 하면서 아예 들으려고 하지 않았던 것입니다. 교회에서도 보면 요셉이나 야곱이나 엘리야에 대한 말씀들을 들을 때마다 새로워서 자꾸 들으려고 하는 사람이 있는가 하면, 그런 이야기는 이미 수백 번은 더 들었기 때문에 이제는 지겹다고 말하는 사람들도 있습니다. 그러나 이것도 하나님의 비밀 중의 하나였던 것입니다.

하나님께서는 이스라엘 백성이 율법이나 하나님의 말씀에 대하여 교만한 것을 그대로 내버려 두셨습니다. 오히려 이스라엘 백성은 이방인이 예수를 믿고 성경을 믿는 것을 핍박했습니다. 그 바람에 이방인들은 쫓겨 가면서 더 많이 예수를 믿게 되었습니다. 만일 유대인들이 너무나도 하나님의 말씀을 사모해서 전적으로 받아들이고 자기들의 것을 만들었더라면 이방인들은 아예 복음을 들을 기회가 없었을 것입니다. 그러나 유대인들이 복음을 반대하고 방해하는 바람에 복음은 땅끝까지 전파될 수 있게 되었던 것입니다.

10:18, "그러나 내가 말하노니 그들이 듣지 아니하였느냐 그렇지 아니하니 그 소리가 온 땅에 퍼졌고 그 말씀이 땅 끝까지 이르렀도다 하였느니라"

유대인들이 예수 믿는 사람들을 박해하고 내쫓는 바람에 전 세계에서 모여든 유대인들은 땅끝까지 도망치면서 복음을 전했던 것입니다. 그런데 놀라운 것은 유대인들이 복음을 들으면서 하나님께 대한 믿음을 가지게 되었다는 것입니다. 그래서 그들은 열심히 예수를 믿고 하나님을 찾고 모든 일에 하나님의 뜻을 구하게 되었습니다.

10:20, "이사야는 매우 담대하여 내가 나를 찾지 아니한 자들에게 찾은 바 되고 내게 묻지 아니한 자들에게 나타났노라 말하였고"

이방인들은 하나님을 찾지도 않았는데, 하나님의 말씀을 듣고는 하나님을 찾기 시작했습니다. "구하라 그리하면 너희에게 주실 것이요 찾으라 그리하면 찾아낼 것이요 문을 두드리라 그리하면 너희에게 열릴 것이니"(마 7:7)라고 하신 말씀대로 이방인들은 죽으라고 하나님을 찾아서 구원의 문이 열리고 성령이 임하고 기적이 나타나고 부흥이 일어나게 되었습니다.

그러나 이스라엘 백성들은 하나님이 온종일 두 팔을 벌리고 그들이 돌아오기를 기다렸지만 돌아오지 않았습니다. 왜냐하면 그들은 하나님의 말씀을 많이 들어서 다 알고 있다고 생각했기 때문입니다.

10:21, "이스라엘에 대하여 이르되 순종하지 아니하고 거슬러 말하는 백성에게 내가 종일 내 손을 벌렸노라 하였느니라"

이스라엘 백성들은 하나님을 너무 잘 알았기 때문에 버릇이 아주 나빠지게 되었습니다. 그래서 이스라엘 백성들은 일부러 하나님의 말씀에 불순종하고 부정적으로 반응했습니다. 그러나 하나님은 이스라엘 백성들을 안아주시려고 온종일 팔을 벌리고 계셨습니다. 그러나 이스라엘 백성들은 하나님보다는 세상을 더 사랑해서 하나님의 품에 돌아오지 않았습니다. 그동안 복음은 이방인들에게 열심히 퍼지고 있었습니다.

10:19, "그러나 내가 말하노니 이스라엘이 알지 못하였느냐 먼저 모세가 이르되 내가 백성 아닌 자로써 너희를 시기하게 하며 미련한 백성으로써 너희를 노엽게 하리라 하였고"

이스라엘 백성들은 이방인들을 아예 야생동물처럼 천하게 생각했습니다. 그래서 이스라엘 백성들은 이방인이 믿는 하나님은 너무 천하기 때문에 안 믿으려고 했습니다. 이방인이 하나님의 말씀을 믿어서 온갖 부흥과 기적을 다 체험하는 동안이 유대인들은 학대당하고 쫓겨 다니고 전 세계의 미움을 받았던 것입니다. 그러나 하나님은 이스라엘 자손이 시기 나게 하려고 이렇게 하셨다고 말씀하셨습니다. 이스라엘 백성들은 하나님을 빼앗기고 말씀을 빼앗긴 것에 화가 나야 했던 것입니다. 그들은 하나님이 우리 하나님이고 말씀은 우리의 것인데, 우리가 도로 찾아와야 한다고 생각해야 했던 것입니다. 우리도 다른 것은 빼앗겨도 되지만 하나님을 빼앗기고 하나님의 말씀을 빼앗기면 비참하게 됩니다.

2. 하나님이 남겨두신 사람들

어느 곳에 전쟁이 터져서 많은 사람이 죽어도 그런 중에서도 살아남는 사람이 있습니다. 결국 그 살아남은 사람은 그 비극적인 전쟁의 생생한 증인이 되는 것입니다.

사도 바울은 하나님께서 이스라엘 자손을 다 버리시고 이방인을 구원하셨느냐고 물으면서 그렇지 않다고 했습니다. 하나님은 이스라엘 백성 중에서 구원받을 자를 숨겨 놓으신 것입니다. 왜냐하면 사도 바울 자신도 혈육으로는 이스라엘 자손이요 베냐민 지파이고 아브라함의 후손이기 때문입니다. 하나님은 이스라엘 자손 중에도 믿는 자를 살려놓으셔서 이스라엘 백성들이 얼마나 악한 죄에 빠졌는가 하는 것을 증언하게 하신 것입니다.

옛날 엘리야 선지 때 아합과 이세벨 왕후는 하나님을 믿는 자들을 다 죽이고 엘리야만 남았을 때 엘리야마저도 잡아서 죽이려고 했습니다. 그때 하나님께서는 엘리야에게 바알에게 절하지 않은 자 칠천 명을 남겨 놓았다고 말씀하셨습니다.

> 11:4, "그에게 하신 대답이 무엇이냐 내가 나를 위하여 바알에게 무릎을 꿇지 아니한 사람 칠천 명을 남겨 두었다 하셨으니"

하나님의 백성은 그 무엇에도 무릎을 꿇지 않는 자들이었습니다. 바알에게도 무릎 꿇지 않고 돈이나 명예나 권세에도 무릎 꿇지 않은 자들입니다. 엘리야는 지금 하나님의 백성은 다 죽었다고 생각하고 있었지만 하나님은 칠천 명을 감추어놓고 계셨습니다. 그 사람들이 어디에 숨어 있는지는 비밀이었습니다.

그래서 11장 5절에 "그런즉 이와 같이 지금도 은혜로 택하심을 따라 남은 자가 있느니라"고 했습니다. 유대인 중에도 예수 믿는 자들이 많이 있었습니다. 이 사람들은 유대인들이 로마와 전쟁할 때 예수님의 말씀이 생각났습니다. 그것은 예루살렘이 에워싸이는 것을 보면 산으로 피하라는 것이었습니다. 그래서 그들은 예루살렘 포위가 풀렸을 때 모두 예루살렘에서 나와서 에돔 쪽으로 도망쳐서 숨어 살았는데, 나중에 사람들은 그들을 '에비온파'(가난한 자라는 뜻)라고 불렀습니다. 그러나 아무리 유대인들이라 하더라도 하나님의 구원 방법은 동일했습니다. 오직 하나님의 은혜로 구원받기 위하여 자기 공로로는 구원받지 못하게 하신 것입니다.

11:6, "만일 은혜로 된 것이면 행위로 말미암지 않음이니 그렇지 않으면 은혜가 은혜 되지 못하느니라"

하나님은 아무리 이스라엘 자손이라 하더라도 은혜로 구원받기를 원하시지 자신이 공로를 쌓아서 구원 얻는 것을 원하지 아니하십니다. 그래서 이스라엘 백성들도 똑같이 예수를 믿어야 구원을 얻을 수 있는 것입니다. 그런데 세월이 많이 흐르면서 유대인들도 다른 사람들과 결혼하게 되고 그들 중에서 복음을 듣고 예수 믿는 사람들이 많아진 것을 보게 됩니다.

3. 이스라엘의 넘어짐

이스라엘 자손들은 하나님의 귀한 율법을 가지고 있었기 때문에 그들은 완전한 의를 성취하고자 했습니다. 그래서 그들은 예수를 믿음으로 구원받는 것은 너무 유치하고 엉터리라고 해서 믿지 않았습니다. 그런데 이스라엘 백성들은 자신들이 원하는 완전한 의를 얻지 못했습니다. 왜냐하면 인간은 원래부터 타락한 본성을 가지고 있어서 완전할 수 없기 때문입니다.

만일 인간이 완전하다면 그것은 위선입니다. 인간인 이상 남을 한 번도 미워하지 않고 음란한 생각을 한 번도 하지 않고 완전히 탐심이나 시기심을 버리는 것은 불가능한 일입니다. 아무리 고행하고 아무리 선교사가 되고 아무리 선행을 많이 해도 완전한 의는 불가능한 것입니다. 그러나 택하심을 받은 이방인들은 예수를 믿으니까 예수님께서 부족한 것을 채워주셔서 완전한 의가 이루어졌습니다.

11:7, "그런즉 어떠하냐 이스라엘이 구하는 그것을 얻지 못하고 오직 택하심을 입은 자가 얻었고 그 남은 자들은 우둔하여졌느니라"

우리 인간은 자기 힘으로는 완전해질 수 없습니다. 물론 사람이 도덕적으로 완전해지려고 노력하는 것은 대단한 것입니다. 그러나 그런 사람은 남들이 모르는 아주 강한 죄의 욕망이 또 살아있어서 몰래 죄를 짓게 되는 것입니다. 사람이 공로를 쌓는 데는 오랜 시간이 걸리지만 무너지는 것은 한순간입니다. 인간의 마음속에서부터 올라오는 욕망은 자신의 의지로 막을 수 없습니다. 그럼에도 불구하고 끝까지 자신의 힘으로 종교적인 의를 지키려고 하는 자들은 양심을 속이는 자이고 위선자이고 우둔한 사람입니다.

11:8, "기록된 바 하나님이 오늘까지 그들에게 혼미한 심령과 보지 못할 눈과 듣지 못할 귀를 주셨다 함과 같으니라"

하나님의 말씀을 듣지 않으면 사람의 마음은 혼미할 수밖에 없습니다. 그래서 자기가 하는 짓이 옳은지 틀린지 알 수 없게 됩니다. 누군가를 사랑하는 것이 죄인지 사랑인지 구별이 안 되는 것입니다. 그리고 그는 지옥이나 멸망으로 가면서 그것이 보이지 않습니다. 하나님이 아무리 "그 길로 가면 안 돼!"라고 소리치셔도 들리지 않는 것입니다.

11:9-10, "또 다윗이 이르되 그들의 밥상이 올무와 덫과 거치는 것과 보응이 되게 하시옵고 그들의 눈은 흐려 보지 못하고 그들의 등은 항상 굽게 하옵소서 하였느니라"

이스라엘 백성 앞에는 말씀의 잔치가 벌어졌습니다. 그러나 자기가 잘났다고 생각하는 사람에게는 밥상에 올무로 손을 묶어놓고 덫에 걸리게 하고 유리 벽 같은 장애물이 있어서 보기만 하고 먹지를 못하게 하는 것입니다. 그리고 그들의 눈은 흐려서 맛있는 음식은 보지 못하고 소금이나 찌꺼기 같은 것만 먹고 등이 굽어서 앞을 제대로 보지 못하고 바른길을 가지도 못하는 것입니다.

하나님은 이스라엘의 교만을 내버려 두셔서 그 바람에 땅끝까지 복음이 증거되게 하셨습니다. 즉 이스라엘의 실패가 이방인의 구원이 되고 풍성함이 된 것입니다. 그러나 모든 유대인이 다 불신앙에 빠진 것은 아닙니다. 유대인 중에서도 남은 자가 있어서 그들이 복음을 전했습니다. 또 앞으로도 예수를 믿을 자들이 있을 텐데 그러면 하나님의 나라가 더 충만하게 될 것입니다.

우리에게 복음의 진수성찬이 차려져 있습니다. 교만한 마음으로 스스로 올무에 매이지 말고 하나님을 찾고 열심히 하나님의 뜻을 구하는 성도들이 다 되시기 바랍니다.

45

접붙이기
롬 11:13-36

개들은 족보를

아주 중요시하는 것을 볼 수 있습니다. 왜냐하면 개 종류마다 외모나 기질의 특징이 있기 때문입니다. 어떤 개는 외모가 훌륭하고 어떤 개는 사냥을 잘하는 등의 특징이 있는데, 아무 개나 교배시키면 잡종 개가 되어버리는 것입니다. 그러나 돼지 같은 동물은 다른 종류들끼리 교배하면 병에도 안 걸리고 빨리 자라고 고기도 맛있는 식용돼지로 개발하기도 합니다.

그리고 과일은 좋은 품질을 위해 다른 종류끼리 접붙이게 되는데, 포도는 크기도 크고 당도도 높은 품종을 만들어내기도 하고, 사과도 능금부터 시작해서 인도 사과나 부사니 나중에는 안에 꿀이 들어있는 청송 사과에 이르기까지 다양한 품종을 보게 됩니다. 특히 방울토마토는 다른 종과 접붙여서 성공한 케이스에 속하는데, 크기는 방물만 하지만 토마토의 모든 성분을 다 가지고 있다고 합니다. 요즘은 대추와 사과를 접붙인 대추사과라는 것도 있고, 씨가 없는 수박은 이미 일제강점기 때 개발되었습니다.

사도 바울은 본문에서 우리 같은 이방인이 하나님의 백성이 된 것도 접붙임에 의해서 된 것이라고 예를 들어 말하고 있습니다. 즉 우리는 돌감람나무 열매 같이 떫고 딱딱해서 먹거나 짜서 기름으로 쓸 수 없는 야생 감람나무였는데, 참 이스라엘 감람나무에 접붙여져서 천국의 말씀을 진액으로 받아들이다 보니까 오히려 원래 참 감람나무보다 더 맛있고 품질도 우수한 감람나무가 된 것입니다.

그런데 우리는 가장 좋은 올리브 나무와 접붙임을 받았기 때문에 가장 순수하고 질이 좋은 기름이 나와서 그대로 먹을 수 있고, 불을 붙이면 즉시 부흥의 불이 붙는 최고의 올리브 나무가 된 것입니다.

1. 하나님의 놀라운 계획

하나님은 이스라엘 백성의 순수성을 중요하게 생각하셨습니다. 그래서 이스라엘 백성은 오직 그 백성 안에서만 결혼했고, 어떤 때는 아주 가까운 친족이나 형제 사이에도 결혼하는 경우도 있었습니다. 그러다 보니까 이스라엘 백성은 아예 성격 자체가 배타적인 성격을 가지든지, 아니면 정반대로 이스라엘 백성의 자산을 아주 혐오하고 이방인의 것만 무조건 좋아하는 극단적인 사람들이 많이 나타나게 되었습니다.

하나님께서 이스라엘 백성에게 주신 말씀은 불순물이라고는 조금도 섞이지 않은 백 퍼센트 순수한 하나님의 말씀이었습니다. 그런데 이스라엘 백성은 백 퍼센트 순수한 하나님의 말씀을 잘 소화하지 못해서 극단적인 보수주의가 되든지 아니면 아주 반이스라엘적인 사람들이 되었습니다. 그러나 하나님께서 순수하게 하나님의 말씀을 보전하는 데는 성공하셨습니다. 이제 하나님은 오래전부터 생각하시고 계획하셨던 위대한 실천을 하나 하셨습니다. 그것은 바로 이스라엘의 뿌리에 이방인을 접붙이는 것이었습니다.

여기서 사도 바울은 두 가지 예를 들고 있습니다. 하나는 떡을 만드는 가루의 예이고, 그다음에는 뿌리와 줄기의 비유입니다.

11:16, "제사하는 처음 익은 곡식 가루가 거룩한즉 떡덩이도 그러하고 뿌리가 거룩한즉 가지도 그러하니라"

이스라엘 백성은 하나님께 바치는 떡덩이는 전혀 곰팡이가 생기거나 불순물이 섞이지 않은 순수한 가루를 재료로 떡을 만들어 하나님께 바쳐야 한다고 생각했습니다. 그래서 그들이 하나님께 바치는 떡은 불순물이 조금도 섞이지 않은 아주 순수한 가루였습니다. 가루가 순수하면 그 가루를 가지고 만든 것은 순수한 떡이 나올 수밖에 없습니다. 그리고 하나님은 그 순수한 가루에다가 이방에서 만든 가루를 섞어서 떡을 만들어보셨습니다. 하나님은 이것이 실패할 줄 생각하셨는데 그렇지 않았습니다. 가루가 깨끗하니까 그것으로 만든 떡도 아주 더 맛있고 훌륭한 떡이 만들어진 것이었습니다. 왜냐하면 가루 안에서 부정한 것을 깨끗하게 하는 진물이 나왔기 때문입니다.

그래서 사도 바울은 좀 더 이해하기 쉽도록 나뭇가지를 예를 들어 설명했습니다. 즉 뿌리가 아주 순수한 나무가 있는데, 거기에 나오는 가지도 아주 순수한 것이었습니다. 하나님은 그 순수한 가지의 일부를 잘라버리고 거기에 이방의 가지를 접붙여 보셨던 것입니다. 그랬더니 뿌리에서 올라오는 순수한 진액이 그 이방 가지를 통과하면서 그 부정한 진액들을 순수하게 만들어서 처음 순수했던 나뭇가지보다 더 맛있고 아름다운 열매를 많이 맺었던 것입니다. 이것이 바로 하나님의 실험이 성공하신 것이었습니다.

맨 처음 하나님께서는 광야 사십 년을 통해서 인간 속에 과연 하나님이 계실 수 있는가 하는 것을 실험하셨습니다. 이것은 너무 어려운 것이었습니다. 하나님은 몇 번씩 이스라엘 백성을 전부 다 몰살시키실 뻔했습니다. 왜냐하면 하나님과 인간은 너무나도 맞지 않았기 때문입니다. 그래서 하나님은 모세에게 금송아지를 만들고 춤추고 술 마시고 난장판을 만들었던 이스라엘 백성을 다 멸망시키고 모세를 통해서 다시 시작하겠다고 말씀하셨습니다. 이것은 하나님이 이스라엘 백성 가운데 오시는 데 실패한 것을 의미하는 것입니다. 하나님은 이스라엘 백성이 광야에서 하나님을 원망하고 애굽으로 돌아가려고 하고 모세를 부정하고 싸우려고 했을 때도 그들을 전멸시키려고 하셨습니다. 그러나 결국 모세나 이스라엘 백성은 목숨을 걸고 하나님의 말씀에 순종했고 결국 하나님을 이스라엘 가운데 모시는 데 성공했습니다.

하나님께서 이스라엘 백성에게 주신 말씀은 백 퍼센트 순수한 하나님의 말씀이었습니다. 그러나 이스라엘 백성은 가나안 땅에 들어가고 난 후에 변질되기 시작했습니다. 그런데 하나님은 이 병든 이스라엘 백성을 다 잘라버리고 또 하나의 실험을 하셨습니다. 그것은 이방인이 하나님의 말씀을 들으면 어떻게 되느냐 하는 것이었습니다. 즉 이방인이 하나님의 말씀을 들으면 미쳐버리느냐 아니면 전부 다 죽어버리느냐 하는 것인데, 오순절 이후에 이 실험을 하셨던 것입니다.

그런데 놀라운 일이 일어났습니다. 그것은 이방인이 이스라엘 백성보다 하나님의 말씀을 더 사랑하고 더 좋은 열매를 맺는 것이었습니다. 그래서 이방인 가운데서 하나님의 말씀이 폭발적인 부흥이 일어났습니다. 이때 사도 바울이 안타까워했던 것은 이스라엘 백성이 하나님의 말씀을 이 정도로 사랑했더라면 얼마든지 더 큰 부흥으로 나타날 수 있었으리라는 것이었습니다.

11:13-14, "내가 이방인인 너희에게 말하노라 내가 이방인의 사도인 만큼 내 직분을 영광스럽게 여기노니 이는 혹 내 골육을 아무쪼록 시기하게 하여 그들 중에서 얼마를 구원하려 함이라"

이스라엘 백성이 이방인의 나무에 접붙이면 바로 썩어버렸습니다. 하나님은 이 썩은 이스라엘을 다 잘라버리셨습니다. 그러나 하나님은 이스라엘 백성 안에서 시기심이 일어나기를 바라셨습니다. 그것은 이스라엘 백성이 하나님의 말씀은 우리의 것이고 부흥의 불은 빼앗겨서는 안 된다고 생각하는 것이었습니다. 이방인이 하나님의 말씀을 사랑해서 부흥의 불이 일어난다면 이스라엘 백성이 이제라도 깨닫고 하나님의 말씀을 사랑한다면 더 부흥이 일어나는 것이 당연한 것이었습니다. 그러나 그들은 이방인이 세상의 돈을 가지고 권력을 가지고 음란하게 사는 것만 부러워했지 영적인 부흥이 일어나는 것을 시기하지 않았습니다.

이것은 우리에게도 마찬가지입니다. 우리가 하나님도 몰랐던 일제강점기에 복음을 듣고 부흥이 일어났다면 지금 우리가 하나님의 말씀을 사랑하고 하나님의 말씀에 미친다면 당연히 더 큰 부흥이 일어날 수 있는 것입니다. 그런데 이상하게도 성공하거나 유명해지고 나면 말씀의 본질보다는 사람들의 인정받는 것이나 겉으로 드러나 보이는 것을 더 중요하게 생각해서 말씀의 본질을 떠난다는 것입니다.

> 11:17, "또한 가지 얼마가 꺾이었는데 돌감람나무인 네가 그들 중에 접붙임이 되어 참감람나무 뿌리의 진액을 함께 받는 자가 되었은즉"

우리 이방인에게 일어난 기적은 우리가 유대인이 전해준 복음을 듣고 믿은 것입니다. 그런데 그것을 그냥 믿은 것이 아니라 하나님의 말씀을 죽도록 사랑한 것입니다. 그러니까 폭발적인 부흥이 여기저기에서 나타나게 되었습니다. 비시디아 안디옥에서도 부흥이 일어나고 에베소와 고린도에서도 부흥이 일어났습니다. 이것은 기적이었습니다. 하나님의 말씀이 이방인의 가지를 통과하면서 원래 가지보다 더 맛있고 아름다운 부흥의 열매를 맺었습니다. 그것은 바로 하나님의 말씀이 순수했기 때문입니다. 결코 이방인이 똑똑해서 그런 것이 아니었습니다.

11:18, "그 가지들을 향하여 자랑하지 말라 자랑할지라도 네가 뿌리를 보전하는 것이 아니요 뿌리가 너를 보전하는 것이니라"

이방인 가운데 부흥이 일어난 것은 가지 때문이 아니었습니다. 그것은 뿌리인 이스라엘 백성이 전해주었던 하나님의 말씀이 순수하고 강력했기 때문입니다. 그러면 하나님께서 왜 이방인에게 하늘에서 새로운 말씀을 주시지 않고 이스라엘 백성이 받았던 그 말씀을 전해주셨을까요? 그것은 우리 자신을 자랑하지 못하게 하고, 겸손하게 하기 위해서였던 것입니다.

2. 꺾인 자와 일어서는 자

여름에 태풍이 불면 엄청난 폭우가 쏟아지는 경우가 있습니다. 그러면 이것이 홍수가 되어 강둑을 터트려버리고 논농사를 다 망쳐버리기도 합니다. 이때 부지런한 농부들은 물이 빠지자마자 논에 들어가서 누워있는 벼들을 다 일으켜서 세워놓는데, 그냥 서 있을 수 없는 벼들이 많기 때문에 몇 개씩 함께 묶어서 세워놓습니다. 그러면 벼가 태양 빛을 받아서 마저 익게 됩니다. 그러나 만일 논 주인이 게을러서 쓰러진 벼들을 그냥 누운 채로 버려두면 그 벼들은 썩어서 하나도 먹을 수 없게 됩니다.

마찬가지로 하나님 앞에서 가지들이 꺾이는 것이 있는가 하면 세워지는 가지들도 있습니다. 꺾이는 가지는 진액을 하나도 받아들이지 못하기 때문에 말라져서 나중에 땔감으로 쓰게 되지만 세워지는 가지들은 진액을 빨아들여서 최고로 맛있는 열매를 맺게 되는 것입니다.

11:19-20, "그러면 네 말이 가지들이 꺾인 것은 나로 접붙임을 받게 하려 함이라 하리니 옳도다 그들은 믿지 아니하므로 꺾이고 너는 믿으므로 섰느니라 높은 마음을 품지 말고 도리어 두려워하라"

사도 바울이나 이방인 교인에게 이해되지 않는 것이 바로 이것이었습니다. 이스라엘 자손이 먼저 하나님의 말씀을 믿었으면 엄청난 부흥이 일어나고 이방인에게는 돌아갈 국물조차 없었을 텐데, 그들은 지독하게 믿지 않고 기독교인들을 박해만 했던 것입니다. 그래서 부흥은 이방인에게 일어나게 되었습니다. 결국 유대인의 박해 때문에 이방인이 더 많이 믿게 되었고 나중에는 땅끝까지 복음이 전해지게 되었던 것입니다. 이방인들은 하나님이 우리를 참 감람나무에 접붙이기 위해서 유대인 가지를 자르셨다고 생각했습니다. 사실 이것은 유대인들의 욕심이었습니다. 그들은 이 세상에 있는 것을 부러워하고 욕심을 내는 바람에 세상에 접붙임이 되어서 썩어버렸던 것입니다. 유대인들은 하나님의 말씀을 많이 알았지만 믿지를 않았습니다. 그러나 이방인들은 하나님의 말씀을 믿으니까 부흥이 일어났던 것입니다.

그래서 사도 바울은 이방인 교인에게 부흥이 일어나고 축복이 일어나고 성공했다고 해서 교만한 마음을 품지 말라고 권면했습니다. 하나님은 원가지도 아끼지 않고 찍어버리신 분이시기 때문에 이방인들은 더 쉽게 자르신다고 경고했던 것입니다. 즉 하나님의 백성이 세상에 접붙임을 당하면 바로 썩어버리는 것입니다. 그래서 믿으면 세워지고 믿지 않고 알기만 하면 꺾이는 것입니다. 그래서 우리는 믿는 사람이 되어야지 알기만 하는 사람이 되어서는 안 되는 것입니다.

그러므로 우리는 무엇보다 먼저 순수한 하나님의 말씀을 먹어야 합니다. 철학이나 세상의 성공원리를 섞은 말씀은 바로 우리를 썩게 만듭니다. 세상에서 성공하는 것을 싫어하는 사람이 어디 있겠습니까? 그러나 세상의 진액을 받으면 가지가 바로 썩어버리고 돌감람나무로 돌아가 버립니다. 이것은 아주 떫고 냄새도 고약해서 도저히 먹을 수 없습니다.

23절에 보면 "그들도 믿지 아니하는 데 머무르지 아니하면"이라고 했습니다. 이것은 그들도 믿기만 하면 다시 접붙임이 된다는 의미입니다. 그래서 우리는 우리에 대한 하나님의 뜻을 믿어야 하고, 하나님 말씀의 능력을 믿어야 합니다.

3. 곡식 가루와 나무뿌리

가끔 음식점에서 좋지 않은 재료를 써서 음식을 만드는 경우가 있습니다. 그러면 한두 사람이 배가 아프기 시작하다가 나중에는 집단 식중독으로 많은 사람이 병원에 입원하게 됩니다. 요즘은 재료를 알 수 없도록 너무 양념을 많이 친다든지 혹은 맵게 만든다든지 혹은 조미료를 너무 많이 사용해서 식중독이 생기기 전에는 그것이 몸에 좋지 않다는 것을 모르는 경우가 많습니다. 그래서 우리는 깨끗한 하나님의 말씀을 먹는 것이 중요합니다.

11:25, "형제들아 너희가 스스로 지혜 있다 하면서 이 신비를 너희가 모르기를 내가 원하지 아니하노니 이 신비는 이방인의 충만한 수가 들어오기까지 이스라엘의 더러는 우둔하게 된 것이라"

하나님은 온 세상 사람이 다 예수를 믿도록 유대인을 바보로 만들어서 잘라버리셨습니다. 사도 바울은 이것이 놀라운 신비라고 강조했습니다. 그러나 바울은 하나님께서 유대인을 완전히 버리신 것은 아니라고 했습니다. 즉 구원자가 시온에 와서 야곱에게서 경건하지 않은 것을 돌이키신다고 하셨습니다(26절).

하나님의 은사나 부르심에는 후회하심이 없다고 했습니다(29절). 이것은 하나님께서 사람을 구원하시는 데 아까우신 것이 없다는 것입니다. 하나님은 아무리 많은 사람이 믿어도 아까워하지 않으십니다. 하나님의 능력과 축복은 무궁무진하시기 때문입니다. 그러나 우리도 유대인들처럼 마음이 교만해져서 하나님의 말씀을 잘 안다고 생각해서 믿지 않으면 바로 썩어버리게 됩니다.

우리는 옛날에 하나님의 원수요 순종하지 않는 자였는데 하나님의 기적으로 하나님을 믿게 되었습니다. 그래서 우리는 모든 부분에서 하나님을 믿어야 합니다. 미래에 어떤 일이 일어나더라도 하나님이 우리에게 가장 좋은 것을 주신다는 것을 믿고 감사해야 합니다. 우리는 광야에서 이스라엘 백성이 어렵고 힘들다고 하나님을 원망했던 것같이 원망해서는 안 됩니다. 우리는 가나안을 정복했던 이스라엘 백성처럼 세상의 욕심 때문에 세상을 따라가서는 안 됩니다. 결국 하나님 앞에 가보면 교만하고 잘난 체하던 자들은 모두 구원받는 데 실패한 것을 알게 될 것입니다. 왜냐하면 하나님의 지혜는 너무나도 뛰어나시기 때문입니다. 하나님의 판단은 우리가 헤아릴 수 없습니다. 그래서 똑똑하다고 생각하는 사람들은 모두 구원에서 탈락하게 될 것입니다. 아무도 하나님보다 더 똑똑할 수 없습니다.

하나님은 우리에게 빚진 것이 아무것도 없습니다. 모든 영광은 하나님께 있습니다. 하나님은 겸손한 자들만 천국에 들어가게 하실 것입니다. 모든 교회 다니는 사람이 아니라 하나님 앞에 겸손하고 자기 가진 것을 부인하는 자들만 들어가게 될 것입니다.

46

새로운 생활
롬 11:29-12:3

하나님께서는
아들과 딸들이 있었는데, 어느 날 이 모두를 잃어버리셨습니다. 다른 동물들에게 물어보니까 뱀과 같이 놀다가 이상하게 변해버렸다고 했습니다. 마귀는 뱀 안에 들어가서 우리 인간의 모든 기억력과 하나님에 대한 모든 생각을 죽여 버렸습니다. 이제 우리 인간의 눈에는 하나님이 보이지 않고 하나님이 누구인지도 모르게 되었습니다. 우리 인간은 부모를 잃어버린 자식들이 되어버렸고, 마귀가 시키는 대로 하는 버려진 자식들이 되고 말았습니다. 그렇게 하나님으로부터 너무나도 멀리 떨어진 캄캄한 곳에 한평생 살다가 죽는 존재가 되었습니다.

그런데 하나님은 우리를 찾아 나섰습니다. 하나님은 하나님의 아들을 그 시커먼 구렁텅이에 인간으로 보내셨습니다. 그런데 우리 인간은 너무 변해버려서 하나님도 우리를 알아볼 수 없게 되었습니다. 그래도 하나님과 우리 사이에 공통된 DNA가 있었는데, 그것은 바로 사랑의 DNA이었습니다. 모든 인간은 사랑에 목말라하고 있었습니다. 그래서 우리 인간에게 하나님의 사랑이 부어질 때 말할 수 없는 시원함과 만족감을 얻게 되고, 자기 자신이 누구인지 알게 되는 것입니다.

1. 위대하신 하나님

우리는 하나님이 얼마나 크고 위대한 분이신지 알지 못합니다. 그러나 하나님은 온 우주를 만드신 분입니다. 하나님은 태양과 별을 만드시고 지구를 만드셨습니다. 하나님은 마치 스위스의 시계 기술자들이 정교한 롤렉스시계를 만들듯이 인간을 만드셨습니다. 그런데 하나님은 이 시계를 잃어버리셨고 대신 마귀가 이 시계를 차고 다녔던 것입니다. 하나님의 아들은 이 세상에 인간이 되어 오셔서 마귀에게 맞으시고 마침내 마귀는 이분을 못으로 박아 구멍을 내서 죽여 버렸습니다. 그 시계 안에서 자꾸 하나님의 말씀이 들렸기 때문입니다.

그러나 하나님의 아들은 깨어지고 부서진 채로 마귀와 붙어서 그 머리를 깨시고 우리 인간을 살려내셨습니다. 그래서 하나님의 사랑과 우리 인간 속에 있는 사랑의 갈증이 딱 맞아떨어지게 되었습니다. 그리고 예수님의 십자가를 통해서 하나님의 사랑이 우리 안에 마구 쏟아 부어지게 되었습니다. 폭우가 쏟아지니까 온 세상이 물바다가 되었던 것처럼 하나님의 사랑이 우리 안에 폭우같이 부어지니까 우리 마음이 하나님의 사랑으로 물바다가 되었던 것입니다.

우리는 더 이상 부모가 없는 고아도 아니고, 더 이상 마귀의 종도 아닙니다. 우리는 하나님의 아들이 되었고, 하나님이 가장 아끼시는 피조물이 되었고, 하나님의 가장 사랑받는 자녀가 되었습니다.

11:29-30, "하나님의 은사와 부르심에는 후회하심이 없느니라 너희가 전에는 하나님께 순종하지 아니하더니 이스라엘이 순종하지 아니함으

로 이제 긍휼을 입었는지라"

　여기에 "하나님의 은사"라고 했는데, '은사'는 선물을 말합니다. 그리고 "부르심"은 우리를 자녀로 찾는 것을 말합니다. 하나님이 우리에게 주실 선물에는 아까운 것이 없습니다. 그리고 하나님은 우리를 자녀로 부르시는데 실수나 착오가 없으십니다.

　"자기 아들을 아끼지 아니하시고 우리 모든 사람을 위하여 내주신 이가 어찌 그 아들과 함께 모든 것을 우리에게 주시지 아니하겠느냐"(롬 8:32).

　하나님은 하나밖에 없는 아들을 아끼지 아니하시고 우리를 위하여 내주셨는데, 하나님이 우리에게 아까운 것이 더 이상 무엇이 있겠습니까? 하나님은 우리에게 모든 것을 다 주실 준비가 되어있는 것입니다. 그러나 우리가 이 세상에 살면서 보면 하나님이 너무 인색하신 것 같이 생각될 때가 있고 하나님이 나에게 무엇을 주시는 것도 아까워하시는 것 같이 생각될 때가 많이 있습니다. 그 이유가 무엇일까요? 그것은 우리에게 너무 좋지 못한 것이 많이 붙어있으므로 그것을 떼어내는 것이 더 필요하기 때문입니다.

　인간의 육체는 하나님이 만드신 피조물 중에서 아마 가장 아름다운 작품일 것입니다. 옛날 인체의 아름다움을 돌에 새긴 사람들은 그리스 사람들이었습니다. 그리스에서는 대리석이 많았습니다. 그래서 그리스 석공들은 그 대리석에다가 여신이나 남신의 모습을 새겼던 것입니다. 그러나 석공들이 아무리 아름다운 여자의 몸을 여신이라고 하면서 돌에 새겨도 그것은 어디까지나 돌에 불과했습니다. 피그말리온이라는 사람은 대리석을 가지고 가장 아름다운 여자의 모습을 새기고는 데리고 가서 잠을 자고 말을 걸고 했습니다. 그러나 아무리 아름다운 여자의 모습이라도 그것은 어디까지나 차가운 대리석에 불과했습니다.

그런데 하나님께서는 하나님의 아들을 통해서 우리 안에 사랑을 넣으시고 살아있는 존재가 되게 하셨습니다. 우리는 하나님의 음성을 들을 수 있고, 하나님의 이름을 부를 수 있으며, 하나님의 사랑을 받을 수 있는 존재가 되었습니다.

성경은 이렇게 말하고 있습니다.

11:36, "이는 만물이 주에게서 나오고 주로 말미암고 주에게로 돌아감이라 그에게 영광이 세세에 있을지어다 아멘"

이 세상의 모든 것은 하나님에게서 나온 것입니다. 하나님이 생각하셨고, 하나님이 그 재료들을 만드셨습니다. 그리고 결국 하나님 때문에 살아있고, 나중에는 하나님 앞에 다 돌아가게 되어있습니다. 특히 하나님께서 원하시는 것은 우리 인간이 하나님께 영광을 돌리는 것이었습니다. 우리는 하나님의 위대하심을 알게 되었기 때문에 하나님을 위해서 살고 하나님께 영광을 돌릴 수 있게 되었습니다. 이제 우리의 인생은 하나님께서 운전하시게 된 것입니다.

2. 그리스도인의 삶

미국에서 우주 비행사는 매우 아끼는 사람일 것입니다. 왜냐하면 우주 비행사 한 사람을 길러내려고 하면 엄청난 경쟁률 가운데 선발된 사람을 많은 돈을 들여서 훈련해야 하기 때문입니다. 그런데 만일 그런 우주 비행사가 돈이 없어서 길바닥에서 과일 장사를 하거나 술에 취해서 공원 벤치에 드러누워 있다가 발견되었다면 실망할 사람이 많을 것입니다. 왜냐하면 그 사람은 엄청나게 가치 있는 사람인데 그 사람의 행동은 그렇지 못했기 때문입니다.

〈최후의 만찬〉이라는 그림이 얼마나 유명한 그림입니까? 그런데 이 그림이 원래 그려진 곳은 식당이었다고 합니다. 그러니까 거기에서 습기가 올라오기도 하고 햇빛도 잘 비치지 않아서 그림이 많이 손상되었다고 합니다. 그래서 몇 차례에 걸쳐서 그 그림을 위에 다시 그렸는데 처음 그림과는 탁자의 각도나 예수님의 위치가 조금 달라졌다고 합니다. 그리고 유명한 〈모나리자〉 작품도 세 번 정도 잃어버렸다가 돌아왔다고 합니다. 그래서 이제는 도둑을 맞지 않기 위해 철저하게 도난경보장치를 해 놓았다고 합니다. 어떤 그림은 유명한 그림인데 옛날에는 캔버스가 귀하고 비쌌기 때문에 다른 그림 위에 새로 그림을 그려 넣는 경우도 많았다고 합니다. 그래서 어떤 그림을 보면 멋진 풍경화이지만 그 그림을 엑스레이로 통과시켜보면 여자의 누드 그림이 그려져 있는 경우도 있다고 합니다.

　하버드나 옥스퍼드 같은 명문대 학생들은 사실 머리만 좋다고 해서 들어갈 수 있는 것이 아닙니다. 사회적인 리더십도 있어야 하고 발표력도 뛰어나야 합니다. 그래서 외국의 유명인사들이 하버드나 옥스퍼드 같은 곳을 방문해서 강연한 후에 학생들의 질문을 받아보면 아주 날카로운 질문을 던지는 바람에 그들이 쩔쩔매는 모습을 간혹 보게 됩니다. 그런데 그런 명문대 학생들이 반사회적인 잘못된 행동을 하거나 물건을 도둑질하다가 잡히면 보통 창피한 일이 아닐 것입니다. 명문대학 학생들은 행동하는 것도 명문대답게 행동해야 하는 것입니다. 사관생도들은 장교가 되기 위해서 절도 있는 행동을 해야 합니다. 그렇지 않고 교칙을 위반하다가 잡히게 되면 바로 퇴교가 되고 말 것입니다.

　우리는 하나님의 사랑을 받고 치료를 받음으로 이 세상에서 가장 뛰어난 사람들이 되었습니다. 우리는 사관생도나 명문대 출신이나 귀족이나 왕족의 자녀보다 훨씬 뛰어난 사람이 된 것입니다. 그러면 우리는 그런 자격에 맞는 행동을 해야 합니다. 돈이 있든지 없든지 남이 알아주든지 알아주지 않든지 상관이 없는 것입니다. 우리는 지극히 높으신 하나님의 자녀이기 때문에 하나님의 자녀다운 자세를 가지고 이 세상을 살아야 합니다.

12:1, "그러므로 형제들아 내가 하나님의 모든 자비하심으로 너희를 권하노니 너희 몸을 하나님이 기뻐하시는 거룩한 산 제물로 드리라 이는 너희가 드릴 영적 예배니라"

여기서 "하나님의 모든 자비하심"이라는 것은 하나님의 한없는 자비하심을 말합니다. 하나님은 우리가 아무리 실수하고 부족해도 우리를 버리지 아니하십니다. 그리고 하나님은 우리에게 처음부터 전혀 실수하지 않는 완전한 행동을 요구하시지 않습니다. 하나님은 얼마든지 우리가 실수도 하고 잘못할 수도 있다는 것을 아시는 것입니다.

그런데 우리가 해야 할 것은 우리 몸을 하나님이 기뻐하시는 산 제물로 드리는 것입니다. 그래서 우리 몸을 함부로 술집이나 사람들이 싸우는 곳에 내던지면 안 됩니다. 우리는 우리 몸을 하나님의 천사같이 하나님의 자녀같이 소중하게 다루어야 합니다. 어떤 재벌은 자식이 술집에서 술을 마시다가 일하던 사람과 싸움이 일어나서 치고받으니까 그 소식을 듣고 온 아버지가 그 술집에서 일하던 사람을 더 때려주었다는 뉴스가 있었습니다. 그 집안은 아버지와 아들이 같은 수준인 것 같습니다. 우리는 우리 몸을 하나님께 제사 드리듯이 그렇게 사용해야 합니다. 말을 할 때도 욕을 하면 안 되고 화를 함부로 내어도 안 되고 음탕한 짓을 해서도 안 되는 것입니다.

그렇지만 우리가 이 세상을 살다 보면 화가 나서 욕설이 나오게 되고 주먹이 나오게 되는데 어떻게 합니까? 그래서 우리는 제물이 되어야 합니다. 성경에 나오는 구약시대 제물은 모두 소리 지르거나 공격적인 짐승이 아니었습니다. 특히 양은 주인이 털을 깎을 때 아파도 가

만히 참습니다. 우리는 억울한 일을 당해도 억울하다고 소리 지르면
안 되고, 모든 것을 하나님께 보고하고 끝내야 합니다. 이것이 우리가
드릴 영적인 예배라고 했습니다. 물론 우리는 하나님께 모여서 예배
를 드리지만 우리의 혀나 팔다리를 묶어서 내 마음이나 내 성질대로
하지 않는 것이 우리가 드려야 하는 마땅한 예배라는 것입니다.

여기서 '영적' 예배를 영어로는 'logical'이라고 표현하기도 하는
데, 논리적으로 맞는 예배라는 뜻을 가지고 있습니다. 우리 몸은 엄청
나게 비싼 몸이 되었습니다. 그래서 우리의 혀나 손이나 발을 함부로
사용해서는 안 되고, 예배드리듯이 다른 사람을 섬겨드리듯이 사용해
야 합니다.

3. 세상을 따라가면 안 된다

12:2, "너희는 이 세대를 본받지 말고 오직 마음을 새롭게 함으로 변화
를 받아 하나님의 선하시고 기뻐하시고 온전하신 뜻이 무엇인지 분별하
도록 하라"

만약 우리가 하나님을 모르고 하나님이 없다고 한다면, 우리는 그
냥 이 세상에 태어나서 살다가 죽을 인생일 것입니다. 그렇다면 우리
는 이 세상에서 내가 하고 싶은 대로 하고, 할 수 있는 대로 돈과 권
력을 많이 가져서 남들을 부리고 하고 싶은 대로 하면서 살다가 죽으
면 끝나는 것입니다. 그래서 이 세상 사람들은 실컷 자기들이 하고 싶
은 대로 하면서 살아갑니다. 예전에 〈대부〉라는 영화가 인기를 끌었
을 때 사람들은 갱이 멋있다고 생각했습니다. 서로 경쟁하는 상대를
만나면 총을 쏘기도 하고 부하가 마음에 들지 않으면 죽이기도 하면
서 자기 마음대로 살아가는 것입니다. 기분을 내려고 하면 마약을 들

이마시고 술에 찌들어서 살아가는 것입니다. 그러나 이것은 하나님을 잃어버렸고 아직도 마귀의 자식이 되었기 때문에 그렇게 살아가는 것입니다.

그러나 우리는 천지를 지으신 하나님의 사랑을 받았고, 엄청나게 높은 신분을 가진 사람이 되었습니다. 이때 우리가 해야 할 가장 중요한 것은 우리의 생각을 바꾸는 것입니다. 왜냐하면 우리 눈에는 자꾸 이 세상에서 다른 사람들을 따라 잘 사는 것이 부러워 보이기 때문입니다. 이 세상 사람들처럼 권력을 잡고 유명해지고 성공한 사람들처럼 되었으면 좋겠다고 생각하는 것입니다. 그러나 우리는 이 세상을 본받으면 안 됩니다. 이 세상은 어차피 버려질 쓰레기통이기 때문입니다. 이 세상에 있는 것들은 모두 옷같이 낡아지게 됩니다. 권력이나 명예나 이론과 사상과 기술도 낡아지고 사람들도 늙어가게 됩니다.

예전에 우리나라 여성 중에서 프랑스 배우 '알랭 들롱'을 좋아하지 않은 분은 거의 없었을 것입니다. 그는 멋진 몸매에 파란 눈을 가진 아주 매력적인 남자 배우였습니다. 그러나 그가 몇 년 전에 우리나라를 방문했을 때 그 화려했던 옛날 모습은 찾아볼 수 없었고 그냥 한 노인이었습니다. 어떤 여성이 그에게 〈태양은 가득히〉라는 영화를 보고 감동받았다고 하니까 그는 그 영화를 잘 기억도 못하면서 아주 오래된 영화라고만 대답했습니다.

우리는 모두 한평생 젊은 상태로 남아있을 것 같지만 어느 순간 인생의 겨울이 찾아오면서 이사 갈 준비를 해야 할 때가 옵니다. 그때 우리는 과연 이 세상을 살면서 무엇을 남겼고, 무슨 가치 있는 삶을 살았는지 후회하게 됩니다. 그래서 우리는 이 세상의 성공을 모델로 삼아서는 안 됩니다. 우리는 마음을 자꾸 바꾸어야 합니다. 우리는 마음을 논리적으로 설득시켜서 이 세상은 그림자에 불과하다는 것을 자꾸 이야기해주어야 합니다.

가수가 아무리 인기가 있고 돈을 많이 벌어도 외롭다고 합니다.

사람은 혼자 있으면 외로운 것입니다. 엄청난 사람들이 모여있는 대중 앞에서 쇼를 할 때는 좋은데, 쇼가 끝나고 혼자 남았을 때는 외로운 것입니다. 그래서 세상을 모델로 삼으면 안 됩니다. 우리는 자꾸 마음을 새롭게 해야 합니다. 우리의 마음이 새 마음이 되어야 합니다. 이것은 바로 하나님과 가까워지는 것입니다. 그리고 우리는 인간 자체를 가치 있게 생각해야 합니다. 사람을 돈벌이 대상으로 생각하면 안 됩니다.

그리고 세 가지를 찾아야 합니다. '선하시고 기뻐하시고 온전하신' 하나님의 뜻입니다. 지금 우리의 처지에서 하나님께서 원하시는 뜻이 무엇인가 하나님의 선하신 뜻을 찾아야 합니다. 그리고 그중에서도 그냥 괜찮은 하나님의 뜻이 있지만 하나님이 아주 좋아하시고 기뻐하시는 뜻도 있습니다. 하나님은 영혼을 구원하는 것을 가장 기뻐하십니다. 그리고 온전하신 하나님의 뜻을 찾아야 합니다.

하나님의 뜻이긴 한데 딱 맞는 뜻이 아닌 것도 있습니다. 그런데 하나님의 뜻에 딱 맞으면 금고의 문이 열리듯이 하나님의 보물 창고가 열리게 됩니다. 하나님의 비밀번호와 내 생각이 딱 맞으면 불똥이 튀면서 기적과 역사가 일어나게 됩니다. 그래서 이 하나님의 뜻을 잘 알아내는 성도들이 되시기 바랍니다.

47

온전하신 뜻
롬 12:3-21

하나님이 만드신

최고의 피조물은 우리 사람입니다. 하나님이 만드신 모든 생물은 자신의 생존을 위하여 정확하게 활동을 합니다. 사자는 먹이를 향해서 온 힘을 다해 달려가고, 독수리는 먹이를 낚아채기 위해서 하늘에서 땅에 떨어지듯이 꽂힙니다. 그런데 사람들은 남이 만든 음식을 사 먹고 실제로 사용하지도 않을 공부나 하고 술이나 마시고 텔레비전이나 보는데 언제 자신의 존재 목적을 달성할 수 있을까요? 그래서 인간은 자신이 존재하는 목적을 위하여 많은 연구를 해야 하고 연습을 해야 합니다.

우리가 하나님의 자녀로 태어난 후에는 이제 더 이상 세상 사람들처럼 살 것이 아니라 하나님의 아들답게 살아야 합니다. 어떤 학생이 사관생도가 되었으면 사관생도 옷을 입고 사관생도다운 행동을 해야 하는 것과 같습니다.

그런데 하나님의 백성다운 삶이라는 것이 참 어려운 것을 알 수 있습니다. 로마서 12장 2절에 보면 "하나님의 선하시고 기뻐하시고 온

전하신 뜻이 무엇인지 분별하도록 하라"고 했습니다. 우리는 하나님의 뜻이 무엇인지도 몰라서 애를 먹고 고민할 때가 많은데 '선하시고 기뻐하시고 온전하신 뜻' 이 무엇인지는 정말 알기가 어렵습니다. 어떻게 우리 같은 머리로 하나님의 온전하신 뜻을 깨달을 수 있겠습니까?

1. 생각의 훈련

사람이 무슨 활동을 하려고 하면 일단 정신이 살아나야 합니다. 물론 정신이 살아난다고 해서 그 사람이 바로 활동을 할 수 있는 것은 아닙니다.

이것은 우리 신앙의 문제에서도 똑같습니다. 우리는 이 세상에서 너무 혼동된 가치관에 충격받아서 정신을 차리지 못하고 있습니다. 모든 사람은 일단 자기가 누구인지 알지 못합니다. 그리고 무엇이 옳고 무엇이 틀린 것인지도 알지 못합니다. 결국 목소리가 크고 인기 있는 사람을 따라가지 않을 수 없습니다. 그러나 그 길은 모두 절벽으로 떨어지는 길입니다.

우리가 하나님의 온전하신 뜻을 행하려고 하면 가장 먼저 정신이 들어야 합니다. 그런데 우리가 하나님의 말씀을 들으면 처음에는 혼동이 오지만 어느 순간 정신이 들게 됩니다. 그때 하나님은 분명히 계시며, 나는 하나님의 사랑을 받는 소중한 사람이라는 사실을 깨닫게 됩니다. 그때 우리가 가장 먼저 생각해야 할 것은 무엇이 선한 것이며 무엇이 악한 것인지를 분별할 수 있어야 한다는 것입니다.

12:9, "사랑에는 거짓이 없나니 악을 미워하고 선에 속하라"

일단 우리는 이 세상에서 무엇이 선하고 무엇이 악한 것인지 분별이 잘되지 않습니다. 특히 사상적인 면에서는 더욱 그렇습니다. 그래서 선과 악을 구별하는 것이 필요합니다. 이것은 작은 데서부터 시작이 됩니다.

12:10, "형제를 사랑하여 서로 우애하고 존경하기를 서로 먼저 하며"

우리가 세상의 정의에 대해 따지기 전에, 교회 안에서 먼저 한 사람을 귀하게 생각하는 것이 선한 것입니다. 우리가 '선에 속하다'는 것은 선과 악 사이를 왔다 갔다 하지 말고 확고하게 선에 서 있으라는 뜻입니다. 하나님의 백성이 한번 선한 자리에 섰으면 죽을 때까지 그 자리를 고수해야 합니다. 그 선이라는 것은 우리가 모두 형제자매이고 성도이기 때문에 서로 먼저 사랑하는 것입니다. 우리 모든 사람이 사랑받을 자격이 있으며 모든 사람이 행복할 자격이 있다는 것이 선입니다. 그래서 다른 사람을 볼 때 '행복할 자격이 있는 사람'으로 보아야 합니다.

세상에서는 정의가 중요하다고 떠들어대지만 교회에서는 정의가 최고의 법이 아닙니다. 반대로 사랑이 최고의 법입니다. 세상에는 교수나 상관이 존경받지만 교회 안에서는 어린아이나 여인이나 누구든지 존경받을 가치가 있습니다.

그리고 열심을 가지고 주를 섬기는 것이 중요합니다.

12:11, "부지런하여 게으르지 말고 열심을 품고 주를 섬기라"

우리는 모두 주님의 종입니다. 그래서 다른 종을 평가하는 것은 우리가 할 일이 아닙니다. 우리는 주인이 지금 나에게 무엇을 원하실까 생각해보고, 주인이 원할 것 같은 것을 열심히 해야 합니다. 종은 게으르거나 원망하고 불평하면 안 됩니다.

그리고 하나님은 우리에게 소망을 주십니다. 하나님은 우리에게 더 하나님을 위하여 살 수 있는 꿈과 비전을 주십니다. 그때 우리는 더 주님을 위하여 수고하는 것입니다.

12:12-13, "소망 중에 즐거워하며 환난 중에 참으며 기도에 항상 힘쓰며 성도들의 쓸 것을 공급하며 손 대접하기를 힘쓰라"

하나님께서 우리에게 미래의 꿈을 주실 때 두려워하거나 너무 많은 생각을 하지 말고 기뻐해야 합니다. 우리는 미래에 대한 꿈을 가져야 합니다. 그 꿈은 두 가지입니다. 하나는 우리가 영원한 천국에 대한 꿈을 가지는 것입니다. 그리고 또 하나는 이 세상에 살아있는 동안 할 수 있는 아름다운 것을 생각하는 것입니다.

우리는 환난이 올 때 도망치지 말고 참아야 합니다. 왜냐하면 환난이 우리를 망하게 하지 못하기 때문입니다. 오히려 환난은 우리를 더 아름답게 하고 더 유명하게 할 것입니다. 우리는 환난 중에 그냥 입을 꾹 다물고 참고 견디는 것이 좋습니다. 그리고 우리는 언제나 기도를 최우선적으로 해야 합니다. 그래서 할 수 있으면 시간을 정해놓고 성도들과 함께 기도하는 것이 좋습니다.

그리고 손님이 오거나 새로운 성도가 오면 대접을 해야 합니다. 지금도 몽골이라든지 아라비아같이 손님이 귀한 곳에서는 모르는 손님이 와도 아주 반가워하고 귀한 것으로 대접하는 것을 볼 수 있습니다. 대도시에는 이웃이 너무 많지만 이웃을 잃어버렸습니다.

2. 절대로 원수를 갚지 말라

또한 그리스도인에게 가장 중요한 것은 누가 나에게 욕을 하거나 손해를 입히거나 큰 고통을 주는 원수 같은 짓을 했을 때 직접 복수해서는 안 된다는 것입니다. 하나님은 우리를 이 세상에 원수 갚도록 하기 위해서 보내신 것이 아니기 때문입니다. 하나님은 우리로 다른 사람을 축복하고 선대하기 위해서 보낸 것이기 때문에 우리는 직접 원수 갚는 일을 해서는 안 됩니다.

12:14, "너희를 박해하는 자를 축복하라 축복하고 저주하지 말라"

누군가가 우리를 채찍질하고 얼굴에 침 뱉거나 욕하고 때린다면 우리도 입에서 욕이 나갈 것입니다. 그리고 한바탕 싸우려고 할 것입니다. 그러나 사도 바울은 박해하는 자를 위하여 축복하라고 했습니다. 왜냐하면 그 사람은 우리가 누구이며 우리가 가지고 있는 복음이 어떤 것인지 모르고 그런 짓을 하기 때문입니다.

우리를 박해하는 자는 주님을 박해하는 것이고 이미 심판을 받은 자입니다. 그래서 우리는 그들을 위해서 기도할 필요가 있습니다. 즉 할 수만 있으면 그 사람이 변화될 수 있도록 기도하고 축복하라는 권면입니다. 절대로 저주하지 말라고 했습니다. 그런데 누구든지 인간인 이상 다른 사람이 욕을 하는데 '감사합니다' 라든지 '복 받으세요' 라는 말이 나가기가 어려울 것입니다. 그래서 그럴 때는 입을 다물고 아무 소리도 하지 않는 것이 좋습니다. 마음속으로 기분이 나빠도 말만 하지 않으면 성공입니다.

그리고 우리는 마음에 심술이나 시기심을 가지면 안 됩니다.

12:15-16, "즐거워하는 자들과 함께 즐거워하고 우는 자들과 함께 울라

> 서로 마음을 같이하며 높은 데 마음을 두지 말고 도리어 낮은 데 처하며 스스로 지혜 있는 체 하지 말라"

어떤 사람의 자녀가 시험에 합격해서 기뻐하면 축하한다고 말을 하고 함께 즐거워해야 합니다. 다른 사람의 딸이 결혼하면 축하해주어야 합니다. 그리고 누군가가 슬픈 일이 있어서 울고 있으면 같이 슬퍼하고 울어주어야 합니다. 그냥 아무 말 없이 그곳에 함께 있기만 해도 위로가 될 것입니다.

> 12:17, "아무에게도 악을 악으로 갚지 말고 모든 사람 앞에서 선한 일을 도모하라"

남이 우리 유리창을 깨었다고 해서 나도 그 집 유리창을 깨거나 소송해서 손해배상을 하지 말고 할 수 있으면 좋은 일을 하라는 것입니다. 요즘은 자동차 주차문제로 싸우는 경우가 많은데, 내가 조금 멀리 가서 주차를 하더라도 싸우지 말고 조금 손해 보는 삶을 살아야 합니다. 그러면 사람들이 모를 것 같아도 다 알고 좋아하게 됩니다.

> 12:20, "네 원수가 주리거든 먹이고 목마르거든 마시게 하라 그리함으로 네가 숯불을 그 머리에 쌓아 놓으리라"

하나님은 우리에게 절대로 원수를 직접 갚지 말라고 하셨습니다. 우리는 이 세상에서 원수와 같이 사는 법을 배워야 합니다. 원수 갚는 것은 하나님이 전문가이시기 때문입니다. 원수가 한때는 성공하고 잘되는 것 같지만 시간이 지나고 보면 그는 재산도 없어지고 병이 들어서 비참하게 되는 경우가 많이 있습니다. 그는 복수할 가치가 없는 것입니다.

우리 인생이 얼마나 짧은데 그 귀한 시간을 원수 갚는 데 허비하겠습니까? 사람들은 다 늙으면 비참해지게 되어있습니다. 오히려 원수가 무엇인가 필요한 것이 있으면 빌려주기도 하고 그에게 먹을 것이나 마실 것도 주면 그 원수의 머리에 숯불을 쌓는 것이 됩니다. 즉 숯불이 점점 더 뜨거워져서 그 사람의 얼굴이 붉어지게 된다는 것입니다. 그래도 회개하지 않으면 그 사람의 머리가 홀랑 다 타버리게 될 것입니다.

그리고 참으로 놀라운 말씀을 하십니다.

12:21, "악에게 지지 말고 선으로 악을 이기라"

악한 자가 악하게 하는 만큼 우리는 선을 베풀어서 결국 선으로 악을 이겨버리라는 권면입니다. 더 많이 선을 베풀어서 악이 물러가게 하라는 것입니다.

3. 그리스도의 몸

요즘 사람들은 함부로 교회나 그리스도인을 욕하는 모습을 자주 볼 수 있습니다. 그것은 좋은 의미로 기독교인들이 그만큼 많아졌고 사회적인 영향력이 커졌다는 것을 의미하는 것입니다. 그러나 이름 있다는 그리스도인 중에서도 너무 쉽게 교회나 기독교가 썩었다는 말을 하는 것을 볼 수 있습니다. 그런데 그것은 그 사람이 굉장히 심각한 말을 하는 것입니다. 왜냐하면 교회나 그리스도인은 단순한 사람들의 모임이 아니고 그리스도의 몸이기 때문입니다.

사람의 몸에는 아주 많은 지체가 있어서 한 몸을 구성하게 됩니다. 그런데 만일 죽음과 죄를 이기신 그리스도의 몸이 썩어가고 있다면 이것은 보통 심각한 문제가 아닙니다. 이것은 마치 부활이 썩어가고 있는 것과 같고, 그리스도가 썩어가고 있다는 것과 같기 때문입니다. 그래서 일부 교회나 그리스도인이 하는 말을 듣고 교회가 썩었다고 말하는 것은 지나친 표현입니다. 즉 그 사람은 해서는 안 되는 말을 하고 있는 것입니다.

12:3, "내게 주신 은혜로 말미암아 너희 각 사람에게 말하노니 마땅히 생각할 그 이상의 생각을 품지 말고 오직 하나님께서 각 사람에게 나누어 주신 믿음의 분량대로 지혜롭게 생각하라"

우리가 지금 보고 있는 것은 그리스도 몸의 지극히 작은 일부분입니다. 그리스도의 몸은 결코 썩지 않습니다. 그리스도는 결코 부패하실 수 없는 분이십니다. 그래서 우리는 겉으로 나타난 교회의 모습만 보고 교회 전체를 정죄해서는 안 됩니다. 모든 그리스도인은 그리스도 몸의 한 지체이기 때문입니다.

그래서 우리는 높은 마음을 품어서 하나님처럼 판단해서는 안 됩니다. 우리는 다른 사람을 판단하고 싶어도 부분적으로 그것은 잘못되었다고 하든지 아니면 나는 그것을 말할 입장이 아니라고 해야 합니다. 우리는 지금 모든 것을 다 알고 있는 것이 아니기 때문입니다.

그런데 하나님께서는 우리에게 모든 재능을 다 주신 것이 아니라 부분적인 재능을 주셔서 연합하게 하셨습니다. 그중에서 가장 중요한 것이 예언입니다.

12:6, "우리에게 주신 은혜대로 받은 은사가 각각 다르니 혹 예언이면 믿음의 분수대로"

옛날에는 성경이 다 완성되지 못했기 때문에 성령의 감동을 받아서 즉흥적으로 예언하고 설교하는 사람들이 있었습니다. 그런 예언은 그 교인들이 알아야 할 교훈인 경우가 많았는데, 그것도 분량이 있었습니다. 그래서 자기에게 주어진 부분만 말해야지 없는 것을 지어내서 말하면 안 되었습니다. 그러나 지금은 성경이 예언의 말씀입니다. 그렇지만 성경을 현실에 적응하는 것은 쉬운 것이 아닙니다.

우리는 모였다가 흩어지지만 마치 미래를 향하여 가는 배와 같습니다. 그래서 우리는 노가 중요하고 사람으로 치면 눈이 아주 중요합니다. 예수님께서도 맹인이 맹인을 인도하면 모두 구렁텅이에 빠진다고 말씀하셨습니다(마 15:14). 우리의 눈이 밝아야 합니다. 그래서 모든 영을 믿지 말고 모든 말도 믿지 말고 하나님의 말씀을 가지고 분별해야 합니다. 우리가 악한 자들을 틀렸다고 하지 않고 복수하지 않으면 이 세상은 악한 세상으로 변할 것 같지만 절대로 그렇게 되지 않습니다. 하나님은 결코 악이 이기게 하시지 않는 분이십니다. 그래서 하나님의 말씀을 자꾸 듣는 훈련을 해야 합니다. 우리는 결코 다른 사람과 싸우려고 해서는 안 됩니다. 할 수 있는 대로 참고 견디어야 합니다.

12:7-9, "혹 섬기는 일이면 섬기는 일로, 혹 가르치는 자면 가르치는 일로 혹 위로하는 자면 위로하는 일로, 구제하는 자는 성실함으로, 다스리는 자는 부지런함으로, 긍휼을 베푸는 자는 즐거움으로 할 것이니라 사랑에는 거짓이 없나니 악을 미워하고 선에 속하라"

섬기는 일도 여러 종류가 있습니다. 종이 주인에게 섬기는 일도 있고, 예배를 통하여 하나님을 섬기는 일도 있습니다. 혹은 백성으로서 지도자를 섬기는 일도 있을 것입니다. 이 모든 것은 우리의 훈련입니다. 우리는 섬기는 일을 통해서 겸손과 인내를 배우게 됩니다.

가르치는 자는 옛날 문헌 중에 〈디다케〉 같은 교본을 가지고 성도가 해야 할 것을 가르치는 사람일 것입니다. 혹은 카테키즘이라고 해서 교리를 가르치는 일도 있습니다. 베드로전서 같은 경우에는 교리적인 내용이 다 들어있기 때문에 초대교회의 교리서가 아니었을까 하는 생각이 들기도 합니다.

옛날에는 교회에 나이가 드신 여성은 위로하는 일을 많이 했던 것 같습니다. 주로 죽은 사람이나 병든 사람들을 찾아가서 심방을 한 것입니다. 또 가난한 자가 있으면 성실함으로 해야 했습니다. 즉 내가 먹을 것이 없다는 말을 하기 전에 미리 알아서 구제해야 했던 것입니다. 교회에서는 가난한 자가 많았기 때문에 구제가 큰 비중을 차지했습니다.

또 다스리는 자는 옳고 그른 것을 훈육하는 사람을 말합니다. 그러나 인간은 다 죄인이기 때문에 너무 엄격하지 않는 것이 좋고, 특히 어린이나 청소년들은 자라고 있기 때문에 처벌보다는 부지런함으로 해야 합니다. 그리고 다른 사람에게 긍휼을 베푸는 사람이라고 했는데 처음 온 사람이나 믿지 않는 사람을 대할 때 즐거움으로 해야 한다는 것입니다.

그러나 여기에 중요한 것이 있습니다. 그것은 9절에 "사랑에는 거짓이 없나니 악을 미워하고 선에 속하라"는 것입니다. 사랑에는 거짓이 없습니다. 즉 거짓말을 하면서 돕는 것은 사랑이 아니라는 것입니다. 우리는 악을 미워해야 합니다. 악한 것에 원수를 갚아서는 안 되지만 미워해야 합니다. 그 대신 선에 속해야 합니다.

우리가 여기에 보면 세상에서 성공하는 것이나 유명하게 되는 것이 없습니다. 오히려 손해 보고 양보하는 것으로 되어있습니다. 우리가 이렇게 양보만 하고 복수하지 않으면 바보 취급을 당하거나 세상이 악한 자의 뜻대로 되지 않을까요? 절대로 그렇게 되지 않습니다. 우리는 아무리 작은 것에 충성해도 하나님은 큰일을 하십니다. 그래서 하나님을 신뢰하시고 인간을 두려워하지 마시기 바랍니다.

48

세상의 권세
롬 13:1-14

우리 크리스천은

처음 예수 믿을 때는 너무 신앙의 세계가 아름답고 하나님의 사랑에 행복을 느끼지만 실제로 이 세상에 나가보면 강한 자가 약한 자를 잡아먹는 살벌한 세상인 것입니다. 사람을 뽑을 때도 철저하게 외모나 학벌을 가지고 뽑고, 이 세상의 싸움에서 이기려고 해도 법을 잘 알아야 하고, 성질도 지독한 사람이어야 살아남을 수 있는 세상입니다.

그런 의미에서 이 세상에 적응하는데 가장 힘들었던 사람들은 안식교도였다고 볼 수 있습니다. 이들은 십계명에 살인하지 말라고 했기 때문에 군 입대나 총을 드는 것을 거부했습니다. 그래서 그들은 군 입대를 거부했기 때문에 탈영범이 되었던 것입니다. 그리고 안식교도들은 수술하거나 크게 다쳐도 수혈을 받지 않았습니다. 율법에 피를 마시지 말라고 금했기 때문에 다른 사람의 피를 받는 것을 피를 먹지 말라는 계명을 어기는 것으로 보았던 것입니다.

요즘 우리나라는 코로나바이러스가 퍼지다 보니까 정부에서 국민의 생활이나 교회 예배를 많이 통제하게 되었습니다. 특히 자영업하는 사람들은 식당도 배달만 되고 노래방이나 PC방도 문을 닫아야 하고 심지어는 교회도 비대면으로 드리라고 하니까 말이 비대면이지 이것은 예배를 드리지 못하는 것과 같습니다.

처음에 코로나바이러스가 퍼졌을 때 신천지가 엄청 미움을 받았습니다. 왜냐하면 중국 우한에 갔다 왔던 신천지 신자를 중심으로 코로나가 퍼졌기 때문입니다. 그러나 이제는 기독교인들이 일반인들의 미움을 받고 있습니다. 그 이유는 특정 교회나 교회를 통해서 코로나가 감염되기 때문입니다. 이때 우리는 어느 정도까지 정부에서 하는 명령을 들어야 할지 문제입니다.

1. 크리스천의 훈련

크리스천이 처음 예수를 믿는 것은 마치 아기가 처음 태어나서 강보에 싸여 방긋방긋 웃는 것과 같습니다. 하나님이 만드신 세계는 너무나도 아름답고 신앙의 세계는 나에게 새 생명을 주는 새로운 세계로 보입니다. 그러나 우리가 막상 교회를 나가서 세상으로 가보면 거기에는 힘이 센 자가 약한 자를 잡아먹으려고 돌아다니고 있고, 학교에서도 힘이 세고 싸움을 잘하는 아이가 약해보인다고 때리고 돈도 뺏는 살벌한 세상인 것입니다. 더욱이 크리스천은 정부가 앞장서서 불의한 일을 하고 온갖 악행을 다 하고는 거짓말로 백성을 속이고 있을 때, 마음속에 있는 정의감으로 이런 불의를 참지 못하고 억울해하고 있을 때가 많이 있습니다.

그런데 사도 바울은 본문에서 우리 크리스천은 위에 있는 권세들에게 복종해야 한다고 말하고 있습니다.

13:1-2, "각 사람은 위에 있는 권세들에게 복종하라 권세는 하나님으로

부터 나지 않음이 없나니 모든 권세는 다 하나님께서 정하신 바라 그러므로 권세를 거스르는 자는 하나님의 명을 거스름이니 거스르는 자들은 심판을 자취하리라"

　우리가 상식적으로 생각해봐도 개인이 정부를 상대로 해서 싸워서 이길 수 없다는 것은 너무나도 당연한 결론입니다. 그런데 어떤 때는 이길 수 없는 싸움을 싸우는 사람들이 있습니다. 왜냐하면 정부가 하는 것이 너무 악하고 무능하기 때문입니다. 그러나 몇십 명이 이길 수 있을 정도로 약한 정부는 거의 없습니다. 그래서 정부를 상대해서 싸우는 사람들은 계란으로 큰 바위를 치는 것과 같습니다.

　여기서 사도 바울이 말하는 것은 일반적인 원칙이지 절대적인 원칙을 말하는 것이 아닙니다. 그래서 경우에 따라서는 개인이 정부에 반항해서 싸울 수도 있다는 뜻입니다.

　우선 하나님의 백성은 이 우주에서 가장 높으신 하나님을 왕으로 모시는 사람들이기 때문에 세상의 왕이나 대통령을 우습게 알기 쉽습니다. 왜냐하면 이 세상에서 하나님을 섬기는 자가 최고이기 때문입니다. 그러나 크리스천이 하나님을 직접 상대한다고 해서 왕이나 사장이나 자신의 상관을 우습게 알고 사사건건 반대하고 예의도 갖추지 않는다면, 세상 일반인은 크리스천에 대하여 굉장히 좋지 못한 인상을 가지게 될 것입니다. 그들은 도대체 예수 믿는 사람들은 예의라고는 알지 못하는 형편없는 사람으로 생각할 것입니다.

　그러나 크리스천이 하나님을 직접 상대하는 사람임에도 불구하고 이 세상의 왕이나 높은 사람이나 자신의 상사에 대하여 깊은 존경심을 보이면 이들은 크리스천에 대하여 감격할 것입니다. 이들은 크리스천이 그 뛰어난 인격이나 신앙심에도 불구하고 하나님에 대하여 아무것도 모르는 자신에게 예의 있게 대하여 조심스럽게 말하는 것을 보고 오히려 더 좋아하게 될 것입니다. 크리스천도 인간이다 보니까 마음속에 자기보다 높은 사람에게 반항하고 자기가 최고가 되고 싶은 욕망이 있습니다. 그러나 자기보다 높은 위치에 있는 사람을 무시하고 함부로 말하는 것보다 보기 싫은 일은 없을 것입니다. 그래서 크리스천은 신앙이 깊어지는 것도 좋지만 상식과 예의가 있고 현실을 현실로 인정하는 사람이 되어야 하는 것입니다.

그런데 크리스천이 도저히 복종할 수 없는 권력자들이 있습니다. 그들은 하나님의 대리인이 아니라 하나님의 권력을 찬탈해서 사람들을 함부로 죽이고 자기 멋대로 전쟁을 하는 권력자들입니다.

사도 바울이 로마 교인들에게 정부에 복종하라고 한 후에, 네로가 황제가 되어 많은 크리스천을 잡아 원형 경기장에서 맹수의 밥이 되게 하고 십자가에 못을 박거나 불에 태워 죽였습니다. 이때 네로는 미쳤습니다. 한 인간이 그 엄청난 나라를 다스리고 그 엄청난 권력을 휘두르다 보니까 미쳐버렸던 것입니다. 그때 크리스천은 이 미친 황제의 횡포와 거짓말 때문에 수많은 사람이 비참한 죽임을 당했습니다. 그러나 거기에도 하나님의 뜻은 있었습니다. 이것은 로마의 정체를 보여주었던 것이고, 나중에는 더 엄청난 크리스천이 로마 전체나 아니면 소아시아에서 죽임을 당해야 했던 것입니다.

그러나 사도 바울은 로마 황제나 상사가 두려워서 복종하기보다는 양심을 위해서 그리고 상대방을 존경하는 마음에서 복종하라고 했습니다.

13:5, "그러므로 복종하지 아니할 수 없으니 진노 때문에 할 것이 아니라 양심을 따라 할 것이라"

우리가 무조건 권력자를 두려워해서 벌벌 떨면서 복종할 것이 아니라 사랑으로 그리고 존경하는 마음으로 복종하고 조언할 때 그런 사람들도 감동받게 되는 것입니다.

아마도 사람들에게 가장 예민한 문제는 돈 문제일 것입니다. 사람들은 할 수만 있으면 나라에 세금을 적게 내려고 하고 내지 않으면 더 좋아할 것입니다. 그러나 사도 바울은 세금 낼 것이 있으면 반드시 내라고 교훈했습니다.

13:7, "모든 자에게 줄 것을 주되 조세를 받을 자에게 조세를 바치고 관세를 받을 자에게 관세를 바치고 두려워할 자를 두려워하며 존경할 자를 존경하라"

잘못 생각하면 크리스천은 하나님 나라의 백성이기 때문에 이 세상 나라에는 아무 의무가 없다고 생각하기 쉽습니다. 그러나 크리스천은 하나님 나라의 백성이면서도 동시에 이 세상 나라의 백성이기 때문에 이중으로 세금을 내야 합니다. 즉 나라에도 세금을 내야 하고 교회에도 헌금해야 합니다. 그러면 우리는 너무 가난해지지 않을까요? 돈을 벌기는 세상 사람들과 똑같이 벌든지 아니면 훨씬 적게 버는데 세금도 내고 헌금도 내면 너무 손해가 아닐까요? 그러나 하나님께서는 우리가 충분히 먹고살 수 있도록 병에도 안 걸리게 하시고 불필요한 지출도 줄여주십니다.

예전에 우리나라는 정치와 종교가 분리되어있어서 종교인에게 과세하지 않았습니다. 그러나 지금은 교회도 세상의 기관처럼 되어서 목회자도 세금을 내게 되었습니다. 그러면서 나타난 현상이 있는데, 목회자들 중에 너무 가난하게 사는 사람들이 많다는 것입니다. 그 많은 교회 중에서 30~40퍼센트 정도만이 겨우 자립되는 수준이고, 나머지 개척 교회나 규모가 작은 교회는 교인 수가 너무 적어서 목회자가 낮에는 설교하고 밤에는 대리운전 하는 경우도 많이 있다는 것입니다. 유튜브를 통해서 목회자도 떳떳하게 세금을 내야 한다고 주장했던 분들이 있는데, 사실 이분들은 부자였던 것입니다. 어떻게 보면 정의로운 부자이지만 그분들은 너무나도 가난한 목회자들이 많이 있다는 점은 생각하지 못했습니다.

2. 빚을 지지 말라

하나님의 백성에게 가장 중요한 것은 자신에게 주어진 처지에 만족하고 감사하는 것입니다. 그런데 그 주어진 처지에 만족하지 못하고 더 많은 것을 누리려고 하면 결국 남에게 돈을 빌리거나 남의 것을 훔쳐야 할 것입니다. 그래서 크리스천은 마음속에 재정 원칙을 하나 세워놓아야 하는데, 그것은 아무리 작아도 주어진 수입에 만족하고 이 범위 안에서 살도록 한다는 것입니다.

그런데 사랑의 빚은 져도 된다고 했습니다. 교인들이 어떤 청년이 어려운 것을 알고는 신학 공부나 학자금을 돕기 위해서 그냥 주는 것은 사랑의 빚입니다. 이런 것은 하나님이 주시는 것이기 때문에 감사함으로 받아서 쓰면 되는 것입니다. 결국 우리는 모두 사랑의 빚을 지고 있습니다. 이것은 좋은 것입니다. 크리스천이 죄를 짓지 않은 방법은 다른 사람들의 행복을 먼저 생각해주는 것입니다.

> 13:9, "간음하지 말라, 살인하지 말라, 도둑질하지 말라, 탐내지 말라 한 것과 그 외에 다른 계명이 있을지라도 네 이웃을 네 자신과 같이 사랑하라 하신 그 말씀 가운데 다 들었느니라"

우리가 다른 교인들을 내 동생이나 언니로 생각한다면 간음이나 도둑질이나 거짓말은 하지 못할 것입니다. 왜냐하면 그들이 행복하게 잘 사는 것이 내 행복이기 때문입니다. 사랑은 다른 사람이 가지고 있는 것을 탐내지 않는 것입니다. 하나님은 나에게도 많은 것을 주실 것이기 때문입니다.

3. 잠에서 깨야 한다

사람에게 잠을 잔다는 것은 매우 중요합니다. 잠을 자면서 호르몬이 나와서 병이 치료되기도 하고, 어린아이 같은 경우에는 자면서 쑥쑥 키가 크게 됩니다. 그런데 잠을 자는 중에서 아주 좋지 못한 행동은 술에 취해서 정신없이 아무 데서나 쓰러져 자는 것입니다. 어떤 사람은 술에 취해서 길바닥에 쓰러져 자는데 쓰러지면서 다치기도 하고 겨울철에는 얼어 죽기도 하는 것입니다.

그러나 더 위험한 것은 산에서 조난했을 때 자꾸 졸음이 오는 경우입니다. 이때 잠이 온다고 그냥 자버리면 체온이 떨어져서 저체온증으로 얼어 죽게 됩니다. 그래서 산에서는 절대로 졸린다고 해서 자면 안 됩니다. 특히 보초를 서는 군인이 잠에 취해 있다가는 결국 자기 목도 떨어지고 자기 부대원들도 적에게 몰살당하게 됩니다.

13:11-14, "또한 너희가 이 시기를 알거니와 자다가 깰 때가 벌써 되었으니 이는 이제 우리의 구원이 처음 믿을 때보다 가까웠음이라 밤이 깊고 낮이 가까웠으니 그러므로 우리가 어둠의 일을 벗고 빛의 갑옷을 입자 낮에와 같이 단정히 행하고 방탕하거나 술 취하지 말며 음란하거나 호색하지 말며 다투거나 시기하지 말고 오직 주 예수 그리스도로 옷 입고 정욕을 위하여 육신의 일을 도모하지 말라"

이 본문은 세상에서 방황하고 영적으로 잠에 빠져 있던 어거스틴을 깨운 말씀이었습니다. 어거스틴은 이 세상에서 나름대로 멋있게 살기 위해서 수사학을 공부하고 연극도 하고 술도 마시고 어린 나이에 여자와도 사귀었습니다. 또 조로아스터교에 심취했고 플라톤의 철학에도 빠지기도 했습니다. 자신은 그야말로 방탕한 생활을 하면서 자기야말로 똑똑한 사람이라고 믿었습니다.

그의 어머니 모니카는 당시 교회 목사님을 찾아가서 내 아들을 위해서 기도 좀 해달라고 부탁했지만, 목사님은 "당신의 아들은 지금 너무 교만해서 누가 무슨 말을 해도 듣지 않을 것이라"고 했습니다. 그러면서 한 말씀을 더 했습니다. 그것은 "눈물로 기도하는 자식은 망하지 않습니다."라는 말씀이었습니다. 모니카는 그때부터 눈물로 자식을 위해서 기도하기 시작했습니다. 어머니가 기도하면서 어거스틴은 이 세상의 어떤 학문이나 재미로부터 기쁨을 느낄 수 없었습니다. 어거스틴의 마음은 공허했습니다.

그러던 중에 그는 밀란의 어느 벤츠에 앉아 있다가 아이들이 뛰놀면서 "톨레레게, 톨레레게"라고 하는 음성을 듣게 됩니다. 그것은 '집어서 읽으라, 집어서 읽으라' 는 뜻이었습니다. 어거스틴은 즉시 방에 들어가서 신약성경을 집어 들어 펼쳤는데, 그 말씀이 바로 로마서 13장 후반부 말씀이었습니다. "또한 너희가 이 시기를 알거니와 자다가 깰 때가 벌써 되었으니 이는 이제 우리의 구원이 처음 믿을 때보다 가까웠음이라"

당시 서로마 제국은 게르만족에 의해서 망해가고 있었습니다. 게르만족은 알프스로 넘어오지 않고 스페인으로 해서 아프리카로 가게 되는데 그 길목에 어거스틴의 고향 힙포가 있었습니다. 어거스틴은 자기가 너무 오래 방황하고 있으며, 너무 긴 잠에 빠져 있었다는 것을 깨닫게 되었습니다. 그는 술에 취해 있었고 이방 지식에 취해 있었으며 누더기 같은 더러운 옷을 입고 있었던 것입니다. 그러나 드디어 어거스틴은 정신을 차려서 열심히 성경을 연구해서 《신국》이라는 위대한 책을 남겼습니다. 그리고 그의 《고백록》을 보면 과장 없이 얼마나 자신의 죄나 잘못한 것을 거룩한 마음으로 하나님 앞에서 고백하고 있는지 잘 볼 수 있습니다.

어거스틴은 지금까지 단정하지 못했고 방탕했으며 술 취했으며 음란과 호색과 다투는 것과 시기하는 인생을 살아왔던 것입니다. 그는 이제 주님을 만나야 할 텐데 너무 더러워서 만날 수 없다는 것을 깨달았습니다. 이제 그는 몸 전체를 그리스도로 옷 입고 더 이상 육체의 정욕을 도모하지 않기를 원했습니다. 그래서 그는 깨끗한 옷을 입고 잠에서 깨어 주님을 만나기 위해서 크리스천이 되었습니다.

지금 우리나라는 많은 사람이 눈이 멀어서 엉뚱한 지도자를 따라가고 있고, 또 술에 취해 잠을 자고 있습니다. 그들은 산 위에서 졸음을 이기지 못해서 졸고 있습니다. 그 상태에서 깨어나지 못하면 그들은 모두 얼어 죽고 말 것입니다. 우리는 이제 결단하고 사망의 잠에서 깨어나서 그리스도로 옷을 입고 주님을 만나시기 바랍니다.

49

하나님 나라의 특징
롬 14:1-23

로마에서는

클라우디우스 황제 때 유대인에게 로마를 떠나라는 추방령이 내려졌습니다. 그래서 모든 유대인이 로마를 떠나야 했고, 로마에 남은 교인들이라고는 이방인 하인들이었습니다. 그런데 유대인들은 율법에 의해 먹어야 할 음식이 정해져 있었습니다. 그러나 이방인 교인들은 먹지 못할 음식이 없이 모든 음식을 다 먹었습니다. 그런데 얼마 후 클라우디우스 황제의 유대인 추방령이 해제되면서 유대인 교인들이 로마로 돌아오게 되었고 교회에도 모이게 되었습니다. 그때 그들의 모임을 가장 방해하는 것은 음식 문제였습니다. 유대인들은 거의 채식밖에 하지 않는 데 비하여 이방인들은 유대인들이 가장 싫어하는 돼지고기나 먹을 수 없는 새나 물고기들도 다 먹었기 때문입니다. 그래서 유대인들은 식사시간이 가장 시험에 드는 시간이었습니다. 그렇지만 이방인들은 그런 유대인들을 향해 너무 음식에 까다롭다고 해서 흉을 보았던 것입니다.

사람 중에는 어떤 음식에 알레르기가 있는 분들이 있습니다. 양파를 먹지 못하는 사람이 있는가 하면, 육류를 먹지 못하는 사람들도 있습니다. 그래서 요즘은 사람들이 식사를 준비하기 전에 나는 무엇에 알레르기가 있다고 하거나, 자신은 채식주의자라고 하면 알아서 뺄 것은 빼고 식사를 준비합니다.

1. 비판하는 사람들

다시 돌아온 유대인 교인들은 여전히 육식을 하지 않았습니다. 왜냐하면 대개 이 육식들은 이방 신전에서 제사 드린 후에 나온 것으로 우상의 제물이었기 때문입니다. 그러나 이방인 교인들은 우상의 제물이든 아니든 그냥 고기라고 생각하고 먹었습니다. 그러니까 유대인 교인들은 점점 교회를 나오지 않게 되었습니다. 그래서 로마서 끝에 보면 형제나 자매에게 문안하라는 말이 많이 나오고 있는데, 이 사람들은 로마에 왔지만 교회와 교제하지 않는 사람들이었던 것입니다.

14:1-2, "믿음이 연약한 자를 너희가 받되 그의 의견을 비판하지 말라 어떤 사람은 모든 것을 먹을 만한 믿음이 있고 믿음이 연약한 자는 채소만 먹느니라"

여기서 "믿음이 연약한 자"라는 것은 먹는 문제에 있어서 예민한 자들을 말합니다. 이 사람들은 유대인 교인이었습니다. 원래 유대인 교인들은 믿음이 약한 자들이 아니었습니다. 그러나 그들은 황제가 추방령을 내리는 바람에 로마를 떠났다고 돌아오면서 교회에서 소수의 입장이 되었습니다. 요즘 같으면 이런 사람들끼리 모여서 교회를 세우면 되겠지만, 이때까지만 해도 교회가 있는데 새 교회를 세우면 이단 취급을 받았던 것 같습니다. 그러다 보니까 이들은 교회에 나오기는 해도 적극적이지 않았던 것입니다.

사도 바울은 먹는 것은 기독교의 본질이 아니라고 강조했습니다. 그래서 육류를 먹는 자는 먹지 않는 자를 신앙이 약하다고 업신여기지 말고, 또 육류를 먹지 않는 자는 육류를 먹는 자를 비판하지 말라고 했습니다. 왜냐하면 하나님께서 양쪽을 모두 다 자기 백성으로 받으셨기 때문입니다.

언젠가 서울에 가니까 새 정권이 들어선 후에 교회 안에서도 촛불파와 태극기파 사이에 갈등이 아주 심한 것을 보았습니다. 그래서 교인들끼리 서로 싸운다는 것입니다. 그러나 우리는 천국 갈 때 촛불파라고 해서 못 들어가거나 태극기파라고 해서 못 들어가는 것은 결코 아닙니다. 신앙에 있어서 본질적으로 중요하지 않은 것을 '아디아포라'라고 합니다. 그것은 각자의 양심에 따라서 하든지 말든지 자유입니다. 그러나 목사는 더 유익한 쪽으로 교인들을 가르칠 수는 있습니다.

물론 한때 우리나라도 육류 때문에 사회적으로 큰 문제가 된 적이 있습니다. 그것은 미국산 소가 광우병을 일으킨다는 것이었습니다. 그런데 미국에서 고기를 먹어 본 사람들은 알지만 미국의 스테이크가 기가 막히게 맛이 있습니다. 물론 우리나라에 들어오는 소는 몇 살 더 먹은 소일 것입니다. 그러나 소고기 파동은 이제 사라졌습니다.

그런데 크리스천은 하나님의 말씀을 먹는 것이 아주 중요합니다. 우리는 진리가 아닌 비진리를 먹으면 미치게 됩니다. 어떤 나라 사람들이 소에게 동물성 사료를 먹였더니 소들이 모두 광우병에 걸려서 유럽에서만 수백만 마리가 살처분되었습니다. 우리가 기도의 불을 붙여 놓으면 이것이 원자력보다 더 강하기 때문에 정치인의 뜻대로 모든 것이 되지 않습니다.

14:4, "남의 하인을 비판하는 너는 누구냐 그가 서 있는 것이나 넘어지는 것이 자기 주인에게 있으매 그가 세움을 받으리니 이는 그를 세우시는

권능이 주께 있음이라"

이 세상은 마치 주인은 방에 들어가 있고 하인들만 모여서 이야기하고 음식을 먹고 있는 말죽거리와 같습니다. 그때 하인들은 얼마든지 자기가 아는 것을 이야기할 수 있고 자기가 먹고 싶은 것을 먹을 수 있습니다. 그러나 그렇다고 해서 하인들의 뜻대로 이 세상이 움직여지는 것은 아닙니다. 하인들이 비스듬히 누워있거나 혹은 일어서서 말을 돌보고 있거나 모두 주인의 뜻에 달린 것입니다. 주인이 하인에게 가자고 하면 종은 일어서서 채비해야 하고, 몇 시간 더 쉬었다가 가자고 하면 그제야 비스듬히 누워서 쉴 수 있는 것입니다.

2. 날짜의 중요성

이 당시 유대인들은 옛날의 전통이 남아있었습니다. 그래서 예루살렘 성이 함락된 시점을 기준으로 해서 예루살렘이 포위된 날, 함락된 날, 성전이 불에 탄 날 등에 금식을 했습니다. 그리고 그들은 유월절이나 맥추절이나 수장절 등을 지켰습니다. 거기에 반해서 이방인 신자들도 자기들의 명절이 있었습니다. 그것은 태양절이라든지 하지라든지 어떤 신이 탄생한 날 같은 명절을 자연스럽게 지켰던 것입니다. 또 바다에 고기를 잡으러 가는 사람들은 포세이돈을 위하여 제사 드렸을 것입니다.

기독교 초기에는 안식일을 지키는 유대인들도 있었고, 주일을 지키는 이방인들도 있었을 것입니다. 그러나 대개 초기 기독교인은 유대인들이었기 때문에 기독교인들도 안식일을 지켰습니다. 저희가 어렸을 때는 성수주일 하는 것을 철저히 훈련받았습니다. 그래서 형들은 주일날 주산시험을 치러 가는 것을 가지 않아서 다 떨어졌습니다.

그리고 주일에는 공부하면 안 되니까 열두 시 땡 하면 책을 덮고 그다음 날 땡 하면 책을 폈습니다.

나중에 천주교가 나라의 중심이 되면서 중요한 날이 많아지게 되었습니다. 천주교인들은 성인들에게 기도하면 연옥에 있어야 죄를 줄일 수 있다고 해서, 성 프란시스 데이, 성 도미니크 데이, 성 김대건 데이, 성 마더 테레사 데이 하는 식으로 성인들의 날을 많이 만들었습니다. 그러나 그것을 지키는 것은 별 의미가 없습니다. 요즘 젊은이들이 종교와 상관없이 밸런타인데이, 화이트데이, 블랙데이, 백일주데이 같은 것을 지키는데 이것도 아무 의미가 없는 상술에 불과한 것입니다.

그런데 안식교는 안식일을 지키는 데 비하여 기독교인들은 주일을 지킵니다. 그 이유는 주님이 주일에 부활하셨고, 주일에 사도 요한에게 묵시를 주셨고, 주일에 성령이 오셨기 때문입니다. 처음에는 기독교인들도 안식일을 지키고 주일도 지켰는데, 나중에 유대인들이 기독교인들을 박해하면서 주일을 지키게 되었습니다. 우리는 주일날 물건 사는 것이 죄인가? 라는 질문을 할 수 있습니다. 그것이 죄는 아니더라도 미리 준비해서 그날을 거룩하게 지키면 더 좋을 것입니다.

> 14:6, "날을 중히 여기는 자도 주를 위하여 중히 여기고 먹는 자도 주를 위하여 먹으니 이는 하나님께 감사함이요 먹지 않는 자도 주를 위하여 먹지 아니하며 하나님께 감사하느니라"

물론 우리가 먹는 것이나 먹지 않는 것이나 모두 자기 취향입니다. 그러나 우리는 주님의 종이기 때문에 결국 우리가 건강하고 양심에 찔림이 없어야 주님을 위해서 더 잘 섬길 수 있습니다. 그런 의미에서 산모가 금식하는 것은 절대로 안 됩니다. 아기나 산모의 생명이 위험하기 때문입니다.

이스라엘 백성들은 유월절과 맥추절과 수장절을 지켰습니다. 그리고 나팔절이나 무교절을 지켰습니다. 그러나 신약시대에서 가장 큰 절기는 역시 성탄절이고 부활절입니다. 어떤 사람들은 성탄절이 이방인의 태양절을 바꾼 것이라고 하지만, 성탄절이나 부활절이 생기게 된 배경은 예수님이 육신으로 세상에 오신 것이 아니라고 주장하는 이단에 대항하기 위해서입니다. 그래서 예수님은 생일이 있는 사람이며 예수님은 정말 부활하셨다는 뜻으로 지키는 절기인 것입니다. 그래서 우리에게는 굉장히 중요한 절기입니다. 그리고 성령 강림주일을 중요하게 지킬 것 같은데 실제로는 그렇지 않은 것 같습니다. 그 대신에 맥추절과 추수감사절은 지키는 편입니다. 지금 우리에게 가장 중요한 날은 주일과 성탄절 그리고 부활절입니다.

14:8, "우리가 살아도 주를 위하여 살고 죽어도 주를 위하여 죽나니 그러므로 사나 죽으나 우리가 주의 것이로다"

사실 우리는 이렇게 살아야 마땅합니다. 살아도 주님을 위해서 살고 죽어도 주님을 위해서 살아야 합니다. 그러나 우리는 그렇지 못하고 우리 자신을 위하여 살 때가 훨씬 많습니다. 그러나 우리는 어차피 주님의 것이기 때문에 사는 것도 주님의 것이고 죽는 것도 주님의 것입니다. 그래서 우리는 너무 자기 욕심을 위해서 살면 주님의 것이 못 되는 것입니다. 주님은 산 자가 죽은 자나 모두의 주님이라고 했습니다. 즉 산 자나 죽은 자나 모두 주님을 바라보고 있고 섬기고 있고 기뻐하고 있습니다. 단지 있는 곳만 다를 뿐입니다.

무덤에 있는 분들은 무덤에서 잠만 자고 있는 것이 아닙니다. 그들의 영혼은 천국에서 주님과 함께 있습니다. 그들은 육신이 없기 때문에 백 퍼센트 주님을 위해서 삽니다. 아마 주님이 어디를 가든지 따라다니면서 틈만 나면 찬양하고 기뻐할 것입니다. 그러나 우리는 육신을 가지고 있기 때문에 먹고 살아야 하고 또 옛날 성질이 남아있으므로 백 퍼센트 주님을 위해서 살지는 못합니다. 그래서 우리는 주님의 뜻을 자꾸 생각해서 육신을 쳐 복종시켜야 합니다(고전 9:27).

3. 하나님 나라의 특징

우리는 성도들이 모일 때면 미리 상대방에 대해 알아서 형제가 싫어하는 것은 놓거나 두지 않는 것이 예의일 것입니다. 예를 들어서 초청받는 형제가 돼지고기를 아주 싫어한다면 그 대신에 양고기나 다른 것을 두면 서로 좋을 것입니다. 또 술을 마시지 않는 사람 앞에 술잔을 주고 자꾸 마시라고 권하면 기분이 좋지 않을 것입니다. 양파를 먹으면 알레르기가 있는 분 앞에서 입에서 양파 냄새를 엄청나게 풍기면 기분이 좋지 못할 것입니다. 어떤 분은 먹어서는 안 되는 알레르기가 생기는 음식을 먹으면 기도가 좁아져서 죽는 사람도 있습니다.

여기에 보면 스스로 속된 것은 없다고 했습니다.

14:14, "내가 주 예수 안에서 알고 확신하노니 무엇이든지 스스로 속된 것이 없으되 다만 속되게 여기는 그 사람에게는 속되니라"

물론 박쥐가 많은 바이러스를 가지고 있지만 모기를 잡는 데는 선수여서 한 시간에 천만 마리나 잡는다고 합니다. 독수리나 까마귀는 시체를 뜯어먹는 새이지만 그런 동물이 있어야 시체가 빨리 분해된다고 합니다. 소설《빨간 머리 앤》을 보면 어떤 아저씨가 앵무새를 키우는데, 앵무새에게 욕을 너무 가르쳐서 앤을 보기만 하면 '이 못된 빨간 머리 계집애야!' 라고 하는 바람에 앤은 그 앵무새를 아주 미워하게 됩니다.

우리가 징그럽게 생각하는 구더기도 시체나 더러운 것을 분해하는 청소부의 역할을 합니다. 파리는 앞다리로 음식을 감별하기 때문에 음식을 먹기 전에 앞발을 비비면서 '먼저 실례하겠습니다.' 라고 양해를 구하는 것입니다. 늑대가 없으면 초식동물이 너무 번식해서 들판을 완전히 황폐하게 만들어버린다고 합니다.

또 대학 전공도 반드시 신앙적인 전공은 없습니다. 그러나 크리스천이 불교학과에 들어가거나 이단 학교에 들어가는 것은 조심해야 할 것입니다. 또 신학과지만 너무 나쁜 신학을 가르치는 곳에는 들어가지 않는 것이 좋을 것입니다.

14:15, "만일 음식으로 말미암아 네 형제가 근심하게 되면 이는 네가 사랑으로 행하지 아니함이라 그리스도께서 대신하여 죽으신 형제를 네 음식으로 망하게 하지 말라"

음식을 가지고 형제를 불쾌하게 하면 형제를 망치게 되는 것입니다. 저희 교회 한 성도 중에 청국장을 아주 싫어하는 분이 계셨습니다. 그러나 저는 그날따라 청국장을 먹고 싶었습니다. 그래서 그 형제와 다른 성도님과 함께 장난기가 발동해서 청국장을 먹으러 갔습니다. 그분은 가기 싫다고 하는 것을 억지로 끌고 간 것입니다. 그런데 얼마 지나고 나서부터 교회를 안 나오시는 것입니다. 전화해도 잘 안 받으십니다. 그래서 제가 아내에게 "청국장 때문에 저러는 것 아닐까요?"라고 조심스럽게 물었더니, 아내는 "청국장 싫어하는 분을 왜 억지로 데리고 갔느냐?"고 하면서 제게 핀잔을 주는 것입니다. 마음에 상처를 받는 것도 여러 가지이니 우리는 늘 조심해야 합니다.

14:17, "하나님의 나라는 먹는 것과 마시는 것이 아니요 오직 성령 안에 있는 의와 평강과 희락이라"

하나님의 나라는 먹고 마시고 즐기는 곳이 아닙니다. 우리는 성령 안에서 의로워야 하고 화평해야 하고 기뻐해야 하는 것입니다. 여기 "의"라는 것은 하나님과 바른 관계를 말합니다. 그래서 기독교인들이 모이는 회합에서 1부는 반드시 예배를 드립니다. 그리고 2부에서 싸우고, 3부에서 먹으러 가는 것입니다. 그러려면 먹지 않는 것이 좋습니다. 그리고 2부에서 싸우지 말아야 합니다. 2부 순서는 예배의 연장이 되어야 합니다. 회의할 때도 자기 생각을 마음대로 말해서는 안 됩니다. 기도하듯이 몇 번씩 생각해야 합니다. 그렇지 않으면 조폭이나 일진과 다를 바가 없습니다.

14:23하, "믿음을 따라 하지 아니하는 것은 다 죄니라"

나 자신을 과시하고, 나 자신을 잘난 체하기 위해서 무엇이든지 하면 죄인 것입니다. 설교도 자기가 많은 지식이 있고 얼마나 경건한지 자랑하는 의도가 섞여 있다면 죄인 것입니다. 어떤 분은 설교하면서 욕설을 하는 분이 있는데 그것은 믿음으로 하는 것이 아닙니다. 사람들이 다 좋아해야 좋은 설교가 아닙니다. 하나님이 기뻐하셔야 좋은 설교입니다. 그래서 우리는 믿음의 확신을 가지고 있어야 합니다. 즉 바른 말씀을 설교하면 반드시 은혜받는 사람이 있고 하나님의 능력이 나타난다는 것을 믿어야 합니다.

우리나라 교회에서는 모일 때 너무 많이 먹는 것 같습니다. 우리는 먹는 것을 자제하고 은혜스러운 말씀을 더 사모하고 나누는 모임이 되기를 바랍니다.

50

하나의 인류
롬 15:1-19

예전에 베트남에서

한국으로 시집을 온 여성이 있었습니다. 이 여성은 베트남 시골 출신으로 자신과 나이 차이가 좀 나는 한국 남자와 결혼했는데, 처음에는 좀 적응하는 것 같더니 점점 말이 없어졌고 나중에는 고부간의 갈등이 너무 심해져서 도저히 같이 살기 어렵게 되었습니다. 그래서 남편은 도저히 이래서는 안 되겠다고 생각해서 아내와 자기 어머니를 모시고 그 아내의 고향을 방문했습니다.

그런데 그 아내는 고향 가까이 간 순간 완전히 다른 여자가 되었습니다. 더 이상 침울하고 말이 없는 여자가 아니라 아주 쾌활하고 활달하고 밝은 모습의 다른 여자가 되었습니다. 그 아내는 집에 가자마자 오빠가 타는 큰 오토바이를 꺼내서 그것을 타고 시장에 가서 물건을 사 오고 동네 모든 사람과도 친하게 지냈습니다. 그리고 거기에 한 집에서 얼마 동안 지내면서 베트남 어머니와 한국 시어머니도 친하게 되어 그 이후에 사이가 아주 좋아지게 되었다고 합니다.

결국 서로를 잘 이해하지 못하기 때문에 원수가 되는 것 같습니다.

북한은 남자가 하는 일과 여자가 하는 일이 구분되어있지 않고 누구든지 해야 한다고 합니다. 그래서 탈북자 중에 직장생활하면서 남한 여성들이 못을 박는 것이라든지 무거운 것을 옮기는 것을 아예 할 생각도 하지 않고 구경만 하는 것을 보고 이상하게 생각했다고 합니다.

옛날 로마 사람들은 노예를 자기와 같은 인간이라고 생각하지 않았습니다. 그래서 그들은 검투사가 된 노예가 칼에 찔려 죽어도 더 좋아서 소리를 지르고 여자 노예는 아예 매춘을 시키는 경우도 많았다고 합니다. 그런데 놀라운 것은 그 비천한 노예 중에서 예수 믿는 사람들이 많이 생겼다는 사실입니다.

과연 피부색도 다르고 언어도 다르고 생활환경도 다른 외국 사람들을 하나 되게 하는 것이 무엇일까요? 그것은 바로 '사랑'이었습니다. 얼마 전 우리 교회에 캐나다 남자와 한국 여자가 계속 와서 예배를 드리고 있었는데, 그 남자는 한국어를 전혀 하지 못했습니다. 그런데 그가 와서 예배를 드리는 이유는 한국 여자를 사랑했기 때문입니다. 미국에 있는 제 처가 쪽의 사촌 조카들은 거의 모두 외국인과 결혼했습니다. 그 이유는 혈통보다 사랑이 더 강하기 때문이었습니다.

우리가 아마 선교사로 외국에 간다면, 과연 한 번도 예수를 믿어 본 적이 없는 이 사람들이 예수를 믿을까? 궁금하면서 아마 그 사실을 믿을 수 없을 것입니다. 그런데 바로 이것이 그 옛날 조선시대에 처음 한국에 왔던 외국 선교사들의 심정이었습니다. 예수를 믿어 본 적도 없고 조상신을 섬기고 미신에 빠져 있는 조선 사람들, 남자는 남이 있건 없건 부인을 무시하고, 긴 대나무로 담뱃대를 만들어서 담배를 피우고, 화장실은 엄청 냄새가 나고 개들은 엄청나게 짖어대고, 희망이라고는 도무지 보이지 않던 그런 조선 사람들이 과연 예수를 믿을까 하는 것이었습니다. 그런데 그들은 믿었습니다. 그것도 그냥 믿은 것이 아니라 엄청나게 열심히 믿어서 교회를 세우고 또 세우고 수도 없이 세웠던 것이 우리의 교회 역사입니다. 그래서 우리 남쪽의 역사를 보면 서양 선교사가 세운 교회가 엄청나게 많은 것을 볼 수 있습니다.

1. 사랑의 희생

만일 우리가 누구를 사랑한다면 그를 위해 희생해야 할 것입니다. 예를 들어서 사랑하는 사람은 기다려주어야 하고 선물도 주어야 하고 화가 나는 것이 있어도 참아 주어야 할 것입니다. 그래서 남들이 하지 않는 짓을 하려고 하면 마땅히 욕먹을 각오까지 해야 합니다.

우리 교회에서 한 청년이 OM선교회를 통해서 배를 타고 세계를 돌면서 하는 기독교 선교를 떠났습니다. 그는 그 배에서 남아프리카공화국 출신의 흑인 여성을 만나서 사랑하게 되었습니다. 한국 남자가 흑인 여성을 사랑하는 것은 흔한 일이 아니었습니다. 아마 그 선교사의 어머니는 아들이 데리고 온 흑인 여자를 보고 뒤로 넘어지려고 했을 것입니다. 그러나 그는 결혼했고 아주 예쁜 여자아이들을 낳았습니다. 물론 아이들도 다 흑인이었습니다. 그는 감비아에서 태권도 선교를 하다가 드디어 부인의 고향인 남아공으로 가게 되었는데, 지금은 그곳에 예배당을 짓고 선교를 한다고 합니다.

어떤 선교사는 더운 나라에서 대표기도 하는 사람에게 양말을 신도록 했다고 합니다. 어떤 이는 양복을 입고 넥타이까지 매고 설교를 했다고 합니다. 잘못된 사고방식입니다. 사실 우리가 그곳 사람들의 옷을 입고 그곳 사람들의 음식을 먹는 것이 그곳 사람들을 사랑하는 것입니다. 그들과 같아지는 것입니다. 그러면 사람들은 권위가 없다고 하거나 너무 고개를 숙이고 들어간다고 비난하거나 욕을 할지도 모르겠습니다.

15:1-2, "믿음이 강한 우리는 마땅히 믿음이 약한 자의 약점을 담당하고

자기를 기쁘게 하지 아니할 것이라 우리 각 사람이 이웃을 기쁘게 하되 선을 이루고 덕을 세우도록 할지니라"

여기 "믿음이 강한 우리"는 선교사나 목회자나 먼저 믿는 우리를 말합니다. 우리는 처음 믿는 사람들에게 우리의 신앙을 강요할 것이 아니라 약한 것을 담당해야 한다는 권면의 말씀입니다. 어떤 일본 선교사님은 일본에서 '김치 담그기' 교실을 열고, 떡볶이를 해서 아이들에게 나누어주기도 하고, 한국어 교실 같은 배움의 장을 열어서 반응이 좋았다고 합니다. 우리가 이웃을 기쁘게 하고 선을 행하고 덕을 세우면 사람들은 복음에도 관심을 가지게 되는 것입니다.

예수님께서도 자기가 하나님의 아들이라고 해서 유대인들에게 명령만 내리지 않고 그들의 아픈 것을 고쳐주시고 귀신들린 것을 고쳐주셨을 때 사람들은 왜 그런 짓을 하느냐고 비방을 많이 받기도 했습니다.

15:3, "그리스도께서도 자기를 기쁘게 하지 아니하셨나니 기록된 바 주를 비방하는 자들의 비방이 내게 미쳤나이다 함과 같으니라"

예수님께서 자신을 높이지 아니하시고 자기를 낮추시니까 사람들이 욕할 것이 있으면 예수님에게 외서 별의별 욕을 다 했던 것입니다. 그러나 놀라운 것은 그중에 예수 믿는 세리나 창녀들이 많이 생겼다는 것입니다.

4절은 아주 중요한 말씀입니다.

15:4, "무엇이든지 전에 기록된 바는 우리의 교훈을 위하여 기록된 것이니 우리로 하여금 인내로 또는 성경의 위로로 소망을 가지게 함이니라"

여기 "전에 기록된 바"는 구약성경을 말합니다. 구약성경 중에는 뜻을 모르는 것도 많이 있고 또 필요하지 않은 내용도 많이 있는 것 같습니다. 그러나 그 전부는 우리의 교훈을 위하여 기록된 것이고 소 망을 가지게 하기 위함입니다. 즉 성경 말씀은 살아있는 하나님의 말 씀입니다. 결국 그것은 이웃을 사랑하라는 명령입니다.

2. 하나님께 영광

하나님이 우리 인간을 만드신 것은 우리의 행복을 위해서가 아닙 니다. 우리가 하나님이 어떤 분이신지 깨달아서 한 입으로 찬양하게 하기 위함입니다(사 43:21). 물론 우리가 혼자 하나님을 찬양하는 것도 좋지만 다양한 사람들이 함께 하나님을 찬양할 때 하나님은 너무나도 좋아하십니다.

> 15:5-7, "이제 인내와 위로의 하나님이 너희로 그리스도 예수를 본받아 서로 뜻이 같게 하여 주사 한마음과 한 입으로 하나님 곧 우리 주 예수 그리스도의 아버지께 영광을 돌리게 하려 하노라 그러므로 그리스도께 서 우리를 받아 하나님께 영광을 돌리심과 같이 너희도 서로 받으라"

하나님은 어떤 분입니까? 하나님은 광대한 우주를 만드신 분이십 니다. 우리는 우주의 끝이 어디인지 알지 못합니다. 그 큰 우주에 비 하면 우리는 벌레보다 못하고 먼지보다 작을 것입니다. 그러나 하나 님은 그렇게 보잘것없는 우리에게 관심을 가지십니다. 작은 우리가 어디 아프다고 하면 고쳐주시고, 배고프다고 하면 먹을 것을 주십니 다. 그리고 그 크신 하나님이 우리를 사랑하십니다. 우리의 마음이 하 나님을 향하고 하나님을 기뻐하시기를 원하시는 것입니다.

그래서 하나님은 우리가 다양한 인종에게 전도해서 한마음으로 하나님을 찬송하고 예배드리기를 원하십니다. 우리 교회에 몇 명의 중국인 자매가 있습니다. 얼마나 소중한지 모릅니다. 얼마 전까지 일본인 자매가 있었습니다. 그런데 아마 본국으로 돌아간 것 같습니다. 한국인과 결혼한 중국인 부인도 있었습니다. 아르메니아 자매도 있었습니다. 그 자매는 찬양대도 했습니다. 하나님은 이런 예배를 너무 좋아하십니다.

예수님은 유대인들과 함께 하나님을 예배하기 위하여 할례를 받으시고 할례의 추종자가 되셨습니다. 예수님은 성전에 들어가셔서 함께 예배도 드리시고 말씀을 가르치셨습니다. 이제 예수님은 온 세계의 이방인들과 하나님을 찬송하고 예배하기를 원하십니다.

15:9, "이방인들도 그 긍휼하심으로 말미암아 하나님께 영광을 돌리게 하려 하심이라 기록된 바 그러므로 내가 열방 중에서 주께 감사하고 주의 이름을 찬송하리로다 함과 같으니라"

태국의 산지족인 라후족을 보면, 자신들의 언어가 있고 성경과 찬송도 있습니다. 우리 교회에서 파송한 선교사님은 라후족의 찬송을 잘 부르십니다. 또 우리가 아는 선교사님은 일본 찬송을 잘 부르십니다. 그래서 일본인늘과 함께 예배드릴 때는 일본 찬송을 부릅니다. 요즘은 청년 중에서 영어로 복음송을 부르는 이들이 많습니다. 하나님은 굉장히 기뻐하시는 것입니다.

사도 바울은 구약성경을 인용해서 "열방들아 주의 백성과 함께 즐거워하라"(신 32:43)고 말하고 있습니다. 또 "모든 열방들아 주를 찬양하며"(시 117:1)라고 했습니다. 이어서 "이새의 뿌리 곧 열방을 다스리기 위하여 일어나시는 이가 있으리니 열방이 그에게 소망을 두리라"(사 11:10)고 했습니다. 하나님께 가장 영광이 되는 것은 처음 믿는 사람들이 함께 모여서 한 입으로 하나님을 찬송하고 하나님께 영광을 돌려드리는 것입니다. 물론 여러 인종이 섞여서 예배드리면 더 좋을 것입니다.

3. 하나님께 드리는 제사

구약시대 이스라엘 백성들은 하나님께 제사를 드렸습니다. 그때 제물들은 모두 불에 타서 재가 되는데, 고기나 기름이 타면서 나는 냄새를 하나님이 기뻐하신다고 했습니다. 하나님은 고기 가죽이 타는 냄새를 좋아하시는 것이 아니라 속에 있는 기름과 간과 콩팥, 즉 중심이 타는 냄새를 기뻐하시는 것입니다.

사도 바울은 자기 자신을 제사장이라고 언급하고 있습니다. 그런데 그는 유대인의 제사장이 아니라 이방인의 제사장인 것입니다. 그래서 사도 바울은 자신은 이방인들을 하나님께 거룩하게 바치는 제사장이 되는 것이 목적이라고 했던 것입니다.

> 15:16, "이 은혜는 곧 나로 이방인을 위하여 그리스도 예수의 일꾼이 되어 하나님의 복음의 제사장 직분을 하게 하사 이방인을 제물로 드리는 것이 성령 안에서 거룩하게 되어 받으실 만하게 하려 하심이라"

이방인들은 비유하면 야생동물과 같습니다. 늑대나 곰이나 멧돼지 같은 동물은 하나님께 제물로 바칠 수 없습니다. 왜냐하면 그런 동물은 워낙 사납고 빠르고 죽으려고 하지 않으므로 오히려 제사 드리는 사람을 물어서 죽일 수 있기 때문입니다.

그런데 사도 바울은 이런 맹수들이 양으로 변하는 기적을 너무 많이 보았습니다. 이것이 바로 표적과 기사였고 성령의 능력이었습니다

다. 놀라운 사실은 이방인들이 하나님의 말씀을 들으면 모두 착한 양이 되어서 아무 말 없이 하나님 앞에 자신을 바쳤다는 것입니다. 그들은 모두 하나님을 위하여 죽어도 아무 원망이나 소리를 지르지 않았던 것입니다. 옛날에 술고래였던 사람이 술을 마시지 않고, 욕을 그렇게 많이 하던 욕쟁이가 욕을 한마디도 하지 않고, 싸움만 하던 싸움꾼이 절대로 주먹을 휘두르지 않는 것입니다. 술 마시고 싸우고 욕하는 것은 모두 미쳐서 그렇게 하는 것입니다. 그런데 복음은 우리를 정상적인 사람으로 변하게 합니다. 이것이 바로 성령 안에서 거룩하게 되어 하나님 앞에 바쳐지는 것입니다.

하나님께 바쳐지는 제물이 되려고 하면 자기 자신이 먼저 제물이 되어야 합니다. 우리가 다른 사람을 전도하려고 하면 우리 자신이 그 사람과 같아져야 합니다. 백정을 전도하려고 하면 내가 백정과 같아져야 하고, 생선 장수를 전도하려고 하면 내가 생선 파는 사람이 되어야 합니다. 그래서 예수님은 어부를 싫어하지 아니하시고 그들의 배에 기꺼이 타셨습니다. 예수님이 타신 배는 엄청나게 비싼 요트가 아니었습니다. 그야말로 비린내 나는 고기잡이배였습니다. 사도 바울은 자기가 유명한 학자나 총장이나 부자나 유명한 사람이 되지 않고 바로 이 이방인들을 그리스도께 순종하는 사람이 되게 한 것이 자신의 가장 큰 자랑거리라고 했습니다.

우리는 무엇을 자랑으로 생각하고 있습니까? 우리는 무엇을 하나님께 제물로 바치시겠습니까? 우리가 지금도 욕을 하고 남을 공격하고 참소한다면 아직 거룩하게 되지 못합니다. 그런 사람은 아무리 하나님께 예배를 드려도 가인의 제사같이 가납되지 못할 것입니다. 하나님은 중심이 변한 사람들의 제사를 기뻐 받으십니다. 이것이 바로 하나님께서 우리를 사랑하신 목적입니다.

51

로마서의 결론
롬 15:20-16:27

대개 논문이나

교향곡이나 그림 같은 것을 끝내는 방법은 각기 다릅니다. 논문은 지금까지 주장한 것을 요약하고 또 참고문헌을 제시하는 것으로 끝을 냅니다. 또 그림은 무엇인가 부족한 부분에 마지막 붓질을 해서 마무리합니다. 거기에 비해 음악은 끝내는 부분을 장엄하게 해서 점점 소리가 작아지게 함으로 끝을 내는 경우가 많습니다. 그리고 전쟁이 일어나면 무차별 공격을 한 후 협상해서 끝을 냅니다. 편지는 건강을 기원하면서 다시 만날 것을 기약하면서 마무리합니다.

　사도 바울이 주 예수 그리스도의 죽으심과 부활을 전했을 때 어디서든지 폭발적인 부흥이 일어났습니다. 비시디아 안디옥에서도 부흥이 일어났고, 루스드라나 고린도나 에베소 같은 곳에서도 대부흥이 일어났습니다. 뿐만 아니라 그 후 이천 년 동안 세계 어디서든지 바울의 로마서를 전하기만 하면 대부흥이 일어났습니다. 그래서 사도 바울은 마음에 하나의 확신이 있었습니다. 그것은 바로 자신의 복음을 전하기만 하면 폭발적인 부흥이 일어나서 사탄의 세력들은 물러가게 된다는 것이었습니다.

그런데 사도 바울의 복음도 불발된 적이 있었습니다. 그 한 번은 예루살렘에서 체포될 때였습니다. 바울은 예루살렘 성전 앞에서 복음을 전하려고 했지만, 유대인들은 그가 복음 전하는 것을 허락하지 않고 그의 입을 틀어 막아버렸습니다. 그리고 또 한 번은 로마에서였습니다. 사도 바울은 로마에 복음의 편지 로마서도 보내고 자신이 직접 붙들려 와서 복음을 전하기도 했습니다. 이때 아마 부흥이 일어나려고 했던 것 같습니다. 그러나 곧 사탄의 반격이 나타났습니다. 로마 황제 네로가 거의 미친 사람이 되어서 로마에서 큰 화재가 났을 때 그 책임을 기독교인들에게 돌리면서 수많은 기독교인을 붙잡아서 사자 밥이 되게 하고 십자가에 못 박아 죽이고 불에 태워서 죽였던 것입니다.

왜 예루살렘과 로마에서는 같은 복음인데 대부흥이 일어나지 않고 반대로 무서운 박해가 일어났을까요? 그것을 우리는 복음의 씨로 생각합니다. 농부가 밭에 씨를 뿌리면 바로 싹이 나거나 꽃이 피는 것이 아니라 씨는 썩고 그런 후 거기에 있는 씨눈에서 싹이 나는 것입니다.

드디어 우리는 이 로마서에서도 결론 부분에 이르게 되었습니다. 사도 바울은 이 결론 부분에서 사적인 내용을 이야기하고 있습니다. 즉 로마인들의 도움으로 스페인에 가서 복음을 전하고 싶다고 하는 것이나 로마 교회가 소홀히 하고 있는 사람들을 문안하라는 내용입니다. 저는 로마서의 결론을 우리 청년들이 가장 좋아하는 16장 20절, "평강의 하나님께서 속히 사탄을 너희 발 아래에서 상하게 하시리라"는 말씀으로 생각합니다.

1. 바울의 복음 전도의 원리

사도 바울은 설교를 할 때 원리가 있었습니다. 그것은 인간적인 재미나 설득력으로 하지 않게 하고, 성경에서 성령이 말씀하게 하는 것이었습니다. 그래서 예수님께서도 제자들에게 말씀하시기를 너희가 붙들려가서 심문을 당할 때 무슨 말을 해야 하나 걱정하지 말라고 하셨습니다. 왜냐하면 너희 안에 계신 성령께서 말씀하시기 때문이라고 했습니다(마 10:19-20).

15:19, "표적과 기사의 능력으로 성령의 능력으로 이루어졌으며 그리하여 내가 예루살렘으로부터 두루 행하여 일루리곤까지 그리스도의 복음을 편만하게 전하였노라"

사도 바울이 하나님의 말씀을 전하면서 믿었던 것은 바른 복음을 전하면 성령께서 사람들의 마음속에 전해주신다는 것이었습니다. 저는 가끔 유명한 목사님이 설교하는 것을 들어보면 실망할 때가 많습니다. 처음 조금 성경을 전하다가 바로 세상적인 이야기로 가서 세상적으로 너무 웃기고 재미있는 이야기를 해서 사람들을 거의 눈물 흘리며 쓰러지게 할 정도로 웃기는 것을 보곤 합니다. 어떤 때는 저도 너무 재미가 있어서 웃을 때가 있습니다. 그러나 그 내용은 전혀 복음이 아닙니다. 그러나 사람들은 점점 그 설교가 재미 있으니까 중독이 되어서 점점 더 많이 추종하게 되고 좋아하게 되는 것을 보게 됩니다. 그러나 그것은 전혀 성령이 하시는 말씀이 아닙니다. 그것은 인간이 사람들을 예수님이나 성경을 이용해서 웃기는 것입니다.

그런데 우리가 성경을 가지고 이야기하면 반드시 성령이 사람들의 마음속에 말씀하신다는 것을 믿어야 합니다. 그리고 그 마음에서부터 표적과 기사의 능력이 나타나기 시작하는 것입니다. 즉 하나님에 대한 믿음이 생기는 것입니다. 그래서 사도 바울은 처음 예루살렘에서 소아시아에 있는 일루리곤까지 하나님의 복음만 가득 전했습니다. 그래서 소아시아에 그렇게 부흥이 일어나고 많은 기독교인이 생기게 되었던 것입니다. 그러나 예루살렘에 일어났던 핍박이나 로마에서 일어났던 그 끔찍한 박해는 모두 미래를 위한 씨 뿌리는 것이 되었습니다.

15:20-21, "또 내가 그리스도의 이름을 부르는 곳에는 복음을 전하지 않기를 힘썼노니 이는 남의 터 위에 건축하지 아니하려 함이라 기록된 바 주의 소식을 받지 못한 자들이 볼 것이요 듣지 못한 자들이 깨달으리라 함과 같으니라"

사도 바울은 복음을 전하면서 원칙을 가지고 있었습니다. 그것은 그가 복음을 조금이라도 더 효과적으로 전하기 위하여 전혀 복음을 들어보지 못한 자들에게 복음을 전하는 것이었습니다. 물론 이것은 복음을 들은 자는 더 이상 복음을 들을 필요가 없다는 뜻이 아니었습니다. 복음을 들었던 자도 계속 복음을 듣지 않으면 그 영혼이 시들게 되고 힘을 잃게 됩니다. 그러나 바울은 이미 복음이 전해져서 교회가 세워진 곳에 자기가 들어가서 복음을 전하면 새로운 파벌이 생기고 비효율적이 될 것을 우려했던 것입니다. 그래서 그는 남의 터 위에 건축하지 않기로 했고 주의 소식을 듣지 못한 자들이 복음을 들어야 한다고 생각했습니다.

그리고 사도 바울은 로마 교회에 부탁이 있다고 했습니다. 그것은 바울이 로마에서 복음을 전함으로 부흥이 일어나게 되었을 때 로마 교인들이 사도 바울을 도와주어서 그가 스페인까지 가서 복음을 전할 수 있게 해주는 것이었습니다. 이것은 영적인 교환입니다. 사도 바울은 로마 교인들에게 말씀을 주고 로마 교인들은 사도 바울에게 생활

비나 교통비나 체재비를 주는 것입니다.

지금 고린도에서 이 로마서를 쓰고 있는데 그는 예루살렘을 먼저 방문해서 헌금을 전달할 계획이었습니다. 그래서 예루살렘에서 많은 환난과 풍파가 기다리고 있다고 하는데, 그들로부터 보호되도록 기도해 달라고 부탁하고 있습니다(15:30-33).

2. 사도 바울의 약속

사도 바울은 그동안 로마 교회가 소외시켜서 서로 만나지 않고 있는 중요한 교인들과 서로 문안하라고 부탁하고 있습니다. 그러면서 사도 바울은 로마 교인들에게 아주 중요한 약속을 하고 있습니다.

> 16:19-20, "너희의 순종함이 모든 사람에게 들리는지라 그러므로 내가 너희로 말미암아 기뻐하노니 너희가 선한 데 지혜롭고 악한 데 미련하기를 원하노라 평강의 하나님께서 속히 사탄을 너희 발 아래에서 상하게 하시리라 우리 주 예수의 은혜가 너희에게 있을지어다"

우리가 이 말씀으로 만든 복음송을 얼마나 자주 부르는지 모릅니다. 왜냐하면 사탄이 분명히 우리 발에 밟혀서 꼼짝하지 못하고 있어야 하는데, 지금 온 데를 다 돌아다니면서 사람들을 물고 있기 때문입니다.

사도 바울은 교인들에게 "너희가 선한 데 지혜롭고 악한 데 미련하기를 원하노라"고 했습니다. 여기서 지혜롭다 혹은 미련하다는 것은 '최고로 잘한다' 또는 '최고로 못한다'는 뜻으로 생각할 수 있습니다.

그런데 만일 누군가가 우리에게 죄짓자고 유혹하면 아무것도 몰라야 합니다. 좋지 못한 영화를 보자고 하면 돈이 없어야 하고, 술 마시자고 하면 거절을 해버려야 합니다. 욕하는 데는 혀가 굳어져 버려야 하고 주먹질을 하면서 싸우려고 하면 겁을 집어먹고 숨어버려야 합니다. 우리는 다른 사람들이 나쁜 짓을 하는데 나서서 잘 난 체할 필요가 전혀 없습니다. 왜냐하면 하나님이 그 악한 자를 발 아래 상하게 하실 것이기 때문입니다.

여기서 '발 아래 상하게 한다'는 것은 뱀을 염두에 두고 하는 말입니다. 만약 어느 방에 독사가 들어오면 가죽 군화를 신은 사람이 그 뱀의 머리를 발로 밟아 짓이겨서 꼼짝하지 못하게 해야 합니다. 그런데 사람들이 독사가 무섭다고 해서 피하기만 하면 독사가 온 방을 돌아다니면서 어린이나 약한 사람들을 물어서 큰 해를 입을 것입니다.

사도 바울은 그동안 로마 교회가 본체만체하면서 멀리했던 중요한 교인들을 가까이하라고 권면하고 있습니다. 그가 가장 먼저 이야기하는 사람은 여자 집사 뵈뵈였습니다.

16:1-2, "내가 겐그레아 교회의 일꾼으로 있는 우리 자매 뵈뵈를 너희에게 추천하노니 너희는 주 안에서 성도들의 합당한 예절로 그를 영접하고 무엇이든지 그에게 소용되는 바를 도와 줄지니 이는 그가 여러 사람과 나의 보호자가 되었음이라"

여기서 "교회의 일꾼"은 '집사'를 말합니다. 뵈뵈는 고린도 가까이에 있는 겐그리아 교회의 여자 집사였습니다. 그는 사도 바울의 보호자가 되었고, 사도 바울이 쓴 로마서를 가지고 로마로 가는 중요한 일을 맡았습니다.

3절에 브리스가와 아굴라는 사도 바울과 함께 장막을 만들면서 복음을 전하는 평신도 선교사 부부였습니다. 그들은 사도 바울을 위해서는 목숨도 내어놓은 자들이었습니다. 그리고 그들의 집에는 항상 교회가 있었습니다.

　5절에 에배네도라는 사람은 아시아에서 사도 바울이 가장 먼저 전도의 열매를 맺었던 사람인 것을 알 수 있습니다. 7절에 안드로니고와 유니아는 사도 바울과 함께 감옥에 갇혔던 자이고, 친척이었습니다. 8절에 암블리아는 사도 바울이 사랑하는 귀한 성도였고, 9절에 우르바노는 동역자였습니다. 스다구도 귀한 성도였습니다.

　10절에 보면 "그리스도 안에서 인정함을 받은 아벨레에게 문안하라"고 했습니다. 그리스도에게 인정을 받았다는 것은 그가 한 번 죽었다가 살아났다든지 많은 고난 중에 살아난 것을 의미합니다. 사도 바울의 친척 중에 헤로디온이 있었습니다(11절). 주 안에서 고생한 사람들 중에 드루배나와 드루보사도 있고 버시라는 사람도 있었습니다(12절). 13절에 "주 안에서 택하심을 입은 루포와 그의 어머니"라고 했는데, 루포는 예수님의 십자가를 지고 갔던 시몬의 아들이었습니다. 그리고 다른 모든 형제를 거룩하게 입맞춤으로 문안하고 교훈을 거슬러 분쟁을 일으키는 자는 멀리하라고 했습니다(16-17절).

3. 하나님의 비밀

　하나님께서도 오래전부터 감추어놓으셨던 비밀이 있습니다. 사람들은 하나님의 비밀이 무엇일까 알려고 엄청나게 노력했지만 알 수 없었습니다.

　16:25, "나의 복음과 예수 그리스도를 전파함은 영세 전부터 감추어졌다가"

　우리가 전하는 복음과 예수 그리스도는 일 이백 년 된 보물이 아닙니다. 이 복음의 비밀은 수만 년, 수십만 년, 수억만 년 전의 비밀인 것입니다. 그것은 바로 모든 민족이 예수를 믿어 하나님께 순종하는 것이고, 그들이 하나님의 자녀가 되고 영원히 사는 것입니다.

16:26-27, "이제는 나타내신 바 되었으며 영원하신 하나님의 명을 따라 선지자들의 글로 말미암아 모든 민족이 믿어 순종하게 하시려고 알게 하신 바 그 신비의 계시를 따라 된 것이니 이 복음으로 너희를 능히 견고하게 하실 지혜로우신 하나님께 예수 그리스도로 말미암아 영광이 세세무궁하도록 있을지어다 아멘"

하나님의 수억 년 된 계획에 의하면 벌레보다 못한 우리 인간이 하나님의 말씀을 듣게 된다는 것입니다. 그 엄청난 지혜의 하나님이 하나님의 계획을 인간의 말로 번역을 하시는 것입니다. 그래서 선지자들이 하나님의 계획을 말씀하고, 나중에는 하나님의 아들이 직접 인간이 되셔서 하나님의 말씀을 전해주시는 것입니다. 그러나 인간은 하나님의 말씀이 너무 평범한 말씀인 데다가 말도 안 되는 내용이 많아서 들으려고 하지 않습니다. 오히려 인간은 자기들의 지각이 더 똑똑하다고 생각해서 하나님의 말씀을 듣고 순종하는 자들을 박해하고 죽입니다.

그런데 나중에 보니까 모든 것이 하나님의 말씀대로 되어서 죽은 자들이 전부 다 살아나는 것입니다. 그 대신 하나님의 말씀을 듣지 않는 자들은 미라같이 되어서 구더기가 득실득실하는 상태에서 저 우주 밑바닥에 있는 지옥 불에 던져지게 됩니다.

마지막으로 사도 바울은 자기와 함께 이 로마서를 쓰고 있는 형제들이 누구인지 그들의 인사를 전하고 있습니다.

16:21-22, "나의 동역자 디모데와 나의 친척 누기오와 야손과 소시바더가 너희에게 문안하느니라 이 편지를 기록하는 나 더디오도 주 안에서

너희에게 문안하노라"

야손과 소시바더는 에베소에 난동이 났을 때 사람들에게 끌려가서 실컷 두들겨 맞은 사람들이었습니다. 그리고 더디오는 사도 바울이 불러주는 대로 이 로마서를 기록한 사람입니다.

16:23, "나와 온 교회를 돌보아 주는 가이오도 너희에게 문안하고 이 성의 재무관 에라스도와 형제 구아도도 너희에게 문안하느니라"

사람에게는 자아상이라는 것이 매우 중요합니다. 아무래도 자아상이 좋지 못한 사람은 쉽게 낙심하고 쉽게 죄에 굴복하게 됩니다. 더욱이 로마에 있는 교인들은 대개가 노예 출신이었기 때문에 그들의 자아상은 너무나도 비천했습니다. 그러나 그들에게는 너무나도 뛰어난 사람들이 그들을 에워싸서 응원하고 있었습니다. 디모데도 있었고, 야손과 소시바더도 있었고, 더디오도 있었고, 가이오도 있었습니다. 사도 바울이 있던 고린도에서 재무관이었던 에라스도도 있었습니다. 이들이 모두 로마 교인들이 승리하기를 응원하고 있었습니다.

우리는 더 이상 나 혼자가 아닙니다. 우리에게는 구름같이 에워싼 천사들과 성도들이 있어서 우리를 응원하고 있습니다(히 12:1). 로마에 있었던 박해가 지금의 그리스도인이 나아갈 영구적인 이정표 즉 등대가 되고 있었던 것입니다.